适应性发展导论
Introduction to Adaptive Development

王宏新　邵俊霖　宋　敏　等著

中国城市出版社

图书在版编目（CIP）数据

适应性发展导论 = Introduction to Adaptive Development/王宏新等著. —北京：中国城市出版社，2021.8

ISBN 978-7-5074-3381-4

Ⅰ.①适… Ⅱ.①王… Ⅲ.①气候变化－影响－经济发展－研究 Ⅳ.①F061.3

中国版本图书馆CIP数据核字（2021）第170444号

责任编辑：周方圆　封　毅
责任校对：李美娜

适应性发展导论
Introduction to Adaptive Development
王宏新　邵俊霖　宋　敏　等著
*
中国城市出版社出版、发行（北京海淀三里河路9号）
各地新华书店、建筑书店经销
北京建筑工业印刷厂制版
河北鹏润印刷有限公司印刷
*
开本：787毫米×1092毫米　1/16　印张：19$\frac{1}{2}$　字数：353千字
2021年11月第一版　　2021年11月第一次印刷
定价：**65.00元**
ISBN 978-7-5074-3381-4
（904372）

版权所有　翻印必究
如有印装质量问题，可寄本社图书出版中心退换
（邮政编码100037）

序　言

地球温度升高速度超过预期，气候问题受到全球广泛关注。应对气候变化是当今世界最重要的议题之一。2015年，中国国家主席习近平在气候变化巴黎大会开幕式上指出：中国一直是全球应对气候变化事业的积极参与者，把应对气候变化融入国家经济社会发展中长期规划，坚持减缓和适应气候变化并重，通过法律、行政、技术、市场等多种手段，全力推进各项工作。2021年4月"第九届世界气候峰会"上，习近平主席进一步指出：气候变化、生物多样性丧失、荒漠化加剧、极端气候事件频发，给人类生存和发展带来严峻挑战，面对全球环境治理前所未有的困难，国际社会要以前所未有的雄心和行动，勇于担当，勠力同心，共同构建人与自然生命共同体。这是中国领导人对全球气候变化给人类社会带来严峻挑战的深刻判断，以及应对全球气候变化的鲜明主张。

应对全球气候变化既要有"减缓之方"，也需要"适应之法"。早在20世纪90年代，《联合国气候变化框架公约》和IPCC报告就提出"减缓"和"适应"两大应对气候变化战略。减缓举措力图"将大气中温室气体浓度稳定在防止发生由人类活动引起的、危险的气候变化水平上"，但由于气候变化具有巨大惯性，是一个持续的长过程，即使人类将温室气体的排放量降到工业化之前的水平，气候变化的不利影响在短期内也无法完全消除。人类必须采取适应性举措，通过调整人类和自然系统以应对已经发生或未来将会发生的气候变化或影响。将气候变化适应与发展联系在一起，可实现降低气候变化风险和提升可持续发展水平的双赢。各行业领域及相关主体如何运用"适应之法"，在气候治理、生态保护、经济发展的"加减乘除"中求得最优解呢？"适应性发展"正是解答这些问题必要的和积极的探索。

自从世界提出应对气候变化的战略后，"适应性发展"便逐渐成为气候变化领域的国际研究前沿，众多学者在理论体系构建方面进行了大量探索，国家、地区及社区等不同空间尺度中也均有应用实践，取得了一定的经济、社会和生态成效。然而，目前为止，国内尚无适应性发展的系统研究成果。在相关领域专家学者支持下，北京师范大学全球共同发展研究院院长王宏新教授领衔撰写了《适应性发展导论》，从自然科学和社会科学相融合的视角出发，围绕"适应性发展"主线，系统梳理了适应性发展的基础理论和在关键领域的应用。

全书共分为基础理论篇、资源与产业篇、城市与区域篇、公共服务篇和多元主体篇共五个篇章，具体包括20个章节。其中：基础理论篇，阐释了适应性发展的背景、内涵、相关指标和行动主体等；资源与产业篇，从水资源、生物多样性、农业、能源、金融五个方面论述了相应的适应性发展举措；城市与区域篇，分区域介绍了城市、沿海地区等应对气候变化时的适应行动；公共服务篇，则涉及财政、技术、教育、文化、健康等领域的适应性发展举措；多元主体篇，强调了企业、社区、青年等在推动适应性发展时的主体作用。

应对全球气候变化，关系世界人民福祉和发展。作为国内首部系统介绍适应性发展理论及其应用的专著，该书内容丰富，研究全面，应用广泛，不仅为因"领域"制宜、精"行业"施策提供了"科学指南"，更指出了气候变化应对和适应性发展等领域的前沿问题，为跨行业、跨部门、跨学科开放合作提供了基础。相信本书的出版，可以有效推动适应性发展理论与实践研究，为应对全球气候变化这一人类面临的巨大挑战作出积极贡献。

在本书付梓之际，应邀写出上述文字，是为序。

国务院研究室原主任
国家行政学院原党委书记兼常务副院长

2021年11月

前　言

气候变化作为 21 世纪人类面临的最严峻挑战之一，正不可阻挡地影响着地球的方方面面，不可逆转地改写着人类未来。气候变化已对水资源、粮食生产、基础设施、人体健康等多个方面产生严重影响。简言之，气候变化已然成为政策制定者、科学研究团体、产业界及社会公众不容忽视的挑战，成为关系人类生存发展的难题、急题。

为了应对气候变化，政府间气候变化专门委员会（Intergovernmental Panel on Climate Change，IPCC）历次评估报告和《联合国气候变化框架公约》（*United Nations Framework Convention on Climate Change*，UNFCCC）历次谈判都将减缓与适应作为应对全球气候变化的两大举措。近年来，国际学术界提出"适应性发展"理论且方兴未艾，国内尚处于更多地关注减缓的阶段，缺乏对适应的了解和关注，适应性发展理论尚未系统地引入。

本书作为国内首部系统介绍气候变化与适应性发展理论的专著，主要由适应性发展基础理论、资源与产业、城市与区域、公共服务、多元主体五个篇章组成，旨在介绍气候变化与发展的关系、应对气候变化的主要措施（减缓与适应）及其关系、适应性发展基础理论与前沿；在此基础上，介绍了不同领域、部门的适应性发展措施，适用于气候变化、生态保护与经济社会发展等跨学科领域的公共管理者、研究人员和在校师生参考。

本书共包括 5 个篇章，20 个具体章节，具体内容简述如下。

基础理论篇共 3 章：第 1 章 "适应性发展" 梳理了气候变化与发展的关系，介绍了适应性发展的提出背景、内涵及实践；第 2 章 "适应性发展测度" 重点介绍适应性发展的暴露性、脆弱性、复原力（韧性）等关键层级的指标、模型与方法；第 3 章 "适应性治理" 介绍适应性治理的内涵、行动主体、主要障碍和障碍解决举措。

资源与产业篇共 5 章：第 4 章 "水资源" 从地表水、地下水及地表水与地下水相互作用三个层面分析气候变化对水资源的影响，并从水资源综合管理、适应性水管理、智慧水管理三方面介绍水资源适应性发展措施，提出了水资源未来应对气候变化的发展方向；第 5 章"生物多样性"提出了跨空间尺度的生物多样性保护适应性管理框架，并从区域、景观和现场三个尺度介绍气候变化背景下提高生物多样性恢复力的适应性管理策略；第 6 章"农业"从农业生产环境、农作物种植及粮食安全等方面分析农业面对气候变化的脆弱性，从生产性、技术性和政策性三个方面介绍农业适应性发展举措；第 7 章"能源"从能源供给、消费、传输、分配及基础设施等方面分析能源系统面对气候变化的脆弱性，权衡减缓措施与适应措施，分部门提出能源适应性发展举措；第 8 章"金融"讲述金融机构和基金组织的融资渠道及金融监管机构应对气候风险的金融政策。

城市与区域篇共 3 章：第 9 章"城市"从城市规划、气候灾害应急管理及以"水安全"与"热管理"为核心的常规行动三个方面介绍城市的适应行动；第 10 章"区域"分析气候变化促使跨区域间的贸易和资金流动，人类与自然生态系统迁移，并简要说明全球典型区域的适应行动，并从区域气候变化预测、识别热点、多层次治理提出区域适应性发展举措；第 11 章"沿海地区"介绍海洋极端自然灾害事件增加对沿海地区生态系统及社会经济发展的影响，从通过工程、生态系统、预警、群众参与、制度五个层面论述沿海地区适应性发展举措。

公共服务篇共 5 章：第 12 章"财政"从财政筹资与支出原则两方面介绍了财政适应性发展资金状况；第 13 章"技术"介绍选择气候变化适应技术的评价标准及具体技术，并从参与适应科技行动主体、发展制度环境、行动主体与制度环境间联系及国际适应技术转让四方面概述技术适应性发展政策；第 14 章"教育"介绍气候变化教育的现状，发展路径及实施途径，强调了气候变化教育的重要性；第 15 章"文化"分析气候变化与文化之间的相互影响，并从文化生产力、文化传播、文化资源三方面介绍文化适应性发展举措；第 16 章"健康"从传染性疾病、心理疾病、饥饿和营养不良三方面介绍气候变化对健康的影响，回顾了全球气候变化应对中的健康历程，并提出健康适应性发展举措。

多元主体篇共 4 章：第 17 章"企业"分析气候变化对企业发展的影响，从法律法规政策、竞争趋势、利益相关者等方面介绍企业适应气候变化的驱动因素，并描述了企业适应气候变化的相关举措；第 18 章"社区"介绍以社区为基础的适应（CBA）的内涵、适应措施（"硬"适应、"软"适应及"双"适应）及适应性评估方法；第 19 章"青年"分析气候变化对青年健康、教育、就业等方面的影响，介绍青年在能力、教育和就业方面的适应性发展举措以及如何推动青年适应性发展。第20章"气候传播"介绍政府、媒体、非政府组织、企业和公众气候传播行为主体在传播适应性发展理论和知识过程中的角色及任务。

从全球范围来看，适应性发展理论和实践研究正在成为科学前沿热点。适应性发展也被认为是应对气候变化和实现全球可持续的一种新发展理念，是实现经济社会高质量发展的"密匙"。本书力图全方位介绍了国际层面适应性发展前沿理论成果及具体领域的适应性举措，为应对全球气候变化略尽微力。

气候变化影响加剧，适应性发展正在兴起。由于认知局限、水平有限，编者对气候变化与适应性发展的理解难免存在偏差，甚至谬误，敬请广大读者批评指正。

目 录

基础理论篇

第1章 适应性发展   2
    1.1 气候变化与发展   3
    1.2 适应性发展的提出   4
    1.3 适应性发展内涵   10
    1.4 适应性发展实践   12
    1.5 适应性发展制约因素   15

第2章 适应性发展测度   17
    2.1 暴露度指数   17
    2.2 脆弱性指数   21
    2.3 复原力指数   24

第3章 适应性治理   28
    3.1 适应性治理内涵   29
    3.2 适应性治理障碍   30
    3.3 适应性治理障碍解决   32

资源与产业篇

第4章 水资源   42
    4.1 气候变化对水资源的影响   42
    4.2 水资源适应气候变化   50
    4.3 水资源未来应对气候变化的方向   55

第 5 章　生物多样性　　59
5.1　跨空间尺度的生物多样性保护适应性管理框架　　60
5.2　区域尺度的适应性规划　　61
5.3　景观尺度实施系统保护　　63
5.4　现场尺度强调关键物种与外来物种　　65

第 6 章　农业　　69
6.1　农业气候变化脆弱性　　69
6.2　农业生产性适应　　71
6.3　农业技术性适应　　73
6.4　农业政策性适应　　76

第 7 章　能源　　83
7.1　能源系统面对气候变化的脆弱性　　84
7.2　能源系统对气候变化的减缓与适应　　87
7.3　能源系统适应气候变化举措　　88

第 8 章　金融　　93
8.1　金融机构　　93
8.2　融资渠道　　98
8.3　金融工具　　102
8.4　金融政策　　103

城市与区域篇

第 9 章　城市　　108
9.1　城市"韧性"　　109
9.2　气候灾害应急管理　　112
9.3　常规适应行动　　113

第 10 章　区域 — 118
- 10.1　气候变化对区域的影响 — 118
- 10.2　典型区域气候变化适应行动 — 120
- 10.3　区域气候变化适应路径 — 124

第 11 章　沿海地区 — 129
- 11.1　全球海洋气候变化 — 129
- 11.2　气候变化对沿海地区的影响 — 130
- 11.3　沿海地区适应气候变化的举措 — 131

公共服务篇

第 12 章　财政 — 138
- 12.1　财政筹资与支出原则 — 138
- 12.2　财政筹资 — 140
- 12.3　财政支出 — 144

第 13 章　技术 — 150
- 13.1　适应技术选择 — 150
- 13.2　适应技术应用 — 152
- 13.3　适应技术政策 — 156

第 14 章　教育 — 161
- 14.1　气候变化与教育 — 161
- 14.2　气候变化教育发展路径 — 164
- 14.3　气候变化教育实施途径 — 167
- 14.4　结论与建议 — 172

第 15 章　文化 — 174
- 15.1　气候变化对文化的影响 — 174
- 15.2　文化对适应气候变化的影响 — 180

15.3 文化适应性发展 182

第16章 健康 188
16.1 气候变化对健康的影响 188
16.2 健康应对气候变化历程 194
16.3 健康适应气候变化举措 196

多元主体篇

第17章 企业 202
17.1 气候变化阻碍企业发展 202
17.2 企业适应气候变化驱动因素 203
17.3 企业气候变化适应举措 206

第18章 社区 211
18.1 社区适应的内涵 212
18.2 社区适应的实践 214
18.3 社区适应的评估 216

第19章 青年 219
19.1 气候变化对青年的影响 219
19.2 青年应对气候变化的适应性发展 221
19.3 推动青年适应性发展的措施 225

第20章 气候传播 230
20.1 政府 230
20.2 媒体 232
20.3 非政府组织 236
20.4 企业 238
20.5 公众 240

索引	245
参考文献	248
后记	299

基础理论篇

第1章 适应性发展

第2章 适应性发展测度

第3章 适应性治理

第 1 章　适应性发展

【本章导读】

本章梳理了气候变化与发展的关系、适应与气候变化适应的内涵演进，论述了适应与发展的关系（"适应加发展""适应即发展"和"适应交叠发展"）。在此基础上，从基础理论、主要目标、实施路径及实现手段四个方面揭示了"适应性发展"内涵构成要素和四种类型。最后，简要分析了国家、地区及社区等不同空间尺度适应性发展实践状况，发现适应性发展领域尚存在资金缺乏、政治文化冲突、技术薄弱、认识和行为障碍等诸多制约因素。

产业革命以来的工业化发展道路、经济增长方式创造了前所未有的物质财富，却也导致全球环境状况不断恶化、南北经济发展不平衡日益严峻。人类不得不对产业革命以来工业化发展道路、经济增长方式重新进行审视，试图寻找一种不同于传统工业化发展方式的新发展模式，确立一种全新发展观，这就是过去 50 年间先后占据主导地位的人类发展（human development）和可持续发展（sustainable development）。

进入 21 世纪以来，气候变化成为涉及政治、经济、生态、社会等多学科的综合科学问题（Watson，2003；Nordhaus，1991；Walther et al.，2002；Jakoband Steckel，2014），被视为是"人类未来 50 年面临的最重要问题"（Gribben，1990；Buttel et al.，1990）。发展决策不仅要考虑当前发展，更要学会适应未来气候变化风险，充分认识气候与社会发展、生态系统之间复杂关系（Parpartand Veltmeyer，2004）。基于此，融合发展和气候变化适应两者关系的"适应性发展"应运而生，成为发展领域前沿热点。本章旨在通过阐述适应性发展的提出背景、内涵及分类，结合国际社会适应性发展实践状况，探究适应性发展领域存在的主要制约因素，推动适应性发展理论和实践创新。

1.1 气候变化与发展

工业化、城镇化的快速推进,在促进全球经济社会腾飞的同时,也带来了严重的环境污染问题,导致气候变化加剧,气候极端事件频发,对人们的生命财产安全构成极大的威胁,严重制约了经济社会发展的可持续。为了有效应对气候变化风险,政府间气候变化专门委员会(Intergovernmental Panel on Climate Change,IPCC)提出了"减缓"和"适应"两大举措。因此,理清气候变化与发展的关系对理解适应性发展内涵具有重要意义。

在传统的发展(特别是经济增长)理论中,气候变化因素作为可能影响发展的一个因素,常常被经济和社会学家所忽视,此时的气候变化就是指全球海洋和大气系统内部的物质和能量循环过程,属于自然科学(气候科学)领域(Aarhcnius,1896)。随着经济社会的进步,气候变化与发展之间的联系越来越显著(图1-1)。首先,不可持续的经济社会发展推动了大量的温室气体排放,从而加剧了气候变化进程。反过来,可持续发展可以为应对气候变化提供充足的人力、物力和财力支持,减少气候变化的脆弱性。最后,气候变化产生的影响将会阻碍发展,并威胁到发展投资的效果和可持续性(Burton and Van Aalst,2004;Klein et al.,2007)。

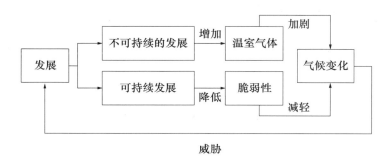

图 1-1 气候变化与发展的关系

具体而言:一方面,大规模的工业建设在带来经济快速增长的同时,也产生日益严重的大气、海洋和陆地水体等环境污染问题,大量土地被占用,水土流失和沙漠化加剧等,对社会、自然、生态造成巨大破坏,甚至危及人类自身生存,迫使各国对工业化发展模式进行某种限制和改造。1987年,世界环境与发展委员会出版《我们共同的未来》报告,系统阐述了可持续发展的思想。人们开始通过改进生产工艺来降低各类污染物(特别是温室气体)排放量,气候变化进入技术和工具理性时代(Taylor and Buttel,1992)。另一方面,自 20 世纪以来，面对日益严峻的气候问题，各国意识到治理气候变化迫在眉睫，纷纷加入应对气候变化治理行列中。有关气候变化的国际谈判、国际条款逐渐增多，大体上经历了五个阶段：第一阶段，从 1991 年正式启动《联合国气候变化框架公约》（United Nations Framework Convention on Climate Change，UNFCCC）谈判，到 1992 年 6 月正式签署，再到 1994 年 3 月 21 日该公约生效，这一阶段是国际社会在应对全球气候变化问题上首次合作；第二阶段，从《联合国气候变化框架公约》第一次缔约方会议"柏林授权"讨论制定"议定书"开始，到《日内瓦部长宣言》，第三次缔约方会议《京都议定书》出台，再到 2004 年第八次缔约方会议《德里宣言》问世，这一阶段为发达国家设立具有法律约束力的温室气体减排目标；第三阶段，从《京都议定书》第一次缔约方会议开启了"后京都"时代，到制定"巴厘岛路线图"，最后以 2009 年哥本哈根气候大会失败而告终；第四阶段，从第十六次缔约方会议到第二十次缔约方会议，应对气候变化国际谈判陷入低谷；第五阶段，从 2015 年 UNFCCC 第 23 次缔约方大会（COP23）通过了《巴黎协定》至今，适应行动全面展开，气候谈判进入新时代。

1.2 适应性发展的提出

1.2.1 适应

适应（adaptation）一词起源于自然科学（尤其是生物学），泛指组织或系统为了更好地生存和繁殖而不断适应周边环境的过程，涵盖有机个体、单个种群及整个生态系统等不同层级（Winter，1980；Kitano，2002）。1983 年，Denevan（1983）开始将适应引入地理系统，将其定义为响应自然环境和人文环境的过程，同时指出一个组织若无法适应环境压力，就无法持续生存。人类学家 Brien 等（1992）提出"文化适应"（acculturation）的概念，认为适应是在变化环境中通过文化实践而产生的行为选择结果，极大拓宽了适应的范畴。在环境污染加剧、资源过度使用及全球政治、经济危机频发的影响下，政治生态领域的适应也开始受到关注，个体、家庭如何突破社会、政治、经济和资源等限制，更好地适应政治生态环境成为日益重要的问题（Kasperson and Kasperson，2001）。为减轻频发自然灾害带来的损失，Burton（1978）等将适应引入自然灾害与应急管理领域，提出适应是指面对灾害的迅速响应能力和恢复能力（图1-2）。

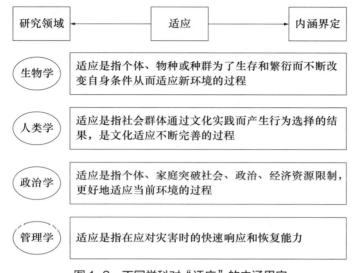

图 1-2　不同学科对"适应"的内涵界定

1.2.2　气候变化适应

大规模工业化和城镇化导致极端气候事件频发，严重威胁到社会经济发展和公众生命健康，气候变化成为人类发展面临的巨大挑战。1990年，IPCC评估报告明确将减缓与适应作为应对全球气候变化的两大举措：减缓主要指减少温室气体排放源或增加温室气体吸收来减慢全球增温速度，着眼于全球层面、长期受益，适用领域窄（能源、交通运输及农业等），效果可以用成本效益比进行量化；而适应主要针对气候变化的结果及对未来风险预防，着眼于地方层面、短期受益，适用领域广（涵盖能源、交通运输、农业、水资源及健康等），但效果难以量化（Cohen，1997；巢清尘，2009；许健，2020）。

然而，从1990年IPCC的首次评估报告发布到2001年UNFCCC的第7次缔约方会议（COP7）设立发展中国家专门适应资金之前（UNFCCC，2001），减缓和适应虽一直同为IPCC历次报告和UNFCCC历次谈判的焦点，气候变化应对却长期处于"重减缓，轻适应"状态。这一时期，人们主要通过改进生产工艺来降低污染物（特别是温室气体）排放量，气候变化应对处于技术和工具理性时代（Taylor and Buttel，1992）。由于气候变化具有巨大惯性，减缓行动难以短期内消除气候变化带来的各种不利影响。制定和实施气候变化适应政策、提高应对气候变化不利影响的适应能力显得尤为重要（UNFCCC，2007）。

学界从不同视角探讨了气候变化适应的内涵（表1-1）：① 适应类别，指通过主动或被动的调整和响应来应对气候变化的影响。② 适应主体，生态系统、家庭、社区、团体、部门、地区和国家更好地应对、管理和适应与气候变化有关的压力、危害与风险并抓住机会的过程或结果。③ 适应内容，即必须特定于监管和预测气候变化，并从当前或未来环境变化中获取利益。④ 适应目的，指自然或人类系统根据实际或预期的气候刺激或影响而进行自我调整，从而减轻危害或利用有利机会的过程。⑤ 适应特征，即气候变化的不确定性。

气候变化适应内涵　　　　表1-1

角度	气候变化适应	代表性学者、年份
适应类别	主动或被动性活动	Stakhiv（1993） Watson（1996）
适应主体	生态系统、家庭、社区、团体、部门、地区和国家等	Smit 等（2006）
适应内容	监管、预测气候变化	Cannon 等（2010）
适应目的	减轻气候变化危害或利用有利机会	IPCC（2007） Fankhauser（2011）
适应特征	气候变化的不确定性	Eriksen 等（2011）

实践中，气候变化适应行动被划分为不同类型。一种是根据所采取的适应性方法是强调脆弱性还是强调气候变化影响，将气候变化适应分为解决脆弱性驱动因素、构建响应能力、气候风险管理及应对气候变化四类（图1-3）（Mcgray et al.，2007）。其中，解决脆弱性驱动因素主要指改变社会易受负面影响的基础状态（健康、生计、公平及权利等），在气候变化风险出现之前，增强应对气候变化的基本能力，为区域后续发展和气候变化应对奠定基础，提高抗逆力，防患于未然。构建响应能力主要是为更具针对性的气候变化适应行动奠定基础，其主要内容既包括应急预案编制、应急演练模拟等流程类行动，也包含信息系统开发（监测、预警）、资源管理等技术类行动。气候风险管理主要在气候灾害发生过程中采取的针对性方法，该方法根据准确气候信息，进行人力、物力和财力统筹调配，保障人员安全、降低灾害损失。应对气候变化是一种解决极端气候风险（冰川融化、海平面上升）高度针对性行动，采取的政策较为激进且实施成本昂贵。这种分类方式要求决策者在制定气候变化适应举措时考虑地区适应能力和气候变化影响两种主要因素，但何时采取具体气候变化适应行动，何时提升更基础的适应能力，需要综合考虑各种因素（影响方式、影响程度及公众看法等）。

图 1-3 以适应行动为依据的气候变化适应类型

另一种是以适应机制为依据,将气候变化适应可分为自发适应和预期适应两类(Smit and Wande,2006)。自发适应不是适应行动主体对气候变化刺激的有意识反应,而是自然系统中正常的生态变化或人类系统中市场的自身调节活动,即人们在日常实践中一直要做的事情,属于常规化反应。如农民可能不知道未来气候变化,但可以通过改变播种时间和作物品种等方式来响应所经历的天气变化。这种自发适应在很大程度上取决于当地农民的先前经验和当地知识,但在前所未有的气候变化面前,这种反应存在不足或为时已晚。预期适应是指适应行动主体针对已经改变或者将要改变的气候状况,有意识地做出相应的政策决定,以恢复、维持或达到理想状态的过程。预期适应考虑到气候变化的长期性和不确定性,其行动主要通过新出现的(甚至是未知的)问题来指向未来。例如在农业中意味着农民提前采取规避风险的行为,包括农作物种植的多样化或预先的各类灾害保险投入(IPCC,2001)。从适应行动时间看,自发适应行动通常发生在气候变化之后,预期适应行动则发生在气候变化之前;从适应行动成本收益看,预期适应行动比自发适应行动的成本更低,治理效果更好(典型的例子是洪水或沿海保护)。总之,自发性适应是立即有效的,可根据需要不断调整以适应气候条件变化;预期适应则意味着在气候变化产生影响之前必须准备就绪。

此外,根据时间尺度,气候变化适应可以分为短期适应和长期适应;根据行动开展程度可分为适应不足、适应适度及适应过度;根据行为后果可分为不确定性适应和无悔适应等。但上述分类并无严格界限,不同情境下可能存在多种类型的组合,开展何种适应行动需要因时制宜、因地制宜、因部门而异(潘志华和郑大玮,2013)。

1.2.3 适应与发展

随着适应在气候变化应对中的重要性被逐步认可,适应对象涉及发展中国家共数十亿人,而这些人本身又是世界各国政府、非政府组织和捐助者制定发展政策时考虑的主要目标群体，支持发展中国家的适应往往被视为支持其发展的重要举措。适应和发展二者的关系成为各界讨论的热点。

（1）"适应加发展"（adaptation plus development）。适应与发展之间联系主要源自国际社会对发展中国家适应行动的支持。2001年，《马拉喀什协定》设立了最不发达国家基金（Least Developed Countries Fund，LDCF）、气候变化特别基金（Special Climate Change Fund，SCCF）和《京都议定书》（Kyoto Protocol）的适应基金（Adaptation Fund，AF）用以支持发展中国家的适应行动，提高其适应能力（UNFCCC，2001）。至此，越来越多的研究机构和非政府组织将气候变化适应作为外生变量纳入其发展政策，而不是作为发展的一个部分（Ayers and Dodman，2010）。2007年，IPCC第四次评估报告指出，由于气候变化的严重不良影响，发展中国家必须将适应列为优先行动。如孟加拉国是世界上最易受气候变化影响的国家之一，频发的洪水、热带气旋、风暴潮和干旱等气候灾害严重地阻碍了其经济社会发展。为了应对气候变化危机，实现经济社会可持续发展，孟加拉国政府出台了《孟加拉国2009年气候变化战略和行动计划（BCCSAP）》，主旨是以发展为基础的适应，主要聚焦于六大目标：① 粮食安全、社会保障和健康。涉及农林牧副渔部门的气候变化适应、健全基本社会保障制度、完善医疗卫生方案及保护弱势群体（妇女和儿童）等。② 综合灾害管理。涉及改进气候变化相关灾害（洪水、热带气旋和风暴潮等）的监测预警系统、提高公众对气候变化适应的认识及健全财产保险管理等。③ 基础设施建设。涉及修建与维护堤坝、设计和疏浚河道、修建灾害避难所及改进城市排水系统等。④ 研究与知识管理。涉及建立气候变化知识管理和培训中心、模拟气候变化情境、监测生态系统和生物多样性变化及探究气候灾害对宏观经济的影响等。⑤ 减缓与低碳发展。涉及提高能源生产与使用效率、开发可再生能源、改进植树造林方案及推广节能装置等。⑥ 能力和体制建设。涉及修订气候变化部门政策、强化人力资源能力水平、提升气候变化管理的机构能力及加强主流媒体的气候变化宣传等。孟加拉国气候变化适应实践，全面提升了其应对气候变化能力，降低了气候风险损失，促进了国民经济可持续发展（Government of the People's Republic of Bangladesh，2009）。

（2）"适应即发展"（adaptation as development）。气候变化正在不同程度地影响到世界的每个角落，特别是对于已经生活在环境污染、灾难频发、资源枯竭和土地退化泥潭中的穷人而言，适应完全是发展问题。以社区为基础的气候变化适应（Community Based Adaptation，CBA）议程参与者也将适应和发展视为同义词（Ayers and Dodman，2010）。Huq 等（2008）认为好的发展会促进适应能力建设，适应也往往意味着好的发展，如更低的贫困发生率、更高的健康和教育水平（Klein et al.，2005）。Abeygunawardena（2009）指出，发展是贫困地区和人口成功适应的关键，通过强化资源禀赋、提升社区韧性等，发展对提升适应能力有巨大帮助。

（3）"适应交叠发展"（adaptation overlap development）。适应与发展的关系应视情况而异，并非所有的适应都是发展，也非所有的发展都有利于适应，在涉及不同时间尺度目标时尤为明显，例如，短期发展目标可能与长期适应目标存在冲突（Ayers and Dodman，2010）。但适应和发展在方法论和目标上确实存在着大量重叠。在方法论层面，适应工作必须包括"常规"发展干预措施，以确保其结果的可持续性和总体成功。IPCC 在其第四次评估报告中就支持这一结论，即可持续发展能提升气候变化适应，而气候变化可能会阻碍各国的可持续发展。在目标层面，根据适应与发展的关系，可将适应分为"次生"适应、"工具"适应和"离散"适应三类：①"次生"适应认为实现发展目标而进行的活动附带实现了适应目标，给定活动的适应性成分甚至只有在事实发生之后才能被注意到或被强调；②"工具"适应将适应作为实现发展目标的手段，为确保应对气候变化的成功而在发展计划中增加了适应活动；③"离散"适应则认为发展是为实现气候变化适应目标而专门开展的活动，发展活动可以用作实现适应目标的手段（Mcgray et al.，2007）。

实践中存在着两种主要的气候变化适应形式：一种着眼于建立气候变化影响的专门适应机制；另一种着眼于建设有助于应对一系列挑战的发展能力来减少对气候变化的脆弱性。但是许多适应行动都落在专门适应机制和发展能力之间，是气候变化适应与发展（这里的发展尤指有目的的发展）的结合体。此背景下，Cannon 等（2001）在讨论气候变化适应如何影响发展时首次提出"适应性发展"（adaptive development）概念，即认为适应性发展是在明确气候变化适应与发展概念的基础上，充分发挥二者的优势。Lemos 等（2015）从风险角度出发，提出适应性发展是在不对人类主体及生态系统福祉产生负面影响的情况下，通过使用奖励措施、制度和以信息为基础的政策干预措施来应对气候风险。该内涵旨在重新聚焦适应（强调增长、公平和可持续的重要性）和发展（强调风险缓解）。

1.3 适应性发展内涵

适应性发展是一个动态综合过程。自大气圈形成以来，全球气候就一直在演变，世界也在不断发展。人类文明进化史，也是一个人类通过不断自我调整来适应环境、实现科技与社会进步的过程。在某种意义上，适应性发展是促进人类社会进步的动力。准确把握适应性发展的内涵需从以下方面着手：

（1）基础理论。一方面，要在风险管理理论支持下有区别地理解适应和发展各自的侧重点；另一方面，要借助系统耦合相关理论实现气候变化适应和发展（有目的的发展或可持续发展）的耦合，实现降低气候变化风险和提升可持续发展水平的双赢（Folke et al., 2005）。

（2）主要目标。适应性发展本身就包含了气候变化适应和发展两方面内容，其目标也必然具有综合性，既要降低气候变化风险威胁，又要实现可持续发展水平的提升，实现两者的系统整合，避免目标冲突。

（3）实施路径。① 自上而下，该路径能从整体出发制定适应性发展的战略目标和蓝图，防止出现因气候变化适应和发展政策各行其是而产生政策冲突。② 自下而上，该路径从基层实践者角度出发，充分结合当地人民已有经验和区域实际，避免政策在地方层面的适应不良。因此，适应性发展的实施路径既需要"自上而下"的宏观把控，也需要"自下而上"的政策"接地"，二者优势互补能最大限度地实现适应性发展的目标。

（4）实现手段。政策和科技手段是实现适应性发展的关键：① 完善的政策能产生良好的导向功能和制约作用，实现资源整合。② 先进的科技既可以有效预防、监测气候变化状况，也可减少发展过程中的不利影响（例如清洁生产技术）。

适应性能力是决定适应性发展成败的关键因素（Lemos et al., 2013）。IPCC第二次评估报告将适应性能力的决定因素分为经济资源、技术、信息和技能、基础设施等（IPCC, 1995）。Eakin等（2014）认为适应气候变化的能力有两种形式，即与基本人类发展目标相关的能力（一般能力）和与管理气候变化风险所必需的能力（特殊能力），并指出适应性发展就是要在不同时空尺度实现一般适应能力和特殊适应能力的结合（Sherman et al., 2016）。通过对社会系统的简化，以一般能力（发展）为纵坐标，特殊能力（风险）作为横坐标，可将适应性发展分为四类（图1-4）。

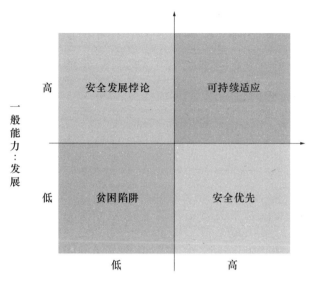

图 1-4 以适应性能力为依据适应性发展类型

（1）"贫困陷阱"（左下象限）指个体层面一般能力和特殊能力都处于低水平状态。在此情形下，社会面临着长期压力、经济基础薄弱，人们基本生存无法满足，严重影响有效应对气候变化风险所必需的社会结构（Maru et al., 2012）。此时无论是提高一般能力还是特殊能力都会对社会起到促进作用，这也解释了为什么国际气候变化适应资金在发展中国家会被用于发展建设。

（2）"安全优先"（右下象限）指个体层面特殊能力水平高、一般能力水平低的状态。在此情形下，社会中个人和家庭往往资产匮乏，但具备较高风险应对能力，将安全保障投资放在优先考虑位置，会产生长远收益。因此，可通过发展社会经济，提高个人和家庭的一般能力的同时巩固特殊能力，实现全面提升。

（3）"安全发展悖论"（左上象限）描述了个体层面具有高一般能力、低特殊能力。人们教育和健康状况良好、经济生产力水平较高，但在个人或地方层面有效应对和适应特殊风险的能力相对有限，需要在保持经济稳定增长的基础上，加大应对气候变化风险投资，构建强大的安全网络。卡特里娜飓风就是"安全发展悖论"的典型例证：联邦政策向一般能力建设倾斜导致地区风险管理不足、特殊能力出现短板，增加了当地的脆弱性。当政府保险政策失败时，个人就会因为应对风险经验不足而遭受灾害威胁（Burby，2006）。

（4）"可持续适应"（右上象限）是指个体一般能力和特殊能力都高，该状态是最优结果，既降低风险威胁，又提高区域可持续发展水平，是适应性发展最终目标；同时，发展和适应政策相辅相成可以大大降低总体脆弱性，提升复原力。

实际上，一个特定的社会可能并不完全属于这四种类型的任何一种，这些能力之间的界限也比矩阵所展示的更加动态。矩阵强调了在一个社会的不同组织层次上，存在着不同的一般和特殊能力水平，两者之间的关系会对当前脆弱性水平和适应未来变化的能力产生影响。此外，特定国家或地区内，一般适应能力和特殊适应能力之间虽存在差异，但政策制定者应集中精力协调发展目标，协同提升适应能力，而非争夺资源。换言之，适应行动可被视为有效的发展投资活动。全球适应委员会发布的《现在适应：气候韧性领导力的全球呼吁》报告中指出，20 世纪 70 年代，孟加拉国飓风导致 50 万人死亡，之后采取了建设早期预警系统和飓风避难所、完善撤离计划等有效适应策略；2019 年 5 月，同样级别飓风遭遇只造成 14 人死亡，有效降低了损失，维护了发展成效。该报告预计 2020—2030 年，通过在早期预警系统、建设具有风险抵御能力的基础设施、保护红树林、优化旱地农耕方式、改善淡水资源管理五个关键领域投资 1.8 万亿美元，将有助于缓解全球变暖的严重冲击，更有望创造 7.1 万亿美元净收益（The Global Commission on Adaptation，2019）。

1.4 适应性发展实践

气候变化正在威胁着人类福祉，应对气候变化已成为全世界人民共同面临的紧迫任务，但对于以资源为生计的穷人来说，气候变化的威胁是呈指数增长的。为了改变现状，一些发展中国家开展了既能有效应对风险，又能实现发展的适应性发展实践，涉及国家、地区及社区等不同层面。

1.4.1 国家层面

（1）中国：《国家适应气候变化战略》。中国幅员辽阔、气候复杂多变，快速工业化和城镇化使得整体生态环境更为脆弱。近年来，极端气候灾害频发对人民生命、财产和安全构成极大威胁。为了提升全社会的气候变化适应意识和能力，2013 年国家发展和改革委员会发布了《国家适应气候变化战略》。实践中，城市作为人类交易和集聚的中心，是气候变化适应的核心层级。2016 年出台的《城市适应气候变化行动方案》在统筹兼顾、因地制宜、协同推进及广泛参与四项基本原则指导下，提出加强城市规划引领、提高城市基础设施设计和建设标准、提高城市建筑适应气候变化能力、发挥城市生态绿化功能、保障城市水安全、建立并完善城市灾害风险综合管理系统及夯实城市适应气候变化科技支撑能力等 7 个方面的城市适应行动方案。2017 年，《国家发展改革委、住房城乡建设部关于开展气候适应型城市建设试点工作的通知》发布，在全国选取 28 个试点城市，从提出城市适应理念提出、提高预警监测能力、开展重点适应行动、创建政策实验基地及打造国际合作等五个方面开展城市适应性发展行动（国家发展改革委、住房城乡建设部，2017）。目前，所有试点城市均编制了实施方案，40% 以上的城市设置了气象预警观测站，政策试验基地及国际平台建设正在稳步推进（付琳等，2020）。

（2）斐济：《斐济共和国国家适应计划——通往气候适应的路径》。斐济共和国（以下简称斐济）是位于南太平洋群岛的小岛屿发展中国家。该国大约 90% 人口居住在沿海地区，极易受到气候变化（洪水和热带气旋）影响，对实现其发展目标提出了重大挑战。为了应对气候变化危机、实现经济社会的可持续发展，斐济政府于 2018 年出台了《斐济共和国国家适应计划——通往气候适应的路径》（以下简称《计划》），且特别强调《计划》中的"适应"既不是单独的发展，也不是单独的气候变化应对，而是《国家发展计划》（National Development Plan，NDP）和《国家气候变化政策》（National Climate Change Policy，NCCP）的结合，是适应性发展的体现。《计划》涉及构建气候信息服务与管理系统、横向一体化（气候变化纳入国家发展规划）、纵向整合（气候风险整合到地方发展规划）、培养气候变化应对意识、优化资源配置、保障粮食和营养安全、改善医疗卫生条件、系统规划社区、基础设施建设、保护生态环境与生物多样性及关注未来等 11 个方面具体措施。斐济适应性发展实践还在持续推进中（《计划》时间跨度为 5 年），气候变化应对能力与可持续发展水平正在同步提升，政策整体呈现向好态势（Government of The Republic of Fiji，2018）。

1.4.2　地区层面

（1）巴西东北部《反贫困计划》和《农村养老金》。巴西东北部地区共有 9 个州，占全国国土面积的 18%，人口却占到全国总人口的 1/3，是巴西著名的"干旱多边形"地区。如塞阿拉州是该地区最贫困的地区之一，尽管已经历了 40 多年的城市化发展，仍有 200 多万人生活在农村，以农业生产作为主要生计来源。为了解决干旱对地区发展的威胁，巴西政府开始制定并实施《反贫困计划》和《农村养老金》两项用于提高一般发展能力的适应行动。莱莫斯等人研究发现：提升一般适应能力水平对于缓解地区的干旱起到促进作用，给穷人发放"家庭补助金"的政策虽然增加了家庭收入，但无法应对干旱威胁，容易落入"贫困陷阱"（Lemos et al.，2016）。

（2）柬埔寨沿海经济特区发展。近年来，持续的工业化和城市化使原本脆弱的柬埔寨更容易受到气候变化冲击，据柬埔寨官方评估报告，未来柬埔寨干旱、潮汐及风暴潮等灾害将更加频发，整个沿海地区海平面将上升40~60厘米，多数城市将面临洪水风险，渔民收入急剧下降（PPCR，2014）。为了应对气候变化，柬埔寨政府早在2006就发布了《国家适应气候变化行动纲领》，但由于多种原因，政策目标未能实现。Horlings等（2019）通过访问柬埔寨沿海经济特区政府官员和61名工人，从工业系统、城市系统和移民系统三个方面探究其适应性发展水平。研究发现区域层面的一般发展能力很强，而应对气候风险能力非常薄弱；家庭层面则表现出更为有效的气候变化特殊能力，减轻了其整体的暴露度。但是，对于经济特区整体而言，家庭对于适应性发展的作用可能是小范围、暂时性的，从国家或区域层面提升其适应性发展水平才是长远之计。

1.4.3 社区层面

（1）韩国釜山的塞巴特·马尤尔（Saebat Maeul）社区。该社区位于哈姜河（Hakjang）周边，主要为萨桑（Sasang）工业园区的工人提供住房。20世纪90年代，随着制造业衰落，工人开始迁出，社区变成了贫民窟，并遭受洪水威胁，社区对气候变化高度敏感，完全暴露于灾害之下。为了实现社区适应性发展，该社区开始新建具有绿色屋顶、设计透水路面的停车结构，增加洪水排水设施，维修屋顶凉爽的房屋以及安装雨水收集设施等（Donghyun et al.，2018）。

（2）澳大利亚新南威尔士州猎人谷（Hunter Valley）社区。该社区长期面临着海平面上升、海岸侵蚀及洪水等气候灾害。为了减轻气候灾害影响，社区开始从宣传可持续发展观念、教授生态系统方法并制定适应性计划等方面增加人们对适应性发展的理解（Forino et al.，2019）。

（3）所罗门群岛西部省份的巴尼亚塔（Baniata）社区。该社区常年遭受着热带气旋、风暴潮及海啸等灾害威胁。为了改变现状，巴尼亚塔社区采取了科学的社区规划、改善医疗卫生措施、改进农业生产方式、改进资源管理方式、提高社区青年的气候变化意识和能力等具体举措，极大地降低社区的脆弱性并提高了其适应能力（Basel et al.，2020）。

1.5 适应性发展制约因素

近年来,气候变化应对行动(减缓与适应)与可持续发展目标二者间关系日益密切,并已成为联合国全球治理架构的重中之重。《2030年可持续发展议程》(简称《2030年议程》)与旨在应对气候变化的《巴黎协定》均在2015年达成,且后者主要内容已嵌入前者之中(目标13),但是,当前气候变化状况并未得到缓解。据联合国世界气象组织(World Meteorological Organization,WMO)《2019年全球气候状况声明》显示,2019年,全球化石源二氧化碳(CO_2)达到了创纪录的36.6亿吨(Friedlingstein et al.,2019);全球平均温度比工业化前水平基准温度(1850-1990年均值)高出约1.1 ± 0.1℃;海平面也以年均3.24 ± 0.3毫米的速度上升达到自高精度测高纪录开始(1993年1月)以来的最高值。随着全球持续变暖,目前的高温纪录再次被打破"只是时间问题",气候变化和极端气候事件将不断地影响到人类社会经济发展、健康、人口迁徙、粮食安全及陆地和海洋生态系统等各个方面(WMO,2020)。这主要因为适应性发展提出时间较短、相关技术尚不成熟,且实践活动仅在少数国家或地区展开;同时,气候变化还具有显著的不确定性,当前适应性发展还存在着诸多制约因素。

(1)资金缺乏。在国际层面,决策者大多认为适应性发展主要有利于提升地方的可持续发展水平和气候变化适应能力,全球性并不显著。因此,国际气候变化适应资金存在着较大的缺口。在国家或区域层面,一方面,多数适应性发展项目都属于公共物品,其不可避免地具有"非竞争性"和"非排他性",人们也容易产生"搭便车"心理,不愿投资;另一方面,适应性发展政策实施多考虑未来,其成本则由当代人承担,但收益并不一定由承担成本者获得,无法获得投资激励(Productivity Commission,2012)。

(2)政策文化冲突。在国际层面,各国发展水平差距较大,适应性发展国际政策需落实到国家层面的规划中,而不同的治理结构及文化背景对于实现全球适应性发展的目标影响较大。在国家或区域层面,首先,政府政策和规划制定需要时间和成本,会延迟适应性发展行动;其次,适应性发展跨越时间维度长,而政府政策维度通常较短,将适应性发展融入政府规划中存在一定困难;最后,当地风俗、宗教信仰及个人价值观等会导致适应性发展新模式难以推行(Adger et al.,2009)。

(3)技术薄弱。技术是实现适应性发展目标的核心要素,但当前大多数国家和地区适应性发展技术水平有限，技术方案不成型（Philip et al., 2015），适应性发展成果大打折扣。适应性发展技术薄弱主要体现在与气候变化风险相关的四个方面：第一，灾前预警技术。气候变化不确定导致人们对未来风险知之甚少，如果预警技术无法对气候变化风险进行预测，人们的生命和财产将完全暴露于灾害之下，灾害影响范围和程度将会放大。第二，专业研发技术。地理位置、行业差异要求适应性发展技术不能一概而论，必须考虑到地区和行业特点，因时制宜、因地制宜地使用专业技术以应对气候变化威胁，否则可能会导致"适应不良"。第三，评估技术。适应性发展研究还主要停留在定性层面，量化评估指标和技术尚不成熟，无法测度地区适应发展水平及主要影响因素，也无法进行准确的灾后评估，从而限制适应性发展实践推进。第四，灾害监测技术。大多数地区没有意识对各类灾害进行技术监测，不了解灾害发展过程，无法吸取每次灾害的经验和教训，也就无法改进当前应对举措，继续阻碍适应性发展行动。

（4）认知和行为障碍。公众对适应性发展认知基础和准确性都要低于决策层，适应性发展相关政策对一部分人来说是盲区，在理解上存在困难，行为上产生制约（Winkler，2009）。

【推荐读物】

1. 李宝恒. 增长的极限：罗马俱乐部关于人类困境的研究报告［M］. 成都：四川人民出版社，1983.

2. 科学技术部社会发展科技司. 适应气候变化国家战略研究［M］. 北京：科学出版社，2011.

3. 马瑞丽斯·特恩布尔，夏洛特 L. 斯特雷特，艾米·希尔博. 提升恢复力：灾害风险管理与气候变化适应指南［M］. 北京：地质出版社，2015.

4. Kasperson J X, Kasperson R E. Climate Change, Vulnerability and Social Justice [M]. Stockholm: Stockholm Environment Institute, 2001.

5. Huq S, Ayers J. Streamlining adaptation to climate change into development projects at the national and local level. Financing climate change policies in developing countries[M]. Brussels：European Parliament，2008.

第 2 章 适应性发展测度

【本章导读】
　　本章以政府间气候变化专门委员会的评估报告为基础，从暴露指数（灾害暴露、风险暴露及其他暴露）、脆弱性指数（气候脆弱、生计脆弱）及复原力指数（亚洲城市变化复原力网络、气候复原力筛选）三个维度探究全球气候变化背景下的适应性发展测度状况。

　　适应性发展包括气候变化适应与发展两大领域，二者渐成动态融合关系。"适应"的概念源自于自然科学（罗勇，2009）。随着全球气候变化加剧，联合国政府间气候变化专门委员会（IPCC）第三次评估报告提出了气候变化适应是指自然或人类系统对实际或预期的气候刺激或其影响作出的调整，其目的是缓和损害或利用有利的机会，并将适应性能力的决定因素分为经济资源、技术、信息和技能、基础设施等（Mcgray et al., 2007）。"发展"则更具时代意义，人类社会对不同时期下的经济增长方式均提出了相应的发展模式，例如人类发展和可持续发展。政策的适宜和有效是建立在了解各国或各地区适应性发展水平的基础之上，当前有关适应性发展的相关研究还处于理论探索阶段，量化研究尚未涉及，但有关暴露性、脆弱性、复原力等衡量气候变化适应的关键层级测度的研究相对丰富，能为适应性发展水平测度提供一定的参考价值。因此，本章将通过介绍暴露性指数、脆弱性指数、复原力指数等关键层级的指标和模型，以期为未来适应性发展水平测度研究奠定基础。

2.1 暴露度指数

　　暴露度（exposure）是人类与自然系统暴露于气候变化的程度，例如，高温、热浪、干旱和洪水的发生率增加。IPCC 对暴露度的定义是："系统暴露于重大气候变化中的性质和程度。"暴露度与某个分析单元或系统的气候压力水平、危险（压力源）以及气候变量变化的性质和程度有关（IPCC，2012；Brien et al.，2004）。因此，可将暴露度理解为长期气候条件的变化程度或气候变异性水平，例如，极端事件的规模和频率以及其他各种对城市系统产生显著影响的气候要素。目前还没有系统的方法来对气候变化的暴露度进行评估，已有研究多使用生物、物理指标来评估暴露指标（Luers et al.，2003），指标通常包括气候变化、自然灾害、极端天气、海平面上升和空气质量变化等（Cutter et al.，2000；Brenkert and Malone，2005）。

已有的测度研究主要依据气象部门的统计数据，且将灾害类型划分为：水文气象灾害（洪水、风暴潮、风暴、干旱、滑坡和雪崩）、地质灾害（地震、海啸和火山爆发）和生物灾害（流行病和虫鼠害）。统计部门所报告的关于灾害影响的数据包括直接损失（如基础设施、作物和住房的损失）、死亡人数和其他受影响人数以及灾害的经济损失。除此之外，其他数据库也可用于计算暴露性指数，依据不同的现实情况选择相应的合适的数据库，例如，联合国建立的灾害管理系统（DesInventar）中记录的灾害类型非常广泛，包括人类（事故、火灾、污染）、气候（飓风、风暴、热浪）和地质（地震），或使用由美国国家海洋与大气管理局（NOAA）测量总结的风暴强度数据等（Yang，2011）。以数据为基础，针对不同地区的具体情况，形成了多种测量方式，尽管很难完全反映灾害对人类的影响，仍给相关议题带来了启发性的思考。本节主要从灾害暴露指数与风险暴露指数入手，集中统计各项指数的计算方式与适用情况。

2.1.1　灾害暴露指数

Garlati等（2013）提出了灾害暴露指数（Disaster Exposure Index，DEI），该指数主要测度各种灾害的影响。DEI使用了联合国建立的灾害管理系统（DesInventar）中现有的大多数影响指标，并区分了灾害类型以及与暴露程度的相关性程度。关于指标和暴露程度之间可能存在两种类型的功能关系：暴露度程度随指标值的增加而增加，或是暴露程度随指标值的减少而增加。即如果该指标的值越高，暴露程度越高，则该指标与暴露度成正相关关系；反之，则为互相关关系。可用于国家层级和省市县层面的计算，且计算方式简单易行，指标适用范围广泛，数据不断更新。

DEI的指标主要分为人口指标、物理指标和服务类指标。人口指标包括死亡、失踪、受伤和生病、受影响的受害者、撤离者和重新安置人员。物理指标分为两大类：房屋和基础设施。最后一类是资金和基本服务，表示对特定类型基础设施的影响，具体见表2-1。

灾害暴露指数指标体系　　　　表2-1

DEI 指标	分类	基础指标
人口	直接	死亡、失踪、受伤和疾病人数
	间接	受害者、受到影响的人、被疏散人员、搬迁者
物理基础	房屋	被破坏房屋数量、受影响房屋数量
	基础设施	运输线路、通信设施、轮渡、污水排放设施
产业与服务	产业	种植业、畜牧业、能源、工业
	服务	教育机构、援助组织、医疗卫生机构

DEI 的构建方法是基于 UNDP 用于计算人类发展指数的方法。该方法构造指标的第一步是对指标值进行标准化。由于指标的单位和比例各不相同，为了获得不受单位限制的数字而使其值标准化，使其处于0~1之间。将指标标准化后求均值，得到每一个子指标，然后计算各子指标的平均值。

由于每一场灾难发生的概率不同，结果的计算不能平均所有灾难的 DEI 数值，而应将每个灾害的频率除以每个国家的总频率，并将这种计算方法作为汇总的权重。

除此之外，每个事件的影响程度可改变指标的计算方式。例如，如果在 50 次洪水中死亡的总人数是 1000 人，那么使用的是每个事件 20 人死亡就存在问题。这主要因为地理上较大、较富裕和或人口较多的地区往往会发生影响程度更大的灾害事件，基于简单的综合测度的指数将无法考虑上述情况。

2.1.2 风险暴露指数

风险暴露指数（Risk Exposure Index，REI）是指个体或群体处在易于发生某事件的环境中，或具有易于发生某事件的特征。Monterroso 等（2015）运用 REI 测量墨西哥地区的暴露性水平，具体指标包括极端天气问题（洪水、冰雹、霜、暴雨、干旱、热浪、雷暴、滑坡等）、环境问题（土地利用率、森林覆盖率等）以及社会经济问题（人口变化、农业损失等）等 18 个变量用以测度墨西哥各城市近年来所经历的气候压力，并将其分为三类：极端事件、社会经济和气候变化。此法用于其他情况时需重新确定变量选取与划分维度问题。

风险暴露指数的制定是基于对三个因素的评估：事件频率、当前环境和社会经济条件以及未来影响的程度。变量被标准化但没有加权：

$$Z = (X_i - X)/DS \tag{2-1}$$

式中，Z 代表标准化值，X_i 是观测值，X 是 i 集合值的均值，DS 是 i 集合值的标准差。我们计算了我们研究的每个维度的值：极端事件（EE），社会经济因素（SE）和气候（CC）。然后，将这三个维度整合为综合风险暴露指数：

$$HEI = EE + SE + CC \tag{2-2}$$

通过将单向嵌套全球海气耦合模式（ECHAM5/MPI）和全球气候模式（HadGEM1）模拟获得的气候值（CC）替换为气候变化情景。得到了一个基本情景和两个气候变化情景。使用式（2-3）将每个场景归一化为 0~100 之间的值：

$$N = (X_i - X_m) / (X_M - X_m) \tag{2-3}$$

式中，N 为 0~100 之间的归一化值，X_i 为观测值，X_m 为观测值的最小值，X_M 为观测值的最大值。

用此法依次计算以上指标，可得到城市级别的气候风险暴露指数，并通过整合变量绘制出一个国家的气候风险暴露情况。气候事件的绘图和空间叠加是确定最暴露区位置的有用工具，通过使用这些技术可以确定每个变量对气候风险暴露的影响程度。

2.1.3 其他暴露指数

暴露指数除了包含灾害暴露和危险暴露外，暴露性测度的指数还有很多种类，对指标的划分与侧重具有较浓厚的地区特点，基于不同数据库的应用情况也各有不同。例如，灾害风险指数（Disaster Risk Index，DRI）主要用于计算与地震、热带气旋和洪水有关的大中型灾害中每个国家的平均死亡风险，通过确定一些与死亡风险有关的社会经济和环境变量，可以指出灾害风险的因果过程（Inter-American Development Bank，2010）。灾害赤字指数（Disaster Deficit Index，DDI）以拉丁美洲、加勒比经济委员会（拉加经委会）和美洲开发银行的数据为基础，根据可能发生的灾难性事件，从宏观经济和金融角度衡量国家风险，需要估计某一暴露时期的重大影响，以及该国应付这种情况的财政能力（Anthony et al.，2004）。地区赤字指数（Local Deficit Index，LDI）以 DesInventar 数据为基础确定低级别事件频繁复发所导致的社会和环境风险，包括小规模（按其影响计算）的山崩、雪崩、洪水、森林火灾和干旱，以及小地震、飓风和火山爆发，不足之处在于无法区分灾害类型和评估它们的相关性程度（Dilley，2001）。一般脆弱性指数（General Vulnerability Index，PVI）由一系列指标组成，其中一些指标反映了易发地区的普遍暴露状况、社会经济弱点和总体上缺乏社会弹性，可用于多种数据源（Nelson et al.，2007）。风险管理指数（Risk Management Index，RMI）汇集了一组衡量一个国家风险管理绩效的指标，这些指标反映了为减少脆弱性和损失、应对危机和有效地从灾害中恢复而采取的组织、发展的能力和行动（Vincent，2006）。

2.2 脆弱性指数

脆弱性（vulnerability）是气候科学和政策中的概念。气候变化脆弱性指的是一个系统容易受到和无法应对气候变化的负面影响，包括气候变化和极端情况的程度，其内涵为系统对气候变化的不利影响的敏感程度或无法应对的程度。IPCC脆弱性通常被定义为以下功能：① 暴露于特定危害或压力源；② 对影响的敏感性；③ 目标人群的适应能力。这种方法继续被用作许多评估和适应优先工作的基础。因此，脆弱性研究的领域既涉及自然灾害，如地震、飓风或洪水等，也涉及饥荒救济团体与政策措施（Pandey and Johanna，2012），包括列出许多可能引发危机的事件，确定和实施打破这一因果链的措施（Hahn et al.，2009），这意味着脆弱性往往以行为者为中心，通过具体的补救措施来体现（Kasperson，2001）。对脆弱性的评估通常是针对社会的个别部门，在个别的空间尺度。

已有的脆弱性评估主要有三种视角：社会经济视角、生物物理视角和综合视角（Barry and Johanna，2006）。其中，社会经济视角主要侧重于评估个人或社会群体的财富、技术、农业、卫生、基础设施、社会安全网和政治地位；生物物理视角涉及气候刺激的变化和其他环境资源（例如水、森林、土地供应等）的状况；而综合视角则是总结以上两种视角之上，通过将生物物理和社会经济特性的指标组合成一个综合指标，将特定的社区或地区与气候变化联系起来。

2.2.1 气候脆弱性指数

在侧重社会各项因素影响的社会经济方法中，气候脆弱性指数（Climate

Vulnerability Index，CVI）主要应用于山区，是根据各种相互作用的社会和经济关系结构，认识气候变化脆弱性对山区村庄或社区一级的社会和自然因素的作用。拟议的气候脆弱性包括社会人口概况、生计战略、社会网络、健康、粮食、水、自然灾害和气候多变性八个组成部分（Hans-Martin and Klein，2006）。在 CVI 中，每个子成分对总体指数的贡献是相等的，尽管每个主要成分由不同数量的子成分组成，这也在各种其他指数中使用（Balasubramanian et al.，2007）。

CVI 中所包含的自然灾害和气候变异的暴露指数计算如下。其中，W_{e1} 和 W_{e2} 是自然灾害和气候变化的权重；W_{s1}、W_{s2} 和 W_{s3} 分别是健康、食品和水等主要成分的权重。

$$E_{xp} = \frac{W_{e1}ND + W_{e2}CV}{W_{e1} + W_{e2}} \qquad (2-4)$$

$$Sen = \frac{W_{s1}H + W_{s2}F + W_{s3}Wa}{W_{s1} + W_{s2} + W_{s3}} \qquad (2-5)$$

适应能力指数计算如下，其中 W_{a1}、W_{a2}、W_{a3} 分别是社会人口概况、生计战略和社会网络的权重。

$$Ada.Cap = \frac{W_{a1}SD + W_{a2}LS + W_{a3}SN}{W_{a1} + W_{a2} + W_{a3}} \qquad (2-6)$$

以此为基础得到 CVI 指数的计算公式：

$$CVI = 1 - \left| \left\{ \frac{N_1 E_{xp} - N_2 Ada.Cap}{N_1 + N_2} \right\} \times \left\{ \frac{1}{Sen} \right\} \right| \qquad (2-7)$$

每个维度的值最高为 1，最低为 0。敏感度的组件数量已相互抵消（分母和分子），因此不包括在 CVI 中。根据数理逻辑的类比，CVI 的值越高，系统的脆弱性就越低，即高 CVI 反映了低脆弱性。

2.2.2 生计脆弱性指数

Azam 等（2018）参考 IPCC 脆弱性框架和可持续生计框架计算生计脆弱性指数（Livelihood Vulnerability Index，LVI），考察了孟加拉国贾穆纳河农村社区对自然灾害的脆弱性和适应性程度。该指数由脆弱性暴露度、敏感性和适应性三个维度的家庭参数组成。所需参数的数据来自家庭调查、焦点小组讨论、相关组织和科学文献。然后，利用综合指数和不同脆弱性对数据进行整合，以产生对自然灾害脆弱性的综合水平。

LVI 使用了一种平衡加权平均方法，其中每个子成分对总体指数的贡献相等。由于每个子成分都是在不同的尺度上测量的，因此首先运用 Bahinipati（2014）使用的方法将其标准化作为一个指标，指标以 0～1 为尺度。

$$Index = \frac{obs.val - \min.val}{\max.val - \min.val} \tag{2-8}$$

为了刻画研究站点的真实脆弱性，对这些子成分进行了倒数处理。因为预期寿命、作物多样化、作物产量指数、教育指数、生计多样化指数、收入指数等子成分不代表社会的脆弱性，而是表现出社会应对灾害的积极能力。如果不对这些子成分进行倒数处理，将会降低研究区域的整体 LVI。为求逆指标，采用如下公式：

$$Inver.Index = \frac{1}{1 + obs.index} \tag{2-9}$$

这种转换所使用的公式是根据人类发展指数所使用的公式来计算预期寿命指数的，预期寿命指数是实际预期寿命与预先选定的最小值之差的比值。

对于测量频率的变量，比如家庭报告的百分比，听说过社区内的水资源冲突，最小值设为 0，最大值设为 100。将各子成分指标标准化后，用式（2-10）求平均，得到各主要成分的指标：

$$Major.index = \frac{\sum_{1}^{n} Index}{n} \tag{2-10}$$

其中 n 为主要成分的数量。计算一个区域的 13 个主要成分的每一个值后，利用式（2-11）求其平均值，得到区域水平 LVI。

$$LVI = \frac{\sum_{1}^{13} MCVI \times W_{mi}}{\sum_{1}^{13} W_{mi}} \tag{2-11}$$

式中，MCVI 为主成分脆弱性指数，W_{mi} 为主成分号。LVI 的范围在 0～1 之间，0 为最不脆弱，1 为高脆弱。

IPCC－VI 是另一种用于计算脆弱性区域指数的框架。根据 IPCC 对脆弱性的定义，IPCC－VI 的计算公式如下：

$$IPCC - VI = [(exposure\ index - adaptive\ capacity\ index) \times sensitivity\ index] \tag{2-12}$$

IPCC－VI 的范围从 -1～+1，其中 -1 为最不脆弱（适应能力大于暴露），

0 为中度脆弱（暴露和适应能力相等），1 为极脆弱（暴露程度高于适应能力）。

IPCC 报告表明，脆弱性评估显示出对气候变化潜在后果进行跨学科分析的明显趋势、努力整合影响和适应评估以及将气候变化与其他压力和问题结合起来。这些趋势符合利害关系方不断变化的需求。Rothman 等（1997）开创性地提出了一个"考虑综合评估的概念框架"，并证明气候变化脆弱性评估的演变在很大程度上与其他领域综合评估的演变是一致的。该框架确定了综合评估的八个属性或特征，并使用其来说明综合评估的演变：从线性到更复杂的分析链、从非适应性到完美适应性到现实适应性代理、从简单到复杂到对替代发展路径的多元考虑、从严格的定量到定量和定性分析、从科学驱动到政策驱动的评估，以及从支配用户的分析到让这些用户参与实际评估过程的分析。此框架也推演到其他领域的评估，具体内容尚未得到细致分析。

2.3 复原力指数

复原力（resilience）是指社会或生态系统吸收干扰同时保持相同基本结构和运作方式的能力、自组织能力以及适应压力和变化的能力（IPCC，2007），是内在弹性、暴露和危险的函数。复原力被可视化为在危险事件后恢复的能力，所以独立于任何类型的极端事件（Bogardi and Fekete，2018）。

复原力是一组复杂的反馈循环或行为的结果，这些反馈循环或行为可以"平衡"某一事件所造成的变化。恢复的时间长度是环境、经济、社会和治理等要素的反馈循环相互作用的结果。复原力与脆弱性相联系可有效评估气候变化条件下的适应性水平，从此视角出发的研究方法表明，只有当流入和流出达到整体平衡时，自然系统和建筑系统的动态平衡才存在，因此不能忽视自然系统和气候事件以及建筑环境与气候事件之间的相互作用。

多种方法可用来构建或评估复原力水平，大多集中于城市资产或城市系统，在不同程度上考虑人类社会基础设施、自然环境、城市管理水平和人类行为。例如，水库可能是水供应或洪水管理系统的关键部分。基于资产的方法倾向于关注有形资产，而非影响人类行为的无形资产，如文化、社会网络和知识。根据对以往复原力的研究工作以及对重要报告和评估中认为重要的因素的审查，Nathan 在应用框架进程中确定了五类指标，并形成混合气候变化复原框架：治理和安全、自然资源系统、社会制度、经济体系、建筑环境 / 基础设施（Engle et al.，2014）。Holling（1973）为测量复原力提供了一种方法，可以将发展和管理社会生态系统视为综合系统，而不是孤立的社会、物理或生态组件。人类生活要素（如机构、基础设施、文化）和环境要素（如地质、气候、生物）构成了一个耦合的复杂系统（Folke，2006；Holling，2001）。

2.3.1 亚洲城市气候变化复原力网络

Tyler等（2016）介绍了在亚洲城市气候变化复原力网络内制定支持城市适应气候变化和复原力的指标的方法（Asian Cities Climate Change Resilience Network，ACCCRN）（表2-2）。ACCCRN是洛克菲勒基金会发起的一项为期8年的倡议，在2008—2016年期间支持印度、印度尼西亚、泰国和越南10个中等城市的气候复原力。在制定复原力指标之前，参与的城市都进行了正式的脆弱性评估，并制定了复原力战略，以确定地方行动的优先事项。该倡议支持当地制定气候抗御战略和抗御规划能力，实施高度优先干预措施（Brown et al.，2012）。

ACCCRN 主要因素说明　　　　　　　　　　表 2-2

ACCCRN 主要因素	作用
基础设施生态系统	开展各种气候变化应对活动（减缓与适应）活动基础
个人、家庭和组织	能够及时组织或重组；识别、预测、计划和准备威胁、破坏性事件或组织失败的能力；并在事后迅速做出反应
机构	正式和非正式的权利和权利促进了对关键系统、服务或能力的公平获取，并使合作团体能够自我组织和行动

2.3.2 气候复原力筛选指数

Summers等（2017）提出了气候复原力筛选指数（Climate Resilience Screening Index，CRSI），确定了分类指标、领域和指标。CRSI结构包括五个分类指数（自然环境、社会、建筑环境、治理、风险）、11个评估重点领域和28个确定的量化的指标。CRSI的特征域描述了一个地区、州、县或社区的人口、健康特征和社会凝聚力。

自然环境概念可以由两个主要组成部分来区分：① 作为自然系统发挥作用的完整生态单元，通常称为生态系统；② 缺乏明确界限的普遍自然资源和物理现象（如空气、水），需考虑自然生态系统的范围和完整性：范围主要包括自然发生的每种生态系统类型的空间范围或面积（没有任何显著的人类干预，例如，湿地、北方森林、沙漠和湖泊）和一些人类干预发生的管理土地（例如，农业、造林和水产养殖）；完整性与描述这些生态系统类型和管理土地状况的指标有关。

社会是指一群人参与持续的社会互动，或一个大群体的人共享相同的地理或社会领域。社会可以包括人们与物质世界和他人之间的客观和主观关系。CRSI 建议的社会的领域包括服务、经济和社会特色。服务领域包括安全保障、社会服务和劳工/贸易等方面；安全和安保服务包括急救人员、医务人员、民事秩序和法律服务；劳工和贸易服务代表了可在气候事件后使用的熟练劳动力和贸易技术的可用性（如木匠、砖瓦工、工程师、屋顶工人、建筑工人和公务员）。经济领域包括保险、社会经济多样性和就业。

建筑环境是指为人类活动提供环境的人造环境，包括建筑物、公园、绿地、公园、社区、供水、能源网络和交通走廊等配套基础设施。建筑环境是人类劳动的物质、空间和文化产品，可以被视为文化和自然之间重叠地带的人工制品。在 CRSI 中建筑环境分类指数中纳入了两个主要领域：结构和基础设施。结构领域涉及住宅和非住宅建筑以及庇护所能力；基础设施领域包含通信、运输和公用事业。

治理描述了政府机构和非政府（私人）行为者（例如，非政府组织、公司和公民）在一个规则和规章系统内为共同目标而进行的合作。在 CRSI 中，我们在治理分类指数中纳入了两个主要领域：准备和响应。准备领域涉及应对气候事件方面的计划能力，在这些事件发生后制定应对方案的能力，以及就这些计划和规划好的应对方案的复杂性对其人员进行培训和测试的能力；响应领域涉及为气候事件准备投资和支出资源的能力。

CRSI 的风险分类指数代表了一个地方的特征，该特征导致了特定灾害（气候事件，如海平面上升、飓风、龙卷风、野火和干旱）的暴露性或脆弱性。在 CRSI 框架内，风险和暴露完全在风险分类指数内处理，而漏洞则跨多个分类指数处理。当某些漏洞在风险分类指数中被表示，其他成分则在其他分类指数中被分散。这些特点更典型地成为提高复原力干预措施的重点。CRSI 的发展和应用将有效推动全面应对气候所必需的跨学科技术研究。

气候变化已成为 21 世纪人类面临的最紧迫挑战之一，影响覆盖全球数十亿人口，尤其是欠发达地区。本章总结了已有研究对适应性发展的测度框架、方法、指数的选择，这些研究在不同程度上基于 IPCC 脆弱性评估框架之上展开。然而随着气候变化影响的加剧，全球各个地区的自然资源与社会经济活动不同，其应对气候变化的手段也有所不同，在测度工作开展时便有诸多难题，例如数据来源问题、维度划分问题等，因此需不断丰富评估指标，更新测度方法，将测度内容部门化，结合统计数据，构建出高质量的适应性发展测度体系，为适应性发展的理论完善和实践推进提供基础支撑。

【推荐读物】

1. 罗勇. 应对气候变化报告. 气候变化科学评估的最新进展 [M]. 北京：社会科学文献出版社，2009.

2. 姜彤. 气候变化影响评估方法应用 [M]. 北京：气象出版社，2013.

3. 张明顺. 城市应对气候变化脆弱性评估与对策 [M]. 北京：化学工业出版社，2015.

4. Kasperson J X, Kasperson R E. Climate Change, Vulnerability and Social Justice [M]. Stockholm: Stockholm Environment Institute, 2001.

5. Kasperson J X, Kasperson R E. Climate Change, Vulnerability and Social Justice [M]. Stockholm: Stockholm Environment Institute, 2001.

第 3 章 适应性治理

【本章导读】
　　本章基于适应性治理（adaptive governance）内涵关键特征，总结了适应性治理过程中存在的障碍（政治体制障碍和资源障碍），提出了为解决治理障碍的治理机制多元化的气候变化适应性治理机制复合体，揭示了在复合体之下的各个行动主体（国际机构、政府、企业、社区/家庭）所承担的主要角色，并提出相应举措。

　　1992 年，《联合国气候变化框架公约》（UNFCCC）通过之时，国际气候变化舞台便对适应给予相应的关注，在过去十年里，UNFCCC 从高度重视气候变化减缓转向日益重视气候变化适应（Hall and Persson，2018），直至 2015 年《巴黎协定》才将适应与减缓放在同等地位（Gonzales et al.，2019）。

　　气候变化适应是指为应对实际或预期的气候刺激及其影响而对自然或人类系统进行的调整，这种调整可以减轻气候变化损害（Smit et al.，1999）。因此，人类和自然系统的气候变化适应是指通过观念意识改变、实践活动等，最大限度地减少气候变化的不利影响（Zen et al.，2019）。气候变化问题与传统安全问题一样威胁人类生命财产安全，且涉及不同行为主体和空间尺度，即气候变化适应的责任和资源分散在政府、私人行为者和非政府组织之间（Daniel et al.，2020）。由于气候变化是一个复杂的现象，气候变化适应行为因背景和地点的不同存在差异，这种高度的复杂和不确定性给政策制定者带来了严峻的挑战（Van et al.，2015）。

　　即便当下气候变化减缓措施有效，也无法阻止下一代的气候变化，气候变化适应势在必行。治理气候变化适应问题是一个涉及自然系统与社会系统动态交互过程，在这过程之中需要解决价值、政策、技术等各种问题。同时，气候变化适应行动很大程度上受个人对风险、机遇和适应选择的信念影响（Grothmann and Patt，2005）。因此，可将私人和民间社会行为者视为共同制定公共政策的资源和工具，而不是沦为被动的目标或公共监管的主体，解决气候变化问题不能仅依赖于单个行为主体（Ansell and Torfing，2016）。罗得兹等将治理视为"自组织""组织间网络"，并认为这些组织网络补充了市场和等级制度，成为分配资源、实施控制和协调人员的治理结构（Rhodes，1996），此外，治理可以概念化为一个由政策、措施、参与者和知识组成的网络（Braunschweiger et al.，2018），但通常与特定的限定前缀一起使用，本研究主要是为应对气候变化而进行的适应性治理。

3.1 适应性治理内涵

适应性治理是指通过整合地方知识和科学知识以促进政府与社区之间的参与，通过可持续、高效的方式利用各种资源，最大限度地减少气候变化的风险，以平衡和整合当地具体情况的替代利益（Nelson et al.，2008），目前为止，适应性治理是由具有自然科学背景的学者主导（Keskitalo and Kulyasova，2009）。适应性治理认识到气候变化系统性的动态性和不可预测性，在不同层级上连接治理行动者，并使合作、学习、实验、知识交流和决策成为可能（Baird et al.，2014），并提出建立相应的治理网络。适应性治理相关研究者认为适应性治理有望应对气候变化风险和不确定性，但也承认治理目标的矛盾性、知识的不确定性、权力的不对称性及额外的管理成本等问题，并强调参与、实验和集体学习是适应性治理的关键要素（Munaretto et al.，2014）。

适应性治理的内涵可分解为 15 个关键具体特征（表 3-1），可概括为整合性与不确定性两大主要特性。① 整合性主要指各个治理主体间的交流合作，适应气候变化是长期且艰巨的工程，单个行动者所拥有的能力与资源无法解决当前面临的气候问题。例如，政策制定者及执行者不仅要考虑应对气候变化的有效方法，处理具体的气候灾害（如干旱、洪水、海平面上升、盐度入侵）问题，还需解决有限的政府力量无法妥善处理所有问题。此外，整合性包括吸纳各个行动者的知识（传统知识、科学知识、学习机制），动员、利用以及结合不同的知识系统和学习环境，以提高处理复杂适应系统和不确定性的能力（Folke et al.，2005）。② 不确定性主要来源于气候变化存在的不确定性和能感受到影响时间节点的不确定性，不确定性同时伴随着风险发生（Munaretto et al.，2014）。

适应性治理关键特征　　　　　　　表 3-1

关键特征	具体表现
多主体	多重、嵌套和冗余的权力中心阶层
合作	网络和伙伴关系；分享权力和责任；解决冲突的自组织机制
实践	实践中调整政策与管理行为
灵活性	允许调整、吸纳新信息
集体审议	集体商议解决问题的方案
参与	政策制定者；资源使用者；科学家；感兴趣的公众
多样化	提出多个问题框架；开发多个解决方案
知识整合	当地知识；传统知识；科学知识
社会记忆	动员和利用过去的变革经验；管理经验的集体记忆为社会生态系统变化做好准备
学习	改进常规管理流程和实践；挑战假设、价值和规范；建立信任、欣赏和考虑
系统匹配	匹配生态系统和治理的规模
弹性管理	关注系统吸收变化；自我组织和损伤恢复的能力
能力拓展	聚焦社会适应
优势	注重为变化和意外做准备；采取行动时将不确定性作为信息来源的方法
劣势	在小规模和明确界定的资源系统之外运作不良；不适合处理突变的情况

3.2 适应性治理障碍

3.2.1 政策体制障碍

（1）政策障碍。适应气候变化尚未明确纳入大多数现有部门政策，管辖边界为跨级别互动制造了障碍，加剧了机构应对措施和气候变化现实之间的不匹配。不同部门政策之间相互冲突也时有发生，地方一级可能处于制定气候适应性政策初级阶段，如何确定最重要的政策是什么以及处理政策间的相互作用变得非常困难。官僚僵化和参与意愿有限无法制定、实施有效的适应战略。每个政策领域都有直接面临的问题情境、程序和目标，跨领域沟通是困难的。政策执行的背景往往非常复杂和分散，气候变化适应的政策执行时需统筹相互作用的气候和非气候计划、方案和战略，机构间协调困难以及沟通渠道不畅，阻碍了气候政策的更好整合。气候变化适应责任和权利分工不明确，严重制约了行为者实施适应的意愿，单中心机制向多中心机制复合体的转变让谁应对谁负责难以确定。

（2）体制障碍。一个重要的障碍是缺乏政治意识和紧迫感，这导致采取行动的政治动机有限。毫无疑问气候变化是一个高度政治化的问题，监管能力、财政能力或管辖范围内的冲突是气候政治的核心，气候治理框架往往缺乏明确的权力概念。个别地区质疑气候科学并禁止地方政府规划就证明了这一点，气候变化适应作为政治过程的一部分，不仅涉及个人行为层面，而且与国家治理的规则体系及国际交流合作紧密相关，影响了官僚行为者的执行偏好。法律和政策是由官员通过执行具体工作转化为行动，政策意图在高层次上表达方式可能与在低层次上实际执行方式存在差异，这种差异会在执行过程中以非正式的方式出现，更重要的问题在于分配资源和设定目标在很大程度上取决于当选的政治家，政治领导人的支持程度会显著影响气候主流化。政策制定者努力兼顾一系列相互竞争的政策目标，但短期的选举周期与长期的气候适应投入不对等会影响政治领导人对适应气候变化的重视程度。

（3）法律障碍。地方一级的气候变化适应战略可能受到国家和国际法规的限制，这些法规确定了对资源的合法权利、资源获取水平以及支持或补偿机制。授权不清导致国家区域法律、规则、条例随着时间的推移增加脆弱性，法律机制变革缓慢可能不能满足适应气候变化的需要。气候变化适应行动也可能受到以下因素的限制：法规解释冲突、法规执行的有限性以及行为者之间的冲突（甚至是当地的冲突），这些冲突可能会就要采取的行动向决策者发出不同的信息。国际、国家和区域层面监管的多个机构的参与形成了多层次、多尺度气候变化监管框架，这也进一步增加了气候治理立法难度。

3.2.2　资源障碍

（1）资金障碍。气候变化制度没有解决分配公正的关键问题——发达国家对其温室气体排放影响的责任。这些排放造成气候变化影响，给发展中国家以及没有能力应对气候变化的弱势群体造成负担。资金分配可能由利益集团的实力或话语权决定，而不是由各个利益相关者现实需求决定。发展中国家在国际气候谈判机会和话语权不如发达国家，即使发达国家承诺援助发展中国家，也并不能使所有国家平等参与或受影响各方公平参与各级治理，穷人可能无法通过适应政策和措施受益于国际捐助资金，同样也就没有充足的适应资金支持应对气候变化的行动。

（2）技术与知识障碍。地方气候决策需要科学技术和知识的支持，知识可分为正向知识和负向知识，正向知识是能够帮助降低气候变化风险或正确认识气候变化风险的知识，负向知识是不相信或不能准确认识的气候变化不确定危险性的知识。适应性治理主体在治理过程中可能存在着对气候变化风险的理解不充分、缺乏适应气候变化的能力或获得专门知识的途径，甚至出现无知问题等障碍，地方拥有的技术和知识并不足以支撑政策制定，同时技术的可用性和员工有效利用技术的能力在一定程度上制约了适应能力。

3.3 适应性治理障碍解决

障碍往往是导致未能有效应对气候变化的行为的核心，治理主体需要认真和协调一致的努力，才能成功消除气候适应障碍。需要强调的是，上述障碍并非孤立存在，而是在不同层面相互作用。在机制复合体框架之下，国际机构、政府、公司、社区、家庭等多个治理主体承担着彼此差异但同时又存在相似之处的角色，各个主体间的良好协作是解决适应性治理障碍的有效途径。

3.3.1 机制

气候问题的解决涉及私人行为者和地方政府以及国家或国家间组织，共同构成了一组松散联系、相对分散的机制，即"机制复合体（regime complex）"（Abbott，2013）。机制被定义为一套隐含或明确的原则、规范、规则和决策程序，在国际关系的特定领域，行为者的期望围绕这些原则、规范、规则和决策程序趋同（Krasner，1982）。机制复合体是一种具有系统性影响的社会结构，产生于基本制度之间的相互作用，建立了机构间的竞争，机制复合体可以将一系列不同的、有时不相容的等级制度联系在一起。虽然某些组成部分可能具有特别强的影响力，但机制复合体从根本来讲是多中心的，由多个权力中心组成，每个权力中心涉及不同的行为者或行为者组合。机制复合体会随着新问题出现以及权力和利益格局的变化而产生变化，从而决定机制复合体在多大程度上是稳定的或脆弱的（Colgan et al.，2011）。

气候变化问题实质上是合作问题，政府和非国家行为者在具有松散耦合和缺乏层级的机构间输送资金、技术和法律等资源。气候治理在没有中央机构协调的情况下运作，变得复杂、分散，大多数关于气候治理的努力都集中在国家间机构上，没有统一的制度来管理限制气候变化范围的努力，有的仅是机制复合体——一套松散耦合的特定制度（Keohane and Victor, 2011）。在高度不确定性和政策变化的背景下，机制复合体不仅在政治上更加现实，而且还提供了一些显著的优势，如灵活性和适应性，同时可能会导致公开的冲突和地盘之争，也可能会在基本机构之间产生既定的分工（Thomas and Ben, 2013）。参与气候变化治理的各种机构共同构成了一个具有独特的收益和成本的区域合作框架（Colgan et al., 2011），是为解决分权治理而进行的安排，描述了一个通过不同级别和规模上运作的行为体和机构，采取多种分散的、非结构化的跨国气候变化治理行动来解决气候变化问题。

机制复合体由不同的私人行为者和政府组成，有时也可表示国际组织和国家政府结成伙伴关系。考虑到机构分散或多重性的原因，一些跨国气候变化计划会涉及其他机构的核心利益，所涉计划的标准和活动在很大程度上是互补的。松散耦合的组织在应对不断变化的条件方面也比单一系统更加灵活，尤其是在对问题和参与者影响不均衡的情况下，更容易出现积极结果与协同作用（Abbott, 2012）。学者们关于机制复合体的研究重点大多放在跨国机构的合作上，但处理气候变化问题以及处理气候变化问题机制运转是由国内外多个主体，分别贡献资源、共同发力的结果（图3-1）。但无论机制是嵌套、重叠还是相互平行的，机制复合体皆存在交易成本。

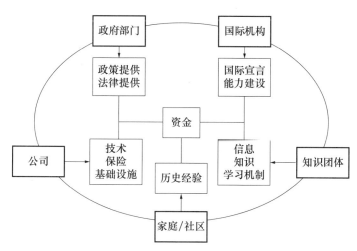

图3-1 适应性治理背景下的多主体复杂机制框架

各国一直在努力构建一个强大、综合、全面的管理气候变化的监管体系，最终形成了气候变化机制复合体。国际机构、政府、企业、社会及知识团体等各类治理主体或组织机构围绕气候变化议题，建立了内容和形式相似或相异的治理机制，从而形成气候治理的机制复合体。就气候变化问题而言，由于各国经济、政治、文化条件等存在差异（风险认知与适应能力），在利益交汇与冲突下往往会形成一个复杂的机制，而不是一个全面、综合的机制。更重要的是治理气候变化的机制复合体并不是一朝一夕形成的，也并非处于稳定状态。共享的气候治理信息将帮助人们了解气候变化现状以及气候变化适应行动的必要性，并根据本国机构设置、资源拥有状况作出相应的预防及应对方案。

气候变化的影响以及适应气候变化的选择有可能在地方一级实现，但建设适应能力的政策行动和资金流动将有可能在更大范围内实现（Engle and Lemos，2014）。在应对气候变化时各个治理主体满足不同或相似的资源需求（图3-1），国际机构、政府、企业、个人和各种其他组织在气候适应问题框架中相互作用，贡献出自身拥有的资源。政府主要提供法律、气候治理政策和财政支持；企业在接受政府鼓励、监督和政策、财政支持的同时向社区和家庭层面提供资金、技术、基础设施和保险；知识团体发挥智囊团的作用是向各个治理主体提供气候信息用以支持各部门决策，提供技术和学习机制提升总体治理能力，学习过程是贯穿在整个适应性治理框架中的；比较特殊的是社区和家庭这类行为者，其本身受气候变化直接的冲击，除了具有丰富的地方知识的实践经验之外，其他各方面资源都较为匮乏。

3.3.2 主体

行动者多样是适应性治理过程的主要特征，制定有效适应措施前提是主体间进行良好协调，（Barton et al.，2014）并涉及对规划和实施现有政策、战略的认识、整合，对纳入气候变化层面的局限性和机遇的考虑，以及治理进程本身的政治性。适应性治理过程中最重要的是让各方利益相关者参与，以便在制定适应性政策（方案）时能够代表各方利益，并在制定适应性政策或方案时解决一些突出或隐藏的问题。

有效的气候治理障碍解决需要多个治理主体共同采取行动。适应性治理行动主体主要可分为国际机构、政府、企业、社区和家庭五个主体。各个主体在气候治理过程中都为适应气候变化发力同时扮演着重要的角色，因此，为了实施有效的气候变化适应性治理，有必要澄清不同主体在适应气候变化进程中的作用（Huynh and Piracha，2019）。国际机构主要为地区、国家提供资金支持，推动政府改革以更好地适应气候变化。政府主要承担法律条规制定、治理机构设置以及财政分配等角色。企业主要承担提供商业保险以及关键基础设施的角色。社区、家庭、非营利组织及科学团体，属于非官方的社会层面，更直接受气候变化影响，其行动也更加具体化（表3-2）。

适应性治理的主体　　　　表3-2

主体	角色担当		实践举措	作者，年份
国际机构	资金捐助、能力评估		国际红十字会捐助萨摩亚脆弱性评估、英国国际气候基金	Persson（2019）；Benzie（2019）；Anisimov（2020）；Gero 等（2011）
政府	法律制定、机构设置、愿景设计、资源分配		荷兰《国家土地排水法案》、三角洲委员会；马来西亚概述应对气候变化挑战的可持续城市发展愿景；安大略省设置气候变化专家小组、《土地退化和干旱手册》；特立尼达和多巴哥《国家气候变化政策》；津巴布韦国家气候变化办公室、国家气候变化指导委员会	Vink 等（2014）；Pasquini 等（2020）；Middelbeek 等（2014）；Lee 等（2015）；Dodman 等（2014）；Henstra（2019）；Birchall 等（2019）；Zen（2019）；Astrid 等（2020）
企业	商业保险、基础设施建设		雀巢公司新植物品种开发；安联公司气候保险；私营公司提供公共供水；污水处理公司治理洪水泛滥；Aquafor Beech 有限公司开发了LID 雨水管理规划和手册	Surmin（2013）；Schneider（2014）；Lund H（2018）；Henstra 等（2020）
社会	家庭、社区、科学团体	直接行动	防水混凝土屏障、修筑"沙坝"、创新农业技术与品种	Mycoo（2014）；Lasage（2007）；Islam 等（2015）
		政府改革	坦桑尼亚和加纳部门改革	Sharma（2014）；Musah 等（2019）
		科学研究、决策咨询	气候模式、气候变化信息咨询	Barton（2014）；Pasquini（2014）；Lee 等（2015）；Múnera 等（2019）

国际机构是影响范围最大的适应性治理主体，提供气候变化适应资金是国际组织/机构的重要角色。由于发展中国家与发达国家在应对气候变化进程中所负的责任存在差异，且发展中国家没有足够的力量去应对难以承受的气候变化压力。因此，跨国家的国际组织/机构应发挥作用，为适应能力不足的地区提供能力建设，包括将适应纳入其机构目标，以及制定地方和国家适应项目，以此提高适应能力。近年来，气候风险发生频率更高、范围更大、影响程度更广，仅靠国际层面的救助已无法满足应对气候风险的需求，亟需国家的公共部门作出相应的回应。

适应气候变化是一个公共问题，其政策制定和行动主要由公共部门主导

（Mees and Driessen，2019），政府有足够的影响力来团结企业和个人对抗气候变化。政府在提供应对气候变化资金、技术等支持的同时，还需通过合法程序为适应性行动提供立法环境支持。2011年，特立尼达和多巴哥通过了国家气候变化政策以应对气候变化威胁，该政策提出多条关于适应气候变化的建议，例如：加强系统观测和气候变化建模的现有体制安排；修订国家发展计划、纳入气候变化脆弱性、影响和适应、扩大使用绿色基金，促进基于社区的适应（Middelbeek et al.，2014）。2012年，维多利亚州政府创建了一个新组织——维多利亚应急管理局，以协调所有机构应对灾害的方法。政府制定政策要满足地方需求，由中央政府制定的政策很可能不能满足地方适应性治理多样性的需要。因此，在政策制定及执行过程中需与地方进行适度的沟通交流，尤其是关注穷人、边缘人群，特别是那些直接暴露于气候灾害的群体，同时注意在政策反馈中改进应对气候变化的适应性政策。政治稳定在适应性治理的有效运作过程中发挥着不可忽视的作用，值得注意的一点是政府干预有可能增加该地区或其他地区的脆弱性，或者增加目标群体应对未来气候变化的脆弱性（Howes et al.，2014）。

企业也在气候变化领域发挥着重要作用，既针对问题提出建议和实施气候适应措施，又为其自身利益进行气候适应辩论。企业的独特专长、创新能力及财务杠杆可构成其与政府、非政府行为者之间的多部门伙伴关系重要组成部分。市场行为者既是气候风险制造者也是气候风险受害者。气候治理影响企业及其企业社会责任的实践。市场行为者可以通过直接行动（如建造不安全的设施或将其放置在有风险、退化和环境污染的地区，以及使用危险材料）和间接行动（增加生产和供应链中的风险暴露、将工人重新安置到风险易发区）促成风险产生或增加（Giuseppe et al.，2015）。由于风险的特性，市场行为者行动所产生的风险有可能扩散到其他行为者所属部门，这也就意味着应对气候变化需要各个行为者集合各种资源共同发力。提供食品、能源、物流运输、电信等其他产品的企业是社会重要的基础设施供应者，但企业自身可能不愿主动承担适应气候变化或实施气候变化措施的责任，这就需要其他行为者如政府需采取积极主动的方式促使企业承担相应的适应责任（Schneider，2014）。

社区和家庭是直接面对气候变化压力的群体，也是直接对气候变化作出反应的群体。地方一级，即社区和家庭，在制定和执行气候变化适应方案方面积极参与至关重要。因为气候变化脆弱性发生在当地，适应性行动也发生在当地。例如农民投资畜牧业以降低天气敏感度、地下水吸收量以及气候依赖（Gottschick，2014）。孟加拉国的农民用花生种植来应对缺水压力、干旱和沉积或沙地覆盖的影响（Shaw et al.，2013），但许多面临严重气候灾害的家庭没有足够能力应对气候变化威胁，家庭对气候变化影响的自主适应的发展受国家关于应对气候灾害能力以及将气候相关灾害造成的损失降至最低能力的影响（Mycoo，2014）。

科学研究团体是适应性治理障碍解决的重要助力。大多数研究都侧重于为决策者做出决策提供科学依据。其主要作用在于：为气候适应提供科学和有效的信息；开发新型适应治理工具和方法；根据已有信息预测未来气候变化。例如智利大学在气候适应圣地亚哥项目背景下，根据对全球建模数据的元分析工具，通过缩小全球模型中的可用信息的规模，以确定气候变化在较小规模上的预期影响，从而确定21世纪智利预期的气候变化影响。治理学习可以是顺序的，即基于以前的治理经验，也可以是并行的，即借鉴同时进行的治理实践（Wolfram et al.，2018）。通过社会学习可以增强治理环境中的适应能力和复原力，从而鼓励更高水平的政策学习。

适应性治理以行动者为依据分为四个层面，并不意味着这四个主体间的角色承担、作用发挥是完全割裂的，不同的行动时都需要考虑效益分配、与发展目标的一致性、与其他政府政策的一致性、成本、环境等因素，承担着相互独立又适当交叉的角色，比如适应性治理的资金来源可以是国家也可以是市场、家庭及社区，甚至是个人。

3.3.3 举措

1. 完善立法和促进沟通

处理气候变化有关问题需要法治支持，执法机制的缺失将导致新的问题。进一步完善国家气候立法，设置明确的法律机构，借鉴国际法律协定、条约以及国内已有法律基础进一步完善法律框架。多元主体参与气候治理意味着多个机构交叉，一个部门的机构组织可能成为进行气候考虑的障碍，削弱立法在促进气候措施方面的效力并影响行为者（机构和个人）之间互动的性质。机构间协调困难以及沟通渠道不畅，现有治理结构执行不力阻碍了气候政策的更好整合。解决机构间协作问题可在机构内部确定倡导者并与其他机构中类似的倡导者建立联系，倡导者能够促进不同级别的工作人员相互沟通，或者致力于保持良好的沟通网络，有利于在不同的行动者间创造正式或非正式的合作机会。制度、机构变革需要明确规定责任，积极主动建立应对气候变化机构、法律框架，通过协调一致的国家努力和国际合作有效加强对气候多变性和变化的适应，以此应对气候变化的挑战。

2. 合理运用权力

气候变化处在具体的社会和政治经济环境中，政治过程决定了哪种规模和群体的利益和声音被认为更重要。在应对气候变化过程中如何处理政治因素成为解决治理障碍之一，因此不仅要行使或主张权力，还需要承认权力在气候变化应对中的作用。官僚体制影响官员使其对行政体制、规则、规范和实践产生执行偏好，缺乏接受成本和行为改变的意愿，从而影响制定、执行解决气候变化问题的政策、计划和措施。制度变革（如法律框架改革、决策变化所推动的体制变革）可被视为适应能力的基本驱动力，体制资源对于采取行动在短期内适应当地气候变化以及在长期内适应气候变化的能力至关重要。改变传统官员观念，改变思维方式和行为习惯，进一步引起国家政府重视适应气候变化。

气候变化具体而言是在特定的、不同类型的环境、社会和发展状态下发生的，当地政府可能更为关注经济发展效益，同时努力兼顾一系列相互竞争的政策目标。特别是在地方一级，政策可能是最突出的表现，气候变化决策必然会成为地方可持续发展的一大挑战，气候变化行动可与其他政策目标相结合，例如为当地居民提供更为宜居的环境、就业机会。增强对有效风险管理的压力适应以及获得充分适应利益滞后，解决短期选举周期与长期气候变化适应不匹配障碍。

3. 拓宽资金来源渠道

资金一直是气候变化谈判中的关键问题之一。气候变化本身不容易定义为经济或金融评估，也是公共政策领域相对较新的进入者，其核心是富人占有超额的全球效益，此外，还通过极端气候事件（如干旱、飓风等）来破坏弱势群体的生存条件。在 UNFCCC 中发达国家缔约方同意支付实施气候变化措施的"商定的全部增量成本"和"帮助特别容易受到气候变化不利影响的发展中国家缔约方支付适应成本"，但何为"增量成本"，以及如何估算增量成本，并未达成一致。目前的气候融资量无法准确估算，但有一点是确定的，即应对当前及未来的气候变化资金需求量是巨大的。人类社会越来越易于受到恶劣天气事件的影响，例如城市异常降水可能会花费数百万来清理和扩展本已有限的城市预算，将气候变化弹性措施纳入市政债券评级、适应气候变化相关的专利与创新挂钩都可以在一定程度上缓解适应气候变化资金紧张的状况。同时，国际财政支持与国家财政供给并行，资金来源多元化（公共和私人、双边和多边的各种来源，包括替代资金来源）并将需要从资助具体项目转向支持部门和适应方案也必不可少。

国家政府通过设定目标、制定法规和为地方政府实施的适应过程提供资金，关注未来气候变化的市政当局和主张需要更多关于当地气候变化的具体数据、更多财政支持、更明确界定的作用和市政当局更多资源来应对适应挑战的市政当局之间存在明显的关联。国际、国家和国家以下（区域）政府可以发挥关键作用，提供财政和技术援助，通过积极审议和分析支持建立科学政策能力，让专家和决策者参与反复的信息交流，明确授权在地方一级运作。

4. 增强技术、知识获取能力

非官方的、民间社会、互联网、非政府组织皆成为应对气候变化的信息来源，国家一级应该在某种程度上参与资助信息获取能力的提高。地方政策制定受到技术问题的阻碍，这些技术问题的地理范围和解决水平目前由气候变化设想方案提供。研究数据需要转化到具体一级，应对气候变化方面面临的问题与其说是技术和信息问题，不如说是政治和组织问题。气候治理超越国界，涉及处理国际和跨区域行为者的关系。非营利组织为城市员工和居民提供气候科学和气候变化影响方面的教育和培训。专家知识与地方知识结合，辨别不同知识的重要程度，整合和提升风险人群的当地知识和经验，提高应对潜在气候威胁的准备程度。通过学习过程可促进知识和信息在决策者与其他行为者之间转移和公开对话，减少利益相关方冲突。不同的行为者也可以通过积极培养他们的参与来影响媒体对气候问题的理解，行为者通过获取媒体关注，与媒体合作激发公众或政府当局注意力，从而将适应性治理提上政策议程。

气候变化调节个人和集体应对多重和并发的环境和社会变化，需要对适应政策、实践和分析进行重新设计，以运用多种适应知识，质疑话语和问题理解中固有的主观因素，并确定如何支持解放主观因素从而支持转型适应的潜力。要求人们不仅要适应新的危害和不断变化的资源，还要适应新的知识体系，适应知识包括正式的科学知识、非正式知识（传统知识）和实践学习知识，是通过实践累积过程而形成的实践体。体制变革可能会影响知识体系中的主体互动以及在实践过程中的技术解决方案。为复杂的决策提供信息至关重要，尤其是对风险管理、预防以及适应能力提升而言。

5. 明晰和下放责任

治理决策是在网络和伙伴关系等实体的信任和互惠基础上以及多个行为者之间互动进行，在横向的交互网络中而在组织内部纵向进行互动安排。基于公共、私人和民间社会行为者之间的相互依赖，不一定平等。生产力较低的土地和贫困群体，以及无法获得额外支持，正在削弱发展中国家的气候变化应对能力，因此需要协助其采取适应措施。政治家试图通过利用交互网络增加对政策制定的参与来应对复杂性，从而增强投入的合法性。与此同时，由于政治家在目标设定过程中的特殊角色，选举权力赋予使其成为最终的仲裁者。治理安排中行为体的多元化模糊了责任和权力，构建气候适应问责制，通过决策过程中的制衡、通过确保决策的公开性和通过多种形式提高决策的透明度，明确应该安排谁对决定和行动负责。

权力下放、纳入当地知识和用户利益多元化，这些结果增加了地方一级行动者集体行动的动力。适应性治理的分权，在纵向上是中央政府分权给各层级政府，横向上将政府权力分给各个非政府行动者。中央政府可适当放权，提高地方政府财政自主权，通过更大的自主权来提高当地的财产税、地方所得税和道路使用费等收入，此外适当扩大当地的税基和减少避税行为，提高当地的财务生存能力。国家可以将能力和责任适当转移给私营部门、公民和非营利组织，转移可以在行政改革中进行，增强非政府部门的行动能力。地区和社区一级政策能力通常不高，明确的法律机构、有效的政策执行、资金以及政府工作人员培训对其提升治理能力非常重要，提升适应性治理能力也是应对气候治理障碍的重要手段。

> 【推荐读物】
>
> 1. 傅聪. 欧盟气候变化治理模式研究 [M]. 北京：中国人民大学出版社，2013.
>
> 2. Brosig Malte. Cooperative Peacekeeping in Africa: Exploring Regime Complexity [M]. Taylor and Francis, 2015.
>
> 3. Arwin van Buuren, Jasper Eshuis, Mathijs van Vliet. Action Research for Climate Change Adaptation [M]. Taylor and Francis, 2014.
>
> 4. Tanner, Thomas, et al. Urban governance for adaptation: assessing climate change resilience in ten Asian cities [M]. IDS Working Papers, 2009.

资源与产业篇

第4章　水资源

第5章　生物多样性

第6章　农业

第7章　能源

第8章　金融

第 4 章 水资源

> 【本章导读】
> 本章旨在就水资源面对气候变化的脆弱性、水资源适应气候变化的主要举措和未来发展方向等的研究进行梳理总结,拟为未来气候变化在水资源领域的研究和实践提供参考。

地球上约有 13.86 亿 km^3 水,大约 97%是海洋盐水,3%是淡水,河流、湖泊、溪流和沼泽等地表淡水不足 1%,如果能把冰层中的水提取出来,那也只有 1%可用,且其中的 99%是地下水(Liu et al.,2011;Plessis,2017)。从观测到的情况来看,气候变化对自然系统的影响是最强、最全面的(IPCC,2014c),预计 21 世纪的气候变化将会造成多数干旱亚热带地区的可再生地表水和地下水的减少,并加剧农业、生态系统、居住区、工业和能源生产等领域的用水竞争,影响区域水、能源和粮食安全(IPCC,2014a)。气候变化会对全球或区域水资源产生重大影响已是不争的事实(Zhang,2015),这也引起各国学者的广泛关注,开展了大量相关研究。全球很多地区在水资源适应气候方面已开展了大量工作,政府部门将水资源管理、灾害风险管理等纳入适应规划,成立了专门的管理机构,并完善了立法,水资源适应气候变化在技术层面也不断发展。

4.1 气候变化对水资源的影响

预计全球变暖将强烈影响水文循环,过去 12 个世纪北半球水文时空分布表现异常,北欧、地中海东部、格陵兰、中国北方、北美西北部和美国东南部气候在温暖季节比较湿润,而在地中海中部、北美洲中部和东北部、美国西南部以及中国南部,出现了同季节比较干燥的状况,且水文气候和温度的共变率在特定区域表现得非常明显（Ljungqvist et al., 2016）。全球气温每升高1℃，预计约7%的人口可再生水资源减少至少20%（IPCC，2014a）。气候变化情景下的水质影响因素较多，不确定性很高，当前的研究也多集中于水量研究。

4.1.1 地表水

水资源对气候变化存在敏感区域，地中海地区的赛罕河流域是全球变暖最容易受到影响的地区，研究人员发现气候变化可能对该流域降水量、蒸散量和径流等地表水产生了不同程度的影响，随着气候变暖，该流域将遭受严重的水资源短缺（Selek et al., 2014）。

1. 冰雪

在高纬度和高海拔地区，气候变化改变了冰雪的时空分布，积雪减少、融雪提前，以雨水形式的冬季降水和雪夹雨的发生频率增加。气候变暖导致降水增加，冰川稳定退缩，在喜马拉雅中部地区，据估计到2035年，冰川面积将减少32%，蒸散量增加，雪和冰融化加剧，降水主要形式为雨，河流流量将增加，冰川径流将受到损害（Immerzeel et al., 2012）。根据IPCC报告，全球范围内的冰川几乎都在持续退缩，其下游的径流等水资源亦受到影响，一些地区会面临水资源短缺（Plessis，2017）。高海拔区域冰川退缩速率小于中低海拔区域，小型冰川更易受到气候变化影响（邓海军等，2018）。北极正经历着世界上最快的变暖（Hoegh-Guldberg et al., 2018；Meredith et al., 2019），气候变化影响这里的水量和水质。季节性降水变化，河流流量增加，永久冻土融化从而影响地下水流入河流（Evengard et al., 2011；Hoegh-Guldberg et al., 2018；Meredith et al., 2019），就气候变化对水质的影响而言，暴风雨期间低地地区被咸海水淹没，存储在环境中的化学污染物被释放到水源中，多年冻土融化和侵蚀增加了水的浊度（Harper et al., 2020）。

在所有地区，冰川的年均径流量都将达到峰值，最晚在21世纪末径流量将减少。冰川和积雪覆盖的减少已经影响并将继续改变许多以冰雪为主或冰川融水流域的径流量和季节性，冬季平均径流量预计将增加，春季最大峰值将更早出现（Hock et al., 2019）。

2. 降水

在全球变暖情景下，极端降水事件增多，洪水灾害在全球的一半地区都在增加，但在集水区规模上有很大的差异性（IPCC，2014a），且对潮湿地区来说洪水可能会加剧（Jiang et al., 2017）。英国1884—2013年间的洪水数量有所增加，20世纪末，洪水事件出现频率更高，2012年的降雨量达到了100多年来的第二高峰（Stevens et al., 2016）。1950—2012年间，降水和径流在南美洲东南部、澳大利亚中部和北部、美国中部和东北部、欧洲中部和北部、俄罗斯大多数地区都有所增加，在非洲大多数地区、东亚、南亚、澳大利亚东部沿海、美国东南部和西北部、加拿大西部和东部、地中海地区和巴西部分地区减少了（Dai, 2016）。气候变化极大地影响了环境和水文过程，降水是最重要的气候参数之一，其变化和趋势对环境和社会经济发展具有重大影响（Guo et al., 2020）。1961—2015年间在中国，随气候变化降水频率显著下降，降水强度显著增加，总降水量变化微弱，降水格局呈统一趋势。高纬度地区和太平洋赤道地区年均降水可能增加，中纬度地区和亚热带干燥地区年均降水可能减少，中纬度湿润地区年均降水可能增多（Plessis, 2017）。

3. 径流

近30年来，气候变化导致全球大多数河流水温显著升高。在中低纬度地区如30°S和30°N之间，河流的温度增幅最大，每年增加0.05℃。在中高纬度地区的河温升高幅度较小，变化幅度在每年0.002~0.01℃（Liu et al, 2011）。另有一些水温缓慢下降的地区，如加拿大西部、南美西北部和南亚部分岛屿。干旱地区的河流流量也会变得很敏感（White et al., 2007; Aboodi, 2017; Omer et al., 2017），尤其是在赤道附近的河流。

一些区域的非冰川流域和冬季河流流量增加，水温升高，微生物污染物出现的可能增加（Evengard et al., 2011; Yang et al., 2014; Abu–Allaban et al., 2015; Yang et al., 2017; Hoegh–Guldberg et al., 2018; Meredith et al., 2019），气候变化通过改变径流量和水质对淡水生态系统产生负面影响。约旦是淡水资源最少的国家之一，由于依赖高度波动的年降水量而面临严重的水资源短缺，研究表明气温是影响该地区水文循环[①]最重要的参数，它会影响地表径流以及基础流量（Abu–Allaban et al., 2015）。人类活动和气候变化极大地影响了许多地区的径流，气候变化导致的径流减少和变异性增加，进而导致水资源的大量减少（Iglesias et al., 2017），由于取水和水库建设等人类活动，气候变化对河流生态影响将强于历史任何时期（IPCC, 2014a）。在黄河流域，因气候变化径

---

① 水文循环（Hydrological cycle）在该循环中水从海洋和地表蒸发，作为水汽被带入地球大气环流，凝结成云，又以雨或雪的形式降落到海洋和陆地上，它在陆地上可被树木和植被截获，在地表产生径流，渗入土壤，补充地下水，流入河流，最终注入大海，又从海洋再次蒸发。涉及水文循环的各种系统通常被称作水文系统（IPCC, 2014）。

流减少贡献率为 60%~70%（Zheng et al., 2018）。全球河冰的范围正在减少，且随地表气温升高线性下降，即地表平均气温每升高 1℃，季节性冰期平均减少 6.10±0.08 天；1984—2018 年间，全球河冰面积平均下降 2.5%，预测 2080—2100 年，在 RCP8.5[①] 情景下，与 2009—2029 年相比，全球河冰持续时间平均减少 16.7 天，而在 RCP4.5[①] 下，平均减少 7.3 天（Yang et al., 2020）。

4. 湖泊

由于气候变化，湖泊的冰层减少，当气温升高 4℃，将有超过 100000 个湖泊冬季处于无冰状态，在过去 150 年中，北半球湖泊的冰冻时间平均缩短了 28 天，近几十年来变化速度更高，全球湖泊地表水温以平均每 10 年 0.34℃ 的速度上升，与超过或接近气温趋势。到 2100 年，全球湖泊年平均蒸发率预计将增长 16%，区域差异取决于冰盖、分层、风速和太阳辐射等因素（Woolway et al., 2020）。全球湖泊蓄水对气候变化敏感，但区域差异很大，未来湖泊蓄水变化的幅度仍不确定。冬季冰盖的减少和湖泊地表水温度的升高已导致混合方式的改变，这通常导致湖泊混合的频率降低。这些物理变化的生态后果在很大程度上取决于位置，湖泊深度和面积，混合状态和营养状况。气候变暖导致全球范围内冰川湖数量、面积和体积快速增加，且这种增长趋势将继续，甚至加速。有些湖泊（尤其是小型湖泊）增长速度可能会更快，而另一些湖泊（尤其是与冰川分离的湖泊）的增长无疑会更加缓慢。冰川湖正因气候变化和冰川退缩而迅速增长，1900-2018 年间，冰川湖数量和总面积分别增加了 53% 和 51%，湖泊面积中位数增加了 3%（Shugar et al., 2020）。

气候变化将对淡水质量产生重大影响，改变地表水中的 HS（腐殖质）量（图 4-1）并改变其结构，以及改变与水污染物的生物和非生物相互作用。气候变化将有可能提高城市洪水风险，增加非点源污染以及下水道溢流污染负荷，并引起河水水质恶化（Hou et al., 2020）。气候变化对 HS（腐殖质）有影响以及 HS 与土壤、地表水和地下水中污染物相互作用，预计温度升高和 SOM（土壤中的有机质）的生物降解增强将导致 DOM（溶解有机物）的增加，洪水和径流会将其从土壤输出到河流，湖泊和地下水，淡水源质量下降，饮用水变得更加昂贵。

---

① 21 世纪一种温室气体高度排放典型路径（IPCC, 2014）。

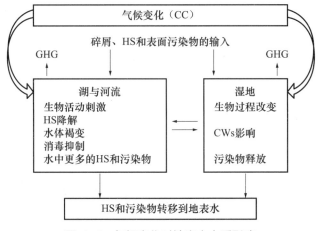

图 4-1 气候变化对地表水水质影响

（图片来源：Lipczynska-Kochany 等，2018）

4.1.2 地下水

地下水是所有淡水抽取量的 1/3，约占家庭、农业和工业领域供水来源的 36%、42% 和 27%，在降雨量很少或没有降雨的时期，天然的地下水排放用以维持河流、湖泊和湿地的基流（Taylor et al.，2013）。随着气候变化和人口快速增长，地表水系统负荷越来越大，地下水对维持生态系统和人类适应气候变化变得越来越重要，然而，气候变化对地下水的影响近些年才得到重视（Amanambu et al.，2020），关于气候变化对地下水的影响的大多数研究都集中在物理过程上（图 4-2）。

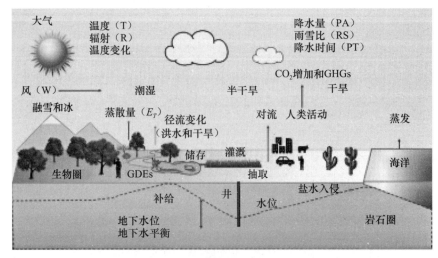

图 4-2 气候变化影响下地下水系统与地球各组成部分相互作用
GDEs- 依赖地下水的生态系统 ET- 蒸散量，蒸发量和蒸腾量之和

（图片来源：Amanambu et al.，2020）

1. 地下水动态和储量

地表空气温度和地下温度具有很强的正相关性，全球变暖将导致地下水温度升高，尤其是在对热敏感度较高的浅层含水层中（Gunawardhana et al., 2012）。在最极端的未来气候情景下，地下水源热流中超过基本温度阈值的可能性会显著增加（Amanambu et al., 2020）。

长期气候变化对区域地下水研究表明：① 气候周期的时间尺度和初始模式影响地下水位变化幅度和平均水平，地下水位动态受到气候变化的显著影响；② 区域地下水水位因气候变化呈明显的空间变异性，补给区和排出区的地下水位分别对干燥和湿润气候敏感。在地下水补给区，潮湿气候可以增加地下水流速，还会引起深层地下水湍流；在地下水排放区，潮湿气候也会增加地下水流速；干燥气候通常会降低地下水流速，但会增加补给区深层地下水流速；③ 不同气候变化模式对地下水流速影响有差异，线性湿润气候通常会使地下水流速增加，周期性气候变化引起地下水流速周期性波动；浅层地下水流速的波动期与整个气候周期一致，而深层地下水流速在半个气候周期内波动，深层地下水流速不一致是因为垂直速度的波动—正值（向上）和负值（向下）交替引起的（Zhou et al., 2020）。研究人员发现，在美国大峡谷地区，到21世纪末，将有超过76%的地下水入渗量低于平均水平（Tillman et al., 2020）。

地下水储量的变化直接受气候变化的影响，气候变化引起地下水枯竭，因此与地下水抽水相比，地下水的补给和降水表现出受更大的影响（Thomas et al., 2019）。从100年时间尺度来看气候变化，全球将近一半的地下水通量可以与补给量变化相平衡，并且地下水位对补给量变化最敏感的区域也是地下水响应时间最长的区域。与潮湿地区相比，干旱地区的地下水通量显示出对气候变化的响应较弱。在世界自然缺水地区，重要的地下水排放区域比潮湿地区更能抵御气候波动。在地下水响应时间较长的地方，地下水位对补给量的变化也最敏感（Cuthbert et al., 2019）。与地表水相比更依赖地下水的水资源适应气候变化的策略（Taylor et al., 2013）应考虑到地下水水文学的滞后性（Allev et al., 2002）和长时间尺度的水资源决策规划，对"地下水响应能力"做好估算，才能为气候变化对水文干旱的影响提供强有力证据（Van et al., 2013）。

对7个已在过去十年内经历过严重地下水枯竭的中纬度最大的含水层研究发现，在南部平原和中东地区，由气候驱动的地下水枯竭在21世纪是前所未有的，并且远远超过了20世纪；在美国中部山谷、印度西北部和中国华北平原，未来地下水利用率可能最高；瓜拉尼和坎宁盆地蓄水层近期的地下水枯竭与气候多变性有关，在地形地势复杂的地区如印度西北部和中部山谷，地下水存储（GWS）表现出明显的空间异质性；地下水补给量的增加和地下水管理方式的变化可能会导致耗竭甚至含水层恢复的大幅放缓（Wu et al.，2020）。A1B[①]气候变化情景下 2021-2050 年，印度 Hiranyakeshi 流域预计年均温度升高 2.59℃，降水量增加 81.50%，地下水补给量增加 24.91%（Patil et al.，2020）。

气候变暖增加了蒸发需求，蒸发反应随干旱而变化，变暖减少了地下水储存，持续的温度升高可以减少地下存储，即使在 1.5℃的中度升温情况下，地下储藏量也减少了 10 万 MCM 以上，随着需求的系统性增加，地下存储的变化可以为 ET 提供额外的支持（Condon et al.，2020）。随气温升高，存储空间可能会耗尽，如美国干旱的西部地区，气候变暖不会导致地下水显著变化，温度升高 1.5℃地下水敏感性要比温度升高为 4℃高；潮湿的东部的行为恰恰相反，温度持续升高，潮湿的美国东部逐渐变得干旱，对持续变暖或加剧变暖的敏感性降低。

喀斯特泉是大多数地中海地区干旱月份的唯一水源，无论气候变化情景如何，地中海地区喀斯特泉 2059 年开始出现对岩溶泉最不利的情况，与基准期（1979-2018 年）相比，2059-2098 年干旱事件的持续时间将从 36.8% 增加至 533%，在保水时间较短的岩溶泉（Stilos）中，未来干旱事件发生频率较高；在保水时间较长的岩溶泉（Agia）中，未来干旱事件的发生频率较低；对于保水时间较长的喀斯特泉，个别干旱事件的持续时间较长（Nerantzaki et al.，2020）。在水文气候变化的背景下，喀斯特地区水资源高度敏感，未来水资源敏感性将从高流量年份降到干旱年份（Yin et al.，2020）。

2. 地下水水质

气候变化导致海平面上升（Plessis，2017），进而导致沿海地下水位上升，并因海水与地下水相连而导致内陆洪水灾害，或咸水入侵地下水，进而导致更早更严重的或长期的陆地水资源危害（Befus et al.，2020）。在摩洛哥索维拉地区，气候变化引起降水减少，进而导致地下水水质变差（Bahir et al.，2020）。

法国西部近 500 万年时间尺度的地下水研究表明，因为地下水有效含水层仅限于浅层深度，现代地下水水系对气候变化具有高度敏感性：海水入侵会导致将海水普遍进入硬岩含水层中，地下水具有海水特征；即使在多年冻土区，冰川水也大量供应给深层含水层（Aquilina et al.，2015）。随气候变化，有毒

[①] 所有能源之间的平衡（A1B）（Condon et al.，2020）

污染物在产生后可能会从沉积物或某些 PRB 表面重新迁移（图 4-3），从而增加了地下水污染，但是这些气候变化效应尚未得到充分探索和理解（Lipczynska-Kochany et al., 2018）。气候变化和城市土地覆盖不仅会影响地下水资源的数量，也会降低地下水质量并增加水处理成本，但对气候变化下地下水质量的脆弱性知之甚少，由于干旱，一年中最暖季的温度升高将降低地下水 DOC（可溶性有机碳）的浓度，而一年中最湿季中较暖的温度将通过刺激微生物活动来提高地下水 DOC（可溶性有机碳）(Mc Donough et al., 2020)。

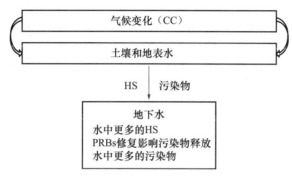

图 4-3　气候变化对地下水水质影响

（图片来源：Lipczynska-Kochany 等，2018）

4.1.3　地表水和地下水相互作用

了解气候变化对地表水和地下水相互作用的影响，有助于制定有效的水资源管理战略。在加拿大中南部不列颠哥伦比亚地区，随气候变化，河流高峰流量时间提前，含水层水位也将以相同的时间间隔移动，在与河流连接最少的区域（远离河流且海拔较高）影响最小（Scibek et al., 2007）。气候变化对地下水的影响可能被地表水的变化所抵消，例如，在喜马拉雅山的冰川分水岭，冰川量的大量减少和蒸发量的增加对地下水补给的影响预计将被降水量增加抵消（Immerzeel et al., 2012）。气候变暖将导致融雪径流，河流补给和浸入地下水增加，这都可能导致浅层地下水面积的增加（Xu et al., 2019）。中国西北干旱区在 RCP4.5 气候情景下，降水年均上升 0.6mm，年均温度上升 0.03℃，年均地表水流量约 15 亿 m^3/a，年均地下水储量减少 0.38 亿 m^3；RCP8.5 气候情景下，年均降水上升 0.8mm、温度上升 0.06℃，地表水流量约 13.7 亿 m^3/a，年均地下水储量减少 0.34 亿 m^3（吴斌 等，2019）。

气候变化主要通过影响补给。蒸散、雨雪融化以及地下水 – 地表水的相互作用来影响地下水的质量和数量，降水状况、降水量、温度和蒸散量的变化都会对地下水的补给产生重大影响（Lipczynska-Kochany et al.，2018）。基于人工神经网络对希腊某地区降水和不同气候变化情景下区域地下水位变化研究表明，只有降水量大大减少时地下水含水层受到的负面影响最严重（Tapoglou et al.，2014）。

地下水的自然补给主要来自雨水、溪流、湿地或湖泊渗漏补给（图4-4），气候变化可能主要通过补给量的变化来改变地下水，从而导致地下水位的变化，通过增加或减少河流中的地下水排放量，导致河流某些区域GW-SW流量逆转。基于GW-SW耦合模型①对不同气候变化情景下地表水和地下水相互作用研究表明，与基准期2003-2015年相比，2020-2050年气候变化将显著改变水平衡和GW-SW相互作用的时空格局，到21世纪中叶，除土壤水外，水平衡中大多数成分都将增加。RCP4.5情景下，含水层向河流的平均年排放量将增加5%，从河流到含水层补给量将增加12%；RCP8.5情景下，含水层向河流的平均年排放量将增加24%，从河流到含水层补给量减少5%（Guevara-Ochoa et al.，2020）。

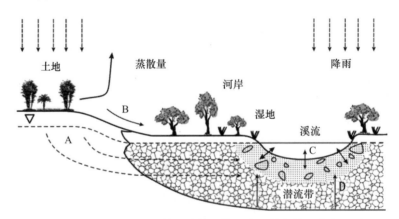

图4-4 地表水-地下水相互作用主要途径的示意图
A—地下水流；B—陆上流；C—水流交换

（图片来源：Amanambu et al.，2020）

4.2 水资源适应气候变化

采取措施和手段来适应气候变化对水资源的影响，并增强水资源修复力是十分必要的，全世界各地也已在该领域开展了相当的工作。水资源适应气候变

---

① 地表水-地下水耦合模型，该研究中耦合了SWAT模型（土壤和水）和MODFLOW模型（地下水模拟）。

化需要从社区、地区到国家和国际的多层次治理。水资源管理是规划、开发、分配和管理水资源的最佳利用活动。水资源管理主要从供应方管理、需求方管理来考虑。基础设施通常是发展规划中的优先事项。

4.2.1 水资源综合管理

水资源综合管理（IWM）是促进水、土地和相关资源协调开发和管理的过程，以公平的方式最大限度地增加经济和社会福利，同时又不损害重要生态系统的可持续性，需要协调主要利益相关者参与水管理。雨水收集、保护性耕作、植被保护、陡坡植树、小流域梯田、改良牧场管理、水的再利用、水土保持、海水淡化、有效的土壤和灌溉水管理等已被证明是非常有效的水资源应对气候变化举措。此外还有，淡水栖息地恢复、保护和管理自然冲积平原（IPCC，2014a）。已经有不同的研究和开发项目来资助与环境相关的特定项目，尤其是针对水和气候变化的项目，例如 WATCH6（2007-2011）项目研究气候变化对全球水循环的影响，评估并解决全球水资源循环脆弱性的不确定性问题，以及最近的《地平线 2020》（2014-2020 年）（Francés et al.，2017）。

1. 地区水管理

欧洲政府沿海地区水资源管理、灾害风险管理等纳入适应规划，增加洪水硬防护技术和湿地恢复，实施最佳管理实践、流域管理计划和水资源综合管理。亚洲将气候适应行动纳入地方发展，促进早期预警系统、综合水资源管理建设，完善水利基础设施和进行水库开发，实现水资源多样化，包括水的再利用。非洲加强管理机构能力，地下水评估，综合水－废水规划，土地和水的综合治理。澳洲通过调整土地使用应对洪水。北美洲实施无悔策略，增加透水地面、绿色基础设施和屋顶花园建设，更新降雨设计标准，开展湿地保护等。中南美洲实施水资源综合管理，完善城市和农村洪水管理。极地地区通过技术创新，加强监测、监管和预警系统，以实现安全和生态资源的可持续利用。一些小岛屿，通过维护沿海地形来改善土壤和进行淡水资源的管理（IPCC，2014b）。

中国相关部门通过完善水治理相关立法，如颁布《中华人民共和国长江保护法》《中华人民共和国水污染防治法》《中华人民共和国水土保持法》《中华人民共和国河道管理条例》《太湖流域管理条例》《淮河水污染防治暂行条例》《城镇排水与污水处理条例》，实行河长制、用水权交易制度等，结合气候变化做好水资源管理。

2. 流域水管理

《多瑙河保护公约》是多瑙河盆地跨界水治理合作文书。多瑙河国际保护委员会（ICPDR）通过治理、监测、评估和防洪等方面专家工作组，为政策提供科学支撑。ICPDR 以水质监测为主，还致力于治理、流域规划，监测和水资源综合管理（IWM）。跨国监测网络（TNMN）被开发用来进行水质全面监测（Schmeier et al., 2014）。ICPDR 是 IWM "协调地下水、地表水提取、洪水管理、能源生产、航行和水质"的例子（Hering et al., 2014）。

在应对干旱和厄尔尼诺—南方涛动（ENSO）中，危地马拉气候变化研究所与地方政府、私营部门、社区和人权组织合作，建立了流域对话机制，协调利益相关者讨论用水情况，并做了减轻干旱影响的计划，绘制流域用水风险图。最后，先前受影响的河流均至少以其最低生态流量流入太平洋（Guerra et al., 2016）。

跨流域调水和虚拟水权交易被用来解决物理水资源短缺，增加水基础设施建设或引水技术的投资被用来解决经济型水资源短缺。污水处理、生态系统自我净化都可以改善水质，使之满足生产和生活中水质的要求。在中国，水资源系统内的战略互动是地方政府分配初始水权，初始水权可在水市场进行交易。水市场是指水权交易机制，用于改善用水和分配效率，已成为实现水资源计划优化的重要经济工具（Easter et al., 1995；Yao et al., 2019）。

3. 城市水管理

城市废水回收利用和雨水分流，将可持续水资源管理与供水服务相结合（Xue et al., 2015；Poff et al., 2016）。绿色城市基础设施如透水路面、森林保护、湿地恢复、河岸缓冲区可以调节洪水（Hoegh-Guldberg et al., 2018）。

有学者（Pingale et al., 2014）开发了城市水资源综合管理模型来优化气候变化下的水资源分配。考虑了气候变化情景、地表水、地下水、经过处理的废水等多种水源，该模型在印度供水系统的应用证明了其在各种气候变化情景下能提供最佳的水资源规划策略。

毛里求斯水资源极易受到气候变化影响，若用水需求超过地表和地下水供应量，则必须通过海水淡化来补充，政府已采取了节水和海水淡化政策，一些度假村和酒店已在实施此策略，并投资了小型水淡化设施（Howells et al., 2013）。需求管理包括提高用水效率，建立以市场为导向的用水分配模式，有效执行法规和法律以及有效控制水量（Zhang, 2015）。

大型防洪设施如涵洞、滞洪盆地被用来控制地表径流，自然水文特征重新设计如铺设城市河道加快径流输送，来应对大型暴风雨所产生的大量径流。遥感和GIS技术在雨水管理中不断发展，GIS技术可帮助决策者确定最佳雨水管理方法。日本、越南和泰国的城市已采用雨水渗透作为雨水径流管理措施。除制定雨水渗透措施外，政府还集中精力建设大型污水收集系统，以在洪水或紧急情况下运送雨水。东京政府鼓励居民使用最佳管理实践BMP和地下水渗透系统，东京已投资建设了地下基础设施（Bobylev，2007）。东京城市人工渗透雨水系统，透水路面通向带有人工渗透沟的设施，在过流情况下，该沟渠与组合式下水道相连，可以兼顾防洪外、清洁水供应，补充地下水，日本许多城市都在使用雨水渗透法，东京雨水径流控制管理实践很有成效（Fujita，2005；Saraswat et al.，2016）。

4.2.2 适应性水管理

AWM本质上是管理者通过实践学习的一种实验方法（Yang et al.，2020），是为社会、生态系统和水文气候不确定性进行交互式规划的科学政策流程，并根据社会和生态系统的弹性来反复评估水安全的成果（Scott et al.，2013）。水资源的自适应利用是一种以适应环境变化来保证水系统良性循环的水管理模式（Su et al.，2020）。适应性水管理着重于科学家和利益相关者之间的信息交流、社会学习（Pahl-Wostl et al.，2007）和机构学习，既包括实质性的水资源调整（如更具可持续性的水平衡），又包括增强社会成果和生态系统服务（Varady et al.，2013）。例如，澳大利亚联邦环境水办公室（CEWO）和美国南佛罗里达水管理区（SFWMD）通过保守和临时协议，各机构、利益相关者和研究人员就如何管理和恢复水生生态系统达成共识，从而有助于为各机构创造适应管理的制度灵活性（Peat et al.，2017）。气候变化增加了其他挑战，包括未知的领域之外的水文变化项目的设计参数。

1. 边境水管理

就像许多干旱和半干旱地区一样，在边境地区，气候变化通过水在加剧社会问题，水权外交，是处理跨界水和气候问题的水治理方法（Varady et al.，2013）。有效的水权外交要求利益相关者将水视为一种灵活的资源，并就促进共同利益达成一致。水资源的自适应治理是实践水权外交的重要途径，适应性治理有助于创建和维护有助于水权外交的基本构件，例如科学政策和国家/非国家网络、持续性和迭代性关系以及社会学习。美国和墨西哥签订了《1944条约》旨在解决边境地区主要河流的水管理问题，跨界含水层评估计划是美国和墨西哥之间数据共享和知识共产方面的一项重大工作。IBWC/CILA机构根据《1944 条约》工作，美墨水权外交经验对其他边境地区有一定的借鉴性（Wilder et al., 2020）。

在对科罗拉多河流域（CRB）水资源适应气候变化管理研究中，将其定义为减轻水短缺影响的社会反应，一般可分为自上而下的规划和自下而上的行为反应（Stern et al., 2019）。规划如经国会授权批准的《2019 年科罗拉多河干旱应急计划》（DCPs），在整个盆地建立了（额外的）规则、法规和沿岸各州的减排要求。例如，上游 DCP 中规定，上游各州同意管理上游水库，DCP 中的需求管理计划允许暂时减少用水权有偿使用（Taylor et al., 2019）。规划有效实施的前提是考虑到不同用户多样化的节水决策过程（Garrick et al., 2018）。自下而上的行为反应近年来变得很流行，如去中心化管理概念的研究使用（Yang et al., 2009；Hyun et al., 2019）或 ABM（Khan et al., 2017；Yang et al., 2019；Yang et al., 2020）量化当地居民的行为变化等（Olmstead et al., 2014）。完善适应性管理措施需要针对地表水、地下水以及综合水资源管理体系进行适应。

2. 城市水价调整

反映水资源短缺的水价制度和其他需水政策是重要的潜在适应工具。当资源稀缺或变化很大时，调整水价可以管理用水需求，许多关于水需求的经济学文献都集中在对需求参数（包括价格弹性）的计量经济学估算上。对非价格用水需求的管理，主要是居民，通常依靠非价格保护计划如节水技术使用、强用水限制、社会比较和信息政策、混合非价格保护计划等。强制用水限制、社会比较和信息政策、节水技术标准、混合非价格保护计划都有助于解决气候变化下的水问题（Kaika, 2003）。

3. 欧盟水政策

欧盟水资源应对气候变化的主要文件是 2000/60/EC 水框架指令（WFD）（吴烨等，2020），WFD 中第 24 号指导文件流域管理规划以及欧洲水资源保护蓝图。流域管理规划第一轮已结束，建立了覆盖全部水体的监测项目，第二轮已启动（Koundouri et al., 2019）。WFD 是首个同时解决多种环境，社会和经济压力因素的水管理系统方法，涵盖了水质、水量和水生态。WFD 分三个周期：第一个周期于 2015 年结束，第二个周期到 2021 年，第三个周期到 2027 年。WFD 要求成员国：在本国领土内划分流域并表征基准状态，国家相互校准，以评估生态状况；确定并实施具有成本效益的措施，发布《流域管理计划》（RBMP），实施可持续的水价政策（Tsani et al., 2020）。每个 RBMP 都制定了特定的措施计划，包括用于污染控制、环境标准相关的技术、非技术和经济手段（Francés et al., 2017）。欧洲水资源保护蓝图中主要措施有：提高用水效率（特别是在灌溉农业中），减少水分配网络损耗，促进"绿色基础设施"和自然保水措施，以最大限度地减少干旱和洪水的影响，将风险管理和干旱问题更好地整合到流域管理计划（RBMPs）中。欧洲AWM管理工具还有《洪水指令》、西班牙《干旱管理计划》、《水资源短缺和干旱及其传播战略》和《地下水指令》，这些政策间存在一定的连贯性和协调性。《洪水指令》要求评估洪水风险并制定风险图，并出台应对措施，该指令还加强了公众参与计划过程的权利（Quevauviller et al., 2014）。流域管理计划以6年为周期进行，每个周期结束时进行修订。适应性已经很容易地包含在当前的政策框架修订中，如《欧洲水资源保护蓝图》通过要求欧盟成员国评估和管理洪水风险来补充WFD。从第二个流域管理计划开始，洪水指令就与WFD的实施相协调（Dias et al., 2020）。

一些方法如动态适应政策路径用来协助政策制定者和系统设计人员制定气候变化适应措施，利益相关者倾向选择分布式小规模措施，因为更容易实施且花费较少。减少农业灌溉用水被否定，因为在当前系统会损害地方政府的声誉（Choi et al., 2016）。

4.2.3 智慧水管理

SWM是面向未来的技能和设备密集型水管理策略，涵盖从供水基础设施到水资源生产和分配的智能水管理模型（Müller et al., 2016）。智能水管理可有效测量可用水量，自动监控水需求并进行水分配。智慧水管理要求建立新的法律和制度框架，增加市场工具的使用以及新技术开发应用为支撑（Lee et al., 2015）。澳大利亚和新加坡已构建了智能水管理基础设施，分别为澳大利亚昆士兰东南（SEQ）水网络和新加坡供水网络（Sullivan ct al., 2019）。其他国家也在大力发展SWM，如韩国智能水电网研究和美国国家智能水电网（NSWG）计划（Su et al., 2020）。

4.3 水资源未来应对气候变化的方向

众多研究表明（Gunawardhana et al., 2012；Allan, 2013；Huo et al., 2020；Darvini et al., 2020；Yang et al., 2020；Xue et al., 2021）研究水资源应对气

候变化，不能忽视人类活动（如灌溉、水利工程、地下水开发）和土地利用变化的影响。气候变化可能使地下水和地表水相互作用的过渡区次流带（HZ）失去过滤和净化交换水的作用，进而导致天然水体的自净能力减弱（Alifujiang et al., 2021）。因此，水资源管理应考虑在人类活动和土地利用变化等共同作用下的综合管理，而不是独立关注地表水和地下水。

4.3.1 管理层面

横向（跨部门）和纵向（管理的治理规模）协同管理。在现有适应策略上调整，将多种不同规模方法嵌入适应性管理框架中；适应是动态过程，要根据实际条件和认知而不断更新策略；因地制宜开展专项政策，例如《洪水指令》（Zhou et al., 2014）和小规模适应措施（Uddin et al., 2019）；由权威组织协调和参与（Dias et al., 2020）。提高水资源利用率，调整农业种植结构，应用高效节水灌溉技术（Garnier et al., 2019），实施水质管理和水灾害综合管理体制与制度改革（Goncalves et al., 2020）。统筹建设流域水文、气象等观测和预报预警系统，提高流域水资源效能，如节水技术推广、水资源配置引导等（夏军等，2015），实施最佳流域管理做法，增强地下水库（Condon et al., 2020）。中国西北石羊河流域是中国第三大内陆河地区，水文和水资源对气候变化较为敏感，该地区径流的减少主要受到人类活动的影响，流域综合处理计划（CTSRB）实施后径流恢复明显（Allan, 2013）。建设海绵城市将是水资源适应气候变化压力的一种策略，建议在未来的城市雨水管理、排水设计和污染控制措施时应提高灵活性，充分考虑气候变化的预期影响（Lipczynska-Kochany et al., 2018）。

完善管理部门内外工作机制。部门间加强信息交互共享与合作，部门内职能细化，充分发挥作用；优先考虑经济的气候适应性措施，如绿色基础设施、自然保水措施；培训和提高专业人员对气候变化和水资源问题的认识，包括可能对水资源产生影响的部门，如公路、铁路和基础设施部门（张镭等，2020），如为应对洪水，招募足够的人力并进行训练，使其熟悉山洪管理（Zhou et al., 2014）。

水供应侧和需求侧同步管理策略。提高城市用水效率（供应管理策略），减少人均用水量（需求管理策略）或水权交换计划（供应管理策略）；开展有关气候变化对水资源水影响的教育性公众运动，增强全社会节水意识（Dias et al., 2020）（需求管理策略），利用水库来调节灌溉用水或增加流域可利用水资源量，实现水资源的可持续利用；扩大水互联网络并应用水资源系统优化模型等整体水管理策略（Allan，2013；Zheng et al.，2018），确保整个社会经济和生态环境的协调发展。

4.3.2 科学技术

多学科协同研究。许多水文循环中的气候变化效应亟需探索和理解（Taylor et al.，2013），需要跨学科对生物物理和社会经济反应进行充分量化，研究可将气候变异性和变化、水文/水文地质、人口动力学、社会经济影响（如水需求）和植被动力学联系起来的模型（Zhang，2015）。综合研究水资源脆弱性和适应性，形成融评估与实用性于一体的研究方法；加深水资源脆弱性领域的环境变化敏感性和抗压性的复合函数理论研究（Goncalves et al.，2020）。

完善模型建设。收集高分辨率的土地使用信息，建立与地下地质环境的真实场景相对应的含水层系统模型，还原真实的城市场景，对水力和污染数据进行"真正的"分区（Francés et al.，2017）。在气候变化对地下水影响领域研究需要大量的数据支撑，建议建立密集的地下水观测网，特别是在偏远和较不发达地区（Scibck et al.，2007；Francés et al.，2015；Zhang，2015）。建立综合城市化、土地利用变化、水文循环、不同气候变化情景下模型，使用现有的大规模集成模型来验证全球地表水—地下水相互作用（Nerantzaki et al.，2020）。

加强地表水和地下水相互作用应对气候变化下的研究。研究仅仅依赖于标准的大规模模型评估是不够的，模拟应包括地下水补给过程和地质变异性的影响，以及大规模和小范围的降水变化驱动因素（Cuthbert et al.，2019）。湿地是地表水和地下水最重要的一个过渡区，也是SW-GW互动机制研究的关键，应开发集成多学科监测和模拟方法如结合物理、化学、生物和生态过程等，并进一步研究SW-GW交互的主要变量和阈值来评估（Wu et al，2020）。

多开展气候变化适应性选择探讨。这对与水、健康和气候变化有关的政策和规划有重要意义（Harper et al.，2020）。对口考虑引入一些新技术，如将太阳能应用于地下水提取和水分配，并使用太阳能进行地下水脱盐（Sayed et al.，2020）。

【推荐读物】

1. 张云飞,周鑫. 中国生态文明新时代[M]. 北京:中国人民大学出版社,2020.

2. 彭文英,单吉堃,符素华,等. 资源环境保护与可持续发展[M]. 北京:中国人民大学出版社,2015.

3. 齐跃明,宁立波,刘丽红,等. 水资源规划与管理[M]. 徐州:中国矿业大学出版社,2017.

4. 中国科学院. 中国学科发展战略地下水科学[M]. 北京:科学出版社,2018.

5. 中国工程院"生态文明建设若干战略问题研究"项目研究组. 中国生态文明建设若干战略问题研究[M]. 北京:科学出版社,2020.

6. 章光新,王喜华,齐鹏,等. 三江平原水资源演变与适应性管理[M]. 北京:中国水利水电出版社,2018.

第 5 章 生物多样性

【本章导读】
　　本章基于一个跨空间尺度框架，从区域、景观和现场三个尺度讨论气候变化下生物多样性恢复力的提高。其中，区域尺度考虑响应气候变化顶层规划设计，景观尺度强调保护区范围扩大、保护物网络重构与避难所识别，现场尺度关注关键物种保护与外来入侵物种监控。

　　全球气候自 1950 年以来发生的变化比之前数百万年间的变化还要显著（Stocker et al., 2013）。持续的气候变化对物种的物候、分布和丰度产生重大影响（Parmesan, 2006），并进一步影响生态系统的结构、功能、稳定性及其对气候变化的反馈调节（Assessment, 2015），已成为生物多样性面临的最大威胁之一（Urban and Mark, 2015）。2019 年政府间生物多样性和生态系统服务科学政策平台（IPBES）报告显示，当前全球物种灭绝率高于过去 1000 万年的平均水平，2℃的升温预计导致 5% 的物种灭绝，4.3℃的升温将使物种灭绝比例上升至 16%（Bongaarts, 2019）。生态系统的重大变化和物种灭绝风险对生物多样性保护带来严峻考验（Field et al., 2014）。气候变化背景下有效保护生物多样性已成为国际社会普遍关心的问题。2019 年《中法生物多样性保护和气候变化北京倡议》提出"利用由中国共同牵头的基于自然的解决方案联盟，利用基于自然的解决方案协调一致地解决生物多样性丧失、减缓和适应气候变化以及土地和生态系统退化问题"（新华社, 2019）。2021 年《生物多样性公约》第十五次缔约方大会将在云南昆明召开，"气候变化"和"生物多样性治理"是潜在议题。在此背景下，考虑到气候变化将放大自然系统和人类系统的现有风险，威胁生物多样性保护（Solomon et al., 2007），科学认识气候变化对生物多样性保护的影响并深入研究生物多样性适应性管理，对我国生物多样性保护和履行国际公约具有重要的理论和现实意义（Segan et al., 2016）。

5.1 跨空间尺度的生物多样性保护适应性管理框架

自20世纪90年代以来，适应的概念已被广泛应用于自然灾害、政治生态、权利保护和粮食安全等方面（Barry and Wandel，2006）。在应对气候变化对自然系统的影响中，"适应"用于描述生物种群随时间推移改变以响应其他生物和物理环境的进化过程已近200年，也被称为"自主适应"（Lamarck，1809）。生物多样性适应气候变化更多强调社会在意识到气候即将改变或已经改变时为生物多样性保护而采取的行为举措（Steffen，2009）。在生物多样性适应气候变化的管理中，提高恢复力成为最主要的目标。恢复力包含"弹性"和"抵抗力"两个概念，其中"弹性"指受到干扰后恢复到其先前状态的速度，"抵抗力"指保持现有状态不受干扰影响的能力（Hodgson et al.，2015）。相关管理政策需要在考虑生态系统特性的基础上，确保生物多样性能够从快速且不可预测的气候变化中恢复，增强适应和应对变化的灵活性，并保持原有生态功能或生态位，从而减少自然系统的脆弱性（Heller and Zavaleta，2009）。

根据各种未来气候变化情景的预测，更快的气候变化会带来物种和自然群落的重大变化（Pacifici et al.，2015），减轻气候变化脆弱性将是一项挑战。图5-1给出一个详细框架，从区域（region）、景观（landscape）和现场（site）三个尺度提出气候变化背景下提高生物多样性恢复力的适应性管理策略。具体来说，区域包括不同景观的、更广阔的地理区域；景观定义为一种以上的种群栖息地，是具有环境梯度的生态系统；现场指同质种群的栖息地（Ekroos et al.，2016；Poiani et al.，2000；Norris et al.，2020）。区域尺度的生物多样性保护规划需要响应全球气候变化，并根据本土资源与机构执行能力实施。景观尺度则强调保护生物及生态系统的最大多样性以提高弹性；同时，通过"廊道"（corridors）、"垫脚石"（stepping stones）、"矩阵"（the matrix）和"避难所"（refugia）连接保护区，并重构保护区网络，从而提高景观恢复力。现场尺度关注关键物种（keystone species）与外来入侵物种，其中关键物种保护以就地保护（site conservation）为主，迁地保护（ex-site conservation）为辅；外来物种监控需实时关注所采取举措对生物遗传多样性与基因改变的影响。该模型强调适应性管理的跨空间尺度合作，并要求区域各级协调整合，在适当的范围内共享信息和资源，以便为强有力的适应性管理提供支持。

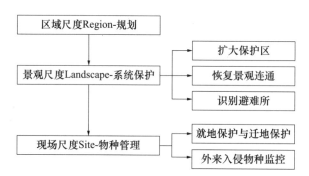

图 5-1 跨空间尺度提高生物多样性恢复能力的适应性管理框架

5.2 区域尺度的适应性规划

5.2.1 适应性规划的顶层设计

生物多样性适应性规划通常建立在识别脆弱性的基础上，常见类别包括：① 将气候适应融入国家发展整体规划；② 将气候适应纳入现有的可持续性框架及部门计划（如减少灾害、生态系统保护、水管理、风险应急规划、公共卫生、环境管理、能源和国家安全）；③ 制定专项适应计划（表 5-1）（Sutaria et al., 2012；Burkett and Davidson，2012；Horton et al., 2013；Lackstrom et al., 2012）。2002 年《生物多样性公约战略计划》要求"将生物多样性关切纳入相关的国家部门和跨部门计划、方案和政策"。澳大利亚是全球首个发布生物多样性保护专项行动计划的国家，率先发布《生物多样性和气候变化国家行动计划》将保护生物多样性与生物多样性适应气候变化纳入重要战略规划（Booth，2012），并在《澳大利亚生物多样性与气候适应》中制定了生物多样性适应策略（Ekroos J et al., 2016）。为促进政策的有效实施，澳大利亚由自然资源管理部长理事会主管工作，适应气候变化国家研究所开发制定政策指导工具，"生物多样性基金"提供资金保障并建立"生态银行"，积极应用生态系统服务付费（Payments for Ecosystem/ Environmental Services，PES）试点"生物多样性补偿制度"（Salzman et al., 2018）。从全球范围来看，各国都在发布生物多样性相关的国家战略或规划响应气候变化。其中发达国家的规划设计更多集中于减缓气候变化影响，举措更细化，更具操作性。发展中国家的适应性规划目标更侧重适应气候变化，且适应性规划更多地停留在框架、协议与构想阶段，显然不足以应对当前面临的巨大挑战（Nath and Behera, 2011）。

各国基于气候变化的生物多样性保护规划　　　　表 5-1

国家/地区	规划	主要内容
澳大利亚	《生物多样性和气候变化国家行动计划（2004-2007）》（NRMMC，2004）	将帮助生物多样性适应气候变化和保护生物生物多样性（特别是珍稀濒危物种）作为国家生物多样性适应气候变化的两大策略
	《国家气候变化适应框架》（NRMMC，2007）	要求5~7年内采取加强生物多样性关键领域、地区等适应气候变化并减少脆弱性的优先行动
	《澳大利亚适应气候变化政府立场白皮书》（Australian Government，2010）	确定水、海岸、基础设施、自然生态系统、自然灾害管理和农业等六个国家优先行动领域。确立澳大利亚国家生物多样性适应气候变化优先行动的六个领域——农业领域、自然灾害预防、响应和准备领域、生态系统领域、公共建设领域、沿海管理和水域，并制定相应措施
	《澳大利亚生物多样性保护战略（2010-2030年）》（NRMMC，2011）	制定生物多样性保护的三大优先行动方案：全民参与；增强生态系统适应气候变化弹性；实时监测保护地区。其中优先考虑生态系统适应气候变化
美国	《国家鱼类、野生动物及植物气候适应战略》（NFWPCAS，2012）	提出未来5~10年美国鱼类、野生动植物以及生态系统适应气候变化的目标、战略和行动计划，主要包括整合监测系统、改进决策支持工具；完善关于气候变化的影响以及野生动植物的响应等方面的知识和信息；减少鱼类、野生动植物以及生态系统面临的非气候性压力等
欧盟	《适应气候变化白皮书：面向欧洲的行动框架（Environment Council of the European Union，2009）》	将生物多样性及生态系统列为优先采取五大适应战略中的两个重要领域
	《Our life insurance, our natural capital: an EU biodiversity strategy to 2020》	确立六个优先目标：保护和恢复自然、维护生态系统和加强生态系统功能、确保农业和林业可持续发展、确保渔业资源可持续利用、对抗入侵外来物种、解决全球生物多样性危机
印度	《应对气候变化国家行动计划》（PMCCC，2008）	水资源、可持续的喜马拉雅生态系统、绿色印度、农业可持续发展以及气候变化战略研究等五项行动计划与提高国家和民众适应气候变化能力直接相关
	《绿色印度国家任务》（MEF，2010）	通过改善印度生态系统、增强碳汇功能提高生态系统和当地社区适应气候变化的能力
南非	《国家应对气候变化白皮书》（The Government of South Africa，2011）	认为气候变化适应比减缓更重要。确定各部门短期和长期优先适应行动领域，其中农林业、生物多样性和生态系统等被列为近期特别关注领域
墨西哥	《气候变化国家战略》（Federal Government of Mexico，2013）	提出未来40年适应气候变化路线图，明确指出提高适应气候变化能力更为紧迫，提出了包括"保护和利用生态系统的可持续性并维持生态系统功能"在内的三大适应目标
中国	《中国生物多样性保护战略与行动计划（2011-2030年）》	提出中国未来20年生物多样性保护总体目标、战略任务和优先行动，其中提高应对气候变化能力作为优先考虑的领域之一

资料来源：根据资料整理。

5.2.2 适应性规划的政策协同与决策

由于气候变化与生物多样性丧失的多种其他驱动因素协同作用，如栖息地退化、土壤流失、氮富集和酸化，生物多样性适应性规划的政策协同至关重要。有效的适应性规划必须同时解决一个以上的问题，如《京都议定书》涉及的减排计划、清洁发展机制、碳固存、生物多样性保护和人类生计等，否则在努力解决某一问题的过程中会使其他问题更严重。为制定灵活、稳健的适应性规划，参与式方法因纳入利益攸关方价值观而备受推崇，由社区利益攸关方和管理机构共同识别问题、设计强有力的适应进程并积极推进实施（Yen et al.，2019）。最优的适应性规划应当"可逆"（reversibility）、"保留未来选择"（preserve future options）、"抵抗各种影响"（resist a variety of impacts），且可以进行"中期调整"（mid-course adjustments）（Wilby and Vaughan，2011）。由于气候变化在时间和规模上具有不确定性，确定最优适应性规划时常借助各种框架、工具和方法，如稳健决策（Robust Decision Making）（Yousefpour and Hanewinkel，2016）、迭代风险管理（Iterative Risk Management）（Petra Döll and Romero-Lankao，2017）和场景规划（Scenario Planning）（Star et al.，2016）。

5.3 景观尺度实施系统保护

5.3.1 扩大保护区范围，增强物种适应能力

建立保护区（Protected Areas）依旧是全球生态系统层面保护生物多样性的最佳战略（Bruner et al.，2001）。世界自然保护联盟（IUCN）发布的《2018年受保护地球报告：追踪全球保护区目标的进展》报告显示，已有238563个保护区为生物多样性保护而设立，其中，陆地保护区面积占地球陆地表面的14.9%，海洋保护区面积占世界海洋的7.3%（Elise et al.，2018）。保护区的优势在于能够有效丰富基础物种和关键物种（Mittermeier，2017），促进种群分布均匀，保持基因和性状的适应潜力（Sgrò et al.，2011）。扩大保护区范围并提升栖息地质量将增强物种在原分布区适应气候变化的能力。在气候变化下，扩大保护区覆盖范围需要考虑以下五点：

（1）关注气候变化下生物多样性分布的潜在变化，以填补"空白"，即优

先考虑未处于当前保护区网络中的物种（Rodrigues et al., 2004）。

（2）保护区规划兼顾重复性和代表性。重复性是指尽可能在不同地区保留多个样本（Mawdsley and Ojima, 2009）。代表性强调全面的保护区组合，如保护一个物种的多个基因可变种群，一个生态系统类型的不同群落或者多种生境（Giraudo and Arzamendia, 2018）。但气候变化可能导致生态系统组成部分的分布发生变化，从而可能出现新的物种组合，甚至新的生态系统类型，如何在动态气候变化中确定具有代表性的保护区是当下难题。

（3）优先考虑地理多样性和气候多样性较为丰富的地区（Beier et al., 2017）。根据物种最丰富且受威胁最大原则，在全球划定的34个生物多样性热点地区，面积仅占全球陆地的2.3%，却栖息着75%以上的濒危哺乳动物、鸟类和两栖动物，因而必须优先保护（Beier et al., 2017）。

（4）充分发挥指示物种（De Cáceres et al., 2010）、关键物种（Sonja et al., 2012）、伞护物种（Kalinkat et al., 2017）和旗舰物种（Jepson and Barua, 2015）的生态价值。这些物种的存在和丰度对生态系统有重大影响，物种消失可能引起整个生态系统变化的"蝴蝶效应"。

（5）选择特定基因型的生境以促进物种原地进化（Dunlop and Brown, 2008），如陡峭的生态梯度地区（steep ecological gradients）或近期地质/气候发生变化的地区（Cowling and Pressey, 2001; Davis et al., 2008）。

5.3.2 重构保护区网络，恢复景观连通性

尽管在大多数情况下，连续和完整的原生栖息地是生物多样性保护的最佳解决方案，但许多保护区被一个个具有经济或社会重要性的"矩阵"[①]隔离成"生态孤岛"（李谦等，2014）。重构保护区网络（PA networks）有助于种群沿着生态走廊移动、扩大物种规模，从而增加适应弹性，更能抵御气候变化的冲击。"廊道""垫脚石"和"矩阵"将零散分布的保护区连接成一个保留类似天然植被结构的巨大矩阵，构成保护区网络。其中，线性的廊道直接连接生境斑块状的保护区，促进物种扩散（Stralberg et al., 2020）；小块的"垫脚石"连接景观中适宜栖息地和不适宜栖息地，以缩短更大区域之间的栖息地距离（Schüßler et al., 2020）；提升景观中土地利用"矩阵"的生态质量，将减轻边缘效应带来的负面影响，以将来物种分布变化时通过生态系统服务付费置换土地（Ruffell et

---

① "矩阵"指斑块栖息地/保护区的周围区域，如农田、城市。

al., 2017）。"廊道""垫脚石"是对"矩阵"的重要补充，为许多物种或重要生态过程的移动提供屏障。"恢复景观连通性"已经被纳入多国的生物多样性保护规划，如美国"缓解银行"（Mitigation Banks）采取保护、管理、恢复退化的栖息地，连接分割的栖息地，建立缓冲区与创造栖息地等一系列战略开展生物多样性适应性保护（United States Environmental Protection Agency，2002）；南非开普植物区（the Cape Floristic Region）的保护区规划将跨越山脉的河流走廊纳入范围（Pressey et al.，2007）；澳大利亚启动了大规模的景观恢复和连接项目以应对气候变化（Mackey et al.，2007；Mansergh and Cheal，2007）。

5.3.3 识别避难所，帮助种群留存恢复

"恢复景观连通性"根据物种的特征及扩散规划物种迁移路径，连接避难所和保护区则侧重通过帮助种群留存以提高遗传变异水平（Ackerly et al.，2020）。避难所是指种群在遭遇气候变化时选择退缩的空间范围，必要时能帮助种群得到缓冲（Morelli et al.，2020）。对于限制在避难所的物种来说，为应对气候变化而迁移或扩散到更合适的栖息地是不可能的（Poulos et al.，2013）。因此，在从大规模灭绝中恢复和应对气候变化时，帮助某一物种转移到避难所将有助于物种留存、扩散，这也使识别避难所成为生物多样性保护规划的优先事项。避难所识别取决于跨多个物种的数据积累，如依靠系统发育比较（phylogenetic comparisons）（Keppel G et al.，2018）和系统发育多样性度量（phylogenetic diversity metrics）（Costion et al.，2015）收集物种基因组数据。常用的大尺度识别方法是物种分布模型（Species Distribution Model），即通过将某一物种的生境要求、种群动态及扩散纳入生物气候模型，在地方、区域或更大空间尺度上预测物种未来潜在分布空间，并根据当前分布与模拟的未来预测分布确定避难所位置（Briscoe et al.，2016）。

5.4 现场尺度强调关键物种与外来物种

5.4.1 关键物种就地保护与迁地保护

2020年7月，IUCN发布最新《濒危物种红色名录》，评估了120372个物种，其中34441个濒临灭绝（IUCN，2019），物种保护迫在眉睫。考虑到脆

弱性和不可替代性，各国不同程度地使用物种丰富度、特有性、物种受威胁程度、分类独特性以及生境独特性等数据识别关键物种（Cottee-Jones，2012），并在此基础上通过受威胁的物种和生态系统（threatened species and ecosystem types）、地理限制的生物多样性（geographically restricted biodiversity）、生态完整性（ecological integrity）、生物进程（biological processes）四个标准确认生物多样性关键区域（Key Biodiversity Areas，KBAs）（Langhammer et al.，2007；陈慧和武建勇，2019），进而推动生物多样性热点地区、植物多样性中心、特有鸟类区、最有价值生态区等就地保护计划的实施（Bonn et al.，2002），同时对无法就地存续的物种实行迁地保护（Seddon et al.，2014）。

关键物种就地保护是全球范围内减少生物多样性损失的最有效手段之一（CBD，2010）。《生物多样性公约》缔约方大会第十次会议将生物多样性关键地区的保护区覆盖范围作为跟踪实现"爱知生物多样性目标"（Aichi Biodiversity Targets）第 11 个目标进展情况的指标之一。2004 年 Rodrigues 首次评估四类陆地脊椎动物[①]在全球保护区的物种覆盖情况显示：被评估的 11633 种物种中，至少有 1424 种（12.2%）是空白物种，即不在任何保护区内（Rodrigues et al.，2004）。在各国的努力下，目前全球 34 个生物多样性热点中已有 14% 的森林（Schmitt et al.，2009）、88% 的脊椎动物物种受到保护（Rodrigues et al.，2004），物种就地保护得到积极推进。但全球生物多样性关键区域仍有一半未得到保护（Butchart et al.，2012）。2010 年《生物多样性公约》193 个缔约方通过一项目标，到 2020 年有效保护 17% 的陆地及内陆水域、10% 的沿海和海洋地区，特别是对生物多样性特别重要的地区（Butchart et al.，2012）。全球依旧需要按照既定节奏履行这一承诺。此外，因为管理有效性不足且保护地点之间相互隔离，现场尺度的就地保护很难维持较好的生态过程，种群水平的生物多样性损失往往容易产生深远的生态和进化后果，如顶级食肉动物的损失。在土地利用压力下，就地保护也面临巨大压力。

迁地保护辅助濒危物种留存。濒危物种更容易受到气候变化的影响，且存在气候阈值，一旦超过某一特定阈值，物种灭绝概率会急剧增加，迁地保护由此成为濒危物种适应性管理的重要举措（Parry et al.，2007）。迁地保护指将动植物和其他生物从因全球气候变化而变得不适宜生存的地区转移到其他适宜生存地区，具体类型有协助分散（assisted dispersal）（Liu et al.，2014）、

[①] 四类陆地脊椎动物指哺乳动物、两栖动物、海龟和淡水龟以及鸟类。

协助移民（assisted migration）（Bucharova，2017）和协助殖民化（assisted colonization）（Gallagher，2015）。迁地保护要求达到三个标准：① "从种子到种子"，要求迁地保护的动植物能够自由生长，并通过有性繁殖实现存续；② 代表性，迁地保护的物种必须维持遗传完整性，并能够代表种群的遗传多样性；③ 迁地后保持基因的种群基因频率，避免杂交衰退（out breeding depression）、遗传同化（genetic assimililation）和基因渗入（intragression）（Engelmann and Engels，2002）。"爱知生物多样性目标"第 12、13 个目标要求通过迁地保护项目保护生物遗传多样性（Geijzendorffer et al.，2017）。全球各国都在积极探索生物迁地保护体系，已将迁地保护范围覆盖到野生植物、粮食与农业植物、野生动物、家养动物与微生物菌种。与避难所强调在自然系统中的重新安置与长期保留不同，迁地保护更多考虑将物种置于人类干预环境之下。例如，野生植物迁地保护主要通过植物园和种子库来完成；粮食与农业植物的迁地保护则通过种质资源库与种质资源圃开展；野生动物迁地保护以动物园、野生动物园、水族馆等活体迁地为主；微生物迁地保护通过菌种保藏实现（联合国粮食及农业组织，2007）。然而，迁地保护尝试也存在失败甚至物种灭绝的风险，如 1981 年日本将仅存的最后 5 只野生朱鹮捕获并人工饲养，2003 年日本本土朱鹮灭绝（新华网，2019）。此外，在气候变化背景下，生态系统可能会发生巨大变化，以致这些物种的重新引入将非常困难，植物园、动物园、水族馆等基本上使这些物种成为活化石（Minteer，2014）。

5.4.2 外来入侵物种监控

外来物种（相对于本地物种）入侵指由于人为或无意的行为，使某些物种能够克服生物地理障碍（Franz et al.，2010）。将外来物种引入一个区域的途径包含：故意释放（deliberate release）、逃离圈养（escape from captivity）、商品污染物（contaminants of commoditie）、运输载体（stowaways on transport vectors）、通过人为走廊（via anthropogenic corridors）或未经帮助从其他地区入侵（unaided spread from other invaded regions）（Hulme et al.，2010）。外来入侵物种破坏生物地理格局，影响本地物种丰富度和种群遗传组成，增加本地物种灭绝的风险（Pyšek et al.，2020）。据估计，外来入侵物种及其管理每年使全球经济损失数十亿美元（IUCN，2018）。《生物多样性战略计划》（2011-2020 年）要求缔约方采取紧急行动确定和优先考虑外来物种入侵途径，以防止其引进和生根（CBD，2014）。要实现上述目标，必须从国家层面建立生物安全机制，规范有意引种，利用技术缓解无意引种的影响，并鼓励社区参与到入侵物种监测与管理中。几乎所有国家都基于风险评估出台外来生物入侵的相关管制规定，在边境建立严格的检疫控制，禁止受管制物种的进口和贸易；或采用白名单方法，禁止引进所有非本地物种，除非确定它们是低风险的（Genovesi et al.，2015）。边境管制是第一道关卡，一旦外来物种已经入侵本地区，则需通过常规控制、基因编辑等方法消灭外来入侵物种或减轻其影响。常规控制以物理控制（Leary et al.，2013）、化学控制（Simberloff et al.，2018）和生物控制（Veltch et al.，2019）为主。在过去十年中，基因编辑技术已逐步推广，如基因沉默（Gene-silencing）使入侵物种特定基因不表达或表达不明显以削弱其传播（Martinez et al.，2019）。基因编辑技术通常与转基因结合使用，虽有助于外来入侵物种的管理或根除，但其潜在意外后果也需得到关注（Callaway，2018）。外来入侵物种正在影响人类社会的许多方面，全社会利益攸关方的参与对于控制外来入侵物种至关重要。广泛的社会参与能够收集更多有价值的入侵物种数据，如民众通过手机与 APP 随时识别和记录入侵物种，不仅可以大大提高早期监测能力，还有助于记录其位置与传播路径；此外，民众参与也能够进一步提高其对生物安全的认识（Crowley et al.，2017）。

【推荐读物】

1. 生物多样性和生态系统服务政府间科学政策平台（IPBES）. 全球生物多样性与生态系统服务评估报告［R］. 法国，2019.

2. 联合国生物多样性公约秘书处. 全球生物多样性展望（第五版）[R/OL]. https://www.cbd.int/gbo/gbo5/publication/gbo-5-zh.pdf

3. Stocker T F, Qin D, Plattner G, et al. IPCC, 2013: Technical Summary. In: Climate Change 2013: The Physical Science Basis. Contribution of Working Group I to the Fifth Assessment Report of the Intergovernmental Panel on Climate Change [M]. New York: Cambridge University Press, 2013.

4. Steffen L. Australia's Biodiversity and Climate Change [M]. Clayton VIC: Csiro Publishing, 2009.

5. Mitchell R J, Morecroft M D, Acreman M, et al. England Biodiversity Strategy-towards adapation to climate change. Final report to Defra for contract CRO327 [J/OL]. http://nora.nerc.ac.uk/id/eprint/915/1/Mitchelletalebs-climate-change.Pdf.

第6章 农业[①]

> 【本章导读】
> 本章介绍了农业面对气候变化的脆弱性概念，将其脆弱性表现分为农业生态环境和气候资源、农作物种植制度和结构布局、农业气候灾害和农作物产量、粮食贸易与安全等四大方面，结合国际经验做法进行总结分析，提出应对气候变化的生产性、技术性和适应性三大举措。

随着科技进步和社会发展，人类与自然的矛盾不断加剧，气候变化不仅是人类共同面临的重大生态环境风险，更成为国际经济与政治博弈的全球性问题。作为社会生产和经济发展的基础，农业系统自我调节能力较弱，受人类活动影响强烈，在全球气候变化及极端天气条件之下，潜在风险也更加显著。因此，调整农业领域各方面以适应气候变化，制定合理的适应气候变化措施，对增强农业适应能力、推动农业可持续发展具有重要意义。

6.1 农业气候变化脆弱性

农业发展状况与气候变化密切相关，在面对气象条件变化时，农业通常会表现出较强的依赖性和脆弱性。根据 IPCC 评估报告气候脆弱性定义，农业对气候变化的脆弱性是指农业系统内气候变率特征、幅度、变化速率以及系统自身敏感性和适应能力的函数，是农业系统应对气候变化（包括气候变率和极端气候事件）不利影响的程度（侯亚红和刘文泉，2003）。具体地，农业对气候变化的脆弱性主要体现在以下四方面。

（1）农业生态环境和气候资源。农业生态环境和气候资源主要体现在土

[①] 原文发表于《肥料与健康》2021 年第 4 期（原文标题为《农业领域面对气候变化的脆弱性与适应性举措》），本章略有改动。

壤、水分、光能以及热量资源等方面，气候变化正在产生潜移默化的影响。第一，全球气候变暖改变水、热资源空间分布格局，有的地区趋于干旱，而有的地区趋于湿润；第二，全球变暖导致海平面上升，沿海低地被淹没，沿海地区农业受到不利影响；第三，全球气候变化加剧自然灾害和极端天气事件发生概率，其中以暴雨、干旱、寒潮、厄尔尼诺和拉尼娜现象的周期性出现为代表。总之，农业生态系统是由地形、气候、生物、水文和土壤等自然地理要素相互影响和制约的，气候条件改变将会导致整个农业生态系统发生变化，农作物生长环境和种类都将随之变化。

（2）农作物种植制度和结构布局。全球变暖、降水模式改变以及极端气候事件增多，直接影响了全球作物的种植制度和结构布局。在高纬度地区，气温升高在某种程度上增强了农业生产力，提高了玉米、棉花、小麦、甜菜等一些作物的产量；低纬度地区则相反，上述粮食作物产量呈下降趋势。与此同时，气候变暖会使农作物生长季发生变化，一些一年一熟的种植区逐渐变为一年二熟甚至三熟，并不断向北推移。此外，气候变暖使作物受冻害程度降低，人们可以扩大晚熟品种种植。如在中国黑龙江部分地区开始大规模种植水稻、宁夏大规模发展葡萄产业（王昕然，2018）。

（3）农业气候灾害和农作物产量。由气候变暖引发的农业气候灾害可分为气象灾害和生物灾害两个方面。近年来，随着全球气候变暖，极端天气频率增加。以印度中部为例，1950-2015年间极端降水事件增加了三倍（FAO et al.，2018）。在生物灾害方面，在过去，害虫难以挨过冬季低温而冻死；近年来，全球气候变暖的加剧打破了区域性水热平衡以及季节分配，原本受低温影响无法繁殖的害虫也可以轻松越冬，且病虫抗药能力随农业生产用药量的增加而增加，病虫灾害加剧；同时，温度和湿度上升导致各地蝗灾发生，加上季节性风流模式转变，蝗虫可以飞到更远的地方，如中东、东非肯尼亚就是蝗灾重灾区之一。水灾、旱灾、虫灾等多重威胁使得农业生产领域面临极大挑战，在很大程度上降低了农作物的产量。数据显示，由于极端天气事件，全球平均每年损失10%的谷物产量。

（4）粮食贸易与安全。随着全球粮食产量下降，粮食市场供应不足、波动增大。气候变化引发的自然灾害在一定程度上对全球范围内的粮食生产、价格、价值链、储存、运输和分配等产生负面影响，从而对粮食贸易造成威胁。如极端天气对粮食储存与运输构成威胁，潮湿的环境为细菌滋生创造了条件。极端天气还通过破坏运输设施增大了运输过程中食物腐烂的概率。粮食产量、品质等的下降也进一步导致了人们在饮食方面的营养不均甚至不足。在分配方面，一些国家为弥补粮食缺口纷纷减少出口而增加进口，以改善粮食供给不均衡的局面。

IPCC《气候变化与土地：IPCC关于气候变化、荒漠化、土地退化、可持续土地管理、粮食安全及陆地生态系统温室气体通量的特别报告》指出，粮食安全的四大支柱（数量、可及性、利用和稳定性）均受到气候变化的挑战（Mbow et al.，2019）。由气候变化造成的极端天气可能会增加许多国家粮食短缺风险。据统计，在所有自然灾害和极端天气中，对粮食生产影响最大的分别是洪水、干旱和热带风暴。干旱可造成农业，特别是牲畜和作物生产分部门80%以上的损害和损失，受干旱影响严重的如南部非洲和南美洲，农业用水压力持续增大。一些极端事件如洪水和风暴造成农林经济巨大损失（FAO et al.，2018）。产量不稳定性增加以及农作物质量下降都严重威胁着世界粮食安全。

6.2 农业生产性适应

6.2.1 调整种植制度和结构布局

在气候变暖影响下，热量资源变得更加丰富，积温也随之增多，不同熟制种植界限北移采取可行性规划，越冬作物种植边界北移，喜温作物种植面积北移并扩大，有效地将热量资源优势与各区域降水条件相结合，采取不同的间作、轮作和套种模式。偏干旱地区，因水资源匮乏，气候变暖热量增加的有利条件无法得到充分利用，作为产量波动的气候风险性随之变大，因此，首要工作是提高水资源利用率，以中国西北干旱地区为例，可减少高耗水量农作物种植面积，增加如马铃薯等节水、耐旱型农作物生产（王雅琼和马世铭，2009）。此外，调整农作物种植熟制，在一定程度上适应光热条件改变的客观环境，由此提高农作物产量。与此同时，农作物种植熟制变化也意味着农作物复种指数改变。有些地区农作物复种指数增加（如高原和山地）；而在缺水地区，则相对降低。因此，要根据不同地区对气候变化的敏感及脆弱程度，因地制宜调整种植结构。但是，气候变暖导致的种植制度潜在变化能否成为现实，在很大程度上还要视水资源、经济效益和社会效益等因素综合而定（Zhao and Guo，2013）。

随着农作物种植制度发生变化，农作物布局也出现了北移趋势；而气候变化因为影响了农业气候资源，也使不同地区作物布局发生改变。以孟加拉国为例，孟加拉国是一个对气候变化非常敏感的国家，利用气相色谱耦合质谱分析（Gas Chromatography Coupled Mass Spectrometry，GCMs）对未来气候变化情景的趋势和预测研究表明，温度变化对农作物种植产量有显著影响：夏季作物产量明显下降，冬季作物 Boro 水稻产量随着最低温度升高而显著增加，冬季降雨量年际波动较小，对 Boro 水稻产量影响不显著（Amin et al., 2015）。除了对作物种植比例和面积调整外，农作物种植边界及种植区域调整也是作物布局适应气候变化的体现。例如中国多地冬小麦种植边界北移西扩，不仅可以更好地适应气候变暖，提高冬小麦品质，还能完善冬小麦种植结构和布局，提高土地利用率。

作物结构布局也包括品种布局。第二届世界种子大会曾发表新闻公报，认为目前世界面临人口增加和气候变化等许多挑战，农业生产必须在新形势下满足粮食安全与经济发展的需求，而植物育种和优质种子在这方面发挥着重要的作用。因此，作为适应性技术对策的重要方法之一，选育优良品种能够有效降低气候变化对农作物的不利影响。从气候变化角度来看，即为品种布局、调整，包括中晚熟品种扩种、耐旱品种扩种、冬性弱品种替代冬性强品种、灾后特早熟品种抢种、抗病虫害品种扩种等方面（李阔和许吟隆，2017）。具体来讲，即在气候变暖热量资源更加丰富的条件下，可用中晚熟品种和冬性强品种代替部分早熟品种和一些冬性较弱的品种；在偏干旱地区较为缺水的条件下，有必要用耐旱作物代替高耗水作物；在气候变化导致的各种气象及生物灾害频发条件下，可以开发培育抗逆性强、高光合效能的高产、抗病虫害品种等优质品种，在适应气候变化的同时助于稳定和提高农作物总产。此外，通过生物技术也可有效地培育出抗逆性更强、更优质的农作物新品种，提高经济和社会效益。

6.2.2 完善农业基础设施建设

气候变化还会极大地破坏道路、水利等农业基础设施。农业基础设施的建设和巩固不仅可以提升农作物抗风御寒等能力，而且在粮食储存、运输等方面也发挥着不可替代的作用。因此完善农业基础设施、巩固农业生产基地至关重要。

首先，巩固农田水利基础设施建设。针对各地水资源分配不均的问题，因地制宜进行水利建设工程。以中国为例，各区域气候差异较为明显，东部地区夏季降水较为集中，因此可以利用自然规律在山区和丘陵地带修建水库储存降水，以备旱时之需；南方山区和丘陵区旱情较为严重，农业生产抗旱能力较低，应加强小型水库、水池、塘坝以及水窖等水利工程建设，以增加水源拦蓄能力，提升农业生产抗旱能力；西北地区水资源较为匮乏，应修建集雨节灌水利工程,在河灌地区结合水利工程建设积极发展井渠(王道龙等,2006);还应加强配套节水改造和田间灌溉工程,解决农田灌溉"最后一公里"问题(宋莉莉和王秀东,2012)。

其次,强化农作物储存和运输基础设施建设。粮食损失不仅仅体现在种植生产方面,粮食从播种到食用,要经过生产、收获、储存、加工、运输、消费等环节。据报道,每年中国在储藏、运输和加工等环节损失粮食700亿斤(马爱平,2020)。由于气候变化引起的极端天气影响,粮食的储存环境质量下降、运输基础设施遭到破坏,从而对整个农业经济发展造成阻碍。在粮食储存方面,传统的农民储粮往往是通过挖地窖等自制"土办法"进行的,而这种方式容易造成霉菌滋生、老鼠乱窜等危及粮食质量的惨状发生。因此,应推广科学合理的储存技术和建设有利于农作物储存基础设施。在粮食运输方面,一是加大财政资金投入,提高运输道路建造质量,对运输公路、桥梁等进行常规检查、修缮,增强抵御暴雨、风暴等极端天气的能力;二是根据运输农作物的性质、体积、保鲜期等特性差异,配备不同的运输工具并采用不同的运输线路,同时要完善运输车辆内部的储存保鲜功能,最大限度地减少运输链中的损失。

最后,加强农业气象基础设施建设。建立完备的农业气象灾害监测预警系统,主动做好防灾减灾工作。随着科学技术发展,3S技术即遥感技术(Remote Sensing,RS)、地理信息系统(Geography Information System,GIS)和全球定位系统(Global Positioning Systems,GPS)、大数据等新技术已经相当成熟,将其运用于气象灾害监测中,可增加气象监测的准确性和时效性,短期、长期和突发性灾害预测预防能力得以提升。政府部门可以在灾害来临前制定预备方案,及时指导农民和相关部门调整、实施相应策略。农民个体也可以因时因势调整种植方案,最大限度减少农业损失。

6.3 农业技术性适应

6.3.1 加强农业应对气候变化基础科学研究

农业应对气候变化的研究需要着眼于全球前沿方向,充分借鉴各国研究经验,建立科学系统的基础研究体系,以强化应对气候变化对农业影响的能力。《联合国气候变化框架公约》第九条提到,设立附属科学和技术咨询机构,就有关气候变化及其影响的最新科学知识提出评估,并对创新的、有效率的和最新的技术与专有技术的发展和转让提供咨询。中国《国家适应气候变化战略》中也强调适应气候变化要"系统开展适应气候变化科学基础研究",以保障适应行动的实施。具体地:

第一,加强对现代农业科技系统研究和创新,包括对农业种植区域、种植制度和结构布局,以及适应气候变化的优良农作物品种和耕作制度研究;同时,要加大农业应对气候变化的科技投入,激发农业适应性技术创新动力。

第二,加强应对极端天气灾害和防灾减灾对策研究,建立健全农业气候灾害监测预警机制,提高农业领域应对气候变化能力,减少气候灾害损失。

第三,加强跨学科融合研究和高水平人才队伍建设。气候变化是一个复杂性议题,与经济、政治、文化紧密相关。跨学科融合是大势所趋。对农业应对气候变化研究还需要地质科学、化学科学等学科知识和人才加入,应加强对农业气候变化的学科建设和人才培养。

6.3.2 构建农业领域应对气候变化的适应技术框架

农业适应气候变化技术体系框架,是指针对不同区域气候变化影响所带来的关键问题,筛选并评估不同类型关键适应技术与配套适应技术,通过技术集成,以达到最优的趋利避害目标(李阔和许吟隆,2018)。

在全球气候变化影响下,极端气候事件增多使得农业气象灾害发生的次数增多、力度加大、危害加剧,各种气象灾害会直接或间接导致农作物产量或品质下降。精准识别气象灾害,做好灾害预警监测和防控,是适应气候变化的重要步骤。

有学者将农业适应性对策归纳为四个方面:技术发展;政府项目和补贴;农场生产技术;农场经济管理(Smit and Skinner,2002)。从上述措施分类中可以看出,技术在适应气候变化中占据了重要地位,有必要单独设立一个技术清单,构建农业领域应对气候变化的适应技术框架,针对不同的影响或灾害类型选择合适的农业技术,增强农业适应性(表6-1)。

农业领域应对气候变化的技术清单表　　　　表6-1

影响类型	适应技术	技术名称
干旱缺水	旱作农业技术及农业节水技术	1. 抗旱优良品种
		2. 水源涵养保持技术
		3. 节水灌溉技术
		4. 预警及救灾系统建立

续表

影响类型	适应技术	技术名称
涝灾洪水	农田水利工程	1. 防洪泄洪系统建设
		2. 雨季蓄水技术
		3. 防涝栽培技术
		4. 预警及救灾系统建立
极度低温	抗寒防冻技术	1. 地膜覆盖技术
		2. 温室栽培技术
		3. 抗旱品种选育技术
病虫灾害加剧	病虫灾害防治技术	1. 抗虫抗菌育种技术
		2. 科学施肥装置
		3. 农药喷洒等化学技术
气温上升及热量增加	种植结构调整及品种培育改良技术	1. 种植界限北移
		2. 早晚熟品种交替耕作
		3. 杂交品种选育技术

选择和分析农业适应技术，要在建立应对气候变化的农业适应技术清单与技术集成框架体系基础上（刘燕华等，2013）。在制定出农业领域应对气候变化的技术清单后，还要构建完整的技术框架流程，根据不同气象灾害类型，选用最有效的技术来应对气候变化对农业造成的不利影响。首先，要精准识别不同的灾害类型及其带来的风险，判断农业生产可能遭受的不利影响；然后，根据灾害类型选择合适的适应技术，在一定范围内定点实验，在综合测量成本与效益后，再进行大范围推广运用，形成成熟的流程框架。结合一般的公共政策过程（政策制定、政策执行、政策评估、政策终结、政策监督）和农业适应技术的实践过程，得出农业适应气候变化的技术框架流程（图6-1）。

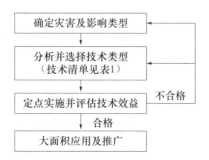

图6-1 农业适应气候变化技术框架流程图

总之，农业领域受气候变化影响是多方面、多层次的，其技术框架的构建是一个复杂且庞大的系统工程。由于各个分领域的应对技术措施可能具有相似性和交叉性，因此，农业领域在应对气候变化时可以将各个技术方案进行结合，配套使用，达到效益最大化。

6.4 农业政策性适应

6.4.1 农业适应气候立法

从《联合国气候变化框架公约》到《京都议定书》，国际社会适应气候变化的法律制度不断完善，向立法转变也是近年来国际应对气候变化行动的趋势之一。因此，整合和借鉴各国的立法资源与经验，加快推进适应气候变化立法进程，是增强适应气候变化能力的科学战略保证。

合理完善的法律体系是一切适应政策和行动开展的前提，而作为法律规制的重点领域之一，进行农业适应气候变化立法的研究具有重要的现实意义。无论是国家间适应气候变化行动的合作，还是农业适应性措施的顺利开展，都需要农业适应性法律体系的保障。此外，现代农业实现低碳减排增汇，强化国际低碳目标引领，也需要依靠立法激励，利用法律强制力保障实施。当然，加强农业适应气候变化立法，也是缓解国际压力，参与全球气候治理和创造良好国际形象的必要途径。

目前，各国政府和社会适应气候变化的意识与实践不断深入，很多国家和地区也已经制定并通过了应对气候变化的专项法律（表 6-2）。在农业领域，各国也根据自身农业发展的实际情况进行了多样化的适应措施，例如，印度的"安全纽带"（scurity nexus）理论核心就是水资源及农业生产粮食安全等问题，他们的可持续农业发展计划，包括发展雨养区（rain-fed area）农业，建立综合水资源数据库，提高用水效率，加强土壤管理和监测气候变化对农业的影响等；中德合作的低碳土地利用项目，目标之一就是为决策者在政策制定过程中提供农业领域减排的行业方法和手段。

欧盟环境法原则是欧盟宪法性条约认可和确立的法律原则，人们能够通过环境法原则的适用，不断引导、推动气候变化适应政策与法律的创新（柯坚和何香柏，2011）。因此，根据环境法适用的表现，可以明确农业领域应对气候变化的原则：首先，目标性原则——农业可持续发展。可持续发展政策能够增强自然和社会抵御气候变化风险的能力，因此要将适应纳入农业可持续发展规划，在可持续发展框架下采取行动，降低农业脆弱性和敏感性，以可持续发展为理论基础制定合理的农业适应气候变化法律与政策。其次，正当性原则——农业应对气候变化风险防范。风险防范即各国要贯彻落实好农业气候风险预防机制，高度警觉新增气候变化给农业带来的影响，以科学、发展和预测的思维建设和完善农业减灾防灾系统。最后，机制性原则——农业微观主体的参与。《适应气候变化白皮书：面向一个欧洲行动框架》白皮书明确指出：适应将是一个长期而持续不断的过程，它在各个层面上运行并需要利益相关者的密切合作，农民和广大群众有权并应该积极参与到有关法律与政策的制定和实施中，不但可以使最终出台的法律政策充分体现广大农户和民众的利益与需求，还能够提高决策的科学性与民主性。

在遵循上述基本原则的基础上，要以一定的农业适应法律制度为框架，构建符合各国和地区实际的农业适应法律制度体系。例如，农业适应气候变化信息与技术管理制度，及时向农民公布农业领域的评估和研究结果，如产量和损失评估、旱情和土壤监测等，不但可以拓宽公众获取信息的渠道，更能加强农户之间的交流与合作，实现农业适应性信息与技术的开发和共享；农业适应气候变化政策规划制度，政府要对农业适应行动进行合理的安排和规划，并对具体的行动进行行政指导，同时也要注意政府各部门之间的分工与配合；农业适应气候变化专项资金制度，专项资金制度是其他一切法律制度成功实施的前提条件；农业适应气候变化国际合作与交流制度，借鉴国外农业适应经验，提高国际合作与交流能力（晋海，2010）。

国外应对气候变化立法基本情况　　　　表 6-2

国家或地区	法律名称	时间
欧洲	《欧洲气候法（征求意见稿）》	2020 年 3 月
丹麦	《丹麦气候法案》	2019 年 12 月
德国联邦	《德国联邦气候保护法》	2019 年 11 月
南非	《南非碳税法案》	2019 年 6 月生效
南非	《南非国家气候变化法案（征求意见稿）》	2018 年征求意见
法国	《法国绿色增长和能源转型法》	2015 年
芬兰	《芬兰气候变化法》	2015 年

续表

国家或地区	法律名称	时间
韩国	《韩国低碳绿色增长基本法》	2013 年
墨西哥	《墨西哥气候变化基本法》	2012 年
欧盟	《欧盟能源与气候一揽子计划》	2009 年
韩国	《韩国气候变化对策基本法》（草案）	2009 年
菲律宾	《气候变化法》	2009 年
英国	《气候变化法》	2008 年
美国加利福尼亚州	《加利福尼亚州全球变暖解决方案法案》	2006 年
新西兰	《新西兰应对气候变化法》	2002 年制定，2017 年修订
瑞士联邦	《瑞士联邦二氧化碳减排法》	1999 年制定，2000 年生效
日本	《日本地球温暖化对策推进法》	1998 年制定，2001 年实施

数据来源：田丹宇，郑文茹. 国外应对气候变化的立法进展与启示 [J]. 气候变化研究进展，2020，16（4）：526-534.

6.4.2 加强教育与宣传指导

近年来，世界上许多国家在适应气候变化的教育和宣传方面都采取了积极举措。例如，在加纳共和国，当地的非政府组织十分注重在政府官员、专家、技术人员之间进行信息交流与宣传，每周都会召开音频会议，以促使农业相关信息得到更好的共享，与此同时，参会各方不仅能够获得有效信息，还可以对其工作及时调整。

作为农业适应性政策的两大微观主体，公众与农民的支持行动决定了农业适应性政策能否顺利实施，因此，通过强调针对公众和农民的教育与宣传指导，提高民众对气候变化知识的认知，帮助其获得更广泛的适应性选择，从而改进气候变化信息的预测和传播，促进农业适应性行动的进一步开展。

以公众为对象，国际上的气候变化教育主要分为正规教育与非正规教育。① 正规教育。一是注重中小学的气候变化教育，让学生们能够较早地接触天气和气候知识，提高孩子们对这些概念的理解和认可水平；二是将气候核心概念嵌入其他课程，进行多学科教学，在以探究为基础的教学环境中引入天气和气候概念，帮助学生们以综合或地球系统科学的思维方式进行学习和生活；三是采用"参与式"和"体验式"教学方式，让学生真正体会到气候变化带来的影响，从而激发学习气候变化的兴趣与动力；四是尝试将气候变化科学问题的不确定性传递给受众，以便受众能够理解现有和未来模型的局限性，并在此基础上采用易于理解的语言循序渐进地传递与沟通，进一步使受众认知气候变化；五是整合社会科学提高气候变化教育，在气候变化教育中，越来越强调运用多学科的研究方法以及运用社会科学的思维与视角进行教育。②非正规教育的做法包括政府工作人员的非正规教育及公众与社区居民的非正规教育。对政府工作人员的非正规教育可以提高政府高级领导以及工作人员掌握的气候变化知识、技能和响应能力；而社区讲座和研讨会则是强调使用公众易于理解的方式进行传授，实践社区可以使教育者能够访问、分享和创造知识，并建立职业身份、关系和协作（申丹娜和贺洁颖，2019）。

作为对农业气候变化感受最直接和最敏感的对象，农民们的应对方式大多还是以经验为主，或是更多的愿意采取低成本、好操作的适应性措施。在乌干达，大多数小农家庭依赖谷物种植（尤其是玉米），因为当地主要的制约因素是作物生长季节反复出现的干旱期和洪水，于是一些小农修建了集雨结构如挖水池塘来储存多余的雨水，并在干旱时使用，但是这种类型的水收集只发生在非常小的规模，且一些水库由于当地传统建造技术的不成熟，经常会在暴雨期间崩溃。此外，由于性别、年龄、婚姻状况、家庭的规模和收入、教育背景、农业经验、种植作物的面积、获得信贷的机会、获得推广服务的机会等各种因素的影响，农民对气候变化的认知和反应是具有群体差异性的。例如，经验丰富的农民在农业实践技能和管理方面往往拥有更多的信息，在干旱时期能够发展一些战略互补性活动，如水土保持技术和农畜多样化（Ajak et al., 2018），但大多数农民由于自身和某些社会经济因素，获得资源和选择的机会十分有限，因此，政府要秉着因地、因人、因事制宜的原则，采取多样的途径和方法对农民进行气候认知和适应的教育培训和宣传指导。

气候变化教育不仅可以提高农民的气候素养，还能够鼓励农民更加主动和有效地参与应对气候变化行动。第一，要对农民进行气候变化基础知识的教育，提高农民对气候变化的认知，增强他们对气候变化的相关知识和信息的获取能力，并以此作为采取更加高效的农业适应气候变化行动的理论基础；第二，政府要教育农民采取更加科学和符合实际的多样化农业适应性举措，例如农民合作经济组织、非正式的社会网络、对口帮扶，鼓励农民参与农业保险，加大对农业保险的补贴和扶持力度，并指导农民使用新技术，为农民创造良好的农业生态环境，为更好地采取农业适应性行动和预防农业气候性灾害做准备；第三，要积极探索和创新有关气候变化和气象灾害的教育手段和宣传举措

（宋臻等，2019），例如天气预报，广播新闻等宣传途径，能够使农民更多地意识到气候格局的变化，获取到气候预警信息，并选择适应策略进行应对，以此确保农民了解气候变化信息，改进他们的农业活动；第四，政府要推进适应气候变化行为的合作（谭智心，2011），政府应适当增加农业部门适应气候变化的财政支出，形成农民、政府、专家等各行为主体间的有效沟通网络。

6.4.3 多边交流与合作

2010年，《联合国气候变化框架公约》（UNFCCC）在《坎昆适应框架》行动下建立了国家适应计划（NAP）进程。该计划旨在通过建设适应能力和恢复力，将适应气候变化纳入所有部门的发展规划进程和战略，从而使各国减少其受气候变化影响的脆弱性。国家适应方案进程需要规划部、财政部和环境部之间的协调和伙伴关系，因为这些部门在中长期国家适应规划中发挥着重要的协调作用。此外，农业部、水利部、基础设施和地方政府等部门也至关重要，这些部门需要共同支持和维护有利的体制环境，以便有效促进和受益于国家行动计划（Kissinger et al.，2014）。正如NAP的实施过程一样，对于气候的适应并不是靠单个国家或国家某个部门的力量就能完成的，农业部门亦是如此，它需要加强多边交流与合作，其中包括国内跨部门交流与国际范围内的交流与合作。

在国内跨部门信息交流合作方面，以金融、气象和宣传三个部门为例，分别阐述与农业适应气候变化的相互促进作用。有报告指出，多边发展融资组织将适应资金总额的12.7%用于能力建设和技术援助，包括提高认识项目、应对脆弱性的培训、早期预警系统以及加强制度、政策和法规。专门的气候基金，如气候恢复试验计划，只占农业和林业部门全部适应资金的2.5%。到目前为止，气候融资基本上绕过了农业部门。无论是公共部门还是私营部门，气候融资主要都流入工业和能源部门的缓解活动（Thomton and Lipper，2014）。这在一定程度上说明，农业部门适应气候变化需要财政或金融部门的支持和投入，应当加大对农业适应资金的供给规模，增加现有资金的流动性，建立促进农业转型的融资机制。有了金融部门支持，农业领域适应气候变化得到了充分的资金保障，从而使其更好地研发农业适应技术、提高农业产量，由此反过来推动农业分领域经济发展。如前所述，气象灾害的预防和监测在提升农业适应能力方面发挥着不可替代的作用。农民可以根据气象信息提前安排好农业生产活动，政府可以通过农业气象监测数据做出农业生产决策，号召相应部门做出技术性对策。宣传部门除了要就气候变化的危害性进行宣传，还应向农户普及新型的种植技术、农业生产模式等，帮助农民切实提高气候适应能力。

2019年1月25日，中国常驻联合国代表马朝旭表示，在气候变化问题面前，没有一个国家可以独善其身。各国应加强应对气候变化的交流合作，坚持多边机制，切实履行国际义务。在国际交流与合作方面，首先，各国应秉持"共商、共建、共享"的全球治理观，积极参与国际对话，包括与农业相关的政策、技术、学术交流，通过增强各区域、国家间的务实合作，包括组织机构间的协议项目等，以此促进全球应对气候变化的适应能力。其中，联合国粮农组织（FAO）和国际农业磋商组织（CGIAR）（下设五个中心：国际水稻所IRRI、国际玉米小麦改良中心CIMMYT、世界农用林业中心ICRAF、国际生物多样性中心IFPRI、国际食品政策研究IFPRI）等是与农业最息息相关的国际组织，各国应积极参与和支持这些机构组织的各个项目和各项行动计划，扩大国际范围内的交流与合作。

为迎接气候挑战，粮农组织的战略侧重于农业部门的适应和缓解，并倡导更好地管理两者之间的协同增效和权衡。粮农组织支持其成员国，促进制定国家适应计划和国家适当缓解行动，并支持各国公开承诺实现气候的行动来应对不断增长的需求。为改进决策和执行适应措施提供技术指导、数据和工具，粮农组织还把这些工具和方法嵌入更广泛的框架中，如气候智能农业的开展以及促进减少灾害风险的政策和行动。在育种方面，气候变化给农作物的育种、栽培和种植带来了不利影响，迫使国际上不同的植物育种者加强技术交流与合作，不断提升农业的产量和质量。许多CGIAR中心采用了种质开发和传播的新的合作形式，涉及各种伙伴。如CIMMYT的MasAgro项目，这是一个由50多个国家和国际组织组成的伙伴关系，致力于改善可持续农业。还有一些国家正在通过与国家农业研究组织（NAROs）和非政府组织（NGO）合作进行参与性品种选择，采用参与性方法来改进作物，如干旱地区国际农业研究中心（International Center for Agricultural Research in the Dry Areas）。各研究中心还在研究样本，以便私营公司用于培育杂交品种。还有一些与NAROs合作的中心直接与农民组织和非政府组织合作，选择最有用的品种，然后增加质量，并分发给农民。例如，国际半干旱热带作物研究所向农民提供小包装种子，饲养中心也密切关注其繁殖目标（Thomton and Lipper，2014）。

其次，加强国际贸易合作，除上述开展的合作与交流行动外，还要加强国际贸易安排，以补偿不同地区对气候变化的不同影响。在未来，气候变化可能导致各国对于粮食供给的不平衡,通过贸易流动可以部分抵消气候变化对当地生产力的影响,使世界上负面影响较少的地区能够向负面影响较大的地区供应。因此,有必要完成世界贸易多轮谈判,制定法律文书,帮助各国依靠国际交易来应对国内生产的短期中断。

总之,无论是国家内各部门之间,还是不同部门的利益主体之间,都应加强交流与合作,实现多方协作共同应对气候变化。

【推荐读物】

1. (美)莱斯特·R·布朗著,林自新、暴永宁等译. 地球不堪重负:水位下降、气温上升时代的食物安全挑战[M]. 北京:东方出版社,2005.

2. 惠富平. 中国传统农业生态文化[M]. 北京:中国农业科学技术出版社,2014.

3. 傅雪柳,朱定真,唐健. 气候变化与粮食安全[M]. 北京:中国农业科学技术出版社,2015.

4. 郭建平等. 气候变化对农业气候资源有效性的影响评估[M]. 北京:气象出版社,2016.

5. 中国气象局气候变化中心. 中国气候变化蓝皮书(2020)[M]. 北京:科学出版社,2020.

第7章 能源

【本章导读】

本章从能源供给，能源消费，能源传输、分配转移与能源基础设施等方面分析能源系统面对气候变化的脆弱性；进一步提出仅靠目前的减缓措施无法充分应对气候变化带来的不确定性，需提高能源系统面对气候变化的适应能力，将减缓措施与适应措施权衡实施；在此基础上，根据能源系统面对气候变化的脆弱性，分部门探究能源发展适应气候变化的举措。

美国国家航空航天局戈达德空间研究所（NASA Goddard Institute for Space Studies，GISS）的地表气温数据库（Goddard Institute for Space Studies Surface Temperature product version 4，GISTEMP V4）数据发现，自1900年以来，全球地表平均气温上升了1℃左右，其中大部分的上升发生在20世纪70年代中期以后[①]。同时，国际能源署（International Energy Agency，IEA）数据显示，2019年全球化石能源燃烧产生的CO_2排放量为33.3Gt，相对20世纪70年代翻了一倍多[②]。能源的消耗对气候变化产生了影响，而气候变化对能源系统的威胁也越来越大。

气候变化对能源系统的各个部门都产生了显著影响，然而目前研究集中于能源系统如何造成气候变化以及减缓气候变化。在能源领域，认识气候变化对能源系统的影响，提高能源系统面对气候变化的适应性并尽快落实相应的适应措施已尤为重要。

---

① 数据来源：NASA. GISS Surface Temperature Analysis(GISTEMP V4), Tables of Global and Hemispheric Monthly Means and Zonal Annual Means[EB/OL]. https://data.giss.nasa.gov/gistemp. 2020-11-12/2020-11-23.

② 数据来源：IEA. Global CO_2 emissions in 2019[EB/OL]. https://www.iea.org/data-and-statistics/?country=WORLD&fuel=CO2%20emissions&indicator=CO2BySource. 2020-2-11/2020-11-23.

7.1 能源系统面对气候变化的脆弱性

气候变化将对能源系统产生越来越大的影响。鉴于能源规划决策具有代际性、能源基础设施使用寿命较长以及未来能源需求预计上升,必须了解能源系统面对气候变化存在的脆弱性。能源系统面对气候变化的脆弱性主要体现在能源供给,能源需求,能源传输、分配和转移,能源基础设施共四个方面(Ebinger and Vergara,2010)(Schaeffer et al.,2012)。

第一,气候变化对能源供给的影响。在传统非再生能源方面,气候变化对化石燃料发电、核能发电和生物质能发电的影响主要与发电循环效率和冷却用水需求有关(Zhou et al.,2012;Yalew et al.,2020)。煤矿、油气、核能等能源供应的效率和可靠性都会受到气候影响,尽管这些影响相对较小,但当能源系统高度依赖于这类能源时,环境温度的轻微变化也会导致能源供应显著下降。在煤矿开采方面,煤矿作业需要一定的水来维持作业,但在降水量过高时,会增加煤炭含水量,从而降低煤炭库存质量,在发生洪水时,还会对煤矿产量和运输带来更大影响(Odell et al.,2018)。在油气方面,海上设施及低洼沿海地区的石油和天然气生产会受到极端事件干扰(如飓风),这类极端事件可能导致海上与沿海地区能源开采停产或撤离,以避免威胁生命安全或对环境造成更大破坏。核能作为一种低碳技术,已被证明有助于减少与能源有关的温室气体排放(Sailor,2000)。对核能来说,在铀矿开采过程中,降水造成的洪水会对开采造成影响,天然存在于铀矿中的铀相对浓缩铀来说无害,影响较小。但储存在核电站中的未处理核废料,若遇洪水冲走,并释放于环境之中,则会对环境造成巨大危害。此外,核电站对冷却水的需求更为紧迫,缺水会迫使核电站减少发电量或停止发电,在冷却水严重不足时,会对核反应堆安全产生威胁(Kopytko and Perkins,2000)。

在供给端,可再生能源生产受气候条件影响比化石能源大,因为可再生能源生产与全球能量守恒及大气流动相关。从发电能源来看,在水力发电上,气候变化会影响河流径流及其季节性流量,使水库蓄水量发生变化,影响水力发电生产量(Majone et al.,2016);在风力发电上,风能很大程度上取决于风速变化,且无法进行储存,而风速变化很可能与电力需求不匹配(Koch et al.,2010);太阳能发电会受极端天气事件和气温升高影响,这会改变光伏电池效率并减少光伏发电量(Wachsmuth et al.,2013)。生物燃料同样易受气候变化影响,由于生物燃料的生产材料主要为农作物(如甜菜、甘蔗),气候变化对这类农作物的影响将直接影响生物燃料生产。气候变化可通过影响区域温度和降水模式、降水量和极端天气事件（例如干旱和霜冻）发生频率来影响作物产量；二氧化碳的水平也会对作物产量产生影响。

第二，气候变化对能源需求的影响。这主要体现在对建筑供暖制冷的需求上，气温升高趋势导致冬季更暖而夏季更热，进而使取暖需求降低，制冷需求增加。在气候温和的国家，用于取暖的能源占全部能源消耗的一半以上。在高收入国家和中国、印度等新兴经济体，空间制冷需求正在迅速增长。研究发现，能源总需求与室外温度呈"U"形关系：低温对应较高能源需求，中间温度对应较低能源需求，高温对应着更高的能源需求（制冷导致能源需求更高）。研究表明，随着气候变化，到2100年全球供暖能源需求将减少34%，而空调制冷能源需求将增加72%。从区域能源需求上看，气候影响将因地区而异：热带地区制冷能耗将增加，温带地区取暖能源需求将减少（表7-1）。

气候变化对能源需求影响研究　　　　表7-1

研究区域	研究方法	研究结论	作者，年份
全球	技术经济TIAM-WORLD模型和一般均衡GEMINI-E3模型与气候模型PLASIM-ENTS相结合进行模拟	在全球范围内，能源系统对冷热适应所引起的气候反馈不显著。但在区域一级，变化显著，为满足额外冷却服务所需额外电力，电力价格会上涨	Labriet M 等（2015）
欧洲（南北分布的5个国家）	计量经济学多元回归模型	到2050年，夏季用电需求将比2007年增加2.5%~4%	Pilli-Sihvola K 等（2010）
美国（15个城市）	HadCM3全球环流模型（GCM）预测	到2080年，气候带1~4的能源消耗将净增加，气候带6~7的能源消耗将净减少	Wang H 等（2014）
美国（加利福尼亚州洛杉矶市）	基于地理信息系统（GIS），将气候模型、建筑能耗模拟和建筑特征结合进行量化分析	在IPCC的A1F1与A2场景下，随着冷却需求增加，大多数建筑类型能耗需求都明显增加	Zheng Y 等（2019）
美国（加利福尼亚州）	全球环流模型（GCM）预测	在IPCC的A1F1与A2场景下，加州某些地区的制冷用电量在未来100年将增加50%与25%	Xu P等（2012）
澳大利亚（5个城市）	软件模拟	在悉尼，全球气温分别上升2℃和5℃时，7星级住宅的暖/制冷能源需求将分别增加120%和530%	Wang X 等（2010）
日本	对三段时期进行热分析模拟	在IPCC的A2场景下，通过进行一些改进节能措施，日本办公楼在减少能源需求和相关二氧化碳排放方面具有巨大潜力	Shibuya T 等（2016）

第三，气候变化对能源传输、分配和转移的影响。在能源传输、分配方面，气候变化会影响电力、石油、天然气和其他燃料的传输和分配。如运输油气的管道，会途经炎热的沙漠、永久冻土区、海上，在能源运输中发挥着核心作用，负责将石油和天然气从油井运输到加工和配送中心，传输距离从短途的区域间到长途的洲际连接不等。对于暴露于阵风、风暴、结冰、滑坡、岩石坠落、土地迁移等过程中数千公里的输电线路和管道而言，会导致输配电线路故障，尤其是架空线路上的过度电线履冰会导致停电和耗资巨大的维修费用，既影响能源传输，也会增加能源成本（Ward，2013）。输电系统和管道也容易受河流淤积以及河流水文响应变化引起侵蚀的影响。对于许多建设在永久冻土地区的油气管道，气候变暖会导致冻土融化，从而破坏支柱和管道，进入开采地点也将更加困难，位于西西伯利亚平原北部的亚马尔—涅涅茨自治区拥有广袤的冻土带，其中蕴藏俄罗斯80%的天然气资源，而2050年该冻土带冻土融化深度将达40~80cm（Troccoli，2010）。

能源转移方面。陆上能源转移（例如公路或铁路）同样受到气候变化影响（Beheshtian et al，2018）。如煤电厂对煤炭铁路运输有着很高的依赖性，如果运煤铁路遭到破坏，煤电厂将很快耗尽燃料。在极端高温情况下，公路路面软化、沥青融化、铁路轨道会产生变形（热错位、轨道弯曲）和脱轨（Koetse and Rietveld，2009）；在极端寒冷情况下，公路路面损坏、铁轨断裂。洪水和强降雪也会影响公路和铁路畅通。水上能源转移（如船舶）会因降水减少导致水位下降受到影响（Middelkoop et al.，2001），降水过多或者水上结冰会使水路运输受阻封闭。气候变化也正在改变全球河流系统的地理形态平衡，这给海上能源转移也带来了越来越多的挑战。

第四，气候变化对能源基础设施的影响。在基础设施的设计层面，气候变化会使一些现有能源基础设施无法继续运行。在沿海地区，能源基础设施易受海岸侵蚀和淤积影响，气候变化会改变海岸带的地貌动力学平衡从而影响海岸侵蚀和淤积过程；且许多国家的能源基础设施都位于低洼沿海地区，如美国1/3的炼油和加工设施都位于沿海地区，易受海平面上升和极端事件（如强烈飓风）影响。另一方面，海上石油和天然气基础设施，如固定平台和管道，易受飓风等极端事件影响，这些事件会在结构上损坏导管架和立管。飓风引起的风、雨、风暴潮和海浪波高增加会导致海上管道严重损坏，海上开采平台也会因波浪淹没与系泊系统断开发生变形。在基础设施维护上，气候变化会导致维护频率升高以及电厂发生巨大故障。对于水电站而言，气候变化引起的降雨量减少会影响水电站发电量；反之，大规模降雨会导致水库水位快速上升并超过水库容量，水量溢出造成能源浪费，也危及大坝安全。风力发电方面，在高海拔和高纬度地区，气候变化会通过影响涡轮机叶片结冰频率来影响涡轮机的性能和耐久性，这是导致风机故障的主要原因。极端大风会使风速超过涡轮机设计的最大运行条件，导致风力发电容量系数降低甚至停产。

7.2 能源系统对气候变化的减缓与适应

从20世纪90年代初制定全球气候政策以来，能源系统面对气候变化的举措一直以减缓措施为主，如制定减排目标、推动能源结构转型、提倡低碳消费等。在全球气候变化背景下，能源系统的适应措施变得越来越重要。从环境政策角度来看，采取减缓政策在推动能源系统转型的同时，还应采取适应措施。适应措施可以作为对已发生气候变化的反应，也可作为防患于未然的举措，以提高能源系统面对气候变化的弹性或复原力。IPCC提出适应气候变化的主要目标是减轻危害或利用有利机会。就能源系统而言，适应的主要目标则可以解释为保障能源供应可持续，并在时间和空间上平衡能源生产和消费（Ebinger and Vergara，2010）。

能源系统面对气候变化减缓与适应措施间协同也十分重要。已实施的许多举措可以兼顾到减缓与适应两种措施。例如，使能源结构更加多样化、对能源需求侧进行管理和提高能源效率，这些举措可在减缓气候变化的同时提高能源系统面对气候变化的适应能力。在某些情况下，如果不能权衡减缓与适应之间的协同关系，则有可能造成适应不良，带来更大损失（Kane and Shogren，2000）（Vijayavenkataraman et al.，2012）。例如，为减缓气候变化而过度发展可再生能源却未能充分考虑可再生能源对气候变化的适应能力，会严重危及能源安全。孤立制定适应战略也可能使减缓和其他政策目标实施更加困难或成本更高。在能源方面，人们应该比以往更加重视适应性发展，对减缓和适应措施的权衡是一种双赢的选择（图7-1）。

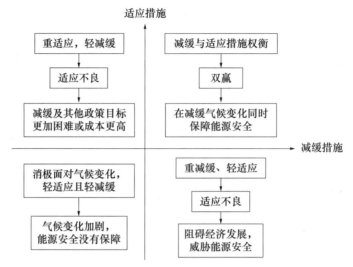

图 7-1 能源适应措施与减缓措施关系图

7.3 能源系统适应气候变化举措

7.3.1 能源供给

1. 传统非再生能源

由于传统非再生能源大都储存于地下，因此这部分能源的适应措施大部分聚焦于开采过程。

煤矿。在矿井选址时，应尽量选择强降雨或干旱风险较小的地区（Troccoli，2010）。在矿物燃料开采过程中，提高开采装置坚固性以使其承受极端气候条件，这对建造海上开采设备更为重要。露天矿井在设计时需充分考虑强降雨甚至洪水影响，并提升高含水量煤矿处理能力；地下矿井则需考虑维持开采作业水量不足影响，优化开采技术，减少开采过程中对水的依赖，加强水资源循环利用，监控河流流量信息，根据流量信息调整设备运行。

油气。在油气设施选址时，应远离恶劣天气出现概率高的地区。位于低洼沿海地区的油气开采以及精炼设施，易受洪水和风暴以及海平面上升影响，可通过建设混凝土高墙和堤坝，阻挡或引导洪水远离关键建筑物；还应对设备进行安全固定（如油罐、气瓶），设定充分的应急响应和应急计划，以最大限度减少停机时间（Cruz and Krausmann，2013）。增加投资升级设施，在系统中建立冗余性和稳健性，如扩大油气战略储备；对石油和天然气行业设定更全面的风险评估和分析框架,评估其脆弱性,充分预测潜在破坏性。

核能。应尽量选择气温较低的地方建设核电站,以提高发电效率。对易受盐腐蚀和灰尘影响的线路及电路板,增加维护并进行绝缘保护和密封。对于核电站这种高安全边际的设施,增加维护、更新流程这些微小改善措施足以适应许多气候威胁:更加频繁的检查和清洗进水口,防止异物阻塞进水口;将冷却系统排放出的热水循环至进水口区域附近或在进水口增加伴热设备,防止进水口结冰;进行适当接地以及将某些外部电缆埋设,以防止雷电破坏。核电站冷却系统,可使用替代水源(如废水)、提高冷却塔效率,也可选择干式冷却系统来减少对水资源的依赖。对气候变化引发的洪水风险进行评估,采取相关适应措施,如在核废料储存区域周围增建保护性土方工程。

2. 可再生能源

水力。建设水电站时,装机容量设计应考虑冰川融化造成的水流量变化。在设计建造水库时增加堤坝和排沙门以冲洗长期运行后沉积的淤塞,增加大坝高度并扩大闸门,以适应短时间内水流量极端变化。在大坝上游流域建造小型水坝并进行土地管理,以减少上游水土流失引起的大坝淤积和侵蚀。大坝运行中,应根据河流流量及时切换运行模式。

风能。风机选址要考虑风机寿命以及选址地区风速变化,如选择在海上建造,还需考虑飓风引起海浪和海平面上升影响。在风机设计时,尽量考虑可在更高风速下运行的涡轮机。此外,成立紧急维修部门,使受损风机在第一时间得到修复。

太阳能。太阳能发电站选址时应考虑选址地区日照时间以及发生极端气候事件的可能性,并通过改进光伏面板设计使其具有抵御风暴的能力。近年来发展不断成熟的聚光太阳能发电技术(Concentrating Solar Power,CSP)在面对极端气候事件时具有高稳定性,可作为适应性的太阳能发电设备。对于分布式太阳能发电系统,设立应急维修部门是极端气候事件造成破坏后进行及时修复的关键。

生物质能。选择气候条件稳定的区域进行农业种植,使用具有较高耐旱性和耐水性的作物品种。修建防水堤坝、扩大灌溉系统,并改善排水系统使其具有更高防洪能力,防止水土流失。调整作物轮作方案,选择合适的种植/收获日期。建立农业专用气候预警系统与应急方案,在极端气候事件发生时,进行紧急收获使损失降到最低。

以上部分适应措施之间的相互作用也需要考虑,例如,水电厂的适应性行为可能会影响到下游农业灌溉系统。适应措施之间可能会产生竞争,并导致潜在冲突,需要对各个部门之间适应措施进行整体规划,选择最优适应方案。同时，能源系统多样化程度也对适应能力有重要影响，并与能源安全密切相关。单一能源结构往往意味着面对气候变化有更高的风险暴露程度。采取替代方法生产可降低整个部门对某一种特定气候影响的脆弱性。

7.3.2 能源消费

在能源消费领域，改变传统舒适观念，选择面积更小的住宅与商业空间减少供暖制冷需求。在建筑设计与施工过程，最大限度利用自然光和自然风；升级供暖与制冷设备使其有更高能源利用效率；减少建筑内部热量增加，以减少冷却需求。提升消费者节能意识，使能源消费者规范使用能源，自主节约能源，对缓解能源需求增长与能源供给不足矛盾来说是一种高效、双赢的解决方案。

城市是不断增长的能源消费者。根据联合国经济社会事务部《2018年版世界城镇化展望》报告，2018年世界人口有55%生活在城市地区，到2050年，这一比例将增加到68%，全球将有67亿人居住在城市[①]。城市能源消费的适应可通过需求侧管理实现：建筑设计（隔热、定位）、规范和标准（电器效率标准），以及消费模式的变化（区域供暖/制冷、灵活工作时间等）：做好建筑朝向设计与保温设计；对家庭用电效率标准进行规范；供暖与制冷采取分区域政策和灵活工作时间。另外，安装屋顶光伏发电、家庭地热机组等家庭发电机，有利于能源更加分散，应对气候变化也有更高的弹性。

7.3.3 能源传输、分配和转移

能源传输与分配，适应措施主要有以下几点：第一，管道与线路选址需考虑气候变化影响，如在永久冻土地区铺设管线，要考虑冻土可能发生的冻胀或融沉，可使用更深的桩机、更轻的建筑材料。另外，对于易损的脆弱线路要定期检查，确保在事故发生前排除潜在危险。第二，发展智能电网是能源传输适应的新方向，智能电网具有一定的自愈与自适应性，可以对故障做出快速反应，保证气候事件下的电网安全（Fang et al., 2012）。被称为"电网3.0"的能源互联网也值得关注（Huang et al., 2010），将使可再生能源利用更加充分，促进能源生产与消费实时平衡。第三，利用能源储存技术可以更高效地适应可再生能源生产的波动性，保证能源传输和分配，将电力消耗从高峰时段进行转移。目

---

① UN DESA. 2018 Revision of World Urbanization Prospects[EB/OL]. https://www.un.org/development/desa/publications/2018-revision-of-world-urbanization-prospects.html. 2018-5-16/2020-11-23.

前主要的储能技术有电化学储能（电池）、机械能储能（压缩空气、飞轮储能系统）、热储能（低温和高温技术）、电气储能（超级电容器、超导磁能储存）、化学储能（生产氢气或者天然气作为二次能源载体）等（Wang et al.，2019）。

能源转移方面，处于寒带内部或边界的陆路运输需要考虑冻土融化对于影响，进行定期维修；沿海地区的港口、码头和公路铁路需根据海平面上升情况及时做出调整，以避免洪水破坏；水路运输，应减少载荷、对河床进行疏通清淤以减轻水位下降影响（Rietveld，2011），且增强蓄水能力是有效措施。

7.3.4 能源基础设施

能源基础设施面对气候变化的脆弱性多指设施使用寿命高，并且在设计时未考虑气候变化影响。能源基础设施应对气候变化的适应措施主要分为已建设施适应与新建设施适应两个层面。

对已建基础设施，根据可能产生的气候变化进行有针对性改造、定期翻新。例如，调整发电压缩机热交换器额定值，以适应夏季高温；增加热交换表面积，防止压缩机效率降低；冷却塔设计更高的热交换面积，以解决降低的三角洲温度（Ayoub et al.，2018）。此外，淘汰过早建设的基础设施是一种高效选择（Tong et al.，2019）。

对新建基础设施，由于部分设施退役、环境标准修订，未来几十年会对新兴基础设施进行大量投资（Irish and Stacy，2012），新建设施选址决策应考虑气候变化影响，使其适应气候变化。例如，火电厂选址考虑冷却水可获得性与极端气候事件影响，可转移至干旱风险小地区；沿海能源基础设施选址考虑风暴事件的影响，可转移至内陆地区（Sieber，2013）。在许多地区，小规模投资的基础设施可显著提高弱势人口适应能力，如修建水坝和堤坝等。对印度恒河盆地气候适应性的研究表明，低成本包容性基础设施设计在控制极端天气事件时非常有效（Dulal and Bansha，2014）。

7.3.5 能源监管

能源发展的各项适应性举措实施单靠市场调节不够有效，还需监管部门发挥监管职责，保障适应举措实施。随着极端天气事件出现频率增高，能源供需矛盾将进一步加深，国际能源市场价格也可能发生异常波动，影响能源安全。能源监管有助于解决能源管理部门面临的许多正面或负面外部性，还可通过风险管理和鼓励良性竞争使私人经济主体从可靠安全的能源中获益。

在气候变化背景下，能源监管部门需提高弹性，把适应气候变化作为一个持续过程（Linnenluecke et al., 2012），保证能源供应持续和能源需求满足。首先，监管部门应就如何增强能源部门对气候变化的适应能力、增强能源安全以及在减缓与适应之间实现协同增效提供总体指导。对于国有能源资产以及一些准垄断能源设施（如电力输配网络），监管部门与政府需作为关键带头行动者，积极实施适应措施。其次，对灵活能源供应设施投资进行经济激励或强制规定，以确保对极端天气事件导致的供应损失做出快速反应。最后，奖励新能源应用，设定节能定价方案，激励以公用事业为主导的需求侧管理项目，降低峰值需求以提高电力系统备用裕度。

能源监管部门要使全社会认识到适应气候变化的重要性。首先，要减少信息缺口，建立完善可靠天气信息、水文信息收集监测数据库，并对气候数据建模，制定未来区域和地方天气模式预测模型，提高气候预测能力。保证所有经济主体均可平等获得气候信息，以便将气候变化影响纳入决策之中。其次，各国政府之间应支持气候资料编制和传播。对跨部门与跨领域政策，需考虑跨领域之间和各级政府之间协调，鼓励非政府组织和私营部门参与，调动科学研究，鼓励研究者参与并进行跨领域合作，为政策制定和消费者决策提供参考。最后，监管机构应帮助人们提高认知，培养节能意识，将气候知识与行动结合，共同促进能源部门的适应性发展。

【推荐读物】

1. 国网能源研究院有限公司. 全球能源分析与展望2020 [M]. 北京：中国电力出版社，2020.

2. 陈富强. 能源工业革命：全球能源互联网简史 [M]. 浙江：浙江大学出版社，2018.

3. 段茂盛，周胜. 能源与气候变化. 北京：化学工业出版社，2014.

4. Ebinger J, Vergara W. Climate impacts on energy systems: key issues for energy sector adaptation [M]. The World Bank, World Bank Publications Washington, 2010.

5. NATO Advanced Research Workshop on Weather/Climate Risk Management for the Energy Sector, Troccoli A. Management of Weather and Climate Risk in the Energy Industry [M]. Springer Netherlands, 2010.

第 8 章 金融

> 【本章导读】
> 本章从金融机构、融资渠道、金融工具的种类与特征等方面梳理和分析金融系统在实现气候适应性发展的举措以及金融系统在应对气候变化中的积极作用;最后,总结了国际社会比较先进的适应性发展相关的金融政策,为提升金融系统适应气候变化,制定金融政策提供借鉴。

实现全球范围内的气候适应性发展已经变得越来越重要,如何适应气候变化、实现可持续发展已经成为各个国家地区面临的严峻挑战。在此背景下,越来越多的金融机构和基金组织通过不同的融资渠道,运用赠款、低息贷款等多种金融工具筹集气候适应资金,引导资金流向最脆弱国家和地区,提升其适应气候变化的能力。同时,各个国家和地区的央行以及金融监管机构也开始将气候风险纳入金融体系,通过政策工具应对气候风险对经济体系的不良冲击,发挥金融领域在应对气候变化、实现气候适应性发展的积极作用,为全球气候治理做出贡献。

8.1 金融机构

适应性发展作为应对气候变化的关键模式之一,也引起了金融界的重要关注,各类金融机构在气候变化中发挥积极作用。国际及区域性金融机构通过建立跨国合作,对发展中国家和易受气候变化影响的脆弱地区提供援助。各国央行也采取了有助于气候适应性发展的金融措施,以此来引导国家更好地应对和适应气候变化。

8.1.1 国际及区域性金融机构

1. 世界银行集团

世界银行集团在应对气候变化方面制定了一系列政策，给发展中国家提供了巨大帮助，分别于 2016 年和 2018 年出台《气候变化行动计划》《气候变化适应和复原力行动计划》两项文件来支持发展中国家适应气候变化，世界银行集团为发展中国家提供了最多的气候资金，2016—2020 年间在气候领域投资 830 亿美元（The World Bank Group，2019）。

世界银行与各国合作，致力于执行其适应气候计划以及在《巴黎协定》中确定的项目，通过低息贷款、补贴等方式帮助各国评估极端天气事件、地质灾害并加以应对。在非洲，截至 2019 年 12 月，世界银行已为 312 个气候项目提供逾 300 亿美元融资，2020 年计划支持 20 个国家、超过 6000 万公顷土地的综合景观管理；通过气候智能型农业改善 1000 万农民的生计；在南亚，世行投资 8000 万美元帮助印度喜马偕尔邦逾 40 万小农户、妇女和牧民社区改善水资源管理，提高农业生产效率；向不丹提供 1500 万美元巨灾延期支用期权（CAT-DDO）融资来支持必要改革，以便更好地管理气候风险以及包括流行病在内的灾害风险；在尼泊尔，世行为震后房屋重建项目追加了 2 亿美元，这将为受 2015 年地震影响的 32 个区近 8.7 万套房屋重建提供资金，并向灾民家庭提供补助，以确保重建房屋具有抗震性（The World Bank Group，2019）。

此外，世界银行还在以下方面对各国适应气候变化起着重要影响作用：一是在各国政策调整方面，世界银行通过贷款和补贴等方式帮助建立早期预警系统，扩大社会安全网覆盖面积，快速救援受灾人群，提高交通运输系统的适应性；二是在金融改革方面，世界银行的政策强调在银行、养老金和资本市场等领域应当采取协调一致的措施去贯彻落实国家的适应性发展战略，推动金融行业实现"绿色"发展，并且鼓励私人部门投资（The World Bank Group，2016）。

2. 亚洲开发银行

气候变化已经给亚洲和太平洋地区带来了巨大的负担与成本，未来几年这种成本还会增加，并直接转化为适应气候变化的需求。由于灾害，亚太区域每天的平均损失已达 2 亿美元，而气候变化正导致损失越来越大。预计未来的气候变化将严重威胁到现有的发展成果，并且严重影响到未来人类社会的发展质量。因此，适应气候变化越来越引起亚洲开发银行的关注，并且为之做出了较大贡献。2011-2019 年间，亚行批准了超过 360 亿美元的气候融资，其中 88%

的资金来自于亚行的自有资金，而外部资金占了12%，表8-1是外部资金详细情况（Asian Development Bank，2017）。

亚洲开发银行外部资金来源（单位：美元） 表8-1

资金名称	对亚行的承诺
亚行气候变化基金（CCF）	7400万
亚太气候融资基金（ACLIFF）	3330万
加拿大亚洲私营部门气候基金（CFPS）	8150万
加拿大针对亚洲私营部门的气候基金Ⅱ（CFPSⅡ）	1.5亿
清洁能源融资合作伙伴基金（CEFPF）	327.7万
气候投资基金（CIF）	14.42亿
未来碳基金（FCF）	1.15亿
全球环境基金（GEF）	2.46亿
绿色气候基金	4.73亿
综合灾害风险管理基金（IDRM基金）	850万
日本联合信贷机制基金	7000万
亚洲领先的私人基础设施基金（LEAP）	15亿
城市气候变化抗灾力信托基金（UCCRTF）	1.494亿

亚洲开发银行在2017年制定了气候发展计划《2017–2030年气候变化业务框架》，在该框架中，亚洲开发银行承诺积极地促进区域向低温室气体排放和具有气候适应力的发展道路的转变，该业务框架为亚行所有部门和专题小组提供了加强气候行动的指导，亚行承诺将在2019—2030年间投入800亿美元用于应对气候变化。2019年间，亚行调动了总计70亿美元的气候融资总额，其中55亿美元（78.5%）有用于缓解气候变化，15亿美元（21.5%）用于适应气候变化。亚行自有资源提供了63亿美元，而外部资源提供了7亿美元（Asian Development Bank，2017）。

亚洲开发银行资金来源分两部分：自有资金和外部资金，外部资金包括双边资金、多边资金和亚行管理的信托基金（表8-1）。

3. 非洲发展银行

大多数非洲国家对气候变化恶化的贡献微乎其微，然而地理和经济因素的综合作用，使非洲成为最容易受到气候变化影响的大陆。这破坏了非洲大陆的发展，同时将数百万人的生命和生计置于危险之中。据估计，气候变化的负面影响已使非洲的 GDP 每年减少约 3%。联合国环境规划署 2013 年的一份报告证实，到 2020 年，非洲每年需要 70 亿~150 亿美元来应对气候变化带来的挑战；该报告也证实，即使全球设法将气温上升控制在 2℃以下，到 2030 年，适应气候变化需要 1500 亿~3500 亿美元，到 21 世纪 40 年代，非洲的适应成本每年仍需要 350 亿美元左右，到 21 世纪 70 年代每年 2000 亿美元（The World Bank Group, 2010）。

为此，非洲开发银行一直在逐步将适应气候变化纳入其发展活动的主流，该行制定的《非洲开发银行 2013-2022 年战略》强调促进高质量增长，将向绿色增长过渡作为目标之一，通过技术援助和项目融资，率先支持建筑行业向气候适应型和低碳增长转型。2012 年，用于适应气候变化的资金增加到 5.23 亿美元，这是通过非洲开发银行制定的气候融资工具以及世行制定的气候融资工具实现的。这些基金包括气候投资基金（CIFS）、非洲可持续能源基金（SEFA）、非洲水资源基金（AWF）和刚果盆地森林基金（CBFF）（African Development Bank Group, 2014）。

此外，非洲开发银行协同非洲众多金融机构成立了非洲气候变化金融联盟（AFAC），其目标是将金融部门置于非洲气候行动的中心。它汇集了非洲的主要金融机构，包括各国央行、保险公司、各类基金、证券交易所以及商业银行和开发银行，以动员私人资本流向整个非洲大陆的低碳和气候适应型发展。AFAC 的主要目的是通过促进知识共享、制定适应气候风险的金融工具、加强气候风险披露和加快气候资金流动来促进气候适应性发展（African Development Bank Group, 2020）。

非洲开发银行在 2011—2015 年实施"第一个气候变化行动计划（CCAP1）"，在这 5 年间，非洲开发银行批准了约 260 个气候相关项目，总额约 120 亿美元，超过了该计划提出的约 90 亿美元的目标。非洲开发银行通过强调"气候风险管理"来促进适应和应对气候变化，确保在设计阶段将适应因素纳入其中。非洲开发银行 70% 的项目在设计、选址、实施和管理上都以成本有效的方式加强了抗灾能力，并将气候风险降到最低。相关项目主要包括可持续能源、多模式/大规模快速运输系统、森林管理等（African Development Bank Group, 2011）。

非洲开发银行"第二个气候变化行动计划（CCAP2）"是一种根本性变革计划，其目标是促进从以往的发展模式向适应气候变化和低碳发展模式的转变，实现非洲大陆的转型。非洲开发银行从公共（多边/双边）和私人渠道提供非洲国家的气候资金。具体而言，非洲开发银行承诺到 2020 年，每年将

40%的批准资金用于气候融资,以促进经济和社会转型,更有效地应对气候变化带来的挑战,并抓住气候变化带来的机遇。

非洲开发银行将利用资源加强各国的适应能力,支持经济多样化,使其摆脱对气候敏感部门的严重依赖,并在基层社区创建新的生活方式。该行还将促进部门规划,并将适应和复原力纳入非洲发展中国家的关键部门,如水、农业、卫生、基础设施和能源。并采用全球先进框架,加强灾害风险管理。加强气候适应能力的优先领域包括气候智慧型农业、可持续水资源管理、可持续基础设施、气候适应型能源系统、绿色气候基金(African Development Bank Group,2016)。

4.欧洲复兴开发银行

随着气候变化的影响越来越明显且严重,适应气候变化正在成为欧洲制定和实施政策的重要影响因素。欧洲金融机构也采取了措施响应气候变化,为了提高可能受到影响国家的适应能力,欧洲复兴开发银行正在将适应气候变化措施纳入其投资计划。从2010年开始,欧洲复兴开发银行开始支持其投资国家适应气候变化,2010-2014年间,在20个国家实施了70多个项目,提供了4.24亿欧元来帮助适应气候变化(Craig,2014)。欧洲复兴开发银行现有的一些投资业务已经在水基础设施和水管理、住房储备、电力和能源、交通基础设施、农业等领域为适应气候变化做出了巨大贡献。以塔吉克斯坦为例,2014年,欧洲复兴开发银行向该国国有电力公司Barki Tojik提供5000万美元贷款,用于水电站的现代化改造,该项目采用了一种高度创新的方法,将气候变化的因素考虑到投资设计中,有助于该国的水电部门加强其对气候变化的适应能力。

8.1.2 国内金融机构

国家范围内的金融机构也在积极的应对气候变化,并且在适应气候变化领域发挥着越来越重要的作用,不仅在本国内部通过各种措施支持着各部门适应气候变化,而且通过贷款、捐赠等方式帮助易受气候影响国家提高适应气候能力。这里列举了几个在适应领域做出较大贡献的国家性质的金融机构。

首先是德国复兴信贷银行(KFW Development Bank),该银行代表德国联邦政府致力于为适应气候变化的项目提供资金,每年使全球数百万人受益。在2013-2018年间,复兴信贷银行在环境保护、减缓气候变化以及适应气候变化方面总共投资了约1550亿欧元,为了最大限度地减少气候变化对合作伙伴国家的负面影响，该银行会确保其投资措施不受到诸如暴雨增加等气候现象的不利影响（KFW Development Bank，2019）。其次是英格兰银行，该行应对气候变化方法主要包括两方面：一是针对当前面临气候风险相关问题的行业，如保险行业，督促其开展相关工作；二是通过支持有序的市场转型，增加英国金融体系的韧性（Scott，2017）。此外中国国家开发银行在引导中国经济适应气候变化做出了重要举措：一是储备林试点融资，在涵养水源、保持水土、保护生物多样性等领域发挥创新引领作用；二是绿色交通融资，扩大城市绿道网建设，支持居民绿色出行，提升低能耗、低排放环保型车辆和新能源汽车的应用比例，加强充电桩等基础设施建设；三是绿色建筑融资，推进绿色建筑企业快速增长（国家开发银行，2020）。

8.2 融资渠道

8.2.1 国际公共资金

气候适应领域的国际公共资金包括多边公共资金和双边公共资金两部分。多边公共资金包括全球环境基金、绿色气候基金、适应基金和气候投资基金等基金项目，以及最不发达国家基金和特别气候变化基金两个专项基金。支持适应气候变化的双边气候基金主要有适应气候变化启动基金和凉爽地球伙伴关系基金（苏明，2013）。

1. 多边公共资金

（1）全球环境基金（GEF）

全球环境基金成立于1991年，截至2020年，共有183个国家或地区加入该组织，其宗旨是联合社会各界力量，共同解决全球环境和气候问题。该基金包括了最不发达国家基金、特别气候变化基金等项目，向发展中国家提供赠款，赠款项目涉及生物多样性、水资源、土地荒漠化、臭氧层等领域，是全球环境项目的最大出资者。全球环境基金在2014年发布了《GEF2020——全球环境基金发展战略》，该战略将"提高气候变化的复原与适应能力"列为未来的优先战略，将适应气候变化作为重点发展战略。

自试点阶段筹资10亿美元以来，全球环境基金第一增资期筹资27.5亿美元，第二增资期筹资30亿美元，第三增资期筹资31亿美元，第四增资期筹资

31.3亿美元，第五增资期筹资43.4亿美元，第六增资期筹资44.33亿美元，其中有近1/3用于适应气候变化领域（中国碳交易网，2016）。

最不发达国家基金（Least Developed Countries Fund，LDCF）是《联合国气候变化框架公约》（UNFCCC）的194个缔约方于2001年成立的基金项目，该基金由全球环境基金（GEF）管理，旨在支持世界上最脆弱的国家适应气候变化，帮助最不发达国家提高灾害预防及风险管理水平，促进水资源、农业、生态系统等多个领域可持续发展。到2020年，已有51个国家在该基金协助下制定了《国家适应行动纲领》，该纲领旨在为各国提供最紧急的适应需求帮助。该基金批准了290多个项目，为多个国家提供了大约15亿美元的赠款，以实施国家适应行动方案中提出的紧急适应措施，并且支持制定国家适应计划，以帮助各国确定中长期适应需求。

特别气候变化基金（SCCF）是在2001年马拉喀什举行的缔约方会议的指导下设立的基金项目，是对最不发达国家基金的补充。与最不发达国家基金不同的是SCCF向所有脆弱的发展中国家开放。截至2019年，SCCF的投资组合超过3.5亿美元，支持全球85个项目。在这些项目中，适应是重中之重，适应项目包括降低沿海地区基础设施脆弱性、增强对灾害的准备和响应等。

（2）绿色气候基金（GCF）

绿色气候基金旨在帮助发展中国家绿色发展和增强其应对气候变化的能力。它是由《联合国气候变化框架公约》（UNFCCC）的缔约国于2010年设立的。GCF在实现《巴黎协定》方面发挥着至关重要的作用，支持将全球平均气温保持在2℃以下的目标（Green Climate Fund，2016）。

GCF于2014年启动了初始资源筹集工作，并迅速筹集了103亿美元的资金。这些资金主要来自发达国家、一些发展中国家或地区。基金特别关注那些极易受到气候变化影响的社会需求，特别是最不发达国家、小岛屿发展中国家和非洲国家。

GCF的活动通过国家所有权的原则与发展中国家的优先事项保持一致，并且基金建立了直接获取方式，以便国家和国家以下组织可以直接获得资金，而不仅仅是通过国际中介机构。GCF旨在促进气候资金的流动，以促进低排放和气候适应能力的发展，从而推动全球应对气候变化的方式发生转变。该基金创新之处在于利用公共投资刺激私人融资，释放气候友好型投资的力量，以实现低排放的目标，适应气候变化的发展。为了获得最大的影响，GCF寻求催化资金，通过向投资新兴开放市场来扩大其初始融资的效果。

(3) 适应基金 (AF)

适应基金是根据《联合国气候变化框架公约》于2009年设立的。该基金旨在为符合条件的发展中国家实施适应气候变化的项目和方案提供资金。

在《京都议定书》下的清洁发展机制（Clean Development Mechanism, CDM）项目规定了将经核证减排量（Certified Emissions Reductions, CERs）收益的2%作为适应性基金的主要来源，此外，一些发达国家的自愿认捐及少量基金投资收入也是该基金的资金来源之一。截至2014年，适应性基金通过经核证减排量项目一共获得资金约2亿美元，并且获得发达国家2.8亿美元的捐赠。截至2020年6月，适应基金共批准了115个适应项目，并为这些适应项目提供了约7.78亿美元的资金，适应项目包括河流治理、农业综合管理、海洋保护、自然资源管理等领域（许寅硕，2018）。

(4) 气候投资基金 (CIF)

气候投资基金于2008年成立，主要由世界银行、国际金融公司、欧洲复兴银行、亚洲开发银行、非洲开发银行共同管理和实施投资项目，目前已经成为联合国气候变化框架公约下最为成熟的气候投资机构。目的是通过扩大多边开发银行的资金规模来测试创新性项目的效果，以推动转型变革，走上低碳和适应气候变化的发展道路。气候适应试点项目（PPCR）和战略气候基金（Strategic Climate Fund, SCF）是其在适应领域的重点项目。为了帮助发展中国家推广具有潜力的适应气候新模式，2018年成立了战略气候基金。GEF信托投资5000万美元给该基金，作为启动资金，该基金主要用于适应气候变化试点项目（PPCR）及国家适应性政策和可持续发展的投资。

表8-2展示了适应气候变化领域主要基金的详细情况：

适应领域主要气候基金比较　　　　表8-2

基金名称	GCF	GEF		AF	CIF
		LDCF	SCCF		SCF
建立时间	2010年	2001年	2001年	2001年	2008年
筹资规模/亿美元	102	13.3	3.52	7.56	28.14
已承诺资金/亿美元	46	12.2	3.54	5.6	18.06
主要支持领域	减缓，适应	适应	适应，技术转让	适应	适应，减缓
金融工具	赠款，优惠贷款，股权投资，担保及其他风险管理工具	赠款	赠款	赠款	赠款，优惠贷款，股权投资，担保及其他风险管理工具

续表

基金名称	GCF	GEF		AF	CIF
		LDCF	SCCF		SCF
受援国	公约发展中国家	GEF所服务的公约发展中国家	最不发达国家	公约发展中国家	低收入国家
与公约关系	公约内	公约内	公约内	公约内	公约外

注：表中数据截至2018年12月。

2. 双边公共资金

（1）适应气候变化启动基金

适应气候变化启动基金是由澳大利亚政府于2007年设立的双边基金，澳大利亚在2006年后开始重视气候变化适应问题，并且出台了一系列气候适应计划，不仅在国内要求提高适应能力，而且也积极提供资金帮助小岛屿发展中国家适应气候变化，适应气候变化启动基金就是在这些计划中成立的。该基金支持的适应性项目包括生态系统、农业、水资源管理等领域。

（2）凉爽地球伙伴关系基金

凉爽地球伙伴关系基金是日本在2008年提出的"凉爽地球伙伴关系"计划而设立的基金。自1990年以来，日本通过官方发展援助贷款、赠款和技术转让发起了应对气候变化影响的倡议，帮助中国、墨西哥、菲律宾、马来西亚等国在大气污染防治、河流保护、太阳能发电等领域提高适应能力。2007年日本推出"凉爽地球2050"计划，旨在到2050年将全球二氧化碳排放量减少50%，即利用传统和先进技术创造一个环境友好型社会。在"凉爽地球伙伴关系"中，日本的初始预算为100亿美元，将积极配合发展中国家的减排和适应气候变化措施，如提高能源效率。同时，他们还向因气候变化而遭受严重不利影响的发展中国家伸出援助之手，比如有优惠利息的日本官方发展援助贷款已经设立，第一个项目是向印度尼西亚提供3亿美元贷款，以防止森林砍伐、增加地热容量和改善水资源管理部门的适应能力。此外，日本协助联合国开发计划署，一同向非洲提供气候变化适应措施。

8.2.2 发展中国家公共资金及私人资金

发展中国家作为受气候变化影响最大的群体，其脆弱性较高。除了接受国际公共资金支持以外，许多国家和地区也成立了国家性质的适应气候变化基金来提高适应气候变化的能力，例如印度尼西亚气候变化信托基金，孟加拉国气候变化信托基金以及非洲气候变化基金等。这些基金的融资渠道主要包括直接财政拨款、政策性银行和国有企业等。这些基金主要应用于气候减缓和气候适应领域，由于提高气候适应能力越来越迫切，应用于适应领域的资金将会越来越多（Caravani，2016）。

国际适应气候资金机制的一个新焦点是调动私人资金投资于适应领域，目前国际上通行的做法有以下几种：一是通过政府联合国际金融机构的公共资金投资来撬动民间私人资本进行气候投资，二是通过财政政策手段刺激私人投资，比如通过补贴、减税等方式降低投资气候领域的风险，提高回报率。

8.3 金融工具

8.3.1 低息贷款及优惠贷款

优惠贷款（con-cessional loans）和低息贷款（low-cost loans）是气候适应领域资金分配的常用的金融工具。

2014年，国际适应气候资金中有3/4是以低息贷款的形式提供给脆弱性较高的地区，剩余部分主要是按照市场利率（market rate loan）借贷给资金需求方。在双边与多边开发性金融机构中，提供适应性资金的贷款利率有较大差别，双边开发性金融机构更多的是以低息方式提供，而多边开发金融机构大部分资金是以市场利率提供。官方发展援助（Official Development Assistance，ODA）以贷款方式提供的资金占其适应性资金的1/3，其他较多的是以捐赠形式提供（Anne，2016）。

8.3.2 赠款

在2015年间，双边渠道的适应气候资金有超过一半是以赠款的形式提供的，多边渠道中这一比重更是达到了94%，官方发展援助（Official Development Assistance，ODA）提供的适应性资金中66%是以赠款形式提供的。这表明全球中较多的国家比较重视气候适应，发达国家也愿意以赠款的形式帮助受气候影响较大的国家或地区提高适应能力（Haites，2013）。然而，这些数字可能无法充分反映将不同类型的金融工具或技术援助与资本流动相结合所带来的附加值，这些附加值往往会带来更大的创新或更符合可持续发展的应用。

8.3.3 保险

适应气候变化的重点是降低极端气候和灾害带来的风险，保险不仅是适应气候资金的重要来源，也是降低气候变化灾害风险的重要资金机制。主要为受气候变化影响较大的脆弱性国家提供保费，使其有能力应对气候风险，如组织灾后重建等。

加勒比巨灾风险保险基金（Caribbean Catastrophic Risk Insurance Facility，CCRIF）在帮助加勒比海域周边受气候影响较大国家应对巨灾风险方面发挥了巨大作用，该险种允许政府购买，主要覆盖地震和飓风，当飓风和地震等自然灾害给这些国家造成损失时，该地区的居民能够通过该保险基金的赔偿减少损失。该保险基金由于接受多方捐赠和自身较多的储备以及能够提供1亿美元的再保险，资金实力较为雄厚，其吸收的保费水平也远低于商业保险市场水平。

8.4 金融政策

针对气候变化对金融系统造成的影响，当前越来越多的国家和地区的中央银行已经开始采取多种行动来应对气候变化，帮助金融部门和实体经济加强对气候的适应。2017年，为了探索金融领域在应对气候变化的积极政策，研究绿色发展的路径，"央行与监管机构绿色金融合作网络"（NGFS）孕育而生；国际清算银行在2020年提出"绿天鹅"概念，警告气候变化会引起金融系统性风险，强烈建议各国央行和监管机构加快应对气候变化和适应气候变化。

国际货币基金组织、气候债券倡议组织、国际清算银行等国际性组织在应对气候风险、适应气候变化方面向各国央行和监管机构都提出了可行性建议，最为重要的是金融政策工具，主要包括货币政策和审慎监管政策，这些政策主要包括两类：其一是应对气候风险的政策，另一类是促进气候融资政策（方琦，2020）。

8.4.1 货币政策

1. 公开市场操作与储备管理

第一，央行可以在公开市场运作中直接购买绿色资产。关于绿色量化宽松政策的可行性研究早在2009年的英国就开始了，研究认为实施绿色债券量化宽松计划可以提高金融部门应对气候变化的稳定性，同时可以大力促进英国的基础设施绿化、提高能源利用效率，从而增强应对气候变化的适应能力。作为对绿色量化宽松的响应，截至2018年，欧洲央行一共购买了180亿欧元的绿色债券。

第二，中央银行按照可持续投资的标准对其储备资产进行管理。央行可以增加对绿色资产如绿色债券的购买，或减少购买灰色资产，来促进绿色发展：孟加拉国央行是第一个宣布将绿色债券纳入储备资产的央行；法国央行已经决定其管理的资产不再购买具有污染性质的资产，如煤炭等；中国人民银行在金融改革过程中始终坚持绿色发展，截至2019年年末，中国绿色债券规模位居世界第一，绿色资产贷款余额超过10万亿元规模。此外，还可以成立一支特殊的基金，它通过发行长期绿色债券筹集资金，专注于投资绿色资产。

第三，越来越多国家或区域将绿色金融工具列为外汇储备的额外工具。中国香港金融局（HKMA）为了支持和促进香港绿色金融健康快速发展，在2019年制定了相关政策：在同样风险调整的基础上，如果绿色资产的长期收益可以与其他资产的收益大致相当，那么可以将绿色资产作为外汇储备，通过这些政策能够促进金融部门注重绿色投资，引导资金进入绿色发展领域，增强实体经济应对气候变化的适应能力（HKMA，2019）。

2. 再融资政策

再融资政策是考虑将气候因素纳入央行的抵押品框架内，因为商业银行持有合格抵押品资产的比重越多，对银行就越有利，这也会间接地促使银行构造资产组合时考虑气候因素。因此，实施再融资政策会鼓励银行更多地购买绿色资产。

3. 信贷分配政策与绿色准备金要求

建立绿色信贷框架，鼓励和引导银行增加绿色产业贷款的贷款比例，降低灰色产业贷款，建立绿色金融体系框架的重要性已经越来越明显。为了促进绿色信贷，提高知识共享，全球银行业协会和各国监管机构在2012年成立了可持续银行网络（SBN），该组织在金融机构绿色发展和气候风险管理方面提供了较大帮助，促进金融机构提高适应气候变化的能力（SBN，2019）。截至2019年，该组织中已有22个国家制定并在政策执行中采用了可持续金融指导方针，在绿色金融体系建设过程中，中国已经进入成熟阶段，为经济发展注入了更多绿色资产，也有利于提高实体经济适应气候变化的能力。

实施绿色差异化准备金要求。对于持有特权绿色资产的商业银行，央行将降低其存款准备金要求，进而扩大绿色投资。黎巴嫩在实践方面已经走在前列，其中央银行在 2010 年规定绿色贷款占比较高的金融机构能够享受较优惠的准备金要求，通过差异化的方式支持绿色信贷的发展。

贷款配额政策。该政策要求商业银行和非银行金融机构持有的一定比例的绿色贷款。优先将贷款投放给绿色产业和目标经济部门，如农业、林业、可再生能源及较弱的社区等，同时对这些行业设定较低的贷款利率。在贷款方面以低息、优先权等特权支持脆弱地区或行业提高应对气候变化的能力，有利于这些部门适应气候变化（郭新明，2020）。

8.4.2 审慎监管政策

1. 构建审慎监管框架

首先应构建包含气候风险的审慎监管框架。央行与监管机构绿色金融合作网络在 2019 年研究了世界各国的审慎监管框架，分析认为大多数国家还未将气候风险纳入审慎监管框架，在这方面还有较大的进步空间（NGFS，2019）。但中国央行已经率先将绿色信贷指标纳入宏观审慎监管框架考核，中国在绿色金融发展方面已经处于世界领先地位。国际学者在整合了气候方面的风险，向巴塞尔协议提出了三大支柱。

支柱 1：最低资本金要求。当今气候背景下，金融风险应当包含气候风险，并且应将气候风险反映在资本金要求中。欧盟气候融资专家研究指出，在金融政策制定中实施绿色支持和灰色惩戒措施，该政策使得绿色资产的资本金要求降低，有利于绿色资产快速增长，使得脆弱部门得到资金从而提高适应气候变化能力；增加棕色资产的资本金导致污染性质的资产增长速率减慢甚至不增长。除此之外，对银行资产负债表上"绿色"资产的最低数量也提出要求，以此来进一步扩大气候融资。

支柱 2：对机构气候风险管理的监管。央行和金融监管机构增设额外资本来惩戒未有效应对气候风险的金融机构，比如提高资本金要求，以此来引导和鼓励金融机构积极管理气候相关风险。

支柱 3：气候风险信息披露要求。对各类型金融机构从风险管理、指标、治理、战略四个方面提出披露要求，从而实现对气候风险更准确的定价。同时，可以成立气候相关风险财务信息披露工作小组。健全气候风险披露制度，有利于社会各界更高效地了解气候变化带来的风险，从而提高金融部门乃至整个社会应对气候变化的积极性（EU，2018）。

2. 评估气候相关金融风险

各国央行和监管机构应当积极地开发评估气候风险的"压力测试",并协助评估各类金融机构所面临气候风险,这类评估测试便于识别气候变化给金融机构带来的不利影响,从而降低气候变化给金融体系带来的不稳定性。在实践方面,英国和荷兰中央银行已经要求金融机构评估自身在不同气候风险下(包括物理风险和转型风险)将会面临的负面影响。系统地评估金融机构面临的气候风险,有利于金融部门更有效地应对气候变化,适应气候变化带来的影响,从而提高适应能力。

> 【推荐读物】
>
> 1. 国家开发银行. 2019年可持续发展报告.［R/OL］.
>
> 2. The World Bank Group. The World Bank Group Action Plan on Climate Change Adaptation and Resilience. [R/OL].
>
> 3. EU. Action Plan: Financing Sustainable Development. [R/OL].
>
> 4. IPCC. Managing the risks of extreme events and disasters to advance climate change adaptation: A special report of working groups I and II of the intergovernmental panel on climate change. Cambridge: Cambridge University Press, 2012.
>
> 5. Asian Development Bank. Climate Change Operational Framework 2017–2030. [R/OL].

城市与区域篇

第 9 章　城市

第 10 章　区域

第 11 章　沿海地区

第 9 章 城市

【本章导读】

本章在分析气候变化对城市影响的基础上，从城市气候变化适应行动的共性出发，以"韧性"城市规划为引领，从气候灾害应急管理与常规管理两个方面系统梳理城市气候变化适应行动。其中，提升"韧性"是城市适应气候变化规划的目标，气候灾害应急管理包含灾前预防与灾后修复两方面，常规适应行动以"水安全"与"热管理"为核心开展。

根据联合国《2018年版世界城镇化展望》(《2018 Revision of World Urbanization Prospects》)，2018 年全球城市人口占总人口的 55%，预计到 2050 年，这一比例将达到 68%（United Nations, 2018）。同时，城市能源消耗量占全球 80%，二氧化碳排放量占全球 70% 以上（Bankengruppe, 2015），是全球气候变暖的主要贡献者。同时，因人口、经济活动高度集中，城市也成为气候变化影响的主要对象（Revi et al., 2014）。随着全球气候变暖，特别是极端气候事件及微气候变化等，城市面临人员伤亡、财产损失、传染病传播与人居环境恶化等问题，具体而言：① 全球气候变暖使城市持续升温，沿海城市还面临海平面上升带来的各种威胁。② 极端气候对城市能源、水资源、公众健康及基础设施造成极大损害（王宝强，2014）。③ 微气候变化影响城市湿度、温度及空气质量，如城市热岛效应（Urban Heat Island Effect, 简称 UHI）加剧污染物聚集，恶化生活环境和健康状况，破坏生态系统的良性循环（Manley, 1958）；雨岛效应（rain island effect）导致降水增加；雾霾加剧空气污染。与历史时期相比，预计未来全球气候变暖速度将进一步加快，极端气候事件的强度和频率都将增加，并因气候—人类—碳反馈而增强，对城市社会、经济与生态带来潜在的不可逆转的影响（Cubasch et al., 2013）城市适应气候变化的行动将在识别气候变化热点的基础上，根据城市自身特征与面临的主要气候灾害开展水热管理常规适应与气候灾害应急管理。

9.1 城市"韧性"

在气候变化危害性与城市人口、经济高度聚集的相互作用下，城市暴露于气候变化影响下，要求适应气候规划以提升"韧性"（resilience）为目标，循环调整规划应对气候变化的不确定性，多元主体参与规划考虑气候变化影响的不可避免与全局性。

9.1.1 提升"韧性"是城市适应气候规划的目标

为应对气候变化冲击，提升"韧性"已成为城市适应气候规划的目标（杨东峰等，2018）。适应气候变化的"韧性"城市规划致力于使城市在面临气候变化带来的缓慢侵蚀和急性冲击时，能够存续、适应并不断成长（Arup，2021；刘丹和华晨，2014）。以提升城市韧性为目标，全球多个城市纷纷开展适应气候变化的城市规划（表9-1）。2017年我国国家发展改革委、住房和城乡建设部联合印发《关于印发气候适应型城市建设试点工作的通知》，要求将适应气候变化相关指标纳入城市发展规划，并选择28个城市试点建设气候适应型城市（中华人民共和国中央人民政府，2017）。德国的柏林、汉堡、慕尼黑、法兰克福等多个城市根据城市气候图、生态气候图开展城市适应性规划（Nicole et al., 2016）。

适应气候的城市规划实践　　表9-1

城市（地区）	城市规划实践
中国澳门	2008年《澳门城市概念规划纲要》绘制城市气候图，制定规划指南（澳门规划署，2018）
芝加哥	2009年《The Chicago Climate Action Plan》（《芝加哥气候行动计划》）采取39项举措应对气候变化对芝加哥经济与环境带来的冲击（City of Chicago, 2008）
武汉	2009年《武汉城市总规划（2009-2020年）》构建"两轴两环，六楔多廊"的市域生态空间格局，并设计六条风道降低城市热岛效应（武汉市自然资源和规划局青山分局，2009）
多伦多	2009年《Climate Change Adaptation Planning In Toronto: Progress and Challenges》（《多伦多的气候变化适应计划：进程和挑战》），阐释多伦多曾面临及未来将面临的气候变化影响，并提出适应性战略（Penney J, Dickinson T, Ligeti E, 2009）
墨尔本	2009年《City of Melbourne Climate Change Adaptation Strategy》（《墨尔本气候变化适应战略》）设计气候变化风险管理框架，确定适应行动（Australia M, 2009）
伦敦	2011年《Managing Risk and Increasing Resilience: The Mayor's Climate Change Adaptation Strategy》（《管理风险和韧性提高：气候变化适应战略》）系统评估气候变化，并从土地利用、绿化、空气等方面提出对策（Authority G L, 2011）

续表

城市（地区）	城市规划实践
北莱茵—威斯特法伦州	2011年《Handbunch Stadtklima》（《城市气候手册》）针对热岛、极端热效应和干旱提出适应性计划（für Umwelt M，Naturschutz L，des Landes Nordrhein-Westfalen V，2010）
欧盟	2012年欧洲环境署（European Environment Agency，EEA）发布《Urban Adaptation to Climate Change in Europe：Challenges and Opportunities for Cities together with Supportive National and European Policies》（《欧洲城市对气候变化的适应—城市的挑战和机遇以及支持性的国家和欧洲政策》），针对欧洲城市遭遇的气候变化挑战制定适应性规划（European Environment Agency，2012）
鹿特丹	2013年《Rotterdam Climate Adaption Strategy》（《鹿特丹气候变化适应战略》）针对鹿特丹面临的气候风险（海平面上升、暴雨、干旱和高温）提出具体适应行动（Dircke P，Molenaar A，2015）
纽约	2014年《A Stronger, More Resilient New York》（《一个更强、更具韧性的纽约》）规划适应气候变化的韧性城市（C40，2013）
中国香港	2017年《Urban Microclimate Study》（《城市微气候研究指南》）提出31种适应气候变化策略（HKGBC，2017）

9.1.2 城市适应气候变化规划循环调整应对不确定性

城市适应气候变化规划循环调整包含四个步骤：① 开展气候变化评估。基于气候监测数据预测未来城市气候变化、评估气候变化影响，并在此基础上绘制城市气候地图（宋代风等，2015）。② 根据城市气候适应目标编制规划。一是适应极端气候变化，通过增加城市弹性，最大限度减少极端气候带来的人员伤亡和经济损失；二是适应地域气候，从气候变化对当地带来的温度、湿度、降水等变化出发，调整城市结构、形态和用地布局以提高人居环境舒适度。③ 执行规划。整合数据以确定适应行动优先次序，在基础设施建设、产业规划、交通、能源、建筑与城市空间利用等领域推进气候适应规划。④ 监测、评估与规划调整。对规划实施效果进行动态监测与评估，及时反馈并调整目标与适应措施（表9-2）。

城市适应气候变化规划循环过程　　　　表9-2

步骤	行动	工具	示例
评估	评估当前和未来暴露的可能性和严重性	影响评估	FEMA Hazus软件（美国联邦应急管理协会，2011）
	衡量人口对气候灾害的脆弱性	脆弱性评估	《联合国气候变化框架公约》（《United Nations Framework Convention on Climate Change》），2010；《世卫组织健康脆弱性指南》（《WHO Health Vulnerability Guidelines》），2003

续表

步骤	行动	工具	示例
规划	优先考虑气候灾害类型和高危人群	气候灾害地图	美国加州脆弱性地图（加州公共卫生部，2009年）
	制定政治和经济上可行的适应规划	适应方案备选	气候和能源解决方案中心
		决策支持工具	适应决策矩阵（Stratus 咨询公司，2007）
	评估紧急情况下的跨部门需求	综合评估模型	澳大利亚廷德尔 Tyndall 城市设施综合评估，2009
执行	向利益相关方传达灾害信息及响应计划	预警系统	美国费城热预警系统，2004
监测、评估与规划调整	获取与预期影响和干预措施相关的数据	遥感监测	疾病预防控制中心综合监测
		疾病监测	美国宇航局热预警系统数据，2011
	比较前后评估或两个类似事件	监测和评价	UNFCC 适应监测和评估指南，2010
	改变基于评价的管理方法，改变未来条件，利益相关者的投入	问题导向学习	自然资源部门的适应性管理活动

资料来源：笔者根据参考文献（Hess et al., 2012）绘制。

9.1.3 多元主体参与是城市适应气候规划的重要特征

多元主体参与是城市适应气候规划的重要特征，强调多元主体积极参与规划决策和分摊气候风险（Lee and Painter，2015）。以政府、非政府、专家学者及公众构成城市适应气候规划的主体（Brown A et al.，2012）。政府不仅能够获取全面的气候变化与城市脆弱性信息，而且必须履行相应公共职能，这使政府成为适应城市适应气候规划主体，主导规划设计与执行。非政府组织联络各方参与规划，促进横向（政府部门或其他城市之间）和纵向（政府、公众、私营部门和非政府组织之间）的合作。专家学者参与决策以提高规划科学性。公众积极表达意愿，提高气候风险认识的同时使分配给适应规划的稀缺资源合法化，是广泛的受益者与风险分摊者。多元主体参与的城市适应气候规划致力于将当地需求纳入适应进程和结果，在政府、专家、公众和非政府组织之间建立稳定的伙伴关系，以使决策结构制度化，并保持适应规划的公平正义（Chu et al.，2016）。2005 年基多发布《2025 年基多计划》，当地非政府组织、研究中心和社区参与是推进适应议程的核心,如非政府组织培训以改善城市水资源管理,社区居民监测降雨量和河流流量的变化以更新基多水位变化信息(Carmin et al.,2017)。

9.2 气候灾害应急管理

随着全球气候变化加剧,城市面临热浪、寒潮、干旱、洪涝与台风等气候灾害威胁。其中,洪涝发生频次最高,风暴潮是最具破坏性的事件。气候灾害对城市的影响体现在三个方面:① 造成巨大人员伤亡与财产损失。2017 年台风天鸽登陆广东珠海,受灾人口 245.9 万,32 人死亡或失踪,经济损失 289.1 亿人民币(ESCAP/WMO Typhoon Committee,2017)。② 损坏基础设施管网,影响水、电、天然气等能源供应。在巴哈马,80% 以上的饮用水从地下蓄水层抽取并泵入水库,台风造成停电,导致供水中断(Cashman A,Nurse L,John C,2010)。③ 影响公共健康与生态安全。洪涝与台风事件过后地下水和地表水经常受到污染,热浪则可能导致更高的蒸发损失和水质下降,这类气候灾害对太平洋、加勒比海和南亚地区的公共健康产生极大影响(Rickert et al., 2019)。为应对气候灾害带来的巨大损害,根据灾害发展过程,将城市气候变化适应举措分为灾前预防与灾后响应。

9.2.1 灾前预防

灾前预防从多灾种预警、生命线系统、城市安全格局与宣传教育四个方面展开。第一,气候灾害发生前,依托多灾种监测预警平台制定灾害事件清单,及时发布气候灾害影响预报,并根据城市特点重点防控。如沿海城市常遭遇风暴,应着重考虑风暴潮风险评估、公共空间弹性设计与人员疏散预案等;河流沿岸城市洪水频发,建立城市防洪系统与应急减灾系统很有必要;寒冷地区城市通过加强防寒基础设施建设以减少极端寒冷气候造成的破坏;对经济发达、人口密集的城市,则更多考虑如何适应热浪与热岛效应(朱林梦和汤巧香,2020)。第二,适当加固、提高城市生命线系统设计标准以应对气候灾害不确定性。供水、供热、输配电、通信、输油气管道等构成保障城市运转的重要生命线系统。一方面,通过加固设施、转移位置保护生命线设施安全;另一方面,针对当前气候条件下城市的脆弱性设计生命线系统,并在气候变化预测基础上适当提高设计标准和容量，使其在承受压力时不丧失功能、发生故障时能够快速恢复（Henstra，2012）。第三，以"避难"与"救援"为核心构建城市安全格局。根据气候灾害类型，开发利用公园、广场、体育场、学校与地下空间，形成全面覆盖、重点明确的城市避难场体系；结合高速路、城市干道与河道，建立分级疏散救援通道，以便灾后尽快组织营救、疏散和撤离；第三，建立反应灵敏的公共卫生系统，以确保极端事件发生后及时救援。第四，在学校、社区与企业开展防灾宣传教育，培训避灾、自救、求救与互助等基本技能，形成以"意识—责任—制度—教育"为核心的综合防灾减灾救灾文化。

9.2.2 灾后响应

灾后响应考虑快速救灾、灾后修复与天气指数保险三个方面。第一，快速救灾。在专项气候灾害应急领导小组统一指挥下，根据城市气候灾害情景推演，迅速执行"横向到边、纵向到底、覆盖多灾种"应急预案。依靠大数据工具与通信技术，协调联动多层级多部门，并执行标准化应急救援，提升辖区响应与现场处置效率。第二，灾后修复。重视灾后修复，保障城市基本功能运转，具体包括基础设施、公共设施与生态环境修复，开展灾后心理疏导和治疗等（邝启亮等，2017）。同时，积极引导国内外信贷资金、对口支援资金、保险资金与社会捐赠资金等市场力量参与灾后重建。第三，天气指数保险。2014年《关于加快发展现代保险服务业的若干意见》提出"探索天气指数保险等新兴产品和服务"，2016年"中央一号"文件提出"探索开展天气指数保险试点"。以气候变化为理赔依据的天气指数保险（即气象保险）将为受灾人群分摊灾后风险（Tadesse et al.，2015），如广东的巨灾保险、浙江丽水的自然灾害公众责任保险等。

9.3 常规适应行动

9.3.1 水安全

气候正在变化并将继续变化，使城市面临水资源短缺、水生态破坏、水环境恶化与水灾害等一系列水安全问题。根据政府间气候变化专门委员会（Intergovernmental Panel on Climate Change，IPCC）《气候变化与水》技术报告，气候变化带来的降水强度和频次增加将加大洪涝与干旱风险，其中干旱频率与强度增加导致水资源短缺范围不断扩大，洪涝频发加剧城市脆弱性（Cashman et al.，2010）。全球变暖不仅影响水供应数量，还威胁到数十亿人享有清洁水资源的权利（Zarzycki and Decker，2019）。较高的水温和极端事件影响水质、使水体自净能力下降。气候变化加剧水污染、水生态退化，将影响城市能源生产、粮食安全、人类健康、经济发展和减贫，对城市可持续发展造成风险。为应对气候变化带来的水安全问题，各国针对水资源短缺、水污染、水生态退化与水灾害制定适应对策（表9-3）。

气候变化下城市水安全适应　　　　　　　　表9-3

类型	水资源短缺	水污染与水生态退化	水灾害
具体表现	水质性缺水，资源性缺水，工程性缺水	地表水污染，废水排放，湖泊萎缩、湿地退化	内涝，洪灾，海平面上升
适应策略	节水，调水，海水淡化、雨水收集，循环利用	控制污染物排放、水体自净、污水处理，控制开发、生态修复、保持水土	洪涝预警，水利枢纽工程建设，排水系统改造，海绵城市
典型案例	以色列以节水为核心的水资源持续开发利用	莱茵河流域的水资源一体化管理	欧洲以堤坝和水库为核心的洪涝灾害防治

资料来源：作者依据文献整理

1."开源节流"，保障水资源供应

"开源"是指通过调水、海水淡化、雨水收集等缓解水资源供需矛盾。连接河湖水系，建设"多源互补、丰枯调剂"等大规模调水工程，在国家内部或国家之间重新分配水资源，如南澳墨累河调水、中国南水北调、中亚国家之间考虑能源与水资源交换等（Glantz，2015）。但大规模跨流域、跨区域调水可能极大扰动区域尺度的水循环及生态系统，导致湿地萎缩、植被破坏、物种消失等问题，人们更倾向通过膜技术淡化海水、利用低冲击开发（Low-Impact Development，简称LID）模式收集雨水等非常规水资源利用方式补充水资源（夏军和石卫，2016）。在加勒比海的安提瓜和巴布达，由于20世纪海平面以每年大约1mm的速度上升，导致盐分渗入沿海和地下蓄水层，加上降雨量减少，淡水供应严重不足，该地通过海水淡化和雨水收集保障淡水供应。"节流"指利用全民节水、工业节水、水资源循环等方法提高水资源利用效率，具体举措有：① 宣传节水必要性，大力宣传全球、区域以及城市水资源短缺的现状与未来，使民众加强节水意识并积极参与到节水行动；② 实行阶梯水价，对生活刚性用水收取基本水价，对超标准水量收取弹性水价；③ 降低城市供水管网漏损率，避免跑、冒、

滴、漏；④ 建设污水回用设施和循环水管道，实现饮用水、生活用水和工业用水供应分离；⑤ 工业用水实行取水许可审批，并配套建设节水设施（余樯等，2020）。此外，虚拟水与水权交易也逐渐成为创新水资源利用的热点话题。

2. 水污染治理，水生态改善

水污染治理建立在识别气候变化下污染物传输路径的基础上，确定污染扩散的源头、敏感区域和路径，综合治理重点控制区，管控污染物输送路径。主要举措有：① 重视污染物含量与排放量监测、控制，从源头开始控制污染物排放。一方面，提高工业废水达标排放标准，建立并推广污染排放许可证制度，控制污染物排放数量；另一方面，排查水体排污口，严格监测污水废水水质。② 扩建污水处理设施，增加废污水处理设备，提高污水处理的监管。③ 在调查严重污染水体的基础上，对重污染流域与重点区域的污水处理空白点实行精细化管理，推进绿色生态水网建设。改善水生态则以"重点控制，全面修复"为原则，构建生态节点、生态廊道和生态网络不同层次的水生态格局（张晓，2014）。一方面，划定城市开发红线，严格控制重点流域的开发，禁止可能危害水生态系统功能发挥的经济建设；另一方面，开展河湖综合修复，建设生态堤坝、生态湿地工程，植树造林保持水土，恢复水体自净能力。

3. 水利建设与"基于自然的解决"开展水灾害常规管理

在建设洪涝预警机制的基础上，合理规划区域河湖水网，大力推进堤坝达标加固、水库除险加固，建设"蓄、泄、排、滞"的防洪排涝体系。如1996年荷兰以万年一遇的海上浪潮为标准修建全球最大的防洪工程之一——阻浪闸，保护堤坝后方大量人口的生命财产安全。同时，"基于自然的解决"主张：在海洋、湖泊、湿地边缘设置缓冲带以规避洪涝灾害；将流域治理与水灾害治理结合，让河海重归自然。纽约盖特威国家公园根据海洋潮汐变化留置可淹没范围，并在最高水位以上设计公共设施，实现了对海水涨落的动态适应。此外，"海绵城市"（Sponge City）建设通过改善地表水渗透的基础设施来恢复地表水储存，促使城市雨水自然地积累、渗透和净化，从而改善城市内涝排水（Griffiths et al.，2020）。以"海绵城市"为代表的生态雨洪管理是我国城市适应气候变化的创新。

9.3.2 热管理

气候变化带来的热量变化（热浪与寒潮）造成城市人口死亡率增加，影响城市公共健康与人居环境。2006年热浪导致加利福尼亚州100多人死亡、纽约市140人死亡（Tewari et al.，2019），2019年寒潮造成芝加哥、伊利诺伊州和艾奥瓦州至少21人丧生（财新网，2019）。此外，热岛效应影响使空气中颗粒物质浓度增大，城市空气质量下降，对社会造成恶劣影响。气候变化对城市热量影响巨大，大多气候行动计划都是从控制热产生、加快热吸收、散热与保温方面出发，侧重减缓气候变化带来的影响。相比之下，城市适应气候变化行动中热管理针对气候已经产生的结果和未来风险预防（IPCC，2007），主要通过灰色基础设施与绿色基础设施来提升人居环境舒适度，调整居民对热量变化的感知以重构居民热舒适。

1. 灰色基础设施改造城市建筑与设计通风廊道

灰色基础设施（Grey Infrastructure）指利用工程性建筑与基础设施建设适应气候变化，通过改造城市建筑与设计通风廊道实现（Authority，2011）。面临热浪与寒潮时，为满足舒适性要求，人们大量安装机械和电气系统用于供暖、通风与散热，这进一步导致变暖的恶性循环。针对城市建筑适应气候变化，全球纷纷提倡利用生物有机体、先进材料和信息技术提高建筑能效，通过建筑设计调节室内气候。如采用高效、高性能外墙保温系统和门窗，在整个建筑围护结构中进行连续隔热，使外部空气的热桥接和渗透最小化（Zarzycki and Decker，2019）。此外，调整城市绿地、水域及公共空间的布局，规划城市风道以增加城市空气流动性。如斯图加特、荷兰阿纳姆及中国的香港、澳门与武汉等城市评估空气流动，设计城市风道（Walter et al.，2017）。

2. 绿色基础设施改善城市微气候

绿色基础设施（Green Infrastructure）通过将植物生命融入建筑表面，构建一个由城市水系、森林、公园、绿道、荒野和其他自然区域组成的自然支持系统，提升生态系统功能，进而改造城市微气候（Authority，2011）。绿色基础设施建设要求在"量"的基础上提"质"增效。"量"方面要求公共区域、住宅、商业和工业用地达到相应的绿化覆盖标准。《绿色建筑评估体系》（Leadership in Energy & Environmental Design Building Rating System，LEED）建议人均绿地面积应大于20平方米，或保持每1000名居民至少1.25公顷的开放空间；对于较小的公园，开放空间进入范围应在住宅区250米以内（Green Building Council，2000）。德国国家建筑条例要求除太阳能设施覆被区域，建筑至少要有8厘米土壤基质覆盖，以种植和维护植被（姜允芳等，2012）。"质"方面要求通过走廊（河道缓冲区、街景、绿道等）连接斑块（公园、花园和绿地），构建"基质—廊道—网络"城市绿色生态格局的同时，根据营养生态位差异，不同空间、时间选择光合效率高、适应性强的植物配置，最大限度改善城市微气候（Larsen，2015）。

3. 居民热舒适自适应

当气候变化导致热不适时，人体从生理、行为与心理三方面自我调节，以重建热舒适。① 生理适应即长期在特定的热量环境下形成的生物反应，如长期生活在寒冷地区或炎热地区，人体对冷热的耐受反应将有所改变；② 行为适应指人们为了改变身体和周围环境之间的热交换而做出的改变，如增减衣服、防晒抗冻、开窗通风等；③ 心理适应指人们根据期望与实际经历调整对气候的可接受度（Dear and Brager，1998）。其中，提供一个合适物理热环境是保证热舒适的关键；调整生理适应是创造可接受的热环境的主要因素，这与个人文化、习惯和背景密切相关（Chen et al.，2018）。

【推荐读物】

1. United Nations. 2018 Revision of World Urbanization Prospects [R]. New York, 2018.

2. Georgi B, Isoard S, Asquith M, et al. Urban adaptation to climate change in Europe 2016: Transforming cities in a changing climate [R/OL], (2016) [2021-02-23]. https：//www.eea.europa.eu/publications/urban-adaptation-2016.

3. European Environment Agency. Urban adaptation to climate change in Europe: challenges and opportunities for cities together with supportive national and European policies [R/OL]. 2012 [2021-01-20] http://orca. cf. ac. uk/64905/1/EEA-Report-2-2012_Urban_adaptation_to_climate_change. pdf.

4. HKGBC. Guidebook on Urban Microclimate Study [S]. HongKong, 2017.

5. ESCAP/WMO Typhoon Committee. MEMBER REPORT [China] [R/OL]. (2017-11-3) [2021-02-20] http://www.typhooncommittee.org/12IWS/docs/Members/China20171026_final.pdf.

第10章 区域

【本章导读】

本章在分析气候变化对区域影响的基础上，介绍小岛屿国家基于社区的适应、欧洲抵御洪水、非洲推广天气指数保险、北极土著社区依靠传统知识与海洋区域呼吁全球共同决策五个典型区域气候变化适应行动，最后总结区域适应气候变化路径的共性：区域气候变化预测提供决策依据；绘制气候变化热点地图评估区域气候脆弱性；积极推进横纵合作的多层次治理，发挥决策和执行优势。

历史平均温度序列的重建表明，20世纪下半叶全球经历了1℃的温度上升（Hawkins E，2017），预计未来极端气候事件的强度和频率都将增加，并因气候—人类—碳反馈而增强（Steffen，2018；Cubasch，2013；Bronselaer，2018；Edward，2018）。全球气候变暖、区域间大尺度环流及土地利用/覆盖迅速改变了区域气候，促使资金、人口和物种等要素跨区域流动，对经济、社会与生态造成潜在的不可逆转的影响。区域可以从地理、生态角度定义，如湄公河流域或与地中海地区（Betsill，2017），但大多情况下区域气候变化适应在全球、国家一级的"宏观区域"（in "macro regions"）与地方一级的"次区域"（in "sub-regions"）进行（Krahmann，2003）。2021年1月28日全球首届气候适应峰会落幕，中国政府提出有必要适当扩大气候适应行动规模，增强适应行动有效性和持久性，形成气候变化适应的强大合力（中华人民共和国商务部，2021）。随着气候变化的影响程度加深，区域气候变化适应将促进整体适应空间格局构建。

10.1 气候变化对区域的影响

资金、人口与物种等要素对气候变化和极端气候事件十分敏感。由于不同区域面临气候变化不同，且自适应能力高低存在差异，气候变化将促使要素跨区域流动，并进一步诱发区域脆弱性。从全球尺度认识跨区域现象（Cross-regional Phenomena）产生的原因与影响，有利于开展区域气候适应行动，从而增进人类福利和促进生物多样性保护。

10.1.1 贸易和资金流动

区域气候变化通过影响地理环境和投资环境改变国际贸易格局和资金流动。具体来说：① 气候变化改变贸易航线。政府间气候变化专门委员会（Intergovernmental Panel on Climate Change，IPCC）第五次评估报告分析气候变化对北极地区冰海的影响发现，1980—1999 年中等破冰船仅能到达北极冰海地区 36% 的区域，预计 2011—2030 年能够航行的区域占比 45%~48%，2046—2065 年这一比例提高到 58%~69%（Cubasch，2013）。气候变暖使航行区域增加，穿越北极的航线将增加 3 条，这意味着相较巴拿马和苏伊士运河航线，洲际运输距离缩短，贸易成本降低，有利于国际贸易发展（Stephenson，2011）。② 气候变化改变投资环境，加剧欠发达地区的脆弱性。一方面，资本市场根据不良气候变化的风险预期采取自适应措施，进而影响大宗商品和土地租赁市场价格，欠发达地区面临更加不利的市场竞争，缺乏应对气候变化的资金支持；另一方面，全球变暖压力促使制造业将净排放量从发达地区转移到欠发达地区，这种区域性排放转移（即"碳泄漏"，Carbon Leakage）使欠发达地区愈加脆弱（Barker，2007）。③ 极端气候事件使区域资源开发和国际贸易流动遭遇频繁的不确定性冲击。2010 年澳大利亚东部发生 50 年来最严重的洪涝灾害，采矿作业大幅度减少、运输网络受损，导致焦煤出口量大幅下降（光明网，2011）。

10.1.2 人口迁移

历史证据表明，区域气候变化是人口迁移的一个促成因素：① 极端气候事件，如美国路易斯安那州新奥尔良遭遇卡特里娜飓风事件，大量人口失去家园，被迫移民（IPCC，2012）。② 全球气候变暖带来的海平面上升，如马尔代夫岛屿因此遭遇国土大量淹没的"灭顶之灾"，已在规划国际移民（Luetz，2017）。③ 气候变化带来的稀缺资源争夺，如北非地区因争夺自然资源引发地区安全问题，移民不断（Droubi，2009）。气候变化导致的人口迁移通常在国家内部，从受影响地区迁移到更安全地区（Laczko，2009）。当面临极端气候事件时，迁移将是国际性的，且通常发生在既定路线上。如飓风米奇之后，洪都拉斯移民增加了两倍，尼加拉瓜移民增加了40%，主要流向移民传统目的地——美国南部（Naik，2009）。

10.1.3 生态系统和物种迁移

气候变化的一个明显影响是生态系统和物种自然迁移。第一，气候变化使生物地理区域位移，进而导致生态系统迁移和功能改变（Gitay，2009）。未来北部森林可能会被温带森林和草原所取代，转移到冻土带；沙漠在一些地区可能会扩大，在另一些地区则会收缩。苔原、北方森林、山区、地中海生态系统和热带雨林的生态功能最易受到气候变化影响（Li，2018）。生态系统迁移和功能改变将导致地球碳平衡的巨大变化，生物圈对大气的反馈（如改变反照率、蒸散和碳交换）改善还是加剧气候变化影响部分取决于其反应速度（Cox，2000）。第二，气候普遍变暖使物种向高纬度、高海拔地区或海洋深处迁移（Rosenzweig，2008）。已有研究表明，物种正以平均每10年6公里的速度向极地转移（Parmesan，2015）。然而，未来气候变化速率很可能超过大多数物种迁移速率，当物种无法足够快地迁移来逃避气候变化时，就会面临着灭绝风险。

10.2 典型区域气候变化适应行动

IPCC第五次评估报告将全球划分为九大区域：非洲、欧洲、亚洲、澳洲、北美洲、中美洲和南美洲、极地、小岛屿与海洋地区。为适应气候变化，不同区域在识别本地脆弱性及其与气候变化之间复杂互动的基础上，根据自然、经济、文化和社会特征研究、执行气候适应行动。其中，小岛屿国家、欧洲、非洲、极地与海洋地区面临的气候变化问题与采取的适应行动均具有典型性。

10.2.1 小岛屿国家基于社区的适应

小岛屿国家主要指位于太平洋南部和西部、印度洋中部和西部、加勒比海、西非海岸外的东大西洋以及地中海的主权国家和领土。根据联合国全球岛屿数据库（the United Nations' Global Island Database），地球上17.5万个岛屿居住着超过 6.5 亿人口，拥有 70% 的珊瑚礁热点、29% 的生物多样性丰富地区以及 13% 的联合国教科文组织世界遗产（Global Islands Network，2021）。虽然小岛屿国家的经济、政治、社会、文化与地理特征并非同质，气候变化却使这些地区都面临如何以可持续土地利用满足经济社会需求的巨大挑战。一方面，由于陆地面积小、海拔低，人类社区和基础设施集中在沿海地区，小岛屿国家特别容易受到海平面上升、海洋变暖、海洋酸化和极端气候事件的影响。另一方面，资源有限和地域隔离使小岛屿国家适应能力较低（Hernandez，2015）。从全球范围来看，预计到 2050—2100 年，南大洋和北美地区的海平面增加值超过全球平均值的 30%，赤道地区超过全球平均值 10%~20%，北太平洋西部和北大西洋发生最强烈热带气旋的频率大幅增加。

海平面迅速上升与极端气候事件频发对小岛屿国家适应气候变化带来巨大挑战。以社区为基础的气候变化适应因其有效、广泛适用、参与式协商和廉价迅速引起小岛屿国家的关注。具体包含：① 利用当地知识和传统技术改造社区（Jamero，2019）；② 相互支持、风险分担与社区网络是社区适应的核心支柱（Lauer，2012）；③ 社区领袖推动基于文化和价值观的合作（McMillen，2014）。在所罗门群岛，人们使用混凝土地板保持室内干燥，建造棕榈叶屋顶以避免龙卷风期间碎片飞溅，并在"爱，关心他人以及维持社区关系"的互惠义务（reciprocal obligations）精神引导下，由社区领袖（如酋长或教会领袖）组织重新分配灾后耕地、建筑材料和食物等资源（Alfieri，2018）。

10.2.2 欧洲抵御洪水的适应

洪水是气候变化下欧洲面临的最大自然灾害之一。2006—2013 年欧洲发生的 200 多起洪水事件造成了总计 520 亿欧元损失（Haer，2020）。随着全球变暖，40% 以上的欧洲地区将遭遇更频繁的百年一遇的洪水（Kundzewicz，2010），其中法国、英国、德国、意大利和荷兰等国的相对风险持续增加（Paprotny，2018）。气候变化带来的洪水频发促使欧洲各国政府积极开展适应行动：① 开发洪水预警系统，绘制洪水风险图。2000 年欧盟通过《水框架指令》，要求全面评估洪水风险，并不断监测风险驱动因素，以实现洪灾预警；② 土地利用规划。通过流域管理"把水留在它落下的地方"，设计指定泛洪区"给河流更多的空间"，荷兰建设了 53 个围堤区应对洪水，英国政府通过防洪方法多样化最大限度降低洪水带来的损失（Driessen，2018；Bubeck，2017）；③ 技术防洪。通过建设水库、提高大坝安全度、合理泄洪和城市排水可持续等减少高峰流量；④ 重新安置面临洪涝风险的人员和资产（Alfieri，2016）。虽然调整风险区土地利用和更新防御系统可以大大减少洪灾的不利影响，但不能消除风险，"有计划的撤退"可能极有必要。

10.2.3 非洲推广天气指数保险

干旱是非洲农业面临的主要风险，每年造成40%的经济损失，占其农业灾害的83%（Carter，2014）。预计到21世纪末，非洲热浪的强度和持续时间都将增加，土壤湿度持续下降，农业干旱风险增加。为适应气候变化，在世界银行、联合国粮食计划署等国际组织的帮助下，天气指数保险（Index-based Weather Insurance）已在马拉维、肯尼亚、埃塞俄比亚、坦桑尼亚、加纳与塞内加尔等国进行试点。天气指数保险以气候变化为理赔依据，可量化某一气候因素带来的农业损失程度，从而确定该气候因素的触发条件，据此签订保险合同，当气候条件达到预定阈值时，保单持有人将获得赔付（Tadesse，2015）。肯尼亚2009年针对玉米、小麦实施天气指数保险试点，保险公司与农民针对作物生长初期、花期和灌浆期签订保险合同，不同生长阶段设置不同的触发指数，一旦合同约定的生长阶段出现降雨量超出或低于阈值（即过度降雨或干旱），农民将获得赔付（Greatrex，2015）。

天气指数保险因其费用低、可自由转让、交易成本低等特点有助于克服传统农业和灾害保险市场的道德风险，被认为非常适合非洲农业部门（Fonta，2018）。从天气指数保险的运行来看，准确、权威、高质量的气候数据是核心，确定哪些天气条件会造成损失十分重要。非洲国家在天气数据与农业数据的收集、分析处理方面难以达到国际一般水平，直接造成赔付标准低、赔付不及时等问题，影响了天气指数保险制度推广。

10.2.4 北极土著社区依靠传统知识适应气候变化

北极地区指北极圈（北纬66度）内的区域，是许多具有不同文化、社会、经济和历史背景的土著居民家园，包括俄罗斯、美国阿拉斯加、加拿大和格陵兰、阿留申等地的因纽特人、梅蒂斯、萨米人等（Stepien，2014）。北极土著社区大多分布于海洋和河流海岸线高度脆弱位置，生计上严重依赖自然资源，政治和经济上被边缘化，公共卫生和减贫上存在差距。自20世纪中叶以来，北极陆地表面温度已大幅变暖，预计北冰洋在21世纪内将几乎无冰，永久冻土持续融化，北极地区树木生长线北移，海洋物种趋向极地。气候快速变化进一步影响北极地表生态和北极土著社区的基础设施，使其面临巨大威胁（Cochran，2013）。

北极地区土著居民有适应气候和自然资源变化的历史。土著居民的世界观根植于一个整体框架中，该框架将土地和水、地球与天空、植物与动物、人与精神联系在一起，认为地球是一个耦合的"社会—生物—物理"系统，所有东西都是相互联系的。这一传统认知下的框架包含土著居民世世代代积累的历史知识，逐渐成为适应气候变化的知识库（Voggesser，2013）。土著社区适应气候变化的行动包含：改变土地使用和定居地点；改变狩猎、放牧和捕鱼时间与地点；在陆地建造永久性庇护所躲避风暴等（Laidler，2011）。此外，分享、信任、坚持、冷静与尊重长辈等文化价值观也很重要。但是，社会、经济和政治因素与气候压力之间的复杂关系使北极土著社区面临的前所未有的挑战，尤其是当气候变化速度超过传统社会系统适应能力提升速度时（Ford，2008）。加强传统知识与技术结合从而为社区赋能，将有利于快速响应气候变化。

10.2.5　海洋区域呼吁全球共同决策

根据 IPCC 第五次评估报告，除极地海洋以外，海洋区域包含七个亚区域：高纬度春季藻华系统（High-Latitude Spring Bloom Systems，HLSBS）、赤道上升流系统（Equatorial Upwelling Systems，EUS）、半封闭海（Semi-Enclosed Seas，SES）、近岸与近海系统（Coastal Boundary Systems，CBS）、大洋东边界上升流生态系统（Eastern Boundary Upwelling Ecosystems，EBUE）、副热带涡旋（Subtropical Gyres，STG）（Cubasch，2013）。自 20 世纪 50 年代以来，全球平均海面温度显著升高，导致海洋热含量持续增加。相较于 1981—2010 年的平均状态，2018 年全球上层 2000 米海洋热含量高出 19.67×10^{22} 焦耳，其中南大洋、太平洋、大西洋和印度洋分别高出 $(6.91 \pm 1.70) \times 10^{22}$ 焦耳、$(5.97 \pm 1.07) \times 10^{22}$ 焦耳、$(4.95 \pm 1.97) \times 10^{22}$ 焦耳和 $(1.84 \pm 1.97) \times 10^{22}$ 焦耳（Cheng L，2019）。此外，因为大量吸收二氧化碳降低了海洋酸碱度，海洋酸化的速度前所未有。海洋变暖与海洋酸化导致冰盖融化、有害藻华暴发、珊瑚漂白、鱼类种群和生态系统衰退，并增加海运、能源矿产开采、渔业和旅游业等海洋产业的脆弱性（Fischer，2010）。

海洋是一种全球资源，大约 64% 的海洋位于世界各国专属经济区和大陆架之外，在全球一级协调解决海洋问题至关重要。随着开发水平迅速提高，越来越多的人呼吁建立更有效的决策框架，以管理这些海洋"公域"内的渔业和其他活动（如生物勘探），国际框架越来越有价值。现有许多国际公约和协定明确承认气候变化，并建立目标一致的纵向和横向海洋适应合作机制。一方面，打破国界限制，以自然界限为基础规划海洋适应行动（Warner R，2013），如《联合国海洋法公约》取代了以前围绕"海洋自由"概念建立的框架，将领土权利限制在海岸线外3海里，为合法使用海洋及其资源[①]提供一个全面框架。另一方面，加强全球—区域联系。如联合国环境规划署定期举行区域海洋会议，对不同海洋区域的适应方案进行比较并交流经验；联合国粮农组织召集不同区域的渔业机构和渔业管理组织讨论渔业问题（Robin，2019）。

10.3 区域气候变化适应路径

不同区域因生态、经济与社会条件不同，气候适应行动各有侧重。就整体而言，从气候预测、评估区域脆弱性到政策执行与执行，气候变化下的区域气候适应路径存在一定共性。

10.3.1 区域气候变化预测提供决策依据

区域气候是多尺度扰动（如中尺度、天气尺度和行星扰动）和多圈层系统（如大气圈、生物圈、水圈、冰雪圈和陆面）相互作用的结果（刘鸿波，2006）。区域气候变化预测是区域脆弱性评估与气候适应行动开展的重要依据。由于全球大气环流模式（General Circulation Model，GCM）的水平分辨率在100~300千米，预测区域气候变化时存在一定误差（Xie，2015），区域气候模型（Regional Climate Model，RCM）因其较高的水平分辨率、更微观的地形和土地覆盖特征描述，逐步用于区域气候预测，尤其适用气候多变性区域（景丞，2017）。区域气候模型也被称为降尺度法，包含动力降尺度、统计降尺度、统计与动力相结合的降尺度（朱宏伟，2011）。降尺度法通过对温室气体、气溶胶和土地利用未来变化的假设，采用数值天气预报模式的动力框架

[①] 包括海洋区、航行权、保护海洋环境、渔业活动、海洋科学研究和从国家管辖范围以外海底开采矿物资源。

（如 RegCM2、RegCM_ICTP、RegCM_NCC、PRECIS、CWRF 等）对区域温度、降水、大气环流、极端气候和厄尔尼诺现象等展开预测（刘冠州，2017）。IPCC 第五次评估报告将区域气候模型嵌入全球气候模型，对全球九大区域气候变化进行预测，为区域气候适应提供决策依据。

然而，区域气候预测依旧受到物理理解、观测记录方法与气候模型选择的限制。如长期的观察趋势是什么，其原因是什么？区域气候变化模式对不同空间分布类型下的外部强迫（如温室气体与气溶胶）有多敏感？如何对大气环流和降水变化的稳健变化进行预测？模型中的系统误差如何影响气候变化？气候系统的内部变率和外部强迫如何相对作用？

10.3.2　绘制气候变化热点地图评估区域脆弱性

气候变化热点（climate change hotspot）被定义为气候多变、高暴露、高敏感性和低适应地区，这些地区可能极易发生冲突或灾害，并导致社会倒退（Sherbinin，2014）。气候变化热点地图（climate change hotspot map，简称热点地图）绘制通过识别可能的气候变化影响，并以具有强烈视觉元素的地图形式传达，提请决策者注意特别容易受气候变化影响的区域。如气候变化带来的健康风险（Ho，2015）、生物多样性热点（Bellard，2015）、暴力冲突（UNEP，2020）、洪水灾害（Leis，2020）、粮食安全（Ericksen，2011）和移民热点（Tazzioli，2018）等。不同区域面临气候变化时，大多通过绘制热点地图确定政策行动的优先事项、进一步研究的重点区域或优先供资地点（Dilley，2006）。热点地图的价值在于以数据驱动决策，通过量化脆弱性和恢复力，淡化文化、权力关系和当地生态知识等，使其成为更"客观"的决策依据（Adger，2006；Kasperson，2005）。

热点地图的绘制与应用面临三方面问题：第一，气候变化热点评估类型不同，所需气候参数也有所不同，这要求数据收集与分析具备专业性。如对农业系统、水管理或自然灾害而言，最重要变量是雨季开始时的预期变化、生长季节降雨缺口、降雨持续时间和强度变化、干旱周期变化以及超过作物特定阈值的温度升高。第二，"政策受众"特殊性困扰。部分区域可能会使用热点地图确定优先计划，但许多国家决策者因为质疑数据真实性与客观性，并不信任全球/区域制图工作，除非数据来自本国机构。第三，热点地图应用存在道德风险。随着越来越多的资金投入气候适应发展中，财政激励促使各国将自己描绘成易受气候影响国家（Klein，2009），这将影响热点地图的客观中立性。如果捐助者据此指导投资，治理不善的国家可能被认定为最脆弱国家，从而获得资金支持。

10.3.3 区域多层次治理发挥决策和执行优势

在实践中，区域气候变化适应日益表现出多层次治理趋势，包含垂直与水平层面的互动、依存。多层次治理被定义为不同地域、不同领域以及不同行政层级的决策主体共享决策权力、责任和利益（OECD，2011）。以主权国家为例，这意味着国家权威向上（即区域间、全球范围内）、向下（即次国家行为主体），向侧面（即公私部门、不同领域）的横纵向合作。表10-1 显示了不同尺度下各个领域的气候适应决策主体及其权力范围，包含国际决策者和机构、国家和地方政府部门、民间社会组织、各级私营部门、社区和个人家庭。

不同尺度下各个领域的气候适应决策主体及其权力范围　　表10-1

尺度领域	权力范围	经济	能源	粮食	科技	环境
全球	政策谈判，发展援助，灾难规划，能力建设	国际货币基金组织，世界银行，世界贸易组织，千年发展目标，非政府组织	国际能源署，非政府组织	联合国粮食及农业组织，世界贸易组织，《联合国海洋法公约》，非政府组织	世界知识产权组织，非政府组织	《联合国气候变化框架公约》，《生物多样性公约》，《蒙特利尔议定书》，非政府组织
区域间	能力建设，国际法，政策谈判，区域开发	多边金融机构/多边开发银行，双边金融机构，经济合作与发展组织，欧盟，《联合国海洋法公约》	石油输出国组织，电网运营商，石油/天然气经销商	东南亚国家联盟自由贸易区，东部和南部非洲共同市场，南方共同市场，欧盟共同农业/渔业政策	跨国公司的研发，欧盟创新联盟	《远距离越境空气污染公约》，湄公河可持续发展委员会，维多利亚湖流域委员会，联合国指令
国家	国家适应计划/战略，国家间交流，法律要求，管制	部委/政府，部门/机构，银行，税收	部委/政府，部门/机构，能源供应商，能源调节器	部委/政府，部门/机构，关税/配额，法规	部委/政府，部门/机构，教育，创新，研究与开发	部委/政府，部门/机构，环境法
地区	空间规划，推广服务，供水设施，私营部门参与	州/省/县/市，税收	省/县/市，公共/私人能源提供商	省/县/市，推广服务，土地利用规划	省/县/市，奖励措施，科技园	州/省/县/市，保护区，区域办事处

续表

尺度领域	权力范围	经济	能源	粮食	科技	环境
当地	个体，当地规划	小额信贷，合作社，雇主，选民，消费者	可再生能源，生产者，选民，消费者	农民，林木工人，渔夫，土地所有者，选民，消费者	企业家，投资者，选民，消费者	环保主义者，土地所有者，选民，消费者

资料来源：根据 IPCC 第五次评估报告整理。
https://www.ipcc.ch/site/assets/uploads/2018/02/WGIIAR5-Chap21_FINAL.pdf

具体而言，横向合作通常有两种类型：一类是不同地域/行政层级的同一领域之间，如不同国家的自然资源管理部门；另一类是不同领域之间，如经济、能源、粮食、科技和环境部门（Gordon，2013）。应对气候变化的国家间合作早已开始，如 1993 年《北美环境合作协定》、2014 年《中美气候变化联合声明》、2015 年《巴黎协定》以及 2017 年《中国气象局与世界气象组织关于推进区域气象合作和共建"一带一路"的意向书》等，都在不断地推进国家间气候适应合作。地方间合作也不断推进，如 2019 年我国粤港澳大湾区气象合作常态化。纵向合作指从地方到国际参与管理的不同治理规模，强调决策主体在政策制定与执行过程中"自上而下"的控制（欧盟环境署，2014）。其中，国家及区域一级制定适应政策，并提供进一步的激励措施（Birkmann，2017）；地方机构和社区是气候适应的重要执行主体。

不同尺度的区域多层次治理将发挥决策和执行优势，如将治理权力从全球一级转移到区域一级，减少决策者数量；共同利益的存在使谈判成本更低；连接不同尺度的治理系统促进跨边界气候问题解决（Strand，2004）。同时，气候适应下多层次治理实践也面临双重挑战，一方面，纵向如何保持区域气候适应政策的一致性？另一方面，横向如何协调不同地区不同部门间的补偿与公平？大多数情况下，成功的关键在于将特定治理任务分配到适当区域尺度，并采取措施确保跨尺度互动能够互补而不是相互竞争（Young Oran，2002）。

【推荐读物】

1. Laczko F, Aghazarm C. Migration, Environment and Climate Change: Assessing the Evidence. International Organization for Migration, 2009.

2. Cubasch U, Wuebbles D, Chen D, et al. Introduction. In: Climate Change 2013: The Physical Science Basis. Contribution of Working Group I to the Fifth Assessment Report of the Intergovernmental Panel on Climate Change [M]. New York: Cambridge University Press, 2013.

3. IPCC. Managing the risks of extreme events and disasters to advance climate change adaptation: A special report of working groups I and II of the intergovernmental panel on climate change [M]. Cambridge: Cambridge University Press, 2012.

4. Gitay H, Brown S, Easterling W, et al. Ecosystems and their goods and services. Climate Change 2001: Impacts, Adaptation, and Vulnerability. Contribution of Working Group II to the Third Assessment Report of the Intergovernmental Panel on Climate Change[M]. New York: Cambridge University Press, 2001.

5. Fu C, Jiang Z, Guan Z, et al. Regional climate studies of China [M]. Springer Science & Business Media, 2008.

第 11 章 沿海地区

> 【本章导读】
> 本章首先介绍了全球海洋气候变化概况，全球气候变化加剧导致海洋极端自然灾害频发；紧接着从生态破坏和社会经济损失两方面具体阐述了气候变化对沿海地区的影响；最后从物理工程、生态护岸、监测预警体系、群众参与、法规制度五个层面探讨沿海地区适应气候变化的举措。

海洋，作为地球上最大的碳吸收剂载体，通过吸收大气中的大量热量及二氧化碳，放缓全球气候变化的速度。然而，自19世纪90年代初以来，这种情况正在发生转变，由于海洋变暖的速度已经翻了一倍，海洋热浪灾害发生频率也变得更高。随着全球气候变化加剧和海平面加速上升，飓风、风暴潮、极端高温、海洋热浪和暴雨等极端事件明显增加，对沿海地区社会经济及生态系统发展构成严重威胁（Nicholls，2011）。政府间气候变化专门委员会（IPCC）2019年发布的《气候变化和海洋及冰冻圈特别报告》，通过分析过去全球、地区极端海平面变化，预测了未来气候变化，评估了低洼岛屿、海岸、城市和定居点的相关风险，以及沿海地区恢复力和可持续发展的应对方案；并表示，如果温室气体排放不能大幅削减，全球气候变暖将使得飓风的数量和强度增加，上升的海平面将增加全球沿海地区的洪涝灾害发生频率，同时沿海渔业经济将面临衰退。气候变化对沿海地区的生态环境和社会经济都产生了显著影响，因此，了解气候变化对沿海地区的影响，提高沿海地区适应气候变化的能力并尽快落实合理的适应措施变得十分重要。

11.1 全球海洋气候变化

随着工业化、城市化发展，人类活动排放了大量温室气体，大气中不断堆积的热能作用于地球表面的海洋，海水受热膨胀、冰川消融造成全球海平面上升（Rahmstorf，2007）。沿海地区处于海陆交互作用的脆弱敏感地带，受海陆复合型灾害的影响，成为自然灾害的高发区。全球人口的很大一部分生活在沿海地区，根据2019年联合国政府间气候变化专门委员会（IPCC）发布报告统计，全球约13亿人生活在高原和沿海地区。《变化气候下的海洋和冰冻圈特别报告》（SROCC）发现，到2100年，全球平均海平面极有可能上升0.95英尺（0.29米）至3.61英尺（1.1米），这次的预测结果比IPCC在2013年发布的全球气候综合报告的预测高出约0.1米（IPCC，2019）。亚洲是受海洋灾害影响最频繁的地区，进入21世纪以来，亚洲遭遇洪涝灾害超过550次，受灾人口高达8.5亿（Prasad et al.，2009）。在中国，约1.3亿人在易受海洋灾害威胁的沿海城市居住（世界银行，2007）。

11.2 气候变化对沿海地区的影响

为评估气候变化与海洋极端气候灾害间的关系及其对社会可持续发展的影响，2012年IPCC发布《管理极端事件和灾害风险，提升气候变化适应能力》指出，自然因素和人类活动引起的气候变化导致极端气候灾害频现，并对沿海地区的脆弱性和暴露程度产生影响（IPCC，2012，2014；崔胜辉等，2011）。气候变化对沿海地区的影响主要表现为生态破坏和社会经济损失。

11.2.1 生态破坏

由于气候变化，海洋升温、海水酸化、海平面上升以及海洋热浪等致灾因子的危险性显著增加，沿岸地区生态遭到严重破坏，主要表现为海洋物种季节演替和地理分布的改变、赤潮、绿潮等生态灾害、红树林自然防护力下降、珊瑚礁退化（蔡榕硕和齐庆华，2014；蔡榕硕等，2020）。海洋升温导致海洋物种季节演替和地理分布明显改变。例如，在北大西洋，海水温度不断上升，使得露脊鲸、鳕鱼、鲱鱼等鱼类向北迁徙寻找更凉爽的水域（Mills et al.，2013；Pershing et al.，2018）。海洋环境的改变使得冷水种鱼类分布萎缩，渔业资源下降。由于大气中二氧化碳含量增高，海洋吸收的二氧化碳量明显增加，近海海水酸化，低氧区扩大、营养盐结构失衡、海洋富营养化，浮游植物群落结构演变明显，近岸海域藻类暴发性增长，某些种类的水母在一些海域大量繁殖，加剧了大规模赤潮、绿潮等生态灾害发生的频次（蔡榕硕和齐庆华，2014）。海平面上升改变了生长在海岸潮间带红树林的潮汐淹浸程度。由于红树林是陆地向海洋过渡的特殊生态系统，能适应海水周期性淹水，但不能长时间淹浸在海水中，对潮汐淹浸程度异常敏感，海平面上升严重威胁海岸带红树林和滨海湿地典型生境，降低了红树林生态系统对灾害的自然防护力；海平面上升还导致咸潮上溯，咸水环境的改变导致湿地原有生物不适应而死亡，湿地生物多样性和生态系统稳定性下降。此外，频繁的海洋热浪加剧了热带珊瑚的白化和退化，预计到2100年，海洋热浪灾害将导致热带海域90%以上的珊瑚礁消失（IPCC，2019）。

11.2.2 社会经济损失

海洋灾害增加了沿岸地区的防护成本，并对近海渔业造成巨大经济损失。首先，在防护成本方面，海平面上升抬高了基础水位，极易引发风暴潮，给沿岸地区带来洪涝灾害，导致湿地和其他低海拔土地被淹没，暴露区范围扩大；其次，沿海地区居民被迫移居，其卫生状况引起的死亡和受伤风险增加；再次，基础设施迁移的潜在可能性提高，土地使用的再配置成本造成的海岸保护费用提高（王爱军，2005；左书华和李蕾，2008）。同时，海平面上升加重海水入侵和土壤盐渍化，造成咸潮入侵、海岸侵蚀（Rahmstorf，2007），削弱了人工护岸的防护功能，破坏海岸工程并影响堤防安全。此外，咸潮上溯增强使得咸界范围扩大，增加了河流、河湾和地下水的盐度，严重影响居民生活用水、农业用水和城市生产用水；靠近堤坝保护的沼泽地区在缓慢退化缩减，给海岸保护和陆地排水造成了困难（Kumar，2006；McGranahan et al.，2007）。最后，滨海湿地面积缩减并逐步向陆化演变，影响了滨海湿地生物群落结构并威胁近海渔业发展。随着集约化水产养殖技术的发展和应用，全球沿海地区水母暴发对鱼类、贝类、虾类和海参等水产养殖业的负面作用日益突出，亚洲、欧洲、北美以及大洋洲等地区的海洋渔业经济种类以及渔业资源在严重衰退（Mills et al.，2013）。综上分析，气候变化加剧极端灾害，导致沿海地区生态环境和社会经济的暴露程度和脆弱性影响增强。

11.3 沿海地区适应气候变化的举措

基于气候变化对沿海地区生态和社会经济的影响分析，适应举措将通过降低系统脆弱性和暴露程度以及提升系统适应能力来实施。为适应沿海地区气候变化，决策者不仅需要从国家考虑到个人层面，更要横向考虑到不同利益相关方。建设国家、地域、城市、社区、私营部门、个人和自然系统应对气候变化的能力，并通过实施决策和行动调动这种能力（IPCC，2019；Nicholls and Cazenave，2010）。适应举措的选择与地区系统特征有关，地形划分、土地开发利用程度和社会经济发展等因素使得适应举措选择的优先情况不同（Tol et al.，2008）。在实施适应举措时，沿海区域既要能适应长期缓慢的气候变化影响，又能应对突发性气候灾害，以下举措将从物理工程、生态护岸、预警系统、群众参与和法规制度五个层面进行讨论。

11.3.1 海洋工程保护体系

海岸安全防护设施对于保护沿岸地区人民生命安全至关重要，工程措施体现了物理防护这一基本对策（Klein and Nicholls，2001；徐一剑，2020）。海岸工程性防护体系可采取分区防护、加固硬防护以及提高重大工程设施防护标准三步走策略（徐一剑，2020；仇天宇，2010）。第一步，根据沿海地区社会经济发展程度，例如地区基础设施、地区经济承受能力等设置不同防护标准，分区设立不同层级的海岸防护，当地政府根据气候变化动态发展对防护标准做适当调整，分期分批对海堤进行建设。第二步，加固防浪堤、海堤及挡土墙等海岸工程以及加强地下水管理，提升沿海地区的硬防护。首先，各分区根据防护标准加高加固沿海大堤，或者在需要新建的位置加固大坝，建立防浪堤，以降低海浪对海岸线的冲击能量。应对紧急情况，如风波浪爬高和暴潮增水时，要提前加强沿海城市基础设施，增强地区综合承载能力，为提防海平面上升预留足够防御空间。其次，修建地下水防渗墙，控制沿海地区地下水超采，对地面沉降区和已出现地下水降落漏斗进行人工回灌，加强地下水管理（Sterr，2008）；采取从陆地河流与上游水库调水的方式，利用淡水压制咸潮，扩大海口附近的淡水区域（仇天宇，2010）。第三步，提高重大工程设施防护标准。例如提高港口码头设计标高，排水口底高调整。对于人口密集和经济发达的沿海地区，从主动避让、强化防护等角度出发，加强海岸堤坝等工程防护设施建设，提高海岸工程防护设计标准。对于人口稀疏的沿海地区，可以减少工程护岸设施建设以节约防护成本。地区根据累积的经验，采取搬迁撤离等适应措施，利于海岸带生态系统的自适应。此外，在应对海洋极端气候变化时，为了确保沿海地区居民最基本的生活需求，沿海地区基础设施规划设计中保持适度弹性，以提升供给能力，适应气候变化所产生的需求和未来社会积极发展需求（仇天宇，

2010）。在建设过程中，充分考虑气候变化和自然灾害带来的潜在影响，最低限度地降低供排水、建筑、交通、能源设施等基础设施的风险暴露程度。科学规划地区应急救援通道网络，准备和日常维护备用系统；确保在极端恶劣环境下，基础设施遭遇破坏，当地政府可以短时间内修复或启用备用系统。

11.3.2 生态护岸措施

沿岸地区土地治理是一项软防护，包括生态防护工程建设和海岸综合整治（仇天宇，2010；Cui et al.，2015）。以"自然恢复为主，人工干预为辅"为原则，从生态、环境等自然方面主动适应气候变化对人类的影响（Tol et al.，2008；Klein and Nicholls，2001）。首先，生态防护工程建设的核心包括修复生态岸线、保护滨海湿地生境两部分。通过保护沿海红树林、沼泽和芦苇湿地等生态资源，修复受损退化的珊瑚礁，种植草木或水源涵养林以修复湿地生态防护工程，增强湿地保护海岸的功能，使之成为沿海地区的生态缓冲带，减少海岸受到海水的侵袭。建设多林种、多层次、多功能的沿海防护林体系，改良海岸盐碱地，恢复海岸森林系统。推动构建人工沙丘和海滩养护工程，缓解风暴潮冲击。推行生态修复与工程措施相结合，采取"护坡与护滩相结合"的策略，通过加固海堤工程，提高坡高标准设计，强化应对海平面上升的防护（何霄嘉，2013；El-Raey，1999）。

其次，同步开展生态岸线综合整治。严格管控当地企业入海污水达标排放，加强重点港湾的涉海工程管理（何霄嘉，2013）。加快处理围填海历史遗留问题，同时严格管控围海造地活动；推行生态围涂和生态填海，最大限度降低对生态系统的影响，从而提高滨海湿地保护水平（徐一剑，2020）。加强海洋生态修护，对已划定的海洋自然保护区实施严格保护和监管，加强对沿海红树林、沼泽和芦苇湿地等生态资源的保护。严控过度渔业捕捞，依据海洋和海岸带物候的变化，采取动态的保护区和休渔时间，降低近岸海域富营养化程度，减少生态灾害发生频次，提高海洋生态系统的健康。通过调整产业结构和优化生产布局，发展低能低碳环境保护产业和高新科技产业等，构建沿海地区经济社会综合风险的动态管理体系。总而言之，地区在创造物质财富的过程中，需要协调好经济效益、社会效益和生态效益之间的关系。

11.3.3 海洋灾害监测预警体系

通过建立监测和数据分析系统，成立研究中心，打造健全海洋灾害预警体系，加强对灾害的预警能力，提高对灾害预测的准确性和及时性。第一，建立监测数据服务网络系统，实时采集、处理天文潮及风暴潮预报信息，并实现数据同步共享（李加林等，2005）。通过海洋环境的立体化观测网络，强化海洋灾害的预警报，为沿海地区重大工程提供技术支撑，加强沿海地区抵御海洋自然灾害的综合防范能力。建立从国家到地区不同层级的简洁高效信息资源共享平台，增进沿海地区流域水文、验潮站等观测数据共享，为决策者和公众传递有效信息。第二，建立海平面监测数据分析评估系统，形成一套标准体系。对地方相关人员进行技术培训，保障监测的规范性和科学性。通过规范性系统管理，避免因人员流动造成数据流失，提高数据收集效率（何霄嘉等，2013）。同时加强部门间协作，完善部门联合、上下联动、区域联防的防灾机制；推动海洋、环保等部门的合作以提高设施利用效率，在数据监测、数据采集和与分析等方面进行统一分析与发表（徐一剑，2020；Sterr，2008；仉天宇，2010）。第三，建立研究中心，开展海洋灾害对气候变化适应评估的专项行动。加大海洋科技研发支持力度，开展对海洋领域气候变化的分析和预测，积极开展国际交流合作。完善海洋科技创新体系，通过增投海洋科技创新经费，加强在海洋监测技术、防灾减灾技术等关键技术领域的科技创新能力（李加林，2005）。做好海平面变化影响评估，研究海平面上升适应对策，加快应对气候变化适用技术的开发、示范和推广。

11.3.4 群众参与

基于地区层面，气候变化带来的灾害直接影响到易受伤害的个人、群体和社区，因此，当地政府需要自下而上地鼓励群众学习气候变化科学知识，让不同社会机构参与进来。在SROCC报告中，IPCC也强调了将"教育"作为解决方案之一，提倡关注气候脆弱群体，培养社区和居民适应能力（谢欣露和郑艳，2014；Nicholls and Cazenave，2010）。由于居民与科学研究者、决策管理部门对气候风险认知的差异较大，为加强群众防灾意识，当地政府应积极开展应对气候变化的基础教育，提高群众适应气候变化的自觉性，消除不同利益相关者在气候风险沟通机制上的障碍（黎树式等，2017）。第一，当地政府应加强海洋公共文化服务设施建设，利用海洋博物馆、图书馆等资源，促进海洋生态保护知识"进课堂、进校园"；通过电视、网络、公益广告等多种平台宣传海洋生态文明，将海洋灾害对经济社会发展的主要影响等知识宣传到社会各界，提高沿海公众对海洋生态的保护意识，并增强海平面上升以及风暴潮、咸潮等海洋灾害的防范意识（何霄嘉等，2013）。第二，提高公众在参与气候风险治理中的地位，带动公众参与治理，加强公众与政府间的互动，以提升公众参与气候变化决策的主动性和有效性。第三，在灾害防治方面，仅依靠政府的政策性保护措施难以支持生态修复和补偿社会经济损失；还需要市场的调节，企业、非政府组织等不同社会机构的参与，以构建一套风险分散的体系。第四，在资源配置方面，发挥市场的调节作用，将商业性海洋保险纳入风险防范体系；对涉海企业，要监督其合理排污，安全生产；非政府组织在社会保障方面应起到补充作用，发挥其在海洋生态环境中的积极作用。

11.3.5 法律法规和激励制度

各级政府在推进适应、提高各利益攸关方群体的适应能力等方面发挥着重要作用，包括调动政治意愿，支持气候研究机构的建立和维护，促进建立信息资源共享平台，在重大工程的设计过程中进行充分的气候论证。首先，健全相关法律法规，深入贯彻实施《全国海洋功能区划》《海域使用管理法》《海洋环境保护法》等；严格执行《海岸带综合管理条例》《围填海管理办法》等法规（王斌和杨振姣，2018）。其次，完善应对气候变化管理体制和工作机制，建立有关部门应对气候变化职能机构和工作机制，组织开展本领域应对气候变化工作，加强部门间协调配合（谢欣露和郑艳，2014）。实施适当的法规，包括分区治理、雨水管理和建筑搬迁法规，改变土地所有权以防止风险区的过度发展。实行经济刺激，例如政府给予津贴鼓励建筑物逐步向高地迁移，确立科学用海的理念和政策导向，建立一套完善的海洋生态安全保护的法律体系。

【推荐读物】

1. Bouri S, Haj-Amor Z. Climate Change Impacts on Coastal Soil and Water Management [M]. United States: CRC Press, 2020.

2. Filho L W. Climate Change Impacts and Adaptation Strategies for Coastal Communities [M]. United States: Springer International Publishing, 2018.

3. IPCC, "Sea Level Rise and Implications for Low-Lying Islands, Coasts and Communities." in IPCC Special Report on the Ocean and Cryosphere in a Changing Climate [R]. In press. 2019, 321–445.

公共服务篇

第12章　财政
第13章　技术
第14章　教育
第15章　文化
第16章　健康

第 12 章 财政

【本章导读】
　　本章探讨了全球适应财政资金筹资与支出原则，构建气候适应资金筹资机制，并具体介绍适应财政资金五种主要筹资渠道，并分析适应财政支出的时间演变、空间分布与部门分配，最后展望全球适应财政资金发展新方向。

　　全球气候变化是人类长期行为的后果，其影响将不同程度波及全球各国并持续数个世纪。减缓与适应是国际公认的应对气候变化的两大措施，但减缓行动难以短时间内削弱气候变化及其影响。因此，适应气候变化作为应对气候变化常规行动，对国际社会尤其是经济落后、深受影响的脆弱国家尤为必要。"适应气候变化"的全球公共产品属性要求政府在气候适应中扮演重要角色，而财政是政府适应气候变化的重要工具（Jakob，2012）。内部纠正市场失灵的职能与预算的法定职责促使各国财政部密切参与全球气候变化适应。随着适应计划与行动加速推进，发达国家与发展中国家就适应财政资金的筹集与支出仍然存在许多未解决的问题，气候变化适应财政资金的筹集与支出备受关注。

12.1 财政筹资与支出原则

12.1.1 筹资原则

　　不同伦理视角下全球适应财政资金筹资原则呈现多样状态。全球气候正义运动要求从伦理视角下开展气候适应财政资金筹资活动（Sam，2013），主要表现为发展中国家呼吁对气候变化造成的损耗进行分配、程序和补偿性正义；发达国家为避免采取引起责任和招致赔偿的措施，主张新自由主义正义，强调私有财产，允许发达国家避免法律责任，并将气候适应融资作为善意或服从市场力量的行为（Robinson et al., 2020）。即发展中国家重视将造成气候变化不利影响的历史与责任体现在适应财政筹资中，发达国家主要从经济角度看待问题，即利用发展中国家减排低成本的优势并根据预期成果来确定资金援助量。

如今国际社会初步达成采取"共同但有区别责任"的筹资原则共识。由于历史因素发达国家除减缓温室气体排放和适应气候变化之外，还应承担在这一进程中帮助发展中国家的责任（Persson et al., 2009）。筹资原则形成路径为：以公平为前提，结果主义伦理原则关注行为结果——"谁污染谁付费"，即将不同主体对气候变化造成影响大小作为决定其气候变化适应筹资的关键因素（Grasso，2010）；非结果主义伦理原则关注行为本身——"谁有能力谁付费"，即忽略对气候变化造成的影响，以不同主体经济实力为标准进行筹资。由此伦理原则与关注历史责任和支付能力的政治原则构成"共同但有区别责任"原则指导整个气候变化适应资金筹资（Dellink et al., 2009）。

这一原则经过联合国等官方组织认可并体现在相关政策文件中。联合国气候变化框架公约（United Nations Framework Convention on Climate Chang，UNFCCC）指出：各缔约方需承认气候变化的全球性，要求所有国家根据其共同但有区别的责任和各自的能力及其社会和经济条件，尽可能开展最广泛的合作，并参与有效和适当的国际应对行动。并在第三条中明确指出发达国家缔约方应当率先对付气候变化及其不利影响。这一原则首先承认发达国家和发展中国家对全球环境问题所作贡献的历史差异。其次，承认各国减缓与适应气候变化的能力差异，表明对发达国家责任的明确承认和接受。除此之外，利用资金、技术和保险机制对小岛屿国家和最不发达国家这些深受气候变化不利影响的国家和地区给予特别支持（Sam，2013）。

12.1.2 支出原则

全球适应财政资金供不应求的现状更加凸显公平公正支出的重要性。首先，由于国际气候融资中存在减缓偏差，适应资金总额明显低于减缓资金总额。据经济发展与合作组织发展援助委员会 CRS 系统统计数据，适应资金相较于减缓资金具有出现晚、总量小特点。其次，适应财政资金在各个国家与地区支出中存在障碍。由于适应气候变化涉及各个国家、地区和个人，因此涉及效率与公平之间的平衡（Mekonnen，2014），包括资金在哪里会产生最大的影响，谁最值得拥有他们，受援助国家在为气候投资本身筹集资本方面受到的限制程度等问题。最后，气候融资缺口与缺乏合理的融资渠道有关。以国家贷款或赠款的方式提供发展援助式的气候资金并不是缩小资金缺口的唯一方式和有效方式，需要更好地了解缺口背后所隐藏的根本原因（Sahni et al., 2016）。

向"易受气候变化影响"国家和地区倾斜支出原则形成但执行存在障碍（Persson et al., 2009）。造成"易受气候变化影响"的标准在不同条约、文件及决定中具有不同诠释，缺乏统一清晰的定义。如非洲国家与最不发达国家和小岛屿发展中国家都曾因为特别容易受到气候变化的不利影响而被列入巴厘行动计划。由此这一标准实际上没有明确排除任何类别的国家，即缺乏最不发达国家、小岛屿发展中国家、沿海低洼地区国家、自然灾害易发地区国家清单等。同时由于政治敏感度发达国家与发展中国家从未进一步探讨该问题，这种模糊性对气候变化适应资金支出的公平性、透明性、合理性构成巨大挑战（Remling et al., 2012）。

国际社会将脆弱性适应评估作为解决支出原则执行障碍的新方向（Grasso, 2010）。基于联合国政府间气候变化专门委员会（Intergovernment Panel on Climate Change, IPCC）脆弱性包括气候变化敏感性和适应气候变化能力两个维度的观点，近年来国际机构与各个国家努力构建用以衡量气候适应财政资金支出的量化指标。国家极端脆弱性也作为适应评估额外考虑（World Bank, 2010），但由于数据缺乏可得性与可靠性最终导致众说纷纭并没有出台权威官方评估结果。除此之外，在实践中适应资金支出受到援助者利益以及受援国治理能力影响（Kloeck, 2018）。援助者利用适应援助奖励治理良好的国家，并利用适应援助促进其自身经济利益。目前已有量化指标用以比较不同国家自然脆弱性水平和气候风险，如世界银行提出的适应基金分配指数，其综合考虑气候脆弱性、中央政府绩效、资金流动吸收能力，社会能力等因素。

12.2 财政筹资

深受气候变化影响的中低收入国家气候变化适应成本高昂难以承担（Remling et al., 2012）。发达国家公共支出可以为本国适应气候变化提供充足的资金；而发展中国家作为暴露在气候变化风险中的重灾区，其收入无法负担国家适应气候变化行动。而且发达国家与发展中国家收入分化趋势更使发展中国家适应筹资"雪上加霜"，因此发展中国家急需来自发达国家和国际机构的国际援助。图 12-1 是发展中国家气候变化适应资金筹资渠道，虚线框中表示气候变化适应财政资金直接来源，包括国际公共资金（联合国气候变化框架公约和官方发展援助）、国内公共资金和通过 PPP 模式筹得资金。具体来说：① 发展中国家国内财政收入以及发达国家对发展中国家直接援助资金所汇集的国内公共资金，通过预算直接运用于气候变化适应；② 发达国家经过立法机构同意支出部分财政资金交由官方发展援助和联合国气候变化框架公约用以支持发展中国家适应气候变化；③ 由于发展援助一定程度上可以直接提高国家适应能力，因此官方发展援助部分资金也属于适应资金；④ PPP 模式调动国际国内公共资金与私人部门资源合力为发展中国家适应气候变化融资。

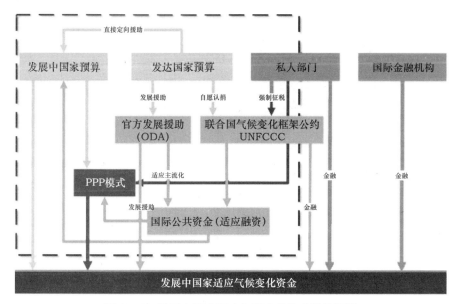

图 12-1　发展中国家适应气候变化资金筹资渠道

1.UNFCCC 下的自愿认捐和碳交易机制

UNFCCC 是气候变化适应融资的重要组成部分，主要包括自愿认捐和碳交易机制两种筹资方式（Persson et al.，2009）。UNFCCC 提出发达国家需要为"特别脆弱"的国家支付适应成本。巴厘路线图要求适应气候变化具有充足的、可预见和可持续的资金来源，为发展中国家提供充足的、额外的资金支持。发达国家对发展中国家适应资金援助是历届缔约方会议的重要主题。

自愿认捐指发达国家从本国预算中拨付资金，交由 UNFCCC 气候变化专项基金进行运作。UNFCCC 第一次缔约方会议建立全球环境基金（Global Environmental Facility）作为公约的资金运作机构，随后又成立最不发达国家基金（Least Developed Countries Fund）和特别气候变化基金（Special Climate

Change Fund),并纳入全球环境基金共同管理运作。其中,最不发达国家基金用于支持深受气候变化影响的发展中国家以适应气候变化;特别气候变化资金用于优先适应的一系列应对气候变化的活动。《京都议定书》设立适应基金（Adaptation Fund）,其筹资机制相较于前两种基金合作性凸显。主要表现为适应基金来源于对清洁发展机制的强制性征税,脱离行政国家财政部预算而独立运作（Grasso,2010）；且适应基金所具有包含发达国家和发展中国家的独特董事会结构以直接向受援国拨付适应资金,由此避免其他基金所面临的所有权问题和责任问题（朱留才等,2009）。

碳交易机制是《京都议定书》中确立的,包含清洁发展机制（Clean Development Mechanism）、联合履约（Joint Implementation）及国际排放贸易（International Emissions Trading）三种灵活碳交易机制。① 清洁发展机制是指 UNFCCC 双方即由附件一国家（主要为发达国家）帮助非附件一国家（主要为发展中国家）减少或限制温室气体排放,并将经认证的减排单位计入发达国家的承诺。其旨在实现发展中国家的可持续发展和发达国家以最具经济效益的方式实现其减排承诺（IPCC,2014）。经认证项目活动所获得收益一部分会用于支付发展中国家适应成本,一部分会以税收交由适应基金运作管理（Füssel et al.,2012）。② 联合履约运行机制与清洁发展机制大体相同,不同的是其双方主体均为附件一国家。③ 国际排放贸易是指附件一国家之间协定温室气体总排放量,并根据各自承诺分配排放上限"分配数量单位",发达国家可以对超出承诺部分的减排数量进行拍卖,以平衡各个国家减排的边际成本。

2. 官方发展援助

官方发展援助（official development assistance,ODA）是联合国系统贷款机构为促进发展中国家经济发展与提高发展中国家人民生活水平而实施的政府开发援助。ODA 与气候变化适应财政资金表现出既相互依存又相互独立的特点：

一方面发展与适应都关注最贫穷和最脆弱的国家和人口,二者在目标上的重叠使发展与适应的联系成为必然。ODA 已经在联合国支持下运作多年并具备相对完备的资金流动渠道,因此将适应纳入发展主流能够提升适应认知度,有效利用规模资源,帮助政策制定者发挥适应与发展政策协同效应,避免政策冲突（SEI and AKP policy brief,2013）。目前发展中国家适应气候变化资金仍有很大缺口,实践中发展援助已将部分资金用于气候敏感领域,因此协调二者资金有机会实现发展与适应的双赢（Smith et al.,2011）。

另一方面适应气候变化财政资金应独立于官方发展援助（Ayers and Huq,

2009）。适应筹资是发达国家、高排放国家向易受气候变化影响的国家的责任，双方是道义与法律意义上的平等主体关系（Sam，2013），而在官方发展援助中存在捐助国—受援国关系，涉及捐助国之间的权力平衡。因此谈判中有必要区分建设气候变化复原能力的额外资金（不可以包含在ODA）和更普遍的建设气候变化复原能力的资金（可以包含在ODA）。将气候变化与发展相融合不是一蹴而就的，而且适应气候变化与发展之间资金分配与资金优先性问题需要谨慎处理（IPCC，2014）。不能混淆适应与发展之间的操作和政策联系。适应与发展在操作层面实现和谐是可取的，但政策层面适应资金应有别于发展援助（Grasso，2010）。

3. 国内财政收入

国内财政资金是全球适应财政资金筹资渠道中最重要且可持续的资金来源（IPCC，2014）。气候变化适应公共产品性质要求政府扮演着管理者、提供者及保障者的角色（Ayers and Huq，2009）。财政作为国家治理的重要工具在国家适应计划与行动中作用显著，主要包含财政适应性投入、国家适应基金、气候适应专项国债、债券及其衍生产品等（储诚山和高玫，2013）。

① 财政适应性投入。在遵循预算平衡约束性条件下将税款征收与使用向适应气候变化调整。对适应气候变化相关项目申报与技术创新实施税收减免的优惠与奖励，并利用积极财政手段增加适应性预算与投入。② 国家适应基金。利用环境税、碳税等相关税收收入设立国家适应基金，为农业、林业等相关部门适应气候变化提供充足资金。③ 气候适应专项国债。国债融资在防灾减灾实践中表现出灵活性、融资规模大与使用成本低的优势，其可以成为适应财政资金重要融资手段。④ 债券及衍生产品。通过发行公用事业债券为国家适应行动及适应性基础设施建设筹集资金。

4. PPP模式

PPP模式提供气候适应资金是利用私营部门资金的常用方式，旨在解决政府财力有限问题，以财政资金调动社会资金，满足公众对气候适应相关公共产品的需要（中国财政科学研究院课题组，2016）。发展中国家政府财政能力甚至国际公共资金有限，难以完全满足适应气候变化资金需要。国际社会及各国强调私营部门应该在适应气候变化中发挥更重要的作用，由政府与私营部门和非政府组织之间合作融资提供适应资金（贾康，2014）。这一模式已经应用于适应气候变化相关领域并取得了良好效果，如基础设施建设、国防、教育等公共领域。

PPP 模式在气候变化适应财政资金筹集过程中应注意：① 建立健全适应气候变化 PPP 模式融资机制的制度体系和管理机构；② 设立 PPP 气候融资绿色种子资金、政策性银行和碳交易市场；③ 完善 PPP 模式绩效考评机制。发展中国家政府与合作的私人部门签订合约，约定若私人部门能够在适应气候变化方面做出贡献，就承担相关适应项目的本金并将部分利润奖励给私人部门（许寅硕和刘倩，2018）。这种方式既能缓减政府适应气候变化的筹资压力，也可以充分利用私人部门高效运行效率和闲置资源。但目前 PPP 模式主要应用于减缓行动，适应行动方面还需要更多的探索（Bouwer and Aerts，2006）。

5. 国际舱载排放税

国际舱载排放税是针对国际航空业务、国际航空旅客以及国际海运业务所征收的税收。国际社会将该项税收部分收入纳入气候适应基金运作，成为适应财政资金重要筹资渠道。其合理性表现为长途航班和邮轮由于途径空间距离远、碳排放量大加剧气候变化，乘坐或使用长途航班和邮轮的个人有责任支付费用并具备相应支付能力（Remling et al.，2012）。

国际航空旅客燃油适应税是由马尔代夫代表最不发达国家集体提出的。根据个人支付及个人能力原则，对经济舱与头等舱乘客征收共同但又区别的固定税款。国际海运减排机制是由尼日利亚和利比亚两国向 UNFCCC 提交的建议，具有征税和减排双重作用机制。通过向 UNFCCC 附件一国家、非附件一国家航空及海运业务征收不同额度税，交由特别气候变化资金、最不发达国家基金用于适应气候变化。由于国际上发达国家与发展中国家就各个国家为适应气候变化出资数额尚未确定，而国际舱载排放税将适应责任落实到个人，凸显其作为国际公共资金筹资渠道的可行性（贾康，2013）。

12.3 财政支出

为了解全球气候适应财政支出现状，基于经济发展与合作组织发展援助委员会 CRS 系统相关统计数据，对适应财政支出的时间演变、空间分布与部门分配做描述性分析，具体分析结果如下：

12.3.1 时间演变

1992 年联合国发展与环境大会通过 UNFCCC，建立起全球应对气候变化合作机制。虽然公约明确规定适应与减缓都是应对气候变化的主要措施，但重点仍然是减缓（Ayers and Dodman，2010）。2000 年联合国首脑会议提出千年发展目标（MDGs），包括贫穷、教育等八项目标，其中并没有提及应对气候变化的重要性。当时普遍认为发展通过强化人权和提高个人及社区的复原力有助于适应气候变化（Adger，1999）。但是随着气候变化对消除贫困造成极大不利影响甚至成为发展的阻碍，适应成为发展政策的优先事项（Grasso，2010）。

（1）气候变化适应资金与减缓相比出现较晚。1992 年 UNFCCC 就提出适应和减缓都是应对气候变化的主要措施，但 2000—2006 年气候变化资金仍集中于减缓，适应资金处于空白状态。2005 年 2 月 16 日《京都议定书》正式生效，要求发达国家正式履行应对气候变化的承诺，但也主要体现为减少温室气体的排放。2006 年第十二次缔约方会议达成关于管理"适应基金"的共识，并决定将基金用于支持发展中国家具体适应行动，由此 2007 年气候变化资金中一部分开始投入适应。但此时适应仍然没有独立资金，这小部分资金全部属于与减缓的重叠资金。

（2）适应气候变化资金出现后即开始大幅增长。2007 年第十三次缔约方会议制定"巴厘路线图"，要求发达国家提供充足的、可预测的、可持续的、新的额外的资金支持发展中国家的适应行动。其核心《巴厘行动计划》再次强调减缓与适应同等重要，二者与技术、资金共同构成应对气候变化的"四大基石"。2009 年哥本哈根气候大会发达国家首次兑现承诺，除提供 300 亿美元快速启动资金，还为发展中国家减缓与适应每年调动 1000 亿美元"新的额外的资金"（Ayers，2009）。由于全球经济危机影响以及政策的延迟性，至 2010 年适应专项资金出现并保持上升趋势。

（3）总体上适应气候变化资金呈现波动上升趋势。2007 年以后适应资金逐渐增多并在 2010 年以后脱离减缓资金形成适应专项资金但随着 2009 年希腊债务危机持续发酵，作为资金主要来源的欧美各国财政纷纷陷入困境，导致 2011 年气候变化、适应与减缓资金均呈现不同幅度减少。2011 年以后在联合国气候变化框架公约协调下，适应资金在全球适应气候变化的迫切需求下仍然保持了增长趋势。2016 年《巴黎协定》要求发达国家提供更大规模的气候资金，以实现发展中国家适应与减缓之间的平衡，尤其需要考虑特别不发达国家以及小岛屿发展中国家优先事项和需要。因此 2017 年适应资金规模再次迅速扩大（图 12-2）。

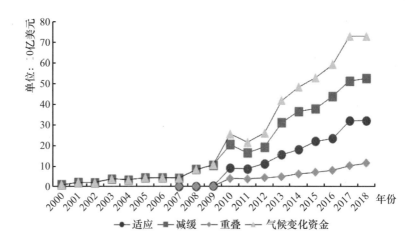

图 12-2 2000—2018 气候变化资金及减缓、适应、重叠部分资金变化趋势

12.3.2 空间分布

气候变化的影响是全球性的,但是中低收入国家由于资源限制、基础设施不足以及治理效率低下成为受气候变化不利影响最为严重的地区,适应气候变化成为这些国家的必然选择。这其中包含了严重的不平等:对气候变化贡献最小的国家目前面临最大威胁,而从导致气候变化活动中获益的国家却因此具备足够能力应对气候变化(Dodman et al., 2009)。这些受气候变化影响脆弱并且能力有限的发展中国家分布在全球的每个角落,适应资金根据其具体需要和优先事项进行安排。

(1)气候变化适应与减缓资金空间流向基本一致。按气候变化减缓资金流入多少排序依次为:亚洲、非洲、美洲、欧洲、大洋洲(图12-3);适应资金与减缓资金流向完全一致。减缓与适应资金的空间流向说明深受气候变化不利影响的发展中国家主要位于亚洲、非洲和美洲。多项条约及决策中明确指出最不发达国家及小岛屿发展中国家为适应气候变化重点区域。经联合国认定社会经济发展水平最低的最不发达国家主要分布在除欧洲和大洋洲之外的各个大洲。2019 年最新发布的最不发达国家名单中非洲 33 国、亚洲 9 国、大洋洲 4 国以及北美洲 1 国。小岛屿发展中国家是 1992 年联合国环境与发展会议上提出的一个发展中国家集团,其主要分布于三个地区:加勒比地区(美洲)、太平洋(亚洲、美洲)和印度洋(亚洲)。

(2)亚洲和非洲是适应与减缓资金主要流入地区。受地理因素和历史因素影响亚洲和非洲很多国家仍然属于发展中国家,甚至是最不发达国家以及小岛屿发展中国家。这些国家和地区不仅深受气候变化的不利影响，而且面临迫切的发展问题。资金是国家适应能力的重要组成部分，资金障碍直接抑制了亚非国家的适应能力。如《斐济国家适应计划》指出加大农村地区和较隔绝岛屿的财政投入将促进减少脆弱性的行动，而且有助于创造就业、减少贫困和经济可持续增长（Government of the Republic of Fiji，2018）。

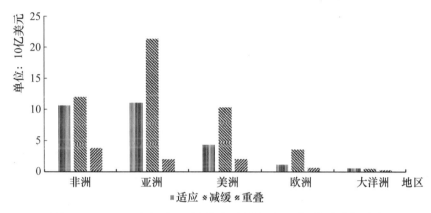

图 12-3 2018 年适应、减缓气候变化资金及重叠资金空间流向

12.3.3 部门分配

资金分配不仅需要向脆弱性地区和群体倾斜，而且要注意部门分配的优先性。现有评估表明农业、水资源和公共卫生等气候敏感部门最需要适应。同时适应气候变化不是一个独立的过程，而是从关注气候变化的影响到关注脆弱性的连续体（Bouwer and Aerts，2006），这一过程必然涉及诸多部门之间的协调与配合。据经合组织发展援助委员会 2018 年 CRS 数据统计，适应已经涉及农林渔业、能源、运输与储藏等二十多个部门。由于 2007-2009 年适应资金部门分配较为单一，本书选取 2010 年、2015 年及 2018 年适应资金部门分配情况进行分析（图 12-4）。

（1）适应气候变化资金涉及部门呈现多样化趋势。2007—2009 年三年适应气候变化资金记录均在十项以内，适应资金仅仅应用于环境保护部门、水资源、公共卫生两个部门。由于 2010 年适应资金大幅增长，适应资金分配部门随之多样化，主要进入水和公共卫生、农林渔业、环境保护和多部门。2015 年运输和储藏部门以及灾害预防与准备部门也成为适应资金主要分配部门。2018 年政府社会成为适应资金新出现的主要流向。多样化趋势表明适应已经贯穿于国家的各个领域和部门，在各国应对气候变化行动中的地位日趋重要。

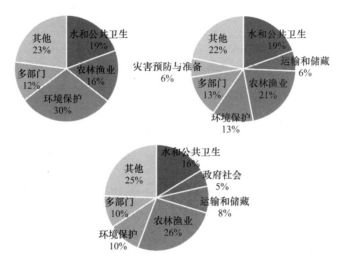

图 12-4 2010 年、2015 年及 2018 年适应气候变化资金部门分配情况

（2）适应气候变化资金主要运用于水资源与公共卫生、农林渔业、环境保护以及多部门等部门。这些部门都是气候变化敏感且与人类生存发展相关的领域。如小岛屿发展中国家因地理和气候因素以农林渔业为生，同时深受海平面上升不利影响。在生存与生计同时面临气候变化威胁时，适应是这些国家发展与应对气候变化的必然选择。环境保护部门包括生物多样性、环境教育、环境政策与环境研究的投入。多部门涵盖家庭、社区（城市和乡村）以及灾害风险管理等。

（3）近年来适应气候变化资金更加注重发展中国家适应能力建设。在亚太地区五个最不发达国家（孟加拉国、不丹、柬埔寨、马尔代夫和瓦努阿图）调查中，联合国开发计划署和各国生态环境部门的财政投入主要集中在基础设施、机构和社区的适应能力和复原力建设，适应气候变化成为多层面进程。同时最不发达国家注重灾害风险管理培训，以提高官员及公民对气候变化国家政策条例的认识和适应气候变化意识。尽管只有不到百人参与，但通过"培训培训者"方式可以在未来几年内很快实现大规模传播。在某种程度上增加社区和社会复原力，农村社区的职业培训和生计多样化以提高农民适应气候变化能力（Sovacool，2017）。

目前适应气候变化财政筹资与支出原则与机制虽然初步形成但尚不成熟。且随着气候变化不利影响不断显现与加剧，发展中国家适应行动迫在眉睫，全球气候适应资金与适应需求之间差距越来越大。因此需要发达国家与发展中国家共同努力，各国政府应处理好适应与减缓、适应与发展两对关系，为适应气候变化提供充足的、可预测的、可持续的资金；鼓励各类主体积极参与，发挥公共资金引领作用；畅通发达国家与发展中国家间协作渠道，形成适应资金的协同效应；建立适应资金绩效评估机制，各国政府定期定时公开报告以保证资金公开透明等。

【推荐读物】

1. 朱留才，吴恩涛，张雯等. 2012年后联合国气候变化框架公约履约资金机制初步研究[M]. 北京：经济科学出版社，2009.

2. 贾康. 中国与国际气候融资问题研究[M]. 北京：当代中国出版社，2013.

3. 崔莹，洪睿宸. 2018中国气候融资报告[M]. 北京：中国金融出版社，2019.

第 13 章 技术

> 【本章导读】
> 适应技术作为对气候变化适应的实践工具对适应性发展具有重要作用。本章指出了适应技术的评价标准与优先级选择方法,并提供了适应技术的选择框架;介绍了目前适应技术在气候变化监测预警与气候变化适应的主要应用情况;最后,为保障适应技术发展,提出推动适应技术发展的政策行动。

在全球气候变化背景下,适应气候变化从而降低气候风险至关重要,而适应气候变化则离不开适应技术应用。适应技术包括在适应气候变化过程中应用的所有技术,是适应气候变化的实践工具。联合国气候变化框架公约在关于适应气候变化技术开发和转让的报告提出,适应技术就是"为减少自然或人类系统面对气候变化的脆弱性或增强弹性而应用的技术"。研究如何选择适应技术,如何推动适应技术发展对应对气候变化及适应性发展具有重要意义。

13.1 适应技术选择

13.1.1 技术评价标准

确定、评估适应技术是一个复杂、动态的过程,跨越了各类规模、各级部门及各项学科。适应项目本身具有许多不确定性,而且与普通项目相比所需周期更长。在国际转让适应技术时,也必须确保适应技术可有效降低一些敏感部门对于气候变化的脆弱性(如水资源、沿海设施等部门),并符合当地政治、环境、基础设施等条件。在适应技术实施之前,如果不能准确评估有关社会背景及环境条件,则这些技术可能是无效的、不适应的。因此,在确定技术的优先级时，根据适当的标准识别和评估技术至关重要。

正确选择适应技术评价标准可协助政策制定者与技术专家在更广泛的经济、环境和社会发展目标背景下评估适应技术。根据联合国环境规划署提出的标准树状图（图13-1），可初步确定适应技术评价标准。其中，第一级和第二级的投入评价适应技术所需费用或开支，而产出是用于评价各种技术选择的一系列经济、社会、政策、环境、与气候有关和与技术有关的标准。第三级显示了每个评价领域的具体标准，这些标准具有普遍性以评价主要部门适应技术方案。

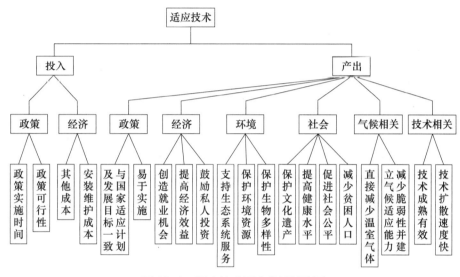

图13-1 适应技术标准分析树状图

资料来源：Bremond AD, Engle NL. MCA4climate: A practical framework for planning pro-development climate policies Contribution to the MCA4climate initiative [R]. UNEP, 2011:13-24.

13.1.2 技术优先级选择

多标准分析（Multi Criteria Analysis，MCA）在比较多个标准集的多个选项时十分有效，可用来确定用于解决不同问题的技术优先级。MCA应用于适应技术评估，可促进利益攸关方参与，从而允许规范性判断，同时将技术专长纳入适应技术评估。MCA提供了一个结构化框架来比较一些跨多标准的适应技术，这种分析能够考虑利益相关者偏好，强调在确定优先级过程中适当代表利益相关者的重要性。根据MCA评估结果，适应技术可分为不同优先级别，以表明哪些技术应优先实施。在使用MCA评估适应技术时，通常涉及一些以货币形式量化的标准和一些不存在货币估值标准的组合，且允许混合使用数量和质量标准,在同一项技术评估中,信息的质量、形式和格式均可能不同,但只要有可能用货币来量化成本和收益,这些数据就应包含在 MCA 中。

在 MCA 框架下评估时,首先,应考虑使用技术应用的背景及环境,确定具体发展目标;其次,根据国家和区域气候变化脆弱性和风险评估确定应采取的适应技术;最后,建立清晰透明的量化标准对适应技术优先级进行排名,为不同适应技术分配权重与分数,结合敏感性分析得出适应技术的使用优先级排名。最终得出的适应技术优先级排序可为决策者选择适应技术提供科学参考,促使适应技术有效实施。

13.2 适应技术应用

13.2.1 气候变化监测预警

气候变化监测预警技术正日益成为适应气候变化的常用工具,主要包括遥感、数字模型模拟、GISs、基于卫星技术的植被指数、降雨预测、洪水监测等技术。这些技术可使人们即时了解气候的系统性潜在变化,同时将实时监测数据输入相应预测模型(如干旱预测模型),也可对气候灾害进行有效预测同时评估脆弱性(Harris et al.,2012)。例如激光雷达技术,这是一种高分辨率的地形测绘工具,可生成高分辨率数字高程模型。一旦发生洪水泛滥,该技术可迅速识别受灾区域并与该区域人口与基础设施模型对比,识别面临风险的人口与资源,协助规划救灾疏散路线(Asian Development Bank,2014)。

气候模型反映了人类对地球和气候物理学的理解,科学家们通过此类模型进行气候预测,比较有代表性的是地球系统模型(ESM)和大气环流模型(GCM)。在这些模型的应用过程中,机器学习方法值得关注。机器学习对气候预测具有重要意义,既可为那些难以利用传统模型进行计算的丰富气候数据提供合适统计数据建模系统,也可降低计算成本,实现大规模应用(表13-1)。具体而言,主要体现在对于地球系统模型(ESM)的优化、捕捉遥相关、天气预报、模拟未来气候情景、判断气候影响与极端气候以及建立气候数据集等方面(表 13-1)(Rolnick et al.,2019;Huntingford et al.,2019)。

除气候预测外,气候灾害预警系统同样重要,该系统可对各种与气候变化相关的极端事件发出预警,包括区域预警系统、警报发生系统和向人们发出紧急威胁警报的通信系统等。气候灾害预警系统可涉及从电话基站到自动监测站（如水位监测仪）等不同层次的技术投入，可在极端气候事件早期提供预警，为人们采取紧急适应措施提供时间和参考。

机器学习在预测气候变化领域的具体应用　　　　　　　表 13-1

气候变化研究组成部分	发现与进展	使用技术
地球气候系统（ESM）	使用机器学习仿真器改善对流参数	人工神经网络（ANN）
	提高全球气候模型参数化的速度	人工神经网络（ANN）
	模拟气候模型以增加参数值的范围，使气候模型能够正常运转	一系列反演方法，包括集合卡尔曼反演（Ensemble Kalman inversion）和马尔可夫链蒙特卡洛（MCMC）算法
	根据地球观测数据（卫星）对土地覆盖进行分类	随机森林（RF）
	确定欧洲-大西洋地区数值天气预报模型的相空间首选区域	聚类
	模拟复杂的气溶胶大气模型以测试有效参数的不同潜在值	高斯过程（GP）仿真
遥感相关	捕捉 Madden-Julian 振荡（MJO）的动力学和结构	自组织映射（SOM）
	识别与太平洋年代际振荡（PDO）的陆地热带联系	聚类，经验正交函数（EOF）
	识别海温指数及其对陆地气候的影响	共享互惠最近邻（SRNN）和基于图的方法
天气预报	使用人工智能对天气预报进行后处理，以帮助人类预报员	随机森林（RF），梯度增强回归树（GBRT）
未来气候情景	通过技术加权模型合并多个季节性气候预测	贝叶斯线性回归
	根据气候模型的技术加权比综合平均值产生更好的性能	广义隐马尔可夫模型（HMM）
气候影响	评估气候变化对上述地面生物量的影响	支持向量机（SVM），人工神经网络（ANN），广义回归神经网络（GRNN）
	评估气候变化对全球水文循环的影响，重点是蒸腾作用的变化	模型树集成（MTE）
	评估未来气候变化对印度水文的影响，包括对河流的影响	主成分分析（PCA）与模糊聚类相关向量机（RVM）
	根据印度气象变量（降水、温度）的输入预测水文变量（蒸散）	模糊逻辑，最小二乘支持向量回归（LS-SVR），人工神经网络（ANN），自适应神经模糊推理系统（ANFIS）

续表

气候变化研究组成部分	发现与进展	使用技术
气候影响	确定不同气候系统中缺水（干旱）的影响	模型树集合（随机森林，RF）
	根据卫星数据估计作物产量	卷积神经网络（CNN），高斯过程（GP）回归
	半干旱地区气候驱动因素对沙沉积的影响	人工神经网络（ANN）
气候数据集	生成长期、全球一致的径流数据集，以评估水文趋势和变异性	随机森林（RF）
	利用卫星探测反演提供全球一致的降水量估计	人工神经网络（ANN）
	针对不完整的时间序列改进最小和最大温度的估计；根据附近其他测量的信息以及进行准确记录时间的信息，可以更好地估算每日的最高和最低温度	采用马尔可夫链蒙特卡洛（MCMC），方法拟合的高斯过程（GP）模型
	将大气环流模型（GCM）降水场缩小到适合影响评估的规模	内核回归（KR）
极端气候	在全球气候模型的输出中识别极端天气事件	卷积神经网络（CNN），三维卷积编码解码器
	利用气象和气候指数作为输入预测干旱指数	极限学习机 & 卷积神经网络（CNN）
	利用卫星资料预测气象和农业旱情	随机森林（RF），梯度增强回归树（GBRT）
	利用埃塞俄比亚先前的气象信息预测气象干旱	人工神经网络（ANN），支持向量回归（SVR），小波变换（WT）

资料来源：Huntingford C, Jeffers E S, Bonsall M B, et al. Machine learning and artificial intelligence to aid climate change research and preparedness [J]. Environmental Research Letters, 2019, 14 (12) : 124007.

13.2.2 气候变化适应

对气候变化的适应技术旨在降低脆弱性并减少暴露度。在水资源方面，可分为水量适应与水质适应，主要有雨水收集（Bhullar, 2013）、跨流域调水、含水层补给（Ahammed, 2017）、海水淡化（Fritzmann et al., 2015）、节水设备（Olmstead, 2014）、污水处理等技术。这些技术可有效适应气候变化引起的水资源短缺或降水量激增问题（Elliott et al., 2010）。在农业方面，可通过作物育种技术改造作物遗传素质和群体遗传结构，选育出可适应气候变化的优良新品种，提高作物对高/低温、干旱、洪水、土壤盐度增加、病虫害等因素耐受性，以使作物适应气候变化（Raza et al, 2019）。真菌与植物间互惠互利关系的共生技术也可使真菌宿主植物对气候变化有更强耐受性（如菌根真菌、植物内生真菌等）(Singh et al., 2011)。此外，农业用水管理技术（如零耕作或保护性耕作，作物残茬管理、沟灌溉、加压灌溉、梯田等）也可在气候变化条件下，保护和提高农业生产力，优化农业用水，使其最有效转向产量(Zhu et al., 2011)。在沿海地区，建造人工湿地和礁石，如海草床、盐沼、红树林、珊瑚礁等，可在洪水期间吸收海浪能量或储存多余的海水，为沿海地区提供保护(Klein et al., 2001)。人工育滩和沙丘建设也可缓冲海岸侵蚀，消耗潮水能量。在交通系统中，可采取新型路面材料及复合材料等新型材料建设交通基础设施，如温拌沥青混合料（Hot-mix Asphalt，HMA）、工程水泥基复合材料（Engineered Cementitious Composite，ECC）等，新型路面混合材料具有较高耐热性，在高温下使用寿命更长(Wu et al., 2012)。复合材料在拉伸和剪切荷载下具有高延展性，同时可使用工业废物（如粉煤灰、矿渣）进行制造。将信息技术、通信技术应用于交通运输系统的智能交通系统（Intelligent Transportation System，ITS），具有全方位、实时、高效等特点，可使交通系统面对气候变化时具有强弹性。该系统可实时监测道路状况、确定事故并提供处理方案，最大限度利用道路资源。在气候灾害发生时可查明受灾严重地区、协助疏散交通、指引急救措施等，以此促进灾害应急响应(Zhang et al., 2012)。

对极端气候事件的适应也同样重要。例如于在农业方面，漂浮农业技术可在无土壤的漂浮筏上种植作物，可减小洪水对农作物产量的影响。在沿海地区，建造海堤之类的结构性障碍物，可保护有被海水淹没或巨浪破坏风险的地区(Linham and Nicholls, 2012)。新型设计的结构性障碍物可随着海平面上升而升高，如新型挡潮闸和风暴潮屏障，可以在风暴或水流量增大时关闭，在退潮和正常水流期间打开，并且不会影响水流和船只航行。沿海地区建造可随水位变化而移动的结构，如防洪建筑（固定在海岸线上的浮动房屋）、灵活的道路和水管可以更好适应洪水侵袭。港口自动系泊系统是一种由计算机或无线遥控器控制的系泊技术，该系统可减少缆绳需求甚至彻底无需缆绳进行船舶系泊，同时，可随海平面变化进行自动调整，向计算机或移动设备反馈系泊力和船舶位置实时数据。减少对系泊缆绳现场持续监测和调增的需要。在气候灾害发生时，紧急避难所可为人和畜禽提供临时庇护所，可采取多种形式建造（如混凝土建筑、高脚楼等）。避难所内还包括淡水供应设施、卫生设施、由备用能源供应的照明设施、无障碍设施等，可减少气候灾害带来的人员伤亡和财产损失(Asian Development Bank, 2014)。

13.3 适应技术政策

认知气候变化的成因与影响，对气候变化风险加以预估和防范，均需要以技术发展为前提，以科学研究和技术扩散为基础。然而，适应气候变化技术的研发、实施与转让并不是自发的，同其他市场行为活动一样，需要公共政策加以引领与保障。UNFCCC下设的技术执行署（TEC）2015年发表报告《Strengthening National Systems of Innovation to Enhance Action on Climate Change》，其中提出，应对气候变化技术能力由国家创新体系（national system of innovation，NSI）决定（UNFCCC，2015）。NSI框架由三部分组成，即推动技术发展的"主体"（actors），为主体提供支持的"制度环境"（institutional context）以及主体与制度环境之间的"联系"（linkages）。根据此框架，适应气候变化技术政策实际是增进一国适应气候技术创新体系的政策，即在适应技术发展的全周期内为主体、制度环境、主体与制度环境之间的联系提供一定政策支持。此外，推动适应技术国际转让，促进适应技术国际合作，搭建国际适应技术流通桥梁，也对世界适应技术发展至关重要。

13.3.1 激发技术主体活力

建立气候适应技术议程的要求之一就是建立跨学科科研团队。综合运用各学科的专门知识和方法，由多国专家联合组成科研团队，可及时交流各国技术成果，拓宽研究视野。同时，公民缺乏适应气候变化意识和行动能力，严重阻碍了适应技术应用与发展（Leal et al.，2017）（Dupuis and Biesbroek，2013）。基于上述分析，为气候适应技术发展的主要行为主体提供有关政策支持，即加强科研院所建设，以及对科研人员、技术应用人员进行教育和培训，充分发挥政策引导作用，实践上，在全球气候适应技术发展进程中，对研发和应用主体的培育也一直备受重视，并成效显著。

科研院所建设方面，在政府支持和管理下，美国建立气候适应科学中心（CASC），其成员来自于不同大学、科研机构以及政府部门，共同对野生动植物、水资源、土地等生态系统以及人类系统适应气候变化的科学知识开展了广泛研究。已成立了8个区域性机构，出版了299项研究报告，并在预测等技术工具研究取得一定进展。日本建立国家适应气候变化中心（ACCA），其主要研究项目包括观察监测气候变化和影响研究、考虑社会变化的适应措施研究等，取得的研究成果涉及检测、评估等多个领域。在政府支持下交叉不同部门建立综合性科研机构有助于打破适应技术研究壁垒，整合多种学科知识，有助于适应技术以及各项措施研发。

科研人员教育方面，美国气候适应科学中心发起气候适应学者计划（CAS）——国家协调的博士后研究计划，此项计划极具包容性，以增加科研人才多样性为目标，支持所有年龄、背景、宗教等人士，极大支持气候适应科研人才的培育。此外，每年的"科学转变为行动（science to action）"奖学金，致力于为将科学转向为实际适应技术的研究提供财务支持。在此项奖学金支持下，研发出了包括"使用多光谱无人机影像为南加利福尼亚州丛林地区开发火险网络地图和监测方法""在未来气候和土地利用条件下绘制河口脆弱性与水质变化的关系图"等技术，培养了大批适应技术研发优秀人才。

应用人员培训上，加拿大自然资源部建设区域适应能力和专门知识（BRACE）计划将投资100万加元，开展针对城市规划人员、建筑师以及工程师的气候适应培训。该项目将提供有关当前和未来气候变化影响的培训，例如洪水和海岸侵蚀、风险评估方法等，帮助社区将适应解决方案（例如基于自然的基础设施）整合到其决策实践中，以建立更具弹性的社区。欧盟气候KIC教育政策发起职业教育以及线上教育，为企业、社区以及地方政府官员等管理人员提供关于适应管理等方面的课程，培养"气候友好型企业家精神"。

13.3.2 保障良好制度环境

UNFCCC的报告对于制度环境的定义为塑造行为主体行动规章、法律等（UNFCCC，2015）。建立或加强良好"制度条件"，可促进气候适应过程效率最大化（Ford et al.，2010）。在气候适应技术发展全周期内，以下各项举措为良好制度环境的塑造提供了政策保障。

战略。战略和制度不稳定是气候适应技术发展障碍之一，应制定有关适应技术发展的明确国家战略与技术计划，充分发挥政策统筹和引领功能。早在2002年，美国出台的CCSP战略计划（climate change science strategy program）就为适应气候变化的科学基础研究提供了重要指引，在早期就充分发挥了战略对技术研发的统筹功能。致力于推动认知和应对气候变化前沿科学研究发展，"理解生态系统和人类系统对气候变化敏感性，以及提高适应性"的研究是CCSP计划重要主题。

资金。有限财政资源是制约适应性发展的重要因素，各国尤其是发展中国家，应对适应气候的科学和技术能力建设提供大量资金支持（Eisenack et al.，

2014）。在适应性发展过程中，许多国家、组织意识到这一点并采取行动。适应技术研发方面，欧盟的 horizon2020 计划、LIFE＋项目计划均为气候适应研究提供资金支持，其中受到 LIFE＋资助的关于气候适应技术的研究已有 155 项。澳大利亚气候变化与能源效率部拨款 2700 万美元，用以适应研究资助计划（ARGP）。适应技术推广应用方面，欧洲复兴开发银行设立气候变化金融和技术转让中心（FINTECC），对参与国的企业实施适应气候技术给予资金支持。FINTECC 将对企业的技术项目投资计划进行审核，提供潜在融资条件，一旦成功实施的证据，将使用激励补助金偿还该公司。在这项资金政策的帮助下，吉尔吉斯斯坦农业食品部门在抵御干旱、提高粮食系统适应能力的有关技术方面得到资金支持。

技术标准。行业标准是采用法规形式规范技术发展过程的政策工具之一（苏竣，2014）。在适应气候技术的应用过程中，制定技术标准是必要的制度手段。中国定期发布有关适应的技术标准，如《海堤工程设计规范》《高标准基本农田建设标准》《海洋观测预报及防灾减灾标准体系》，目的在于明确包括工程技术在内的技术应用标准，规范技术应用，以最大化发挥适应技术效用。

13.3.3　塑造网络互动关系

UNFCCC 的报告提出，行动主体与制度环境（通常指政府部门）进行互动与联系是建立适应气候技术创新体系的重要因素。其中包括双方信息交换、知识流动等。在适应性发展各个阶段，政策制定者、实践者与科研人员之间建立网络关系有助于克服"信息不对称"弊端（Leary et al.，2006）。适应技术研发及推广应用过程中，"联系"主要涉及以下几方面：

政府部门向科研人员：提供数据。政府部门向科研人员之间的知识流动拓宽了研究数据来源。澳大利亚气象局在太平洋气候变化科学计划（PCCSP）和太平洋澳大利亚气候变化科学与适应计划（PACCSAP）计划下，开发了"太平洋气候变化数据门户"，提供了澳大利亚本国以外整个太平洋区域和东帝汶各个观测点的历史气候信息和趋势。开放的信息资源为科研人员提供了科学数据，有助于监测和分析气候变化以及进行国际对比，为开发新海洋领域适应技术提供基础信息服务。

政府部门向应用人员：技术信息。政府部门将现有技术集成并向实践人员公开，有助于打破信息壁垒，提高技术应用范围，提高适应能力。由美国国家海洋和大气管理局建立的"美国气候适应力工具包"提供了各领域适应技术和工具信息，如"适应沿海洪水的雨水管理""AgroClimate-用于管理农业气候风险的工具"等，帮助地方政府和社区更便捷的使用美国现有适应工具，更有助于适应技术的认识和广泛应用。此外，美国的气候适应整合工具（cait）则帮助资源管理者利用气候科学和当地知识来确定适合其特定情况的适应策略，在该工具内，管理人员可以找到在每个步骤进行决策的资源，例如有关查找和选择适当缩减气候模型的信息以及决策矩阵，以帮助跨步骤进行决策，为适应气候变化软技术，提高管理和决策水平提供帮助。孟加拉国在政府部门引导下，建立了气候技术园。其中展示了有关减缓和适应气候变化的技术，例如太阳能滴灌、淡化饮用水等，使用交互式学习方法，展示了50多种适合贫困农村社区的技术，有助于向来自各个领域的专业人士以及潜在合作伙伴进行推广以及更广泛应用。

"三方"互动。由美国大气科学与气候委员会编写的《Advancing the Science of Climate Change》一书中提到，应对气候变化的所有措施，包括技术研究，都包含"干中学"（learning by doing），需要在不断实践过程中对数据进行把握，针对实践中的现实情况对技术工具进行更新（Dupuis and Biesbroek., 2013）。因此，政府需采取行动保障技术人员有效获取实践信息，建立起研发人员、应用人员以及决策部门之间的联系。起源于2008年加拿大气候变化适应峰会的气候适应实践社区（CAACOP）为主体间搭建起政策"桥梁"。这一平台是加拿大集适应技术研究人员、政策制定者以及从业者于统一平台的在线社区。通过研讨会、论坛等形式，技术应用者可直接与研究人员进行对话，以分享有关实践中的活动信息以及现实问题，有助于适应技术的进一步改善以及制度环境的进一步优化。

13.3.4 推动技术转让合作

国际合作应对气候变化有重要作用，因而国际适应技术转让也至关重要。适应技术转让过程中，这项技术对世界而言并不需要是新的，但对被转让者来说，该技术具有新颖性、有效性。在现有适应项目中，已经存在许多适应技术转让，而目前适应技术转让关键在于在新的社会政治背景下采用新进程或新方法推动技术转让（Biagini et al., 2014）。

由于发展中国家的温室气体排放随着其人口和经济增长而增加，迫切需要在不妨碍其经济发展的情况下，以优惠的方式迅速向发展中国家转让有助于监测、限制或适应气候变化的技术。在进行技术转让时，必须了解受援国的需要、机会和限制。许多现有技术或工业化国家正在开发的技术必须加以调整，以满足发展中国家条件或需要。

国际需要提高适应技术转让水平，以处理适应优先事项，而且需要进行更广泛的投资，以加强市场形成和转让进程成熟（Olhoff，2015）。例如，在适应技术选择方面，技术转让时需更加注意市场条件，确立明确扩散战略以使适应技术广泛采用。由于可用于适应气候变化的资源有限，要确保有效使用资金，并将现有项目经验教训传递给被转让者的新项目。现有双边和多边安排已经为向发展中国家转让技术做出大量工作，这些措施应继续加强并努力扩大。

在技术转让过程中，还存在许多障碍。发展中国家认为，有必要在非商业基础上进行技术转让，并应建立具体的双边和多边安排以促进这种发展。而对于政府不拥有技术所有权的一些国家而言，技术转让则属于商业谈判。法律障碍和限制性贸易惯例也是阻碍因素。对于知识产权问题，国际舆论观点也参差不齐。在技术转让实施过程中，同样存在一些问题，包括缺乏财政资源、相关机构及人才支撑等。对于此类问题，可加强现有机构，或酌情建立新机构，以资助技术转让、培训人力及评估、引进和操作新技术。在上述某些问题上，分歧将会长期存在，在这些问题上早日达成国际协议，以促进适应技术的有效转让极为重要。

【推荐读物】

1. 苏竣. 公共科技政策导论 [M]. 北京：科学出版社，2014.

2. 科学技术部社会发展科技司. 适应气候变化国家战略研究 [M]. 北京：科学出版社，2011.

3. Elliott M, Armstrong A, Bartram J, et al. Technologies for Climate Change Adaptation: the Water Sector [M]. New Delhi: Magnum Custom Publishing, 2011.

4. Clements R, Haggar J, Quezada A, et al. Technologies for climate change adaptation: agricultural sector [M]. New Delhi: Magnum Custom Publishing, 2011.

5. Asian Development Bank. Technologies to Support Climate Change Adaptation in Developing Asia [M]. Philippines, 2014.

第14章 教育

> 【本章导读】
> 本章在介绍了气候变化教育的必要性及现状的基础上，提出了气候变化教育的发展路径，分别为气候变化教育目标的设计，气候变化教育政策的制定和教育工作者的培训，并由此进一步阐述了气候变化教育的实施途径，即包括中小学教育和大学教育在内的正规教育以及非正规教育。

气候变化带来的影响空前而广泛，作为适应气候变化的重要工具，教育有义务承担更多的责任。气候变化教育能够增强气候变化的适应性，教育人们学习如何应对气候变化带来的突然或缓慢累积的压力，同时进一步为未来的可持续发展提供知识和技术支持。气候变化教育的最终目的是培养具有气候变化前瞻性和创新视角的人才，并使全民都能接受气候变化知识的教育，以建立对气候变化的敏感性，积极参与应对气候变化的实践活动，提升个人价值与社会责任感，走向更公平、更经济的适应性发展道路。

14.1 气候变化与教育

14.1.1 气候变化教育必要性

气候变化与人类生活密切相关，对全球发展造成的影响极为广泛，《联合国气候变化框架公约》在"气候变化"的定义中强调了人类自身行为对减缓和适应气候变化发生的作用。而教育作为一项至关重要的人类活动，理应成为应对全球气候变化的一个核心举措（张婷婷和董筱婷，2013）。气候变化为全球各个国家带来的影响空前而广泛，IPCC在2014年发表的报告中明确声称："人类对气候系统的影响是显而易见的，近来人为排放的温室气体达到历史新高"；

"即使今天停止了温室气体排放这些影响也不会消失，而是会持续几个世纪"（IPCC，2014）。理解当前气候变化的必要性，可分为以下三点：

1. 薄弱的气候变化教育难以满足应对气候变化的迫切需求

在各种国际组织以及许多国际条约和宣言中，气候变化教育被视为建设具有弹性和可持续性社会的一种巨大的未开发的战略资源（UNESCO，2013），联合国教科文组织也特别强调教育资源在支持适应和缓解气候变化方面的作用（UNESCO，2011）。1992年以来，《联合国气候变化框架公约》的大多数缔约方会议一再强调和推进教育在应对气候变化方面的关键作用（UNFCCC，1992）。其中，2014年，第二十次缔约方会议通过的《关于教育和提高认识的利马部长级宣言》呼吁将气候变化教育纳入学校课程和发展计划。2015年《巴黎协定》第12条重申："积极推动气候变化教育、培训、公众意识、公众参与和公众信息获取。"

虽然气候变化的必要性被普遍承认，但是目前气候变化教育的发展仍难以满足人类应对气候变化的迫切需求（Molthan-Hill et al., 2019），各国对于课程中如何将气候变化概念化、如何选择所要讲授的气候变化内容以及如何让毕业生做好应对气候变化危机的准备，知之甚少。经合组织（OECD）对于认识到课程的实际需要与改变之间存在的时间滞后问题表示担忧。一些科学上的重大转变从被发现到被广泛存在于学校教育中可能需跨越好几代人（Eilam et al., 2020）。

2. 适应和缓解作为应对气候变化的两项重要工具，以教育作为支撑

应对气候变化需要教育，以促使公民学习如何改变生活方式、推动社会经济结构转型，减少温室气体排放。同时，鉴于气候变化的不可预测性，人类需要适应一个气候不确定的未来，因而，要通过教育培养公民在未来不断变化的环境中的适应能力。

3. 增进公众对气候变化的了解，减少误解

目前，涉及气候变化的学科，如地理学、环境学等有助于解释为什么全球气温升高、为什么最明显的气候变化证据出现在极地地区等科学问题，但在帮助人们有效理解气候变化带来的切实影响时却无能为力。气候变化教育有助于整合多学科知识，使人们更好地了解气候变化对自己生活的影响。在学校中，以科学为重点的课程无法充分地向学生们展示看似微小的温度变化对他们的生活有多大影响，比如，当谈到如何理解全球变暖可能对他们的影响时，学生们会耸耸肩说："所以我要脱掉毛衣。"理解和应对气候变化给人类社会带来的影响需要借助跨学科的知识融合，单纯的某一学科无法做到（Monroe et al., 2013）。同时，在大众媒体的影响下，一些年轻人对气候变化的理解通常存在误差，而系统的气候变化教育可以改变这一现状。

14.1.2 气候变化教育现状

从世界范围内看，气候变化教育需要承担很多责任，如人们不了解气候变化的原因或对其有错误解读、很多青年人不具备最基本的气候科学知识等（Monroe and Plate，2017）。为了解决这些问题，正规和非正规的教育政策和课程需要增加对气候变化的原因和影响的介绍，并从减缓和适应角度讲解应对气候变化的策略。此外，还应加强相关的知识与技能，改变原先的价值观和态度，利用适当的面向行动的教学法，培养未来一代应对气候变化的意识和能力。需要注意的是，气候变化与政治和文化价值观紧密交织，程度远超其他任何环境问题。有效的气候变化教育不仅要跨越多个学科，教授基本的科学知识，还要使学生进一步了解相关的政治经济文化背景（Monroe et al., 2013）。

国际社会已经积极开展了很多推动气候变化教育的行动。联合国教科文组织发布《气候变化入门指南：教育计划者和从业者的问题指南》，为气候变化教育的实施提供纲领性的指导。《联合国气候变化框架公约》第六条和《京都议定书》第十条（戊）项要求在国际一级展开合作并酌情利用现有机构，同时呼吁各国政府制定和实施关于气候变化及其影响的教育方案。为执行《联合国气候变化框架公约》第六条，缔约方国家还于2002年11月通过了新德里工作方案，这是一项由国家推动的五年期工作方案，旨在让所有利益相关方落实公约第六条，同时该方案也列出了可在国家一级开展的气候变化教育活动清单。

如今，气候变化已成为许多发达国家和一些发展中国家官方课程的一部分，一些与气候变化有关的小学和中学课程也得到了相当大的重视。即使在一些尚未将气候变化纳入官方课程的国家，也计划将气候变化作为必修课选修课或课外活动的一部分纳入教育体系（SUNFCCC，2012）。同时，在高等教育领域，根据2007年对新德里工作方案的评估，缔约方国家以及一些非缔约方国家已将气候变化纳入学校课程的主流，并提供更多该领域的资金和科研机会，努力解决专家和专业人员短缺的问题。

14.2 气候变化教育发展路径

14.2.1 目标设计

联合国教科文组织于2020年5-9月开展的"2030年的世界"公众调查结果显示，人们最担心的是日渐增加的自然灾害和极端天气、生物多样性丧失、冲突或暴力风险以及海洋受到的影响。至于如何应对这一挑战，大部分受访者赞成投资绿色解决方案，开展可持续发展教育，促进国际合作，并建立对科学的信任。实际上，无论是教授批判性思维、网络道德和媒介素养，还是促进健康、公民意识和性别平等，教育从来都是被强调的一个广泛且有效的解决方案。

21世纪初联合国及其合作伙伴组织提出气候变化教育的最终目标是指向"培养未来合格公民面对种种不确定环境、做出有效决策的能力"（UNFCCC, 2015）；2030年的全球教育议程超越了之前确保获得基础教育的努力，扩大了教育发展目标的范围。因此，在适应气候变化的议程中，将气候变化教育纳入各阶段的教学之中成为其首要目标，从学前教育到高等教育以及其他层面的教育，通过完善气候变化教育政策和法律，确定并审核气候变化教学标准和课程，提供优质的教学服务和资源，让儿童、中小学生、大学生以及接受技术或职业教育的青年和成年人，所有的学习者们都能够掌握气候变化相关的知识和能力，确保人人终身享有高质量的学习成果。此外，要保证气候变化教育的质量，还需要有力的教师治理体系和公共财政管理。结合各国的实际情况保证提供一定年限的义务教育；培养气候变化教育专家；确保气候变化教育课程和活动的水平和可行性；注意对家长、学校及其领导的管理。要制定全面的教育评估机制，对学习成果进行定期评估，从而完善教育内容，开发更加灵活有效的教育手段。

"可持续发展教育系统"是一项跨学科的课程，是教育工作者将其融入学校课程中所有传统学科领域的挑战（Nazir et al., 2011）。采用跨学科方法开展气候变化教育也是气候变化教育的目标之一。通过跨学科教育，将气候变化教育与其他科学相结合，并以创新和多样的方式将气候变化教育融入学校课程中的各个科目，不仅可以开发并建立不同的教学模式，调动学生的积极性，还能提高学生对气候变化的认知，培养其各学科贯通学习的能力。法国中学在教授文化课时，采用了跨学科的方法，将文化课纳入各种科目的教学大纲。由此，气候变化的各个方面在地理、生命科学、地球科学、经济和技术中被教授，而气候变化的伦理方面又可以在哲学或历史等学科中被讨论（Eilam et al.,2020）。巴西圣保罗商学院为了开发新的教育方法和工具，让学生获得更综合的学习体验，学校的可持续发展研究中心应用跨学科的原则，开发了一系列实践活动，具体包括实地考察、现实世界和基于项目的挑战、个人评估、参与和对话过程、游戏、模拟、反思日志、艺术体验、身体活动等（Carreira et al.,2017）。此外，气候变化是跨学科教育的一个概念和重点实践领域，而不单单是科学或环境教育的一个组成部分，应确保在各个层级和领域的教育中贯彻气候变化理念，并促进全民教育。

14.2.2 政策制定

教育对加强气候变化适应能力至关重要，但也需要教育系统和基础设施为应对气候变化做好准备。《联合国气候变化框架公约》第6条和《京都议定书》第10条呼吁，各国政府应就气候变化相关内容，特别是气候变化教育、培训和公众意识等问题，采取一定的行动，制定和执行关于气候变化的教育和培训政策。气候变化问题十分复杂，涉及了包括科学、法律、伦理学、社会学、经济学和文化在内的一系列学科和专业领域，无论是学校、社区、地方教育当局、行政人员、教师或是家长，都需做好准备，确保形成良好政策环境。

根据联合国教科文组织发布的《行动起来：开展气候变化教育实践》研究报告，在政策制定上，政府需在各级各类教育机构开设的课程中整合可持续发展教育（ESD）和气候变化教育。要实现可持续发展目标中的气候变化教育具体目标，就必须要在教育政策制定时考虑到国家、地区、国际各层力量，努力实现气候变化教育政策与其他政策的协同运行，调动更多资源为气候变化教育筹集充裕的资金。具体来讲，气候变化教育政策的制定应包含以下几方面：

首先，以条约、公约、协定和议定书等具有约束力的文书以及具有政治和道义力量的建议和宣言等法律法规为气候变化教育构建一个坚实规范性框架。在政府的监督指导下，实施各项措施，履行相关义务，促进气候变化政策的稳定运行，保障公众接受气候变化教育的权利，为提供和保持长期且优质的气候变化教育奠定基础。

其次，要注重气候变化教育政策的效率、公平及包容性。在效率方面，除了日常的教育教学，要充分利用信息和通信技术，特别是社会媒体和网络。交流和通信系统的强大资源，能够使气候变化学习者和教育工作者在全球各地联网并积极交流。同时，还可以在利用网络技术的基础上，发展知识信息管理平台，促进更有效率的气候变化学习。美国国家海洋和大气管理局资助了一个气候知识和能源意识网络，为教育工作者汇编高质量的资源；美国农业部的资助机构 NIFA 已经为减缓和适应气候变化的研究和教育投入了数百万美元；传统基金会等保守的智库正在开发教育材料，一些组织如国家地理学会，还开发了一个全球变暖的测验并及时补充信息（Monroe et al., 2013）。

在公平方面，要有对气候变化教育目标的监测以及对后续具体行动的监督和审查，公平透明的问责机制不但可以保证气候变化教育的质量，还能提高教育系统的管理水平。2016 年联合国教科文组织与《联合国气候变化框架公约》组织共同发布的《气候变化赋权：教育、培训和提高公众意识的解决方案》从国家战略发展视角提出了基于结果的管理方案的透明度和问责制（孟献华和倪娟，2018）。

在包容方面，气候变化教育政策应当照顾、吸引并留住那些被排斥或有可能被边缘化的人。幼儿、青年、成人，都可能遇到接受气候变化教育的经济、社会或文化方面的障碍，甚至敏感的性别平等问题，脆弱的儿童、妇女和残疾人群体，都需要政策为其进行规划。不同的学习者有不同的信息需求，孩子和成人对学习的理解和反应是不同的，因此需要制定有针对性的气候变化教育方案和活动。气候变化教育政策还要注意到学习者的语言、性别、文化和他们在社会中的相对地位，同时可以建立一些相关指标来衡量政策包容性的程度。

此外，在制定适应气候变化的教育政策时，应考虑教育系统应对气候变化造成的新移民的能力以及应对环境变化造成的新技能需求的能力（UNESCO，2012）。

14.2.3 教育工作者培训

根据《京都议定书》第 10 条，各国要利用现有机构，拟定教育实施方案，加强此领域的专家和人才培养，尤其是发展中国家，同时促进气候变化信息的传播。作为气候变化教育中的最关键角色，必须要对教育工作者们进行高质量的培训，使其学习更多气候变化的专业知识，以加深对气候变化的理解，提高适应气候变化的批判性思考和采取行动的能力。同时，无论是教师、其他教职人员，或是学习者甚至社区，都应参与到教材和活动的规划和设计中，理解气候变化议题，开发和利用适应当地实际情况的教材。教材应该提供足够的气候变化背景信息，帮助不太熟悉气候变化的教师，环境教育者也可与教师、气候学家、生物学家和社会科学家合作，提供更多的教学资源（Monroe et al.，2013）。教育工作者们需注意现实的教学效果，加勒比自然资源研究所的 Celeste Chariandy 说："气候变化是一堆文字和数据，我们需要做的是让所有人都明白。"气候变化教育可以超越日常认知和以科学为基础的方法，而不是仅仅关注人们对气候变化不知道或不了解的东西（Rousell and Cutter-Mackenzie-Knowles，2019）。无论是摄影、音乐、舞蹈、绘画、诗歌、录像制作还是其他形式的表达，都是气候变化教育的有效手段，教育工作者们可以采取各种新方式，通过以艺术和文化为基础的教学模式，使气候变化教育变得更有意义。此外，改善教师工作条件，保障社会福利，提高教师和其他教育工作者的薪金水平，赋予其发展和进步的空间，使教师成为具有吸引力的职业，从而更好地发挥教育工作者们的敬业精神，确保气候变化教育的顺利开展。

14.3 气候变化教育实施途径

14.3.1 正规教育

气候变化正规教育，主要是指在学校内，以多样的形式和教学手段直接或间接地为全体学生讲授气候变化等相关基础知识。

1. 中小学教育

作为基础教育，中小学教育在气候变化知识的教育中起着关键作用，且意义重大。那么，如何让中小学教育成为气候变化知识传授过程中的桥梁？中小学教育更好地培养从科学和可持续发展视角看待未来的高素养人才。

第一，各级各类科研院拥有专业的设备和科研经验，中小学校可以利用这一优势，对气候变化知识进行系统研究，以优秀的科研成果为核心，学界最前沿的科学理论为基础，配以先进设施，编写出最适合中小学生学习的教材；通过联合项目开发，设计出具有理论性、客观性、前沿性的气候变化学科知识体系。此外，与各级科研单位院所联合进行项目开发和师资培训。注重授课教师专业素质的培养，经过培训后，教师们能够更加系统地掌握气候变化的科学知识，并内化成个人理念，再通过课堂授课引导学生思考，启发学生思维，激发学生内在动力，使其对气候变化的科学世界产生浓厚兴趣。学校可以通过多种途径和手段提高教师的科学素养，如业务培训课程、定期选派进修、参加国内相关比赛、听取报告、学习最前沿学术文献、请学者做讲座或指导青年教师开展气候变化教育项目等。持续地打造具有高科学素养、能够带头发展气候变化知识教育的中坚力量，增强教师对气候变化教育的信心，使气候变化知识的传授获得最基础保障。

第二，以气候变化知识为承载，设计开放式的气候变化教学课程。课堂中多种形式和手段交错，让学生们全面掌握气候变化知识，树立环境保护理念，培养学生的观察力、创新能力和辩证思维以及社会责任感。教师除了讲授课本上基础的气候变化知识，还可以采取各种实践性的学习方式进行补充，让学生们参与气候变化相关主题的活动和研究，指导学生进行科学项目试验，使学生们深刻体会到气候变化与人们的生产生活息息相关。国外一些科学家们将游戏元素与气候变化科学问题相结合，开发了一款名为"保持冷静"的游戏，此游戏以基本气候动力学、温室气体排放和影响、经济缓解方案、适应措施、国际关系和气候谈判为基础（Eisenack，2012），以一种抽象、简化且有趣的方式让玩家理解和交流气候变化，使气候变化学习成为可能。这个游戏成功地提供了一个关于气候变化的广阔图景，讲述了基本的气候变化知识，给学生提供了可以在学校课程中使用的经验和术语，增强了学生们的学习兴趣和动机。总之，开放式的气候变化教学课程，包括开展各类课外科研类活动，使气候变化教育得以落地，知识的获得也不再只有单一的途径，同时还能够检验理论运用到现实生活中的成果，实现了知识的有效迁移，还可以让学生们的综合素质得到提升，进一步体会了关注气候变化发展和可持续发展的重要性。

2. 大学教育

大学教育是向纵深方向发展的，包括从基础师资培训、教学课程设计逐步转向思考气候教育发展方向、气候变化科研成果应用于实际生活、为国家战略规划做顶层设计等。

第一，纵深发展气候变化研究，响应国家应对气候变化的战略规划。高校气候变化教育是各国进行气候变化研究的重要部分。中国政府近年来不断在气候变化、低碳环保等方面推出相关的政策法规或开展相关活动，关注气候变化与关注生态文明建设的关系，由此实施了转变经济发展方式、推动经济转型等举措。

政府将气候变化相关行动与社会经济发展连接在一起，使气候变化问题上升到国家战略高度，积极制定政策，全面辅助各高校构建气候变化知识体系。气候变化教育研究的领域也很广泛，各高校依据国家政策有计划、有策略、有组织地进行落地实施。这些都从根本上说明了高校的气候变化教育在服务国家战略、服务生态文明建设、服务经济发展方式转型、服务国家整体经济等宏观战略方面起到了不可低估的作用。

第二，系统进行气候变化的科学探索，提升高校自身科研水平。由于高校气候变化教育领域包含各种政策、各类气候谈判、经济、环保等问题，高校在气候变化方面进行科学探索就成了必然。高校在科研设施、人才以及科学经验上具备气候变化研究的基础条件，科学探索不仅能够促进现实问题的解决，也能够推进高校自身科研水平的提升。

高校进行气候变化教育，有多学科综合、学生动手科研能力较强、能吸纳高水平的人才、高精尖的科研设备做支撑，可以建立高水平研究团队、参照国际最前沿的气候变化发展研究成果，学生在研究过程中也能培养出对于气候变化的科学视角及敏锐洞察力。与此同时，用自己开发的技术与实际生态文明建设产业高度融合，还能进一步实现科研成果产业化。

第三，对比国外高校，让气候变化教育更具国际视角。时代是一个开放的时代，世界是一个多元的世界，各国高校在不同文化下共同探讨气候变化的教育问题，气候变化教学领域快速发展。如今，各国高校都在气候变化的教育上投入了大力气，根据实际国情制定了符合本国高校的气候变化教育实施计划。对比与学习其他国家的气候变化的教育，无疑会得出更多高校教育经验，设计出更科学的高校气候变化教育体系。

美国高校的气候变化教育兼具科学性和实践性，与高校同时承担这项使命的还有诸多的科研学术机构、NGO等。美国在气候变化领域一直倡导气候变化理论指导实践，让学生们深刻感受气候变化产生的过程。对极端天气、全球变暖等问题关注，使学生开始关注气候变化与疾病的联系，如过敏、高温、传染病，以此强调人类的身体健康、安全与气候变化的关系。关注气候变化与人类健康是美国高等教育的一个基础性课程，也是美国高校及相关组织对气候变化教育的根本性思考。

德国高等教育中的气候变化课程与关注点也独具特色，其关注点在于环境保护，具体的课程可分为以下几部分：

一类是科学的教学。作为最核心的部分，此类教学以讲座的形式向学生们揭示了气候变化的原因，学生们还会学习如何减少有害气体排放等方面的知识。通常此类课程是给本科生设置的必修课，也有一些是对研究生开放和设计的教学环节，这些课程让学生们从源头上理解气候变化，培养了学生们的基本职业素养，等于间接为环保部门与可持续发展部门培养了专业的从业人员，而这些从业者又同时是行业评价标准的制定者，因此德国的气候变化教育具有很强的实战性。

另一类是开设多样性的课程，主要向学生传递如何在气候变化教育下去思考自己的行为和消费方式。教师们也不辞辛劳地去规避气候变化教育中各种被大众误读的现象，教育学生辩证地解读气候变化。

巴西高校的气候变化教育也是应其国内具体情况而产生的。巴西关于气候变化的观念多样且复杂，其中也夹带着质疑声，大众的气候变化意识比较匮乏，无法理解气候变化的重要性，因此高等教育的使命就变得尤为突出，他们要肩负起培养有科学理念、知识、素养的领导者来指导人们应对气候变化的任务。巴西的气候变化策略主要包括以下几方面：

第一，巴西气候变化的课程包括许多学科的经验性知识；第二，巴西气候变化的课程包括了学科知识的物理原理，运用了大量工具来辅助教学；第三，巴西气候变化的课程让学生们能够站在国际视角上看待问题，去除陈旧的观点，取而代之的是科学的认知和思维模式，并且在教学中通过大量的实例教育学生气候变化课程的学习只是该领域很小的一部分，未来还有许多要探索的方向。

《巴黎协定》呼吁，要在不同的学科范围内创建新的学术项目，以确保未来的专业人员更好地了解气候变化带来的挑战以及用于缓解和适应气候变化的工具。高校需要鼓励大学生和教育工作者们参与到开发气候变化适应方案的研究中，充分发挥高校的领导作用。国际气候变化信息和研究项目（ICCIRP）于2008年由汉堡应用科学大学创建，是一个重点关注气候变化教育、传播和信息的领先项目，多年来，ICCIRP一直支持高校开展气候变化相关议题的讨论，包括每两年举行一次题为"大学与气候变化"的会议，聚集了对促进气候变化教学和研究的方法和工具感兴趣的专家和实践者（Molthan-Hill et al., 2019）。

将气候变化纳入大学的核心业务和战略后，各高校还可以根据自身情况适当改变课程及教学结构，例如将气候变化教育纳入所有专业的课程，与所有学科联系起来，使之成为大学教育的主流。学校可以整合气候变化教育资源，将气候变化教育融入教师们的教学策略，设计创新型的课程和课外活动，同时也要注意其在高等教育中的可行性（表14-1）。

气候变化教育一体化矩阵　　　　　　　　　　　表 14-1

	现有结构	新结构
窄课程	搭便车 通过将高校气候变化教育加入个别课程或单元课程内，以整合现有结构中的气候变化教育资源	专攻 形成具体的气候变化教学模块、课程以及学位，例如气候变化硕士
泛课程	主流 整合现有结构中的气候变化教育，同时强调更广泛的跨学科教学观念（全科教学）	连接（跨学科） 通过新的跨学科课程整合气候变化教育，例如为大学或学院的所有学生提供气候变化课程，整合不同学科的教学内容

数据来源：Molthan-Hill P，Worsfold N，Nagy G J，et al. Climate change education for universities: A conceptual framework from an international study[J]. Journal of Cleaner Production, 2019, 226 (JUL.20): 1092-1101.

14.3.2 非正规教育

非正规教育是指在学校之外的非正规的教育场所内，开展和气候变化相关的教育活动，例如体育馆、博物馆、任何开阔的公共场地。

走出课堂，运用多种方式和手段进行气候变化学习，学生能够去各种自然场馆、自然保护区，更好地贴近大自然，直观地感受气候变化产生带来的影响。在一些国家，博物馆成为公众参与气候变化的重要场所、互动媒体和沉浸式的学习环境，使公民进一步具备参与气候变化行动和辩论的知识和认识。动物园和水族馆同样被认为是人们参与气候变化问题的场所，特别是通过激发对那些生存受到威胁的动物的关心和同情（Rousell and Cutter-Mackenzie-Knowles，2019）。

气候变化非正规教育可分为以下几类：

第一类：室外参观学习类。主要是在大型的动物、植物场馆或者博物馆进行实践学习，激发学生学习兴趣。

第二类：社团宣讲宣传类。要求在建立社团的基础上，有针对性地学习气候变化相关知识，之后进入大型社区或公共场所进行宣传，知识已然内化于心。

第三类：知识竞赛交流类。学校组织关于气候变化的各种类型的比赛，鼓励学生积极参加国内外相关学术及团体交流活动。

第四类：公益活动类。学生按照要求的时间、地点参加关于气候变化的公益活动，售卖环保相关的产品，把售卖的资金捐给环保组织，不但具有社会价值，还可实现学习气候变化相关知识的目标。

第五类：表演文艺类。具体活动可以是文化主题交流，各种戏剧表演，创新型的游戏项目，各种摄影、音乐、舞蹈等，以此作为媒介学习气候变化相关知识。

第六类：项目设计类。这类活动是指学生选定气候变化方面的一个主题，通过调研、考察、采访等多种形式对问题进行分析和思考，从而对气候变化与日常生活的关系进行深度理解，在实践中感受，在感受中掌握，最终达到消化吸收的良好效果。

第七类：社交网络类。社交网络是建立气候变化认知的重要途径，如媒体交流、互联网信息、社区培训和其他社会联系，包括通过亲子互动强化学校教育效果、宣传海报和专业指导在内的灾害教育都对气候变化认知教育有着正向影响。建立气候变化教育相关网站，利用网络的海量资源开展教育项目，充分共享信息，建立多方位交流，全面进行各类合作共享，有效提高大众对气候变化问题的关注。重视沟通协商，召开各种研讨会、市民专家小组等，此类活动本身强调其沟通性和思辨性，能够大大提升公众参与度，且参与人次越多，就越有利于气候变化相关知识的传播。此外，社交媒体的话题舆论通常会拿出一个抓人眼球的话题制造舆论，使某话题迅速获得流量，由此吸引大众的广泛关注和讨论，是气候变化的有效宣传形式。

需注意的是，要将非正规教育与学校的正规教育进行一定的结合。如让家长陪伴孩子们进行互联网和电视节目的学习，邀请孩子参与社区预防活动，由消防、救护人员进行社区和学校指导等。这些联合活动可以由风险管理部门、学校、当地社区等多个公共部门共同实施，从而达到比单纯的非正规教育更好的效果（Shuang Zhong et al.，2020）。

14.4 结论与建议

气候变化教育是一个全球性的课题，公众有权利也有责任参与其中，积极应对气候变化给人们生活带来的各种影响。各个年龄段的人都应当有机会接受气候变化知识的教育。国家和地区应通过制定各项相关政策及资金充裕的方案，在各类环境中植入全民终身学习观念，在各级教育中提供多种形式的学习途径、设计适合各个年龄的切入点，加强正规教育机构和非正规教育机构之间的联系，承认通过非正规教育获得的知识和技能，并对气候变化教育的质量给予重视。多形式的气候变化教育不应该只是传播知识，更要建立对气候变化的敏感性，参与应对气候变化的实践活动，倡导可持续发展的生活方式，提升个人价值与社会责任感。

【推荐读物】

1. ［德］哈拉尔德·韦尔策尔.［德］汉斯—格奥尔格·泽弗纳.［德］达娜·吉泽克. 气候风暴：气候变化的社会现实与终极关怀［M］. 北京：中央编译出版社，2007.

2. ［美］约瑟夫·罗姆. 牛津科普读本［M］. 北京：华中科技大学出版社，2020.

3. 上海师资培训中心. 气候变化与环境保护［M］. 上海：上海教育出版社，2020.

第 15 章 文化

【本章导读】

本章探讨了气候变化与文化之间相互影响关系,提出在气候变化面前,文化多样性、文化交流与传播及世界文化遗产等都遭受了严重威胁;而文化信仰体系和价值以及气候文化认知也影响着人们适应气候变化的方法选择和能力强弱。同时强调了文化应对气候变化的价值,建议从提升文化生产力、保护文化资源、促进文化传播等途径出发,促进文化适应性发展。

2020年2月24至28日,第52届政府间气候变化专门委员会(IPCC)会议在教科文组织总部举行。专家指出,气候变化已阻碍文化发展。越来越多的火灾、洪水、干旱、沙漠化和海洋酸化正威胁着文化和自然遗产,人类生活方式变得岌岌可危。同时,专家们指出"文化也可作为减缓和适应气候变化资源"(UNESCO,2020)。因此,有必要在气候变化背景下,探讨气候变化与文化之间相互影响关系、强调文化在应对气候变化方面的价值、促进文化适应性发展。

15.1 气候变化对文化的影响

15.1.1 文化多样性

文化多样性是人类社会的基本特征。联合国教科文组织(UNESCO)高度重视文化多样性,并将其与人类发展密切结合。随着全球化和气候变化演进,UNESCO对文化多样性的认识和重视程度也在日益加深。1993年,UNESCO在报告指出,经济发展离不开文化背景,文化繁荣是发展的最高目的（UNESCO，2006）。2001年，UNESCO大会通过《世界文化多样性宣言》（U.N，2001），随即为联合国大会所肯定。2005年，《保护和促进文化表现形式多样性公约》（Lilian，2016）通过，成为国际文化政策的一个里程碑，也为各国开放透明的文化治理制度提供了一个新框架。2009年，UNESCO发表了首个关于文化的世界报告——《着力文化多样与文化间对话》（常永才和韩雪军，2013）。2013年，杭州国际大会提出《杭州宣言》（UNESCO，2013），为教科文组织将文化纳入可持续发展战略的主张迈出了关键一步。

文化多样性具有多种表现形式，如文艺作品、各地区风俗习惯、各种文化景观遗产等，保护文化多样性是当前亟需予以关注的一个话题。随着全球气候变化加剧，气候变化及其引发的极端事件使越来越多文化类型、文化表现形式等遭到影响和冲击。许多著名的古文明，如楼兰古国曾在亚洲中部干旱区发展兴盛，受气候变化等因素影响最终湮没于历史长河之中（Zhang et al.，2003）。气候变化对文化多样性的影响具体可体现在土著部落文化泯灭、文化习俗丧失、人类文明进程受阻等方面：

一方面，土著部落文化和习俗正遭到泯灭。由气候变化引发的干旱、洪涝等极端天气事件给一些土著部落生产和生活环境带来极大威胁，对于一些"靠天吃饭"的部落来说，生活更是苦不堪言，在这样恶劣和具有不确定的生存环境中，土著部落的语言、生活习惯、文化传统等都将随之衰落甚至退化和消失，如巴西亚马逊河流域的卡玛于拉部落、美国阿拉斯加地区的爱斯基摩人部落等。冈萨洛—奥维多[①]曾表明，为保存本地区的文化风俗免遭破坏，人们常进行迁徙，这是偏远地区的惯常做法，而最终结果会导致这些部落灭绝（华凌，2012）。而可居住地人口日益激增，使得一些部落无处可逃只能在原地等待死亡。例如，气候变化对欧洲联盟唯一的土著人民萨米人的文化、福祉和健康都造成了影响（Jaakkola et al.，2018）。萨米人的几大特征是人口规模小、居住地点分散和城市化，受气候变化威胁，向外迁移可能在未来转变为再迁移，并对萨米文化和传统萨米家园区的生存状态产生深远影响，如气候变化导致的热量和水分变化使得驯鹿饲料品质下降，冰川承载力不足造成运输事故概率增大等。萨米人很少，而以萨米语为母语的萨米人更少，气候变化带来的系列影响造成了语言和文化知识的丧失，使萨米人更容易受到气候变化的负面和累积影响，而这些都限制了萨米人文化适应气候变化的可能性，造成该土著文化丧失。

---

① 世界自然保护联盟高级顾问。

另一方面，气候难民会遗失本族文化习俗，阻碍全人类文明进程演进。人类历史上发生过多次由气候变化灾害引发的文明衰落事件，如13000年前尼罗河三角洲地带与现今的叙利亚地区发生了"新仙女木事件"[①]，古埃文明由此衰落；约公元760—920年间，3次连续长达几十年的旱情对玛雅社会造成了巨大打击，那段历史文化就此衰落（David，2016）。具体而言，受气候变化影响，许多国家和生态脆弱区的居民生存遭到威胁，成为气候难民。为了适应和改善环境，气候难民被迫迁入他地以求生存。新迁入地在生产资源、生活方式等方面可能与原有状态大相径庭甚至存在矛盾冲突，由此，传统的文化信仰在与新环境的不相适应中慢慢淡化甚至磨灭。如21世纪初，一场史无前例的浪潮发生在图瓦卢，当地的居住环境遭到颠覆性破坏。迫于生存压力，当地政府恳请新西兰接纳本地难民移居，图瓦卢便成为首个因气候灾害毁灭家园并放弃国土的国家（华凌，2012）。适应和搬迁所带来的不仅仅是本民族文化习俗丧失，长此以往所带来的是整个人类文明衰落，使得整个文明进程遭受阻碍。

15.1.2 文化交流与传播

不同地区气候变化差异和特定地理环境对文化交流与传播有着重要影响。一方面，气候变化背景下，文化多样性减少使得人们在文化交流与传播过程中可利用载体减少；另一方面，气候变化改变了地区生存环境，如绿洲减少、荒漠化加剧等，阻碍人类文化交流通道。

东西方文化交流与传播是文化交流史上最重要的组成部分。据记载，该段交流史大体可以分为以下四个时期（陈发虎等，2019）（图15-1）：第一时期出现在公元前4000—2500年，这是东西方文化最早交流时期，其交流通道主要是欧亚草原，文化互动性较低，被称为"草原之路"；第二阶段被称为"绿洲之路"，时间发生在公元前2500—100年，东西方文化交流日益密切，除欧亚草原外，绿洲逐渐成为主要通道；第三阶段以张骞出使西域为开端，形成广为流传的"陆上丝绸之路"，中原文明得以传播；如今的东西方交流通道，以2013年中国提出"一带一路"倡议为代表，各国在经济、政治、贸易、文化等方面展开密切交流，文化得以传播与发展。

---

① 新仙女木事件：公元前11000年前后，温度在数百年内突然下降6℃，使气候回到冰川期环境。此强变冷事件因丹麦哥本哈根北部黏土层中发现的北极苔原植物仙女木花粉命名。

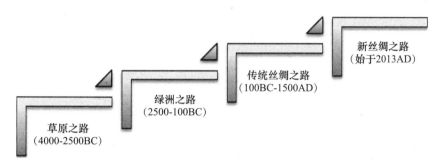

图 15-1 东西方文化交流与传播变迁

东西方文化交流与传播过程离不开气候变化这一大背景。研究发现，特有的地理环境和气候变化对文化发展与传播起着重要作用（杨帆等，2020）。古丝绸之路的兴衰就与气候变化息息相关，当气候条件趋向于干旱等不良状态时，文化交流转向衰弱；当气候好转时，东西方文化交流道路再次畅通兴起。丝绸之路的兴衰固然与政治、经济、文化等因素密切相关，但除此之外气候条件也是不可忽略的重要原因。中国学者将丝绸之路变迁史与对应时期的气候变化数据进行对比，发现丝绸之路的兴盛期与气候的相对冷湿期相呼应，而衰落期对应着气候暖干期（杨帆等，2020）（图 15-2）。由此可见，气候变化对文化交流与传播进程和成效有着重要影响，加紧对气候变化的研究和适应对于促进文化交流与传播有着巨大意义。

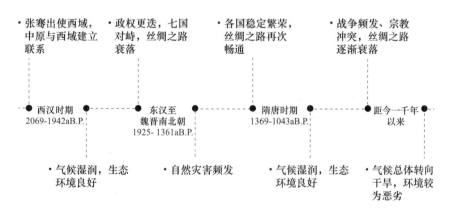

图 15-2 丝绸之路兴衰与气候变化对比

15.1.3 世界文化遗产

世界遗产是人类历史上宝贵的文化资源，对人类文明发展具有重要的记录、保存和传承作用，凸显了全球范围内的科学、美学和历史文化价值。UNESCO《世界遗产名录》中记载了世界范围内宝贵的遗产，包括自然遗产、文化遗产、自然与文化双遗产、文化景观等。根据 UNESCO 最新数据显示，目前收录的世界遗产数为 869 项，具体分布如表 15-1[①]所示。

按地区分的世界遗产数量　　　　　　　　　表 15-1

地区	文化	自然	混合	总计	百分比
拉丁美洲和加勒比	96	38	8	142	12.67%
欧洲和北美	453	65	11	529	47.19%
亚洲和太平洋	189	67	12	268	23.91%
阿拉伯国家	78	5	3	86	7.67%
非洲	53	38	5	96	8.56%
总计	869	213	39	1121	100%

然而，受气候变化影响，世界各地许多遗产资源正面临着巨大威胁。研究表明，全球平均气温上升 1℃时大约会有 40 个世界文化遗产直面威胁；平均气温上升 3℃时，大约 1/5 的世界文化遗产将受到长期威胁（郭洋，2015）。联合国教科文组织发现，气候变化从以下几个方面影响到人类文化遗产（UNESCO World Heritage Center，2008）：当土壤中水文、化学和生物过程发生变化时，考古遗迹和相关证据都会受到影响；由于历史建筑材料比现代建筑多孔性更强，土壤水分的任何增加都可能导致更大的盐流动性，干燥会导致盐结晶，损害装饰表面；木材和其他有机建筑材料在以前可能没有受到影响的海拔和纬度地区可能会受到日益严重的生物侵扰；洪水可能会损坏不能承受长时间浸泡的建筑材料，暴风和阵风增加会导致结构破坏；荒漠化、盐风化和侵蚀已经威胁到沙漠地区的文化遗产；气候变化还可能造成社会和文化影响，改变社区人们在建筑遗址和景观中的生活、工作和社交方式。在气候严峻状态下，不得不放弃原先建筑遗产。

总之，任何气候指标的微小变化，都可能直接或间接对文化遗产、景观等产生巨大影响，在其他生物或地理环境因素作用下，这种破坏将会更明显、更严重[②]（表 15-2）。

[①] 数据来源：联合国教科文组织 http://whc.unesco.org/en/list/stat/#s7。
[②] 表格来源：Augustin Colette, Climate Change Consultant, UNESCO World Heritage Centre. World Heritage reports[R]. Paris: United Nations Educational Scientific and Cultural Organization, 2007: 25.

由气候指标变化引发的对文化遗产的影响　　　　表 15-2

气候指标	气候变化风险	对文化遗产产生的物质、社会和文化影响
大气湿度变化	洪水（海、河），强降雨，地下水位变化，土壤化学变化，地下水变化，湿度循环变化，湿润时间增加，海盐氯化物	pH 值对埋藏考古证据的影响
		由于沉积物水分变化引起的破裂和隆起而造成的地层完整性的丧失
		在水浸 / 厌氧 / 缺氧条件下保存的数据丢失
		富营养化加速微生物分解有机物
		由于来自地面的湿气，多孔建筑材料和饰面发生物理变化
		由于水处理系统故障造成文物损坏或因暴雨难以获取和维护文物
		潮湿和干燥引起的盐类结晶和溶解，影响建筑物、考古、壁画、壁画和其他装饰表面
		洪水对无机和有机物质的侵蚀
		有机物受到昆虫、霉菌、真菌、白蚁等入侵物种的生物攻击
		地基不稳定，地面隆起和下沉
		相对湿度循环 / 冲击会导致材料和表面的劈裂、开裂、剥落和灰尘
		腐蚀的金属
温度变化	日间、季节性、极端事件（热浪、积雪）；冻融和冰暴的变化以及湿霜的增加	由于热应力导致的立面恶化
		冻融 / 霜冻损害
		在干燥之前，砖、石头、陶瓷内部的损坏已经变湿并冻结在材料中
		生化恶化
		某些结构的"适用性"的变化
		允许结构继续使用的不适当调整
海平面上升	沿海洪水，海水入侵	海岸侵蚀 / 损失
		间歇式地引入大量"奇怪"的水破坏人工制品和土壤之间的稳定平衡
		低洼地区的永久淹没
		人口迁移
		破坏的社区
		仪式的丧失和社会互动的中断

续表

气候指标	气候变化风险	对文化遗产产生的物质、社会和文化影响
风	风驱动的雨， 风运输的盐， 风驱动的沙， 风、阵风和方向的变化	渗透到多孔的文化遗产材料中的水分
		历史或考古结构的静态和动态载荷
		结构破坏和倒塌
		由于侵蚀而导致的表面恶化
沙漠化	干旱， 热浪， 下降到地下水位	侵蚀
		盐风化
		文化记忆丧失
气候和污染共同行动	pH值沉淀	岩石因碳酸盐的溶解而退行
		变黑的材料
	污染物沉积的变化	腐蚀的金属
		生物殖民化的影响
气候和生物效应	入侵物种的增殖， 现有及新种昆虫的传播 （如：白蚁）霉菌生长增加， 建筑物表面微生物群落变化， 原始植物材料的减少	结构木材和木材饰面倒塌
		可用于维修和维护建筑物的本地物种数量减少
		文化遗产地自然遗产价值变化
		景观外观变化
		改变传统部落生计和家庭结构

15.2　文化对适应气候变化的影响

气候变化不仅是一种自然科学现象，也涉及文化和社会领域。关于气候变化的成因及适应方式选择等方面，也应当从文化角度寻找根源。以下从文化的信仰体系和价值以及气候文化认知两方面，分别阐述文化对适应气候变化的影响。

15.2.1　文化信仰体系和价值

文化信仰体系和价值对气候变化有重要影响（李永祥，2017）。首先，宗教信仰是文化的重要组成部分，通常由宗教精神所引导的社会和个人价值观会影响是否以及如何采取适应行动。研究表明，宗教在建立社会资本和制度联系方面对适应能力产生积极影响，当政府能力低下时，宗教变得更加重要。然而，宗教活动是复杂而动态的，宗教信仰变化带来的紧张会影响社会凝聚力和信任。全球南部不同文化和资源系统中出现的证据表明，不断变化的宗教信仰破坏了适应能力，造成了紧张局势。因此，在持有多种信仰的情况下，需要进行研究，以了解个人和社区如何协调信仰，以及这种协调如何增强或削弱适应能力（Conor et al., 2016）

其次，个人生活经历和文化背景存在差异，导致不同群体在面对环境和气候问题时所持的态度和价值观有所不同。环境行动的狂热支持者（Pendergraft, 1998）倾向于认为，真正理性的利己主义在于保护生态质量的共同需要，这不仅是为了当代人利益，也是为了子孙后代利益。与之相反的是"经济人假说"现象，即无论是个人还是群体，追求的都是自身利益最大化而不是社会利益最大化。如早期美国，夸大的个人主义文化盛行，即更重视个人身份的构建，而不是国家和全球共同利益。2009 年，美国发动了一项名为"消费者援助回收和节约法案"（也称"旧车换现金"），试图通过鼓励低效率和高污染车辆的车主用它们来换取更新、更高效和污染更少的车型来减少碳排放和振兴汽车销售。然而，最终参与车辆数仅占美国注册车辆总数 0.27%，参与人口数仅占美国人口 0.22%，二氧化碳减少量仅占美国年碳排放量 0.15%。为什么没有更多人参与该既有利于个人、又有利于环境的项目中来呢？当时，美国许多人包括普通公民和当选领导人，仍然对核心的气候变化假设持怀疑态度。有些人看着当地天气，拒绝相信地球变暖的方式与其他几十年趋势有任何显著不同，当他们最终面对地球确实变暖的压倒性数据时，很快将这种变暖归因于地球自然的长期变暖和变冷循环，实际上否认人类活动与此有任何关系。在这两种情况下，这些怀疑论者都含蓄地声称，人类无能为力不会有任何影响。在这种文化思维引导下，美国长期成为世界上二氧化碳排放大国。更有学者指出，几十年来使美国成为主要碳生产国的消费文化和强化的个人主义，现已成为一种全球现象（Waugh, 2011）。

15.2.2 气候文化

气候文化认知和类型也影响气候适应。随着全球化进程日益加快和气候变化愈发加剧，人类在对气候问题的认识和减缓适应过程中，逐渐形成了对气候变化现象、成因、适应措施、减缓办法的认识和理解。这种认识和思考可以称之为"气候文化"（尹仑，2015）。不同时期或地区的气候文化有着不同的特征，对于气候变化的适应性态度也不同。如在古代中国，"天人合一"思想根深蒂固,人们认为上天有着神灵般的地位,天意不可违背,崇尚顺从天意,无为而治。于是,在气候变化或自然灾害面前,仅仅以为是惹怒了上天,通过祈祷以求上天"回心转意",这是一种被动适应;而到了近代工业文明出现,随着科学技术的进步,人们有信心和理由认为"人定胜天",大量使用化石燃料等加剧了空气污染和全球变暖风险,却没有意识到经济增长背后所带来的生存环境代价;如今,全球经济增长迅速却日益增温,越来越多的国家意识到经济增长不能以牺牲环境为代价,中国在近几年所倡导的"绿水青山就是金山银山"理念就是对气候文化的升华。随着各国对气候文化内涵理解不断加深和丰富,各国将采取更先进的科学技术和研究手段来更好地应对和适应气候变化。

根据文化理论提出的类型学,按照"网格"和"群体"两个维度,可将文化分为四种类型:宿命论、等级制、个人主义和平等主义(Pendergraft, 1998)(表15-3)。这两个维度分别描述了以特定方式生活所强加的行为规定和禁令的数量与强度,以及人们对以这种方式生活的社区的依恋强度。不同类型的文化在应对气候变化问题时所秉持的适应态度和措施有所区别。一般来说,平等主义者比等级主义者或个人主义者更厌恶环境风险,比其他文化类型的成员更关心一般环境状况,特别是诸如食物供应质量和人口增长带来的威胁等问题。

文化类型　　　　　　　　　　　　　　　　　　　　　　　表 15-3

宿命论:成员受制于很多规定和禁令,但对更大的社会没有依附感。一般在政治上不活跃,认为回避公共事务才是安全的	等级制:成员受制于很多规定和禁令,但对群体有着强烈的认同感,尽管在社会经济方面有着阶层分化。认为所有人在创造群体福利中都很重要。公共事务应交给智者
个人主义:成员受制于较少的规定和禁令,主张通过"看不见的手"使利益驱动者实现福利最大化。自然是人类在开发过程中的丰收品	平等主义:群体只服从于群体团结的规定,认为每个人应当参与到公共决策过程中,共同实现社会福利。自然是脆弱的,应保护其不被过度开采

15.3 文化适应性发展

作为可持续发展的重要元素,文化在实现适应性发展过程中扮演着越来越重要的角色,从文化遗产到文化与创意产业,文化在经济、社会与环境可持续发展方面既是促成者也是驱动力。面对气候变化威胁,将文化作为减缓和适应气候变化的重要资源融入全球气候行动,是推动文化适应性发展的必要途径。

15.3.1 提升文化生产力

文化生产力是指人们生产文化产品、提供文化服务的能力（张祖群，2013）。面对日益加剧的气候变化，应充分提升和释放文化生产力，努力将"文化资本"转变为"社会资本"和"环境资本"，同时文化事业和文化产业发展将为推进文化适应性发展提供内在动力。

一要加快进行文化创作，提升文化服务水平。在文学作品创作方面，应充分汲取各国关于气候变化的先进思想理论，包括"全球共同发展观""人与自然和谐共生"等能够推动全人类为适应气候变化做出贡献的价值观，创作出形式多样、内容丰富的文化作品，让"节能减排""可持续发展"理念深入人心，同时填补由气候变化带来的文化多样性减少这一缺憾；在文化服务能力提升方面，相关文化部门可以采取联合行动，开展系列宣讲、培训等活动，提升文化服务人员的专业技能和从业素质。同时高校也可开设相关文化生产和服务专业，为适应社会发展需要培养专门人才。

二要大力发展文化产业。文化产业致力于向市场消费者提供精神文化产品和服务。中国高度重视文化产业发展，中国共产党第十五届中央委员会第五次全体会议通过了《关于制定国民经济和社会发展第十个五年规划的建议》：首次将"文化产业"作为专门概念和要求提出（Shuguang and Yunpeng，2011）。大力发展文化产业的一个重要原因在于，其与加工制造业不同，文化产业主要生产精神产品，注重产品形式的创造性和内容的丰富性，只要有任何想法，就会有稳定的产出和利润，因而资源消耗低，环境污染少，不需要付出更高的资源和环境成本。目前，文化产业形式多样，既有新闻媒体、文艺演出，也有文学出版、文化旅游等。其中，文化旅游作为文化产业的重要组成部分，可以为国家经济及文化遗产所在地和当地社区带来可观利益，包括促进基础设施发展、获得更多经济机会、宣传和提升公众文化意识。提升文化产业质量，促进文化产业由高速增长向高质量转型，对于扩展文化在气候变化过程中的效益，增强文化自身的防御能力都有重要意义。而随着文化创意产业蓬勃发展，将传统文化艺术载体和表现形式与现代科技和企业相结合，融入高科技、新媒体等元素，将会为文化生产力提升带来进一步促进作用。

15.3.2 促进文化传播

文化传播应包含两方面含义：一是各国通过文化传播与交流，深入了解和认识各地各具特色的文化；二是借助文化传播手段（包括大众文化、流行文化等）促进适应。

纵观各组织和国家相关文化传播手段，欧盟的做法为文化传播方面的典范。2018 年是首个欧洲文化遗产年（European Year of Cultural Heritage），这一活动旨在提升大众对文化遗产的认知度、帮助大众更好地欣赏和了解欧洲文化遗产，以及让大众参与到文化遗产的管理和决策当中。一年里，欧盟及其成员国组织各种宣传和教育活动，鼓励当地人民和各国游客参观和体验欧洲文化遗产，并借此机会感受欧洲独特文化。在 2018 年内，欧洲各国举办超过 1000 个面向大众的关于文化遗产的活动，而欧盟所有主要机构——包括欧洲议会（European Parliament）、欧洲经社理事会（European Economic and Social Committee）等都投入文化遗产年的协调和组织当中。除此之外，包括联合国教科文组织在内的 35 个机构组成"文化与遗产之声"集团（"Voices of Culture and Heritage" Group），作为合作伙伴共同为文化遗产年出谋划策。欧洲文化遗产日也是欧洲的文化传播形式，通常在 9 月的第三个周末，全欧 17000 处古迹、政府机构、博物馆、私人花园等都向公众开放。这不仅仅是历史文艺工作者的节日，也是属于所有欧盟居民的节日，借此契机，各地人民可以探访法兰西乃至全欧洲名胜古迹，惊叹文化的魅力，激发人们促进文化传播、保护文化资源的热情。其通过"欧洲文化遗产年""欧洲文化遗产日"在促进各国文化交流与传播同时，使参与者意识到文化适应气候变化的重要性，更促进了各国文化外交能力。各国可以借鉴欧洲文化遗产年、遗产日的做法，根据本国文化事业、产业发展状况，举办相关文化展出和保护活动，让社会各界参与到促进文化传播、提升文化软实力以此应对气候变化的行动中来，在增进文化交流的同时为更进一步的文化外交和更强的适应能力打下坚实基础。如中国，从 2006 年起，国务院将每年 6 月的第二个星期六设定为"文化遗产日"（2016 年起改为"文化与自然遗产日"），这对大众的文化遗产保护意识加深、文化适应能力提升有着极为重要的促进作用。

如今大众传播媒介十分发达，科学家们有更多途径表达自己的观点以及宣传科学认知，从事前沿气候研究的科学家和文化工作者能够在报纸、杂志和网站上发表文章。为了增加观点的前沿性和科学性，学者们可在《科学》和《自然》等顶级期刊上发表文章，鼓舞对应领域的科研工作者进行深入研究，创造及宣传气候变化与文化等相关内容。当然，文化传播还需要更多当地作家的帮助，当地出版物要更多地将世界范围的气候变化案例与当地社区联系起来。有学者主张通过叙述故事的方式促进文化适应气候变化（Waugh，2011），认为故事可以将人们与过去联系起来，激励大家为未来做出明智决定，同时更好地理解当前行动的全球层面。无论是激励美国的气候怀疑论者为更大的利益而行动，还是帮助越南的农民想象其他摆脱贫困的方法，科学家们都必须成为故事讲述者，或者寻求当地故事讲述者的帮助，将事实和预测改编成情节和叙事，给科学注入血肉。只有通过科学，我们才能开始了解一个更温暖的世界将产生的全部物理效应。要想知道气候变化意味着什么，需要从每一个可以想象的知识方向来应对气候变化，需要反映我们各自文化价值观和愿望的故事来激励世界，号召每个人采取行动。

15.3.3 保护文化资源

文化资源是人类宝贵的物质和精神财富。对其保护可从两大方面进行：一是加大资金投入，增强对文化资源保护的研究和教育。由于气候变化增加了文物保护工作难度，欧盟高度重视这一现象并加紧对文物进行研究和保护工作，该工作从 2013 年 4 月开始启动，包括 12 个欧盟成员国在内，在德国专家、科技工作人员指挥下进行，内容涵盖保护工艺、储存环境标准范围、保护工作的成本 – 效率等方面（张玥等，2018），该工作得到了欧盟第七研发框架计划（FP7）支持，初期投入为 500 万欧元。欧盟做法为文化资源保护工作提供了借鉴参考：首先，加大对文化资源保护的资金投入。设立专项基金，用于文物修复、文化建设、文化产品创作等。在欧洲，尽管文化遗产保护工作主要由各个成员国来完成，但是仍然有相当一部分工作需要由欧盟来协调和资助。早在 1957 年签署《罗马公约》之时，在文化遗产保护上欧盟就被赋予了"鼓励及协调各成员国合作"任务，为此欧盟多个下属组织均被赋予了资助文化遗产保护任务。比如"创意欧洲"（Creative Europe）计划 共调拨了 2700 万欧元资金用于 2014-2020 年的文化遗产保护；欧洲乡村发展农业基金（European Agricultural Fund for Rural Development）2007-2013 年间一共拿出了 12 亿欧元用于保护乡村地区的文化遗产；欧洲区域发展基金（European Regional Development Fund）在相同的时间里更是拿出了 32 亿欧元用于文化遗产保护。这些资金总共资助了超过 100 个欧盟层面的项目和超过 8000 个各成员国的国家级项目；其次，应培育专门人才，加强气候 – 文化领域的学术研究和教育。目前关于气候变化的讨论中对文化仍然缺乏足够关注，文化要素尚未被系统性地纳入《联合国气候变化框架公约》《巴黎协定》或《政府间气候变化专门委员会评估报告》等国际性文件中。尽管文化在应对气候变化方面的价值以及将文化纳入与气候变化有关决策进程的必要性已经引起重视，相关成果还处于酝酿阶段，交叉学科和跨文化研究的持续深耕将为气候变化环境下的文化发展提供智力支持。因此，应将文化保护教育纳入学校课程，将气候变化与文化保护的相关内容编制成教科书，必要时纳入学生的必修课程。在进行各项文化保护工作时，有效整合专业技术和人才队伍，包括组建跨国、跨领域团队，进行文化资源保护的交流合作，借鉴不同地区对于不同类别文化资源修复和保护的经验做法，共同致力于文化资源保护。

二是制定并完善相关法规政策，设定专门工作计划。为促进文化遗产保护工作的可持续性，欧盟及其合作伙伴曾发起十个具有长期效应的项目，这十个项目可划分为四大类[①]（表15-4）：

欧盟文化遗产保护长期计划　　　　　　　　表15-4

参与	共享遗产：	旨在让所有人都能欣赏文化遗产、参与文化遗产的管理和决策
	文化遗产走进校园：	让孩子们发现和参观这些欧洲最重要的文化财富
	青年人的文化遗产：	让青年人为文化遗产注入新的活力
可持续性	转变中的文化遗产：	让工业、宗教和军事遗址焕发新生
	旅游业和文化遗产：	围绕着文化遗产发展可持续和负责任的旅游业
保护	遗产珍藏：	为文化遗产保护建立高质量的标准
	遗产危机：	抗击非法文物交易，同时合理管理风险中的遗产
创新	文化遗产技术：	教育及训练传统技术的传承人和新技术的专业人才
	一切为了遗产：	凝聚社会创新，让大众和社群参与遗产管理
	文化遗产科技：	为了更好地保护和发展遗产而开展相关的科技研究及创新

2020年1月，联合国教科文组织就更新2007年的《气候变化对世界遗产影响的政策文件》（UNESCO，2020）进行了协商，对气候变化的影响认识不足、实施和监督评估机制有待完善、知识资源缺乏、国家和地区内部及国际政策不协调被总结为气候变化政策文件实施的主要挑战。新的管理计划草案包括适应气候变化、弹性管理、增加投入、风险评估、建立全球实践经验分享平台、提高应变能力和完善各项机制等内容。该文件中提到的挑战与应对策略既为国家和地区在文化遗产保护过程中提供了借鉴，也鼓励个性化创新策略的生

---

① 根据网络资料整理。

成与实践。相应的案例不仅可以应用于气候变化中各级文化遗产的保护，还可以扩大到保护各类文化资源的应用中。

总之，各国可借鉴国际组织如联合国教科文组织或其他国家或地区实践，将文化领域适应气候变化纳入国家发展规划，制定专门法律条约促进文化适应性发展，为全球应对气候变化的文化适应做出贡献。

【推荐读物】

1. 张全明，王玉德. 生态环境与区域文化史研究 [M]. 武汉：崇文书局，2005.

2. 肖显静. 环境与社会：人文视野中的环境问题 [M]. 北京：高等教育出版社，2006.

3. 何明等. 中国少数民族生态文化研究 [M]. 昆明：云南人民出版社，2006.

4. 夏方明. 近世棘途：生态变迁中的中国现代化进程 [M]. 北京：中国人民大学出版社，2012.

5. ［美］罗德里克·纳什著，侯文蕙、侯钧译. 荒野和美国思想 [M]. 北京：中国环境科学出版社，2014.

6. 罗顺元. 中国传统生态思想史略 [M]. 北京：中国社会科学出版社，2015.

第 16 章 健康

> 【本章导读】
> 　　本章从传染性疾病、非传染性疾病、心理疾病、饥饿和营养不良四个层面阐述了气候变化对人类健康的影响，梳理了全球气候变化应对中的健康历程（意识和行动层面的转变），并从公共卫生战略、医疗卫生基础设施建设、气候监测预警系统、气候健康基础研究、教育和宣传力度及国际健康适应交流与合作 6 个方面提出健康适应气候变化的实践举措。

　　2019 年底发生的新型冠状肺炎（Corona Virus Disease 2019，COVID-19，简称"新冠肺炎"）疫情，由于传播速度快且无特效药，短短几个月内就席卷世界 200 多个国家和地区，形成了全球"大流行"趋势。新冠肺炎疫情不仅让世界各国感受到突发公共卫生事件对人类生产、生活的巨大冲击，同时也促使人们反思疫情之下各种深层次的问题（气候变化、环境污染及系统失衡等），开始重新审视人与人、人与自然的关系。有关气候变化和人类健康问题的讨论也毫无疑问地成为当前各界关注的热点问题。近年来，以全球变暖为主要特征的气候变化更是各类极端气候事件发生频率越来越高，影响范围越来越广，影响程度越来越剧烈，对人民生命健康安全构成严重威胁，因此，如何有效应对气候变化下的健康冲击，提升全球健康适应能力，俨然成为人类社会面临的最严峻的挑战之一。

16.1 气候变化对健康的影响

　　2020 年 3 月 10 日发布的《2019 年全球气候状况声明》（以下简称《声明》）提到 2010—2019 年是有记录以来最热的 10 年。《声明》还提到 2019 年结束时，全球平均温度比估计的工业化前水平高 1.1℃，创下近年来的记录（2016 年除外)。以气候变暖为主要特征的全球气候变化不仅严重制约全球政治、经济及社会的长足发展,也带来一系列重大的公共卫生问题(McMichael et al., 2003; IPCC, 2014; World Meteorological Organization, 2019)。据 WHO 估计,2012年有 12600 万例死亡(占全球所有死亡的 23%)可归因于可改变的环境因素,其中许多都与气候变化有关(WHO, 2016)。

气候变化可以通过各种直接、间接途径和复杂机制影响人群健康(Frumkin et al., 2008; McMichael et al., 2006),特别是针对欠发达地区、贫困群体、沿海和小岛屿居民等生存环境较为脆弱的群体。气候变化的直接影响是由于热浪、风暴潮、洪水、干旱和寒潮等复杂极端天气事件的频率增加(IPCC, 2014),对人们的身体和心理等各个方面产生不利影响,严重者甚至直接导致死亡。具体表现为:扩散传染病、增加慢性病、减少劳动力生产力及造成心理疾病等。气候变化的影响还将在不同的环境和社会系统之间进行不同程度的调节,从而导致传染病负担和分布方式的变化、粮食生产率的变化以及对粮食和水短缺、人口流离失所和冲突等间接性影响(图 16-1),预计未来气候变化对健康的影响将越来越严重,并有可能损害过去半个世纪在公共卫生和发展方面取得的成就(Patz et al., 2007; Watts et al., 2015)。

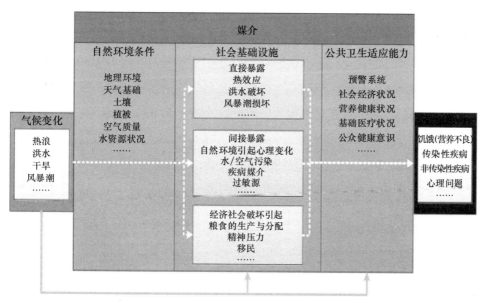

图 16-1 气候变化影响健康的作用过程

16.1.1 传染性疾病

气温升高是传染性疾病增加的重要因素。根据 IPCC 预测,2100 年全球平均温度将增加 1.4℃~5.8℃，未来几十年气候变暖可能会加剧，所有大陆和海洋的物理和生物系统已经受到全球变暖的影响。有证据表明，如果全球平均气温上升超过 2℃，对健康的影响将大于 2℃以下的升温（McMichael et al., 2006）。不断上升的气温可能使部分地区夏季温度超出人类可承受范围，对人类健康产生负面影响。比如在更高的温度下更高的增殖和繁殖率、传播季节的延长、生态平衡的变化以及与气候相关的病媒、病毒宿主或人类群体的迁移（Semenza and Menne, 2009）。轻微的气温、降水量变化可能会对疟疾、腹泻、与洪水有关的伤害和营养不良产生一定的影响（Haines et al., 2006）。升温可能还伴随着部分地区降水增多，温暖湿润的环境更利于蚊虫生长繁衍，比如疟疾蚊的发育率会随着温度的变暖而加速。一些虫媒疾病（如盘丝虫病、疟疾、登革热、锥虫病）可能随着全球气温升高扩大范围。传染媒介通过寄生高等生物获得必要的营养和能量，田螺为血吸虫的宿主，温度影响田螺生长反正状况以及血吸虫感染率。气候条件的变化导致埃及伊蚊传播登革热的媒介能力不断增强，自 1950 年以来预计增加了 9.4%。极端温度通常对致病病原体的生存是致命的，但是温度的逐渐变化可能会产生不同的影响（Watts et al., 2018）。

气候变化不仅直接影响病原体和媒介的生物进程速度，而且导致其栖息地的转移（Patz et al., 2003）。随着气候变暖，温度带分界线会发生变化，原来属于亚热带的地区可能变成热带，这将使携带病原体的昆虫在温暖的气候中能够迁移至原来对他们无法生存的环境中，比如从热带向亚热带、甚至是向两极迁移。洪水和暴雨会使人类活动产生的污水和动物粪便进入水道或饮用水供应系统，加剧通过水传播疾病的发生。对于人类疾病，病媒控制、抗菌治疗和基础设施的改变可以抑制或掩盖气候影响（Altizer et al., 2013）。除了气候变化影响病媒传播之外，经济发展状况及卫生条件，也是同种传染疾病在不同的地区对人类健康可能会具有不同影响的重要因素。

16.1.2 非传染性疾病

气候变化通过影响污染物排放，对非传染病产生重要影响。在低收入国家，交通和废气以及工业排放的增加正在提高 $PM_{2.5}$、NO_x、O_3 和悬浮颗粒物的浓度，这些物质对人类健康具有慢性危害（Kovats and Akhtar, 2008），且长期暴露于 $PM_{2.5}$、O_3、NO_x 等物质中会增加过早死亡的风险，气候变化可以通过热量释放和影响天气和排放来改变空气污染物（主要是臭氧和颗粒物质）的暴露。污染物可以通过直接的肺刺激、免疫系统的抑制、自主神经系统的破坏以及通过全身炎症氧化应激等途径对人体健康造成损害,使得心肺死亡人数显著增加。在双污染物模型中,$PM_{2.5}$ 与心血管原因导致的死亡风险相关,而臭氧与呼吸原因导致的死亡风险相关(Jerrett et al.,2009)。比如,臭氧可以提高哮喘患者对过敏原的敏感性,并导致儿童哮喘的发展(Patz,2002)。臭氧是大气的天然成分,在调节大气辐射和温度方面具有重要作用。然而,由于人类活动中排放的氮氧化物等物质,臭氧层正在枯竭(Mohr,2020),紫外线(UVR)辐射随之增加。紫外线辐射对人类健康的影响主要体现在其对皮肤、眼睛和免疫系统的损害上。研究表明,紫外线辐射会引发红斑、皮肤光敏反应、皮肤光老化等症状。诱发包括唇癌、皮肤鳞状细胞癌、皮肤黑色素瘤等在内的多种皮肤疾病,这一影响在白色人群中表现得尤为突出。此外,紫外线辐射会增加皮质白内障、结膜肿瘤、眼部黑色素瘤等眼部疾病的患病风险(Gallagher and Lee,2006),白内障是这些眼部损伤中最为显著的一种。还有实验表明,紫外线暴露可改变特定细胞中ATP酶的活性并降低其加工抗原的能力,从而导致免疫功能受损(刘灵奕等,2000)。

气候变化对非传染病的影响与极端气候事件联系密切。

(1)高温热浪。户外工作者受到高温影响,工作能力的持续下降。Kjellstrom 等(2009)预测,到2050年代,由于热量而导致东南亚、西亚的工作能力损失在可能达到15%~18%。Dunne 等(2013)估计,在过去的几十年中,环境热应激已使全球劳动能力在夏季的最高峰减少了10%,到2050年,预计的减少量可能会增加一倍,并且在21世纪下半叶可能会更大。工作能力下降的原因主要是高温会使长时间暴露于此环境中的人发生重症中暑,重症中暑可分为热射病(身体核心温度迅速升高且伴有多器官系统损伤的临床综合征)、热痉挛(随汗液排出的盐分过多导致的肢体和腹部肌肉出现疼痛性痉挛的现象)和热衰竭(由失水、失钠、血容量不足引起的周围循环衰竭)三种。研究表明,中暑会导致线粒体无法正常工作、细胞产生不可逆性损伤,从而进一步影响机体的呼吸系统、循环系统、中枢神经系统,甚至引起广泛性的系统功能障碍(奚用勇等,2019)。此外高温热量也可以通过加重原有疾病引起死亡。热浪能够加重冠心病等心血管疾病及众多呼吸系统疾病的症状(Grégoire et al.,2007;Fink and Eržen,2017;Tian et al.,2013)值得注意的是,高温热浪与部分气候因子协同暴露时对人类健康的影响更加显著,例如高温热浪与臭氧的共同作用可以引发严重的心脏炎症,进一步加速血脂异常和血栓形成,甚至直接导致死亡。研究结果表明,老人是高温热浪的易感人群。从35

岁起，与热浪相关的死亡率随年龄增长显著增加（Fouillet et al., 2006）。由于婴幼儿具有不同于成人的新陈代谢方式，且其体温调节机制尚不健全，因此，其对高温也较为敏感。慢性心血管疾病、呼吸系统疾病、糖尿病、心理疾病等特殊疾病患者也是高温热浪的易感人群。对热浪的脆弱性还会受到住房条件等社会因素影响，总体而言，发展中国家公众健康更容易受到热浪的影响。此外，室内使用空调是减少热量暴露的有效策略，但空调使用量进一步增加了发电厂的空气污染物排放量，进而降低空气质量，对人类健康的影响产生负面影响。

（2）寒潮。世界卫生组织指出，极端温度事件的频率和强度正不断变化。当高纬度的冷空气大规模地向中、低纬度侵袭，就会造成剧烈降温的天气活动——寒潮。研究表明，寒潮等低温事件不仅会使人体被冻伤，还对日死亡率和死因存在不容忽视的影响（Analitis et al., 2008）。低温对心脑血管疾病、呼吸系统疾病以及部分皮肤病的影响尤为显著。冠心病、充血性心力衰竭、缺血性脑卒中等心脑血管疾病在冬季的发病率明显高于其他季节（Ebi et al., 2004）。多项基于不同地区呼吸系统病就诊人数的研究表明，极端低温条件下，全人群就诊人数增加，老人和儿童就诊率上升尤为明显（冯风流等，2020；张志薇等，2018）。手部皮炎等刺激性皮肤疾病患病率的升高也与低温有关。相对湿度、寒潮强度、寒潮的持续时间对与极端低温有关的死亡率都存在一定影响（Montero et al., 2010）。

此外，北极地区居民对气候变化更加敏感，当地居民依赖特有气候储存食物。随着气候变化变暖永久冻土的丧失可能会导致储存在地下的食物变质，食源性肉毒中毒的爆发偶尔发生在北极的社区（Parkinson and Evengård, 2009）。

16.1.3 心理疾病

世界卫生组织将心理健康定义为一种完全的身体、精神和社会福祉的状态，而不仅仅是没有疾病或虚弱（WHO, 1948）。气候变化主要通过以下三种途径影响人类心理健康：①气候变化通过给人类生活社区带来严重自然灾害而直接影响精神健康，这些自然灾害通常会导致与焦虑有关的严重反应，以及随后的慢性和严重的精神健康问题。②气候变化会增加伤害和身体健康问题的风险，这些问题与精神健康有因果和相互关系。③气候变化将危及人们赖以生存和幸福的自然和社会环境（Berry et al., 2010），也可能会引发心理疾病。当人与环境联系被切断，一些人可能会离开他们世代耕种的土地迁移至其他地区，例如在 2011 年叙利亚发生严重干旱灾害，超过 150 万人（大多数是农业工人和家庭农民）从农村土地转移到叙利亚主要城市（大马士革、达拉、代尔祖尔等）。这时会减少人们从与土地的联系中获得的归属感和慰藉感。当人们遭受与气候相关的灾害时可能会产生更高频率、强度和持续时间相关的心理创伤。

气候变化是在一定的文化和社会经济变化的背景下发生的，并且会成为社会和文化压力的来源，其影响或改变人与土地和环境之间的关系，这将进一步给社区和个人心理健康带来压力。气候变化可能通过使人们遭受创伤而直接影响心理健康。包括越来越多的证据表明，极端天气事件——在不断变化的气候下更频繁、更强烈、更复杂——会引发创伤后应激障碍（PTSD）、重性抑郁障碍（MDD）、焦虑、抑郁、复杂的悲伤、幸存者内疚、替代性创伤、消除疲劳、物质滥用和自杀意念（Hayes et al., 2018）。与气候有关的灾难后，创伤后应激障碍、焦虑和抑郁很常见，有时是心理负担的主要部分（Goldmann and Galea, 2014）。卡特里娜飓风过后的几个月，灾区六分之一的人患有创伤后应激障碍（PTSD）（两次诊断之间有相当大的重叠）（Galea et al., 2007）。气象灾害后记录的儿童和青少年的精神和情绪困扰包括创伤后应激障碍和高比例的睡眠障碍、攻击性行为、悲伤和产生依赖性的物质使用或滥用，一些研究表明儿童比经历同样灾难的成人有更持久的症状（Shea, 2007）。

气候变化产生的主要心理社会后果与长期情绪困扰有关，这种情绪困扰是由于意识到气候变化对地球及其居民当前和未来福祉的威胁和影响而造成的。气候变化对人类健康的负面影响不会被世界人口均摊，压力会不成比例地落到脆弱人群头上，特别是一些发展中国家那些已经被边缘化的人群。

16.1.4 饥饿和营养不良

全球性与区域性气候变化都将影响粮食安全。在全球范围内，气候变化对整个粮食系统的稳定性造成威胁，进而对粮食供应的影响，同时会减少穷人获得营养食品的机会，直接影响到穷人的营养福祉（Bloem et al., 2009），将加剧目前已经普遍存在饥饿和营养不良的地区的粮食不安全状况（Wheeler and Braun, 2013）。Petersen 等预测，在粮食需求每年增加 14% 的前提下，预计气候变化也会使全球粮食产量每 10 年减少多达 2%（Petersen and Fischer, 2012）。目前，超过 8 亿人口经历长期饥饿，到 2050 年，气候变化预计将使非洲和南亚的小麦，玉米，高粱和小米的单产降低约 8%（IPCC, 2014）。有研究表明，到 2050 年，全球将因气候变化而使约 2500 万儿童营养不良和增长率发育迟缓（Lloyd et al.，2011；Grace et al.，2012）。与气候变化相关的食品价格的快速上涨，尤其是玉米和大米等主粮的价格上涨，到21世纪中叶可能会增加一倍以上，使贫困人口面临进一步的粮食风险（Bailey，2011）。由真菌、细菌、病毒和卵菌引起的植物病害已经造成了16%的作物损失，但随着气候变化可能会大幅度增加（Chakraborty，2011）。此外，某些作物的营养价值可能会下降。二氧化碳的施肥可以促进生长，而小麦和大米中的蛋白质含量可以降低，大米，大豆，小麦和豌豆等农作物中的铁和锌含量也可以降低（Myers et al.，2014）。由于大陆中部的干旱，大多数热带和亚热带地区的作物产量将会下降。来自人类社会的农业、生活废水流入江河、海洋，"赤潮"发生频率增加、洪水泛滥造成农田污染、破坏海洋生物食物链及生存环境（田野和宋增仁，1992）。例如，鱼类是人类重要动物蛋白质来源，海洋生态系统的这类破坏，将使成千上万人们蛋白质不足和营养不良情况明显增加（George和阎静，1992）。另外，全球变暖导致冰川融化、海平面上升，淹没沿海耕地会降低粮食产量，从而使部分人群陷入饥饿威胁。干旱会减少农作物水源灌溉，降低农作物产量，减少粮食供应（作物产量、鱼类资源）或降低粮食可获得性，增加了能量摄入减少的风险，包括能量摄入不足和/或微量营养素缺乏，从而增加疾病和营养不良的风险（Gleick，2014）。例如，2009—2011年叙利亚面临着严重干旱，截至2011年末，联合国估计有200万~300万人受到影响，其中约100万人面临粮食安全的问题（Tirado et al.，2010）。

16.2 健康应对气候变化历程

气候变化已被视为全球公众健康的紧急问题（Solomon and LaRocque，2019）。国际组织大规模开展全球气候变化对公众健康的影响研究主要始于20世纪80年代，经历了从意识层面到行动层面的转变。

16.2.1 意识层面

1986年9月，由联合国环境规划署（United Nations Environment Programme，UNEP）、世界卫生组织（World Health Organization，WHO）和世界气象组织（World Meteorological Organization，WHO）联合召开的关于气候变化与人类健康国际会议在俄罗斯的圣彼得堡首次召开（WHO et al.，1987）。1988年，

UNEP 和 WMO 联合建立的一个专门应对气候变化的各国政府间的组织——联合国政府间气候变化专门委员会（Intergovernmental Panel on Climate Change，IPCC）组建成功。IPCC 主要任务是组织气候方面的国际学者，定期公布气候变化研究的最新成果，向世界传播气候变化的相关知识，评估各国为应对气候变化采取行动的效力，发布评估报告阐释气候变化对人类的重要影响。1990年，IPCC 第一次评估气候变化的结论——"最近 100 年的气候变化，可能是自然波动或人类活动造成的，也可能是自然波动和人类活动共同影响的结果。"1990 年，WHO 首次出版的《气候变化的潜在健康影响》中论述了气候变化与潜在的健康问题（WHO，1990）。但此时世界各国关于气候变化对健康影响的理解尚处于现象认识层面，无具体行动。

16.2.2 行动层面

21 世纪以来，随着人们生活水平的提升，人们开始通过各种具体行动减轻气候变化对健康的影响。2006 年，地球系统科学联盟正式启动继"碳"计划、"水"计划、"食物"计划后的第四个研究计划——"全球环境变化与人类健康计"划，其目标通过研究气候变化的演进历程，探究全球气候变化与社会公众健康之间存在的广泛而复杂的关系，最小化全球气候变化对健康的影响，实现健康生活。2008 年，WHO 在马德里会议召开了一项关于气候变化与健康的优先会议，会议重点阐述了气候变化与其他对公众健康产生决定性制约因素之间的相互作用关系、比较了各国短期健康干预举措的效用、评估了非公共卫生部门相关政策措施对公众健康的影响水平及强化了公共卫生部门应对气候变化举措对公共健康影响等（WHO，2008）。随着全球气温不断升高，2015 年 7 月，WMO 和 WHO 为了减轻高温对公众健康的影响，共同发布了《高温健康预警系统指南》，该指南通过探究高温的科学评价方法、预测高温时间节点、探究高温的干预措施和科学方法，提醒政策制定者、公共卫生部门及社会公众采取积极应对行动，共同应对高温给健康带来的影响，减轻危害。城镇化和工业化的推进，使得全球气候变化背景下的环境问题日益严重。2018 年 10 月，首次全球空气污染与健康大会在日内瓦召开，大会整体围绕"空气污染、气候变化和健康保障"这一重大议题进行全球性调整，各国家及相关组织就 70 多项关于改善空气质量的条目达成共识，并提出要进行联合攻关，争取到 2030 年能将全球与污染有关的过早死亡减少到 2/3。同年 12 月，WHO 再次与气候变化与健康联盟、欧洲区域委员会在波兰卡拖维兹举行了全球气候变化与健康峰会,该峰会进一步阐明《气候和健康问题上的行动呼吁》,主要概述了1个十项优先级公众健康政策行动计划,以促进健康适应气候变化进程取得实质性突破。2019年,WHO将空气污染视为最大的环境健康风险;同年启动了新的五年战略计划——《第十三个工作总规划》。该规划侧重于三个"10亿"目标:全民健康覆盖受益人口新增10亿;面对突发卫生事件受到更好保护的人口新增10亿;健康和福祉得到改善的人口新增10亿。此外,进一步公布了2019年要重点解决的十大威胁健康的问题(WHO,2019)。

16.3 健康适应气候变化举措

健康适应主要是指为了减轻或消除气候变化带来的死亡、伤害、疾病和饥饿等影响而提出的减少人群健康损害或增强气候适应能力的短期和长期策略(Huang et al.,2011),包括提高适应能力和制定应对措施两个层面。提高适应能力是先决条件,是指在应对气候变化健康风险过程中能够获取相关资源并有效利用这些资源的能力。此外,还必须制定一系列政策和干预措施,以指导个人、家庭、社区和企业进行有效的风险应对,从而减少气候变化的健康影响(Rockerfeller Foundation,2017)。在气候变化的背景下,健康适应举措包含是政府、医疗保健系统和公众等各个层级,共同构成一个体系。但需要注意健康适应能力还会受到当地的富裕水平、教育程度、医疗保障强度、城市规划、新技术的获得以及政治意愿等多种因素的综合影响。

16.3.1 制定公共卫生适应战略

将推进公众健康保护作为实现经济社会协调发展国家战略一部分。由相关国家卫生当局批准国家卫生适应计划或战略,卫生部门针对预期和未预期到的威胁确定战略目标并细化资源需求以及具体的实施时间安排(WHO,2015)。在未来应对气候变化规划的制定中,从短期来看,应加强公共疾病预防和健康保护在适应气候变化工作中的比重,进一步强化对气候变化可能导致传染性和突发性疾病的科学研究,监测和防控气候变化条件下的媒介传播疾病,同时建立应对气候变化与公共健康协同专项基金作为支持。从长期来看,加大减排力度,遏制环境恶化,乃是减缓病毒变异和传播,降低人群感染传染性疾病概率的终极路径。在规划中应引入低碳转型与公共健康保护的关联性内容,加大对气候减缓活动的公共引导,可以考虑开拓低碳转型过程中的税收和其他资金渠道,作为协同专项基金的资金来源。同时,将保障公众健康写入国家法律之中,同时完善相关配套的实施细则,抑或专门化立法始终处于需要不断完善的阶段(WHO,2016)。目前新冠肺炎疫情全球扩散,环境变化所带来的人民生命健康利益关切尤为凸显的背景下,立法跟进无疑是最为重要的回应步骤。适时出台一部专门的《环境与健康法》,引入环境与健康风险评估、环境相关疾病防控预警、重点人群保护制度的同时,将应对气候变化与公共健康保护的协同机制纳入法治化轨道,是世界文明进程中值得考虑的重要课题。

16.3.2 完善医疗卫生设施建设

完善气候变化脆弱地区公共医疗卫生设施、健全气候变化相关疾病的防控,特别是相关传染性和突发性疾病流行特点、规律和适应策略及技术研究,加强对气候变化条件下媒介传播疾病的监测与防控(Kjellstrom et al.,2016)。短期内减少脆弱性最有效的措施是实施和改善基本公共卫生措施的计划,例如提供清洁水和卫生设施,确保包括疫苗接种和儿童保健服务在内的基本卫生保健,提高备灾能力和应对能力。此外,卫生部门应完善易受气候变化影响地区的疫情监测,深入研究气候变化对人群健康影响的流行现状、机理机制,并制定有针对性的预防和控制措施,以应对可能出现的由气候变化引起的重大公共卫生问题。医疗系统应注意医疗物资的储备及医护人员的配置,以便在极端天气事件或自然灾害发生时能及时提供医疗干预与救护,并对灾后人群进行及时有效的心理干预与辅导,尤其是儿童、孕妇和老年人等高危人群,以减少创伤后应激与心理疾患对人群健康的威胁。

16.3.3 搭建气象监测预警系统

坚持以防为主,建立行之有效的监测预警系统是适应气候变化对人体健康的重要措施。目前,许多发达国家气象部门正在发展有效预测、监测、应对、快速响应的预警预报系统,并及时发布预测、预警报告,建立相关机制,并与卫生部门的紧密合作,促进在气候敏感性疾病的监测预测和早期预警中获取有针对性的气候服务(O'Neill et al.,2009)。具体举措包括对国家水文和气象服务进行定期调查,以向公众和国家卫生当局提供的气候信息服务的需求信息,预报或监测暴露于有害空气质量、极端高温、洪水和暴风雨等情况,并将这些信息应用于卫生规划和实践中，协助卫生部门做出科学决策应对气候变化和极端事件，从而减少气候灾害对健康的负面影响。

16.3.4 提升气候健康基础研究水平

将气候变化对人体健康的影响作为医疗卫生领域的优先项，加强研究。气候变化与人类健康研究是一个多学科交叉合作研究的新领域，这些跨学科领域主要包括流行病学、生物统计学、卫生经济学、环境和职业卫生学、健康教育学、临床医学、生态学、微生物学、气象学、心理学、人类学、传媒学和应急管理学等多门类多学系（王灏晨，2014）。目前多数有关气候变化和人类健康的研究尚处于明确两者关系的事实揭示阶段，对于气候变化致病机制、气候变化健康预警系统、风险评估则很少，后续研究可以加大气候变化与健康方面的科学研究，设立专门基金资助项目，用于影响机制、气候变化适应性对策等应用研究，为减轻气候变化对人类健康的影响提供坚实的理论支持。

16.3.5 加大健康教育和宣传力度

加强对公众的健康教育与宣传。通过各种传播媒介加强对社会人群的宣传教育，包括增加健康与气候变化的学术出版物、将健康与气候变化纳入医学和公共卫生课程、在 IPCC 历次报告和 UNFCCC 等国家组织的历次联合声明中均阐释气候变化与健康的关系等，以增加整个社会对全球气候变化现状的了解，使公众认识到气候变化对人类健康的不利影响，引导公众积极适应气候变化，特别注意对气候变化引起的极端天气事件的防护，降低或避免气候变化带来的相关伤害、疾病与死亡等负面影响（Watts et al.，2017；Watts et al.，2018）。具体而言，需要充分发挥政府的作用，一方面，积极宣传应对气候变化的各项方针政策，切实提高政府工作人员的气候变化意识；另一方面，大力推进气候变化宣传、教育和培训工作，加强公众的自我保护意识和健康教育，特别要针对医疗卫生人员，加强气候变化影响知识培训。同时可积极发挥民间社会团体和非政府组织的作用，多方参与，共同促进。

16.3.6 加强国际健康适应交流与合作

加大国际交流与合作是提升健康适应技术的重要一环。气候变化属于全球性问题，具有很强的负外部性，没有国家可以独善其身，因此，必须加强国际健康交流与合作，借鉴国际上好的健康适应举措，实现气候变化健康应对协同发力。例如，可以借鉴美国的层级完整的公共卫生体系，该卫生体系包含公共卫生行政部门、研究机构，技术优良的公共卫生专家，精细化的疾病监测与信息传输系统等充分的资源来应对气候变化对健康的不利影响（Bronen and Chapin，2013）。各国在相关专业技术领域应建立有效地沟通和协调机制，充分加强研究和技术合作，有效吸取其他国家的经验，结合本国实际加强应对或适应气候变化对策，才能更有效地保护公众健康。

【推荐读物】

1. 闵九康. 低碳农业全球环境安全和人类健康必由之路［M］. 北京：中国农业科学技术出版社，2011.

2. 许吟隆. 气候变化对中国生态和人体健康的影响与适应［M］. 北京：科学出版社，2013.

3. 李婵娟. 局部气候环境变化与居民健康关系［M］. 青岛：中国海洋大学出版社，2019.

4. Norman C. The Environment and You [M]. Englewood: Pearson, 2011.

5. Russell, James S. Agile City: Building Well-being and Wealth in an Era of Climate Change [M]. Washington: Birkhäuser Boston, 2014.

多元主体篇

第 17 章　企业

第 18 章　社区

第 19 章　青年

第 20 章　气候传播

第 17 章 企业

【本章导读】

本章探讨了气候变化会对企业发展产生负面影响,并分别探讨了法律法规政策、市场竞争趋势和利益相关者对企业采取适应气候变化发展的驱动力。最后,指出企业可以尝试从企业文化、绿色技术和企业外部合作方面进行革新以适应气候变化,最终走上绿色可持续的发展之路。

全球气候变化给人类生存和发展带来了挑战和威胁。为此,《联合国气候变化框架公约》要求所有相关部门加强合作,促进应用和传播各种用来管控温室气体的人为排放技术以便充分适应气候变化(联合国秘书处,1992)。习近平主席在第七十五届联合国大会一般性辩论和气候雄心峰会上宣布,中国碳达峰目标、碳中和愿景以及提升国家自主贡献力度的举措,并指出通过实施《国家适应气候变化战略》进一步强化了国内适应气候变化的工作,各行各业都应为此而努力奋斗[①]。企业作为社会经济的细胞,也是导致气候变化加剧的重要主体,因此其应承担起减缓和适应气候变化的责任。

17.1 气候变化阻碍企业发展

气候变化会对公司商业活动产生影响。企业生产经营依赖季节、气候条件以及安全的基础设施与资源供应,破坏这些条件就会影响企业的运营。尽管一些企业已认识到气候变化带来的影响,但对其内容了解尚存在不足(Weinhofer and Busch,2013)。

企业生产。气候变化对企业生产的影响可归因于三种价值链活动:① 危及

---

① 数据来源:新华网. 习近平在第七十五届联合国大会一般性辩论上发表重要讲话[EB/OL]. http://www.xinhuanet.com/politics/leaders/2020-09/22/c_1126527647.htm. 2020-09-22/2021-2-21.

资源供应。由于气候变化引起的资源数量和质量的变化，资源供应可能会出现减少、中断或不足的问题；② 破坏生产设施。供应设施也可能遭到破坏，企业的生产可能会因为生产设施的损坏而减少或中断；③ 影响运输配送。由于气候变化对配送设施的破坏，产品配送也会减少或中断。除了价值链内的这些负面影响之外，作为对气候变化的反应而改变的消费模式也会对某些商业活动产生负面影响（Weinhofer and Busch，2013）。

企业财务。气候变化对企业财务的影响可归因于资本、债券和信贷三方面：① 损害企业资本。气候变化使企业资本受到损失，降低企业的盈利能力和流动性，可能会增加企业贷款的违约率；② 促使债券贬值。气候变化造成的损失可能导致投资组合重新分配，从而导致企业债券价格的逐渐下降；③ 加剧信贷扩张。气候引起的金融不稳定可能会对信贷扩张产生负面影响，加剧气候变化对经济活动的负效应（Dafermos et al.，2018；Aggarwal and Dow，2012；Gasbarro et al.，2017）。

企业声誉。气候变化也会给企业声誉带来不良影响。品牌声誉是企业价值的重要组成部分，如果企业使用对气候有负效应的产品、流程或做法，就可能面临声誉风险，这种行为也可能影响顾客的忠诚度。相反，实施应对气候变化或承担责任的战略，则有助于公司改善品牌、形象和声誉，以及在改善与顾客、金融市场、产业链和雇员的关系方面起到助推作用（Gasbarro et al.，2017）。

此外，气候变化还会给对此反应敏感的企业产生巨大破坏。例如：农产品生产企业或旅游企业；气候敏感地区（如海岸和洪泛区）拥有工业建筑并拥有长期资产的企业；对气候变化敏感的食品加工企业；依赖于大规模基础设施的能源、汽车制造和运输企业。物理风险在全球分布不同，对国际商业和保险市场也有许多影响（Gasbarro et al.，2017）。

17.2 企业适应气候变化驱动因素

气候变化影响着企业发展，但其可通过采用适应气候变化的发展方式来走出窘境，并且这也是其承担社会责任的重要体现。企业社会责任一词最早出现在 20 世纪下半叶，早期文献明确了企业社会责任的概念及各种组成部分（Kolk，2016）。企业在创造利润、对股东和员工承担法律责任的同时，还需要对其他利益相关者负责，并为社区和环境作出贡献（Carroll and Shabana，2010）。随着全球对气候变化问题的日益关注，企业社会责任不断受到重视。企业由于受政治、经济、法律等监管条件的影响，或是，对市场竞争趋势的把握，其积极调整经营理念以适应气候变化（Ramya et al.，2020）。获悉促使企业适应气候变化的驱动因素，对于人类社会实现可持续发展是至关重要的。

17.2.1　法律法规政策

国际组织和各国政府为应对全球气候变化，近年来相继出台一系列条约政策引导企业绿色发展。企业对这些促使其减排的法律法规存在着一种由排斥到接受的转变过程，这也反映出国际社会在应对气候变化问题方面逐渐达成共识。

1992年，里约热内卢会议上达成第一份国际协议。截至2016年6月底，共有197个缔约方签署《联合国气候变化框架公约》[①]，这一过程中对于减排责任部分国家还存在排斥和不认同。但驱动企业采取战略变革的主要政策是1997年《京都议定书》，该协议催生了一系列法律法规。与此同时，非政府组织（Non-Governmental Organizations，NGOs）也向政府施压以确保签署国企业能够按照《京都议定书》的规定积极采取措施应对全球变暖。京都会议召开之前，还存在相当数量的跨国公司试图通过自身影响力去改变政府对国际气候的立场，但当企业看到政府对《京都议定书》的支持力度远超预期时，越来越多企业选择停止反对，并转向积极采取行动的方式为企业未来发展创造更多机会（Kolk and Poyyamoli，2001；Packard and Reinhardt，2000；Levy and Egan，2003）。随着适应气候变化逐渐成为共识，许多公司采取更为主动地应对战略，通过改进产品和生产工艺，或与其他企业、政府和非政府组织合作以推动自身更好地适应气候变化，例如碳排放交易（Whittaker，2003）。

政府制定相关政策以规范和引导企业生产经营行为，使其能够与适应气候变化发展理念相契合。例如，国际统一标准的碳税被称为是缓解气候变化最好的政策（Nordhaus，2014）。虽然税收会造成无谓损失并降低资源配置效率，但如果其目的是减轻温室气体等造成的负面影响的话，税收可能会带来收

[①] 数据来源：外交部.《联合国气候变化框架公约》进程［EB/OL］. https://www.fmprc.gov.cn/web/ziliao_674904/tytj_674911/tyfg_674913/t1201175.shtml. 2020-10-20/2021-2-21.

益（Weitzman，2014；Vale，2016）。目前，芬兰、丹麦、瑞典、英国、挪威、瑞士、爱尔兰、哥斯达黎加和澳大利亚等国已经开始征收碳税，这些国家如果对进口商品的碳含量制定出明确的测量以及收费标准，那意味着出口到该国的含碳商品利润会有所下降或出现禁止入境风险（王雪臣等，2009）。

17.2.2 竞争趋势

适应气候变化是大势所趋，企业主动适应气候变化也会给自身发展创造机会开辟道路。创新对企业来说至关重要，能够提升一个企业的核心竞争力。气候变化对于企业来说既是机遇又是挑战，把握时机率先革新者才能拥有未来的竞争优势。

熊彼特在其"创新周期理论"中提到，"创新可以推动经济增长和发展"。企业领导者深谙此理，他们带领企业通过技术创新或新产品开发来提升本企业在气候变化时代下的竞争力。通常人们认为新产品开发可以带来竞争优势，但这种创新与提高能效之间关系紧密（Kolk and Pinkse，2004）。例如，在气候变化背景下，汽车制造、石油开采和天然气生产等企业通过技术创新提升能源利用效率或开发清洁动力能源来提升企业未来竞争力；半导体企业采取措施优化生产工艺，以减少对气候具有较强影响力的温室气体全氟化合物（PFC）的排放；电子企业经常采用供应链导向，实现现有产品绿色生产或开发新型节能产品以适应气候变化提升自身竞争力（Kolk and Pinkse，2005）；有时提升竞争力还需开发新产品，在保险行业中企业通过开发应对气候变化风险的保险产品也开辟了新市场、提升了企业竞争力（Kolk and Pinkse，2004）。

17.2.3 利益相关者

公司股东、消费者以及公司生产链上下游企业都可以视为企业利益相关者。随国际社会对气候变化问题日益重视，在企业生产、经营和销售等环节中利益相关者群体也提出更为严格的要求（王雪臣等，2009）。

公司股东可能会从企业长远成本——收益角度考虑迫使企业转变生产方式以适应气候变化，在化石燃料价格不断攀升情况下，高耗能生产方式势必会带来高昂生产成本，致使企业运营利润下降，这与投资股东利益取向和预期期望相悖。消费者可能出于对环境属性的考虑，在购物过程中更加倾向于在生产和使用过程中对气候影响较小的产品，或者对企业适应气候变化的实际行动作出评价，对于那些消极应对气候变化的企业，消费者可能会指责甚至拒绝购买其产品（王雪臣等，2009）。生产链上下游企业迫于社会压力也可能对企业产生影响，例如，飞利浦、沃尔玛和3M等国际公司就制定并实施绿色采购政策，对于那些不符合绿色采购要求的产品将拒绝采购，并有可能和相关下游企业解除合作关系（Chu and Schroeder，2010）。公司股东、消费者以及上下游生产链对企业的约束，成为其进行绿色生产的一股强大推动力。

17.3 企业气候变化适应举措

企业作为人类经济活动的主体，是温室气体排放的主要来源，应尽早采取适应气候变化的举措，承担起"绿色责任"。企业适应性举措可以通过多种方式进行分类。常见分类通过机制、时效、性质等方式。根据反应策略机制可分为被动适应和主动适应（Smit et al.，2000）。被动适应是应对气候灾害或洪水等极端事件的紧急举措；主动适应是提前采取措施主动预防气候带来的负面影响，帮助企业减少或避免不利的气候影响并抓住有利的机会（Munasinghe and Swart，2005）。根据战略时效可分为长期、中期、短期和应急策略。目前多数文献根据战略性质分为软适应和硬适应。软适应措施是容易逆转的，适合处理不确定的气候和政策环境。这些措施通常需要调整现有程序和行动，使之短期内灵活适应气候变化，主要措施包括低碳信息管理、企业文化、供应链调整。硬适应措施通常有一个特定的适应目的和需要行为，如调整基础设施和技术，通常需要大量投资。低碳技术研发和节能基础设施设备建设的选择将取决于公司为了抵御气候变化而做出必要改变的范围和类型（Agrawala et al.，2011；Averchenkova et al.，2015）。企业适应性发展举措由企业内部自上而下地管理到企业外部合作。

17.3.1 绿色企业文化

企业树立绿色发展的文化理念有助于其适应气候变化以实现可持续发展。企业文化是其运行的灵魂和前进路线的指引，在企业贯彻绿色发展战略过程中，其文化理念起着重要作用（Daddi et al.，2020）。

企业绿色发展战略的实施离不开组织文化的建立，通过加强碳排放对气候变化带来的影响进行宣传，激励员工树立低碳意识，让全体员工了解日益恶化的气候问题，认识到应对气候变化的重要性和紧迫性，对生产部门进行严格把关,保证绿色生产,企业文化在此过程中起到无可替代的作用。在制度层面,企业应将绿色低碳目标列入愿景中。在企业规章制度中强调绿色办公,引入关于产品、人员行为及操作的低碳规定,例如提倡无纸化办公、降低日常耗电量,及时关闭照明设备和电脑等办公设备,切实履行低碳行动(许光清和董小琦,2018)。针对低碳规定,建立低碳奖惩制度,对于符合或违反低碳规章制度的行为进行及时奖励或处罚。最后,在产品设计方面,公司产品研发部门在设计理念中可加入更多绿色元素,以树立企业绿色发展的形象。

17.3.2 绿色技术革命

绿色技术革命是一种长期性的气候变化适应举措。从节约能源角度考虑,企业可通过对组织内部供应链结构进行调整、提升碳信息管理水平和创新研发绿色生产技术,来降低运营过程中的资源浪费,使企业发展更利于适应气候变化。

首先,企业可通过统筹绿色供应链以适应气候变化。① 统筹低碳目标。作为一个整体,企业中各部门与员工个人行动目标应保持一致,在供应链中发挥各自职能,执行低碳行为,才能实现低碳供应链带来的节能效果。通过供应链中各部门进行合作减排以提高自身能源管理,达到节能降耗、降低成本的效果。为此,企业可以通过重新设计供应链结构或者配送网,以降低生产过程中的能源消耗和运营过程中的碳强度以减少碳排放。② 企业供应链体系运行主要由原材料采购、产品加工生产和营销三大部分组成。企业应围绕这三大部分,对供应链上各个环节严格把关。在采购原材料时,选择绿色低碳原料,实现低碳采购。在产品加工生产过程中,包括生产工艺、生产包装以及生产环境等方面的改进。选择能源利用效率高的设备,采用低碳创新生产工艺,对高耗能产品采取措施改变产品结构或生产工艺以达到绿色生产的效果(王雪臣等,2009;欧阳芳,2010)。在产品营销方面,产品包装应秉承着绿色包装的理念,简化包装结构,使用环保、可循环利用的材料,提高包装材质的利用率;另外,在控制包装成本的同时,还应考虑回收再利用和废弃处理时对环境的影响(欧阳芳,2010)。③ 在生产环境方面,改善供热和通风系统、减少耗能、实施清洁生产及降低废物废气的排放。在营销策略方面,公司应从产品、渠道和宣传等方面进行改善(欧阳芳,2010;张波等,2014;王雷和陈亮,2010)。④ 从产品策略来看,公司可适当调整其所经营的产品业务,降低高碳排放强度的产品比例,充实具有低碳竞争力的业务内容。在建立低碳产品分销渠道时,选择低排放的运输工具，减少运输造成的污染，实现绿色运输物流、绿色储存（谭德明和邹树梁，2010）。

其次，企业可通过强化碳信息管理以适应气候变化。企业碳信息管理分为企业内部低碳信息和企业外部低碳信息。企业构建一个专门服务自身发展的低碳信息管理系统，不但可以在内外部信息的搜集、加工和处理方面帮助企业解决信息不对称问题，还能够加速绿色战略实施（张波等，2014）。① 目前企业内部碳信息披露框架主要由核算、管理和审计三部分构成（谭德明和邹树梁，2010）。其中核算部分包括收集、记录减排数据以及编制碳排放报告，将产品低碳检测信息、产出温室气体排放清册、企业人均碳排放量等数据录入系统，其难点在于自排放源识别（Rüdiger et al.，2015）。管理部门为企业相关负责人制定减排目标并实施减排计划，编制年度减排报告；审计部分是对减排报告的审核和减排数量的鉴证。企业内部碳信息管理可以为外界提供可靠信息，碳信息披露为利益相关者提供了更多碳交易信息，推动碳交易市场发展。② 企业外部碳信息主要源自政府、竞争对手和客户等。依据这些外部信息源，企业可获知社会的碳排放标准、同行竞争对手的碳治理方法、国际或国家的政策趋势。企业若能及时对这些信息进行整理并反馈到企业内部碳信息系统，这将会增强企业应对外部环境变化的能力、提高碳管理水平。为应对气候变化，实现绿色发展，碳交易应运而生。③ 碳披露项目（Carbon Disclosure Project，CDP），是由机构投资者发起成立的国际性合作项目，允许国家或公司自愿进行碳配额交易以实现低成本减排的一种灵活机制，也是碳交易信息披露和报告的主要形式（谭德明和邹树梁，2010）。碳信息披露项目为企业利益相关者提供气候变化所引起的碳风险、机遇、战略、管理和治理等方面信息，构建一个相对完整的碳信息披露体系，可以助推企业绿色发展适应气候变化。

最后，企业可通过研发绿色生产技术以适应气候变化。绿色生产技术体系的构建包括技术创新、提高能源利用率以及建设低碳节能建筑等。① 在技术创新方面，投资新型低碳技术或者生产低碳产品以开发新市场。比如，清洁技术是企业投资和金融资本投资的一个重要方向（王雪臣等，2009）。通过技术创新进行差异化产品投资，参加碳交易和未来的碳金融市场，获得新的利润增长点。提高产品技术含量，降低产品能耗及温室气体排放量，调整产品出口结构。促进企业低碳技术创新，与高校或研究机构进行合作，搭建产学研合作平台；成立绿色企业联盟，联盟企业共同承担技术研发费用，共享技术成果。实施绿色营销，进行技术研发，加大研发资金投入，加快低碳产品研发，加强低碳技术知识产权保护和低碳技术交易的授权管理（王雪臣等，2009；张波等，2014）。② 提高能源利用率方面，不断提高单位产品生产效率，从而降低单位产品碳含量。利用可再生能源，使用清洁能源进行替代；提升二氧化碳循环、捕获和贮藏技术，使用碳封存的办法，例如，碳吸收和碳储存技术，将人类活动产生的碳排放物捕获，并安全储存起来（张波等，2014）。③ 建造低碳节能建筑方面，可以最大限度地节约资源、减少碳排放污染，与自然和谐共生的建筑。低碳基础设施及节能建筑的实现可从施工方案、节能材料加工、再生能源利用等多方面入手（王雪臣等，2009）。在设计、建造、使用上减少资源消耗；多使用经济且高效的保温、隔热材料；多使用清洁能源、可再生可循环的材料，降低环境污染等。

17.3.3　企业外部合作

企业可以通过加强与外部合作来推动自身的适应性发展。在外部合作方面，为建立专门碳排放考核体系，保证企业能够成功地实现向绿色转型，企业可聘请第三方权威机构提供专业气候变化风险机遇评估及提出应对机制，为企业共同建立一个长期有效的低碳排放考核评价体系，根据每次的评估结果与所有利益相关者协调以解决被发现的问题（王雪臣等，2009；张波等，2014）。同时，基于内外部环境的变化，该机制需要根据企业发展不断调整和完善，实现内在驱动的绿色发展需求。

企业还应积极参与国际合作，由于目前先进绿色技术仍掌握在发达国家手中，受《京都协定书》和《联合国气候变化框架公约》等国际协约影响，绿色技术由发达国家向发展中国家传播，促进了国家之间低碳技术交流与国际碳交易项目合作（王雪臣等，2009）。一方面，企业应积极参与国际碳交易项目，以温室气体排放权换取国外先进低碳技术，并将其消化和吸收，提高自身竞争力；另一方面，通过争取国际金融机构、政府部门的补贴和资金援助，拓宽应对气候变化的资金渠道。同时，在应对出口壁垒时，企业应采取主动应对策略，加快低碳产品研发，调整产品出口结构（王雪臣等，2009）。采用国际标准，加强国际认证，实施市场多元化战略，分散市场风险，降低贸易摩擦，减少出口遭遇贸易壁垒的风险。

【推荐读物】

1. 李安周，罗榜圣. 企业环境管理［M］. 重庆：重庆大学出版社，2005.

2. 高广阔. 跨国公司绿色管理［M］. 北京：经济管理出版社，2007.

3. 牛晓叶，CNPeReading. 我国企业低碳行为信息披露的价值相关性研究［M］. 北京：中国财政经济出版社，2015.

4. 王丹丹. 低碳管理基于组织合法性的企业低碳管理模式构建［M］. 北京：人民邮电出版社，2016.

5. 世界自然基金会"中国企业低碳发展之音"项目组. 企业低碳领导力聚焦未来经济发展新机遇［M］. 北京：中信出版社，2009.

第 18 章 社区

【本章导读】

本章回顾了以社区为基础的适应提出背景，从主体、内容、手段、目的四个层面阐述了以社区为基础的适应内涵，结合相关社区面临问题及适应措施（"硬"适应、"软"适应及"双"适应）从单一评估和混合评估两个角度阐述了以社区为基础的适应评估框架。

早在 2013 年 9 月，政府间气候变化专门委员会（Intergovernmental Panel on Climate Change，IPCC）第一工作组发布的评估报告就指出，全球气候变暖是不争的事实，温室气体的持续排放将引起进一步变暖以及气候系统各组成部分变化，即便停止二氧化碳（CO_2）排放，气候变化影响也会持续数个世纪（IPCC，2013）。在气候变化减缓行动难以于短期内削弱气候变化及其影响的情况下，制定气候变化适应政策、采取主动的适应行动更具有紧迫性和实效性，成为不容回避的全球课题（UNFCCC，2007）。为了减轻气候变化对经济社会发展的不利影响，中国政府先后出台了《国家适应气候变化战略》（2013）和《城市适应气候变化行动方案》（2016），目前正在编制《国家适应气候变化战略 2035》，以构建适应气候变化的新模式。气候变化适应涉及多个空间层级，以社区为基础的适应（Community Based Adaptation，CBA）由于具有成本低、成效显著及实践性强等优点，已成为国外学术界研究的热点，但尚未引起国内学术界的重视。本章通过对国外有关 CBA 内涵、实践与评估等内容的分析，为中国推进 CBA 相关研究及实践提供借鉴。

18.1 社区适应的内涵

1990年IPCC首次评估报告将适应（Adaptation）与限制（Litigation）[①]并列为应对气候变化的两项基本策略（Pnuma，1991）。根据IPCC报告和《联合国气候变化框架公约》（United Nations Framework Convention on Climate Change，UNFCCC，以下简称《公约》）的各次缔约方会议（Conference of the Parties，COP）可将气候变化适应划分为三个阶段（图18-1）：① 适应从属于减缓阶段（1990—2001年），主要关注气候变化减缓问题，气候变化适应相关的内容主要集中在目标、原则、机制设计等方面，并未对"适应"一词作出任何明确界定，在此阶段，"适应"仅作为"减缓"政策目标和评价标准而存在（Smithers and Smit，1997），2001年第7次缔约方会议（COP7）开始初步涉及适应行动。② 适应与减缓并重阶段（2002—2010年），单独成立气候变化适应基金委员会并制定了具体行动计划。在此阶段，学术界对气候变化适应持三种主要观点："自然适应论"、"限制适应论"和"支持适应论"。"自然适应论"认为适应是自然而然的发生，无需人为干预；"限制适应论"甚至认为过多的干预反而会限制减缓制度的实施；"支持适应论"认识到适应在应对气候变化中的重要作用，主张适应与减缓同等重要（Kates，2000；Swart and Raes，2007；Burton，2008）。③ 全面适应行动阶段（2011年至今），《巴黎协定》和《卡托维兹细则》相继通过，气候变化适应进入实践阶段，一套自上而下的气候变化适应政策体系初步形成。在此阶段，气候变化适应在全球科学和政策讨论中占据重要地位，被视为解决气候变化危机的重要举措。

随着全球气候变化适应举措的不断深入，一些学者认为自上而下适应治理模式属于精英治理，具有严重的官僚主义色彩，运行时间短暂且成本昂贵（Rollin and Chambers，1997；Rao，2004）；也有学者提出自上而下的气候变化适应方法优先考虑基础设施项目对气候变化影响的技术响应，不能为最易受气候变化影响的弱势群体提供长期适应支持（Reid，2016）。在此背景下，基于社区的适应（CBA）应运而生（Ayers and Forsyth，2009），这种自下而上的以社区为基础的适应模式具有强化当地利益相关者交流、调动当地知识、减轻行政负担、提高当地责任感和透明度及改善目标人群状况等潜在优势，引起了地方政府、机构和学者关注（Berkhout，2011；Jacomina et al.，2010）。尤其是

[①] 1995年IPCC第二次评估报告起改为减缓（Mitigation）。

《联合国气候变化框架公约》缔约方大会等国际会议中，CBA 受到越来越多的关注，CBA 实践案例也越来越多地被整合到 IPCC 报告中。

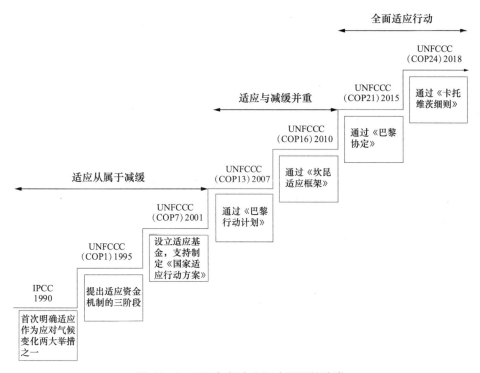

图 18-1　国际气候变化适应议题的演进

CBA 的内涵主要从社区适应主体、内容、手段及目的等层面展开（表 18-1）。① 适应主体，即认为 CBA 是指社区内部利益相关者及实践者为了应对、减轻社区存在的气候风险而开展的一系列活动，强调 CBA 中的利益相关者。② 适应内容，是将 CBA 确定地方特色的研究策略和行动，并制定应对气候变化的适应举措，将制定适应策略和行动作为关键。③ 适应手段，将 CBA 定义为借助社会（当地）资本和当地知识协调社区活动使其能更好地适应气候变化冲击，将当地资本和知识看作实现社区气候变化适应的重点。④ 适应目的，认为 CBA 是帮助社区降低气候风险带来的损失并适应当地气候变化，将降低气候风险损失当作 CBA 的主要目标。

当前对于 CBA 内涵界定尚未达成共识，但从各自定义中可归纳出如下主要特征：首先，CBA 是一个基于本地需求、资金、知识和能力的社区主导的过程。其次，CBA 使社区利益相关者能够制定气候变化适应计划和实施方案。再次，CBA 使气候变化适应战略与旨在满足社区需求的发展战略相结合。最后，CBA 是一种通过加强人们对社区内未来风险的认识，结合科学信息和本地知识来应对气候变化风险的机制。多角度解读 CBA 导致各研究之间关注重点差异较大，同时 CBA 与社区韧性、社区脆弱性等概念容易混淆。

CBA 内涵　　　　　　表 18-1

层面	内涵	作者（年份）
社区适应主体（利益相关者）	地方利益相关者以及发展和减少灾害风险的实践者基于本地实际参与、制定并实施适应性发展战略以有效应对地区气候变化和极端情况	Leroux（2005） Ayers 等（2009） Mohammad 等（2015）
社区适应内容（制定策略）	确定地方特色的研究策略和行动，并制定应对气候变化的适应举措	Huq 等（2007） Livengood 等（2012） Dodman 等（2013） Kirkby 等（2017）
社区适应手段（社区资本、社区知识）	居民借助社区资本（地方知识）协调社区行动以实现适应气候变化等共同目标	Ebi 等（2008） Ayers 等（2013）
社区适应目的（降低风险）	将当地知识与科学技术专长相结合帮助社区降低风险并适应气候变化	IPCC（2007） Magee（2013） Forsyth（2013）

18.2　社区适应的实践

随着国际社会对 CBA 重视程度提高、扶持力度加大，受到气候变化严重影响的国家正在逐步开展社区适应实践。通过社区适应的实践地区、面临问题及适应措施三个层面对当前 CBA 实践状况进行概述（表 18-2）。

CBA 实践类型比较　　　　　　表 18-2

属性	实践地区	面临问题	适应措施	作者（年份）
"硬"适应	菲律宾甲米地	海平面上升、热带气旋、侵蚀、洪水及盐水侵入地下水等	建造高跷房屋、改良房屋物理结构、移民、放置沙袋及开展替代性创收活动	Reid 等（2007）
	肯尼亚基图伊	干旱	修筑"沙坝"（成本低、效益好）	Lasage 等（2007）
	俄勒冈州波特兰市	城市热岛、环境污染	装绿色屋顶、增加植被及建造用于悬挂花园的格子等	Ebi 等（2008）
	孟加拉国	季风降雨的减少（干旱）、沿海洪水、风暴潮、海水入侵及河岸侵蚀等	生物方法防治害虫、小池塘灌溉（农业整合技术）、改进农作物生产技术（改良水稻品种、种植南瓜）	Islam 等（2015），Karim 等（2017）

续表

属性	实践地区	面临问题	适应措施	作者（年份）
"硬"适应	韩国釜山	洪水	修建绿色屋顶、透水路面停车结构、排水设施、维修屋顶凉爽房屋以及安装雨水收集设施	Donghyun等（2018）
	尼泊尔	洪水，干旱，滑坡等	构建天气信息系统	Adish等（2018）
"软"适应	太平洋地区	海平面上升、海岸侵蚀、风暴潮、洪水等灾害	模拟演习、灾害管理培训、制定社区灾害计划	Gero等（2011）
	密克罗尼西亚联邦	海平面上升、海岸侵蚀、暴雨事件增加、珊瑚褪色和海洋酸化等	制定海岸线保护方案	Hagedoorn等（2019）
	澳大利亚新南威尔士州猎人谷	海平面上升、海岸侵蚀、极端降雨、洪水、风暴、大火和热浪	关注环境与社会正义、树立可持续发展观念、宣传生态系统方法、制定适应性计划等	Giuseppe（2019）
	阿拉斯加	海洋变暖，冰川融化，海冰面积减少和永久冻土融化	出台减灾政策、实施搬迁计划	Robin等（2019）
"双"适应	挪威的芬马克市、俄罗斯的阿尔汉格尔斯克州	温度升高、物种入侵、暴风雨和强风	捕捞配额许可、规定小船捕鱼的捕捞范围及改进现有捕鱼业技术	Keskitalo（2010）
	斐济德鲁瓦岛	水资源短缺、水质差、海水侵蚀及沿海鱼类资源减少等	禁止砍伐、开展社区水管理培训班、开发家庭雨水收集系统等	Patrina（2010）
	孟加拉国	洪灾、盐碱地侵蚀农业用地、风暴和飓风等	出台《国家适应行动纲领》（NAPA）并构建浮动花园、水培法、改造房屋、安装密封淡水容器	Ayers等（2013）
	北极	冰川融化	利用土著知识制定适应政策、共享食物和设备	Ayers等（2013）

从实践地区看，CBA实践活动的开展主要集中于气候变化影响最为严重的地区，这些地区多为经济基础薄弱、生态环境脆弱的发展中国家，如菲律宾、孟加拉国等。从面临问题看，开展CBA实践活动的地区主要遭受着海平面上升、洪水及干旱等主要气候灾害的影响。从适应措施看，可分为"硬"适应、"软"适应及兼具二者的"双"适应三种类型（Heltberg et al, 2012）。①"硬"适应是指看得见、摸得着的物质力量变化，是社区开展气候变化适应实践的有

形载体。社区"硬"适应实践主要集中在房屋改造、水利设施构建、农业技术改进及信息系统建设等方面，为当地社区有效应对气候变化风险（洪水、干旱、海岸侵蚀及风暴潮等）提供物质保障。②"软"适应是相对于社区基础设施建设等"硬"适应而言的，指一个社区适应文化、适应观念及适应制度等影响社区适应潜力和感召力的因素。社区"软"适应实践主要集中在社区适应文化培训、灾害制度建设、适应发展计划制定等方面，有利于社区居民对适应实践的理解，更好地推进"硬"适应。③"双"适应是在将"硬"适应与"软"适应结合起来，从物理设施建设到文化制度宣传全方位开展社区适应实践，提升社区气候变化适应水平。

在 CBA 实践领域，需要进一步增加社区气候变化适应的实践研究，扩大 CBA 的应用范围，使其不仅包括发展中国家，还包括极易受到气候变化影响的发达国家；另一方面，应强化社区"硬"适应设施和"软"适应制度建设，将 CBA "双"适应措施普遍应用于脆弱地区，有助于气候变化适应问题纳入地方发展主流。

18.3 社区适应的评估

对 CBA 进行评估，有助于了解目前社区适应实践开展的基本状况，也是进行预判和后续决策的重要前提。CBA 评估主要包括两个方面：① 监测社区脆弱性水平。即通过对社区地质、气候及水文等状况进行监测，帮助当地居民了解社区的脆弱性水平，为下一步推行具体适应政策提供参考；② 社区适应政策检验。CBA 评估是社区决策者管理社区的重要工具，通过调查当地居民对已经实施适应政策的满意程度及政策实施前后社区适应水平的变化状况，可帮助社区决策者改进决策方案，提升社区气候变化适应水平。

CBA 评估相关研究或仅采用调查数据（访谈、问卷），或将访谈与统计数据、实验数据及定性分析（SWOT 分析）等结合起来对社区的气候变化适应状况进行量化评估。根据使用评估方法的数量将其归为两类：单一评估和混合评估两类（表 18-3）。

单一评估只包含访谈法（半结构化访谈、非结构化访谈），主要在非正式环境中使用，其特点是定性开放式的问题设计能获得更加全面的信息，有利于扩大被调查者范围（部分对文字理解有困难的人群），同时，该方法还具有收集简单、易于操作等优点，而在 CBA 评估中最为常用。

CBA 评估类型与方法比较　　　表 18-3

	评估方法	调查对象	评估指标	结论	作者（年份）
单一评估	半结构化访谈	挪威北部的芬马克市、俄罗斯西北部的阿尔汉格尔斯克州居民	社会经济状况、气候变化感知及适应政策	政府政策与地方自适应政策存在冲突	Keskitalo 等（2010）
	非结构化访谈	斐济德鲁瓦岛居民	家庭经济状况、气候风险感知	供水系统得以改善、适应知识水平提升	Patrina（2010）
	半结构化访谈	澳大利亚新南威尔士州猎人谷居民	气候变化感知、气候变化适应及减灾方式、利益相关者关系	对工作的指导和培训、提供设备和小型项目赠款，提升社区自适应能力	Giuseppe 等（2019）
混合评估	访谈+水文建模（对照试验）	肯尼亚基图伊地区居民	地理状态、脆弱性、自然质量、食物能力、产业能力	沙坝是对适应干旱具有积极的效果	Lasage 等（2007）
	访谈+问卷	印度锡金喜马拉雅山高寒地区居民	气候变化感知、适应策略和应对机制	高气候变化感知能提升社区灾害应对水平	Tenzing（2017）
	访谈+实验（测试温度、pH值、盐度等）	孟加拉国居民	气候参数、池塘特征及相关生计因素	有效池塘的管理策略有利于改善水质	Golam（2018）
	访谈+离散实验	密克罗尼西亚联邦居民	人口特征指标、感知指标、社会资本指标及家庭适应	社会资本对于促进社区适应具有重要作用	Hagedoorn 等（2019）
	访谈+SWOT分析	韩国釜山居民	探讨社区适应的内部优势、劣势，外部的机遇和威胁	针对的适应举措有效改善社区灾害损失程度	Donghyun 等（2018）
	访谈+统计数据	太平洋萨摩亚居民	家庭结构、市场参与、风险感知	市场参与能提高人们的适应能力	Vickers（2017）
	访谈+统计数据	印度西孟加拉邦居民	暴露性、敏感度和适应能力	多种因素会对地区渔业社区适应性发展造成冲击	Aparupa 等（2019）
	访谈+电话会议	阿拉斯加、昆哈加克居民	人口特征、气候风险感知及灾害适应	监测效果未知	Robin 等（2019）

混合评估将访谈法与其他方法（统计数据、实验数据和定性分析等）结合使用，一方面，有效避免访谈法自身弊端（主观性强、大面积推广困难及信息扭曲等）；另一方面，有利于更全面地获取被调查社区适应现状、全面评估 CBA 水平，为推行社区气候变化适应政策提供数据支撑。

在 CBA 评估领域，当前多使用能全面了解社区适应现状及居民意愿的混合评估，但多以调查研究为主，调查问题设计缺少科学论证，对社区适应政策评估仅停留在短期，而缺少长期的监测和回访。此外，评估数据多为抽样数据，数据能否代替整体效果有待进一步考证，未来在评估社区的气候变化适应水平时如何科学合理地设计问题，获得长期、大范围数据会是一个难点。

将适应理念引入了空间上最具实践意义的社区，改变过去应对气候变化单纯依赖政府和社会力量，将社区居民作为应对社区气候变化风险的主体，这对社区气候变化适应具有重大意义。未来需要做好以下三个方面的工作：在社区发展层面，理性认识到气候风险对于社区发展的限制作用，创造一个安全的社区环境，将社区适应水平提升作为社区发展目标，制定《社区适应行动指南》，为社区居民提供行为决策参考。在社区规划层面，进行系统互联网络建设，构建气象灾害预警系统，应用 3S 技术为社区应对气候风险提供完善的技术支撑（Castro et al., 2002），使社区为应对气候变化做好物质与技术准备。在社区管理层面，加强利益相关者交流沟通，搭建政府、企业、居民、科研及社会团体等利益相关者合作平台，实现社区管理主体多元化。此外，还可以通过培育社区居民个体的适应能力，促进社区整体适应实践推行。持续有力地推动社区适应发展朝着协同性、自组织性方向深度延伸和拓展，能为更高维度的城市适应战略推进奠定微观基础。

【推荐读物】

1. Shaw, Rajib, Fuad Mallick, Aminul Islam, et al. Climate change adaptation actions in Bangladesh [M]. New York: Springer. 2013.

2. Magee T. A Field Guide to Community Based Adaptation [M]. New York：Routledge，2013.

3. E. Lisa F. Schipper, Jessica Ayers, Hannah Reid, et al. Community-Based Adaptation to Climate Change [M]. New York: Routledge, 2014.

第 19 章 青年

【本章导读】

本章讨论了气候变化对青年在健康、教育和就业方面产生的影响，根据其影响和现有研究，从适应性发展的角度出发，提出了青年需要进行能力适应、教育适应和就业适应；同时，考虑到青年在实际参与和执行适应行动上仍面临多重障碍，相应地提出了需要建立青年参与机制，提高青年的气候认知并提供培训和资金等措施，促进并保障青年应对气候变化的适应性发展。

随着对气候变化关注度日益提升，人们已认识到仅靠减缓不足以应对气候变化的影响，气候变化带来的挑战和威胁需要社会适应（Holmström，2015）。青年是未来的引导者，在气候变化中是重要的目标群体，也是执行缓解和适应项目的关键行为者，对促进社会适应和降低风险都有很大帮助。据联合国环境署的一项调查显示，73%的受访青年感受到了气候变化的影响；80%的受访青年认为，年轻人可以在气候变化方面有所作为（Van，2019）。在这种情况下，呼吁和推动青年主动参与气候变化的适应行动显得尤为重要。

19.1 气候变化对青年的影响

青年是整个社会群体中不容忽视的一部分。一方面，作为世界舞台未来的主人，承担着推动世界经济社会发展的重要责任；另一方面，青年还面临着气候变化这一国际性议题对其造成的种种影响，气候变化不仅改变了青年目前的生活方式和社会环境，而且对其在日益全球化的世界中实现安全和可持续发展可能性提出了挑战。这些挑战集中于青年福祉领域，主要体现在青年健康、教育和就业等方面（Gbedemah et al.，2011）。

19.1.1 青年健康

气候变化被视为 21 世纪全球最大的健康威胁，对青年的身体与心理健康都产生了直接或间接的影响（Watts et al., 2018）。气候变化一定程度上破坏了人们生产生活最基本的健康环境需求，使人们暴露在缺乏干净空气、清洁水资源和充足食物等一系列生命基本保障资源的恶劣环境中。其中，由于儿童和青年仍在身体发育阶段，生理防御系统尚未发育完全，抵抗力较差，很容易直接受到气候变化和极端天气带来的健康威胁：如强风暴、干旱、高温等事件引发的粮食短缺和水污染问题会导致青年出现营养不良、脱水腹泻等状况，增加疟疾等疾病的发生率，进一步造成青年死亡率的上升（Sanson et al., 2018）。除此之外，洪水泛滥、海平面上升等气候变化现象为一些传染病或寄生虫病的产生与传播提供了温床，儿童和青年对气候环境变化的适应力较差，很容易感染这些疾病，特别是对于生活在低收入和中等收入国家的儿童和青年来说，被感染的风险更大（Garcia and Sheehan, 2015）。

青年在经历气候变化过程中普遍抱有消极与悲观心态，这些负面情绪严重影响了青年的心理健康。例如，经历了卡特里娜飓风和 2010 年巴基斯坦洪灾的青年儿童长期以来受到创伤后应激障碍、抑郁、焦虑、失眠、认知障碍等心理问题的困扰（Madrid et al., 2006; Gibbons, 2014）。气候变化的不确定性干扰也使得青年容易产生失落、无助、绝望和恐惧等情绪反应。此外，当居住环境受到气候变化的破坏时，家庭带给青年的安全感随之减少，这很大程度上会增加青年与父母之间的矛盾，容易滋生家庭暴力和虐待青年儿童等现象，影响家庭和谐关系，这些家庭内部出现的冲突暴力也会严重影响青少年身心的健康发展（Clayton et al., 2017）。

19.1.2 青年教育

气候变化对青年教育的影响主要体现在主观和客观两方面。主观地讲，气候变化引起的青年心理健康问题一定程度上会影响青年的学习状态，造成教育质量下降。客观来说，一方面，根据气候变化研究预测，风暴、热浪、暴雨、洪水和山体滑坡等极端事件的频率将持续上升，人员生命和经济资产将面临毁灭性损失。在大部分发展中国家，农业生产是维持大多数贫困与边缘地区家庭生计的来源，当极端天气对农作物产量造成影响时，这些地区的家庭收入减少，可能无力支付学费，青年这一重要劳动力来源被迫从学校退学，进入劳动力市场赚钱补贴家用；在许多发展中国家，由于传统上女孩受教育不够重视，这种现象对女孩的影响往往大于男孩（Sanson et al., 2019）。另一方面，洪水和其他气候灾害事件的频发导致校舍遭到破坏，青年会暂时失去接受教育的重要场所，造成教育停滞；气候灾害造成的房屋损坏也使青年无家可归、生活环境恶劣，大大影响了青年的学习能力，导致教育落后。

19.1.3 青年就业

在就业方面，气候变化对于青年的影响具有积极和消极两方面。

积极层面，气候变化促进了各行业的结构调整，创造了大量绿色就业机会。例如，尼日利亚为应对气候变化的影响，在能源产业的投资上开始转向可再生能源行业，这不仅促进了该行业数量的崛起，同时也扩大了该行业的就业空间（Adewale et al., 2013）。另外，气候变化造成的能源价格上涨和国际社会对碳定价的努力可能会提高可再生能源技术的竞争力，对低碳技术的研发需求从长远来看也增加了社会对青年劳动力的需求。

消极层面，气候变化会导致青年的非自愿性失业。如气候变化造成的部分行业供需失衡会导致结构性失业，对生产消费的影响会造成季节性失业。青年一方面受到这些变化的冲击，面临就业不足和失业的风险；另一方面，发展中国家的贫困青年群体被迫辍学就业，但由于文化水平较低，只能在一些非正式部门工作，易受加班、低薪等职业现象的影响。为了摆脱这种困境，贫困青年可能会选择通过移徙、移民的方式获得高质量工作，但这又意味着他们需要脱离原有的社群，使自己适应新的工作与生存环境，甚至仍有可能无法满足自己对较高薪酬的需求；同时，移民存在着极大的迁徙成本，移民青年在此过程中丧失了归属感，这会加剧社会不平等现象，导致社会动荡（Celia et al., 2012）。此外，气候变化使就业竞争更加激烈，雇主解雇雇员变得更容易，这导致雇主对年轻员工的态度逐渐恶化，如那些在垃圾场等恶劣环境中工作的青年甚至不会被提供相应的防护设备；残疾和患有慢性病的青年、有色人种以及女性等相对弱势青年群体也容易在就业中受到歧视。

19.2 青年应对气候变化的适应性发展

适应性发展是在不对人类主体和生态系统的福祉产生不利影响的情况下，

减轻气候变化带来的风险并提高可持续发展水平的一种发展观,它既关注适应又强调发展(Agrawal and Lemos., 2015)。气候变化下,青年的适应性发展不仅要求青年能对气候变化带来的影响做出及时的行动反应,还要求青年要注重适应能力的提升,促进自身的可持续发展,实现对气候变化风险的管理,而不是"被管理"。总的来说,青年的适应性发展可以从能力适应、教育适应和就业适应这三方面入手。

19.2.1 能力适应

能力建设是指个人或组织获得、加强和保留使其能够实现既定目标的知识或技能的过程(Amponsem et al., 2019)。加强个人知识和技能可以使青年在面对新的气候挑战时更好地采取行动,气候变化的长期负担和可持续过渡的紧迫责任给青年带来了多重复杂挑战,青年急需培养必备的能力,以适应日益复杂的气候状况。

首先,青年要提高情绪调节能力和人际交往能力。气候变化导致青年产生的负面情绪很大程度上会影响青年行动能力,不同的情绪处理方式会影响青年学习与道德能力的发展。在关于青年应对与气候变化有关的情绪研究中,一些学者总结了三种情绪应对方式:以问题为中心的应对、以情绪为中心的应对和以意义为中心的应对(见表19-1)(Ojala, 2012)。其中,倾向于使用以意义为中心的应对方式的青年更能建立积极情绪并体验到幸福感。此外,有关青年弹性的研究表明,人际交往能力也是青年适应最有价值的特征之一,主要包括掌握谈判、解决冲突以及与他人合作的能力(Masten and Cicchetti., 2016)。

青年应对气候负面情绪的方式　　　　　　　　表 19-1

应对方式	以问题为中心的应对	以情绪为中心的应对	以意义为中心的应对
含义	解决和试图解决导致负面情绪的问题/压力源	调节或消除由问题/压力源引起的消极情绪	聚焦积极情绪的激活和消极情绪的减少
应对策略	以个人问题为中心的策略: • 准备行动,包括思考问题,寻找信息,制定行动计划; • 直接行动,将环保行为纳入日常生活中; • 聚集集体问题的应对:强调通过共同努力来解决问题	• 不强调气候问题的严重性; • 远离被感知到的威胁所引发的负面情绪; • 分散注意力; • 社会支持,通过与朋友和亲戚之间的交谈来调节对气候变化的担忧; • 以沉思方式关注忧虑和内疚的负面情绪,并对此表示无助	积极的重新评估问题,将最坏的情况转变为积极的情况 • 积极思考,充满希望; • 信任:对外界不同来源的信任: – 科技发展; – 政治家; – 企业; – 环境活跃的人和环境组织; – 宗教信仰

其次，青年要培养主动创新和善于应对危机的能力。气候变化问题是复杂的、不确定的，面对难以预料和极具破坏性的气候危机，创新能扩大青年生计来源的替代选择，使其能够适应并积极应对极端天气事件带来的挑战（Fadzil et al., 2017）。要获取创新能力，青年需要借鉴前人的丰富知识和经验，树立批判性思维，并通过不断的实践训练来把握这一核心技能。在培养应对危机的能力上，掌握气候知识是确保青年充分参与适应气候变化影响的一个关键点，青年需要主动了解气候知识，提高气候变化风险感知能力和分析能力，以便及时做好应急准备、减少损失（Stevenson et al., 2014）。

最后，青年应学习如何有效的倾听和探究，提高对气候变化相关信息的搜集和分析能力，并增强对媒体等其他媒介传播的气候信息的辨别能力，避免被夸张报道引导产生气候焦虑情绪（Haynes and Tanner, 2015）。此外，针对各个国家参与气候变化行动的青年领导来说，决策能力的建设同样不可忽略。在中国，青年应对气候变化行动网络（China Youth Climate Action Network, CYCAN）开展的中西部气候适应青年干预项目就致力于培养青年对气候适应议题的关注、调研和干预能力，并通过搭建青年气候实践的参与式平台，鼓励青年以社会创新的方式推动贫困地区生活质量和风险应对能力建设（CYCAN, 2020）。

19.2.2 教育适应

青年教育是青年应对气候变化增加弹性和复原力的关键。教育机会的丧失并不意味着教育资源的丧失，青年教育适应应致力于挖掘各种获取教育的机会和青年自主学习意识的培养。

第一，青年可以开展互帮互助式的合作学习。合作学习能够促进知识的流动，为无法接受正规教育或已退出正规教育的青年提供学习机会，在气候变化知识的学习上，合作也能实现知识的互补，增加更脆弱青年应对气候变化的弹性。同时，青年知识展也是青年建立关系和相互支持的一个独特机会。青年知识展的学习环境具有一种文化安全的特点，在这种环境中，年轻人可以安心地分享自己的想法，并通过故事或可视化交流等有趣方式吸引更多青年参与进来（Mackay et al., 2020）。

第二，社交网络是青年获取知识的一个有效途径，蕴含着巨大的教育潜力。青年一方面可利用各种社交平台，如 YouTube、Flickr、Delicious、微博等，合理地开展有关气候知识方面的思想交流和观点碰撞，在互相博弈中升华思想、丰富自身知识储备，以加强对适应气候变化的深刻见解，主动地开展适应行动（Duran-Becerra et al.，2020）。另一方面，社交网站的个性化功能能够实现定制化学习，青年可以按照实际所需进行学习资源的筛选和重组，进行针对性的学习（Greenhow and Christine，2011）。此外，网络上丰富的线上课程对于被迫辍学的青年来说，也是实现可持续教育的重要资源之一。

第三，青年自身需要培养自主学习意识并树立终身学习的态度，在气候变化的背景下，教育落后会增加青年脆弱性。由于气候变化的原因在一定程度上与人类活动有关，青年需要通过主动学习来识别这些活动并改变，选择气候友好型以及能够适应气候变化的生计活动。另外，考虑到气候变化是一个长期过程，并且对青年影响是长久的，青年对气候知识的学习相应地也应是持续性的。只有掌握足够的信息，青年才能更好适应各种气候状况（Ensor and Marisa，2013）。

19.2.3　就业适应

针对气候变化导致的失业，移民是青年最常见的适应方式，它被视为获取资金和技能以应对作物欠收和耕地损失造成的收入与生计损失的一种方式（Pryce et al，2012）。但对于非技术性移民来说，寻找到一份体面的工作也绝非易事。研究表明，掌握东道国的语言是移民就业成功和加快的关键因素，精通当地语言会被雇主视为可靠的标志（Heikkilä et al.，2020）。此时，青年移民可以通过交友和利用社交网络来促进自身与移民地的融合，以便迅速掌握当地语言促进就业落实。此外，青年还需要主动去接受就业技能培训来增加其后续就业的灵活性。

在再就业选择上，抓住绿色就业机会是青年适应气候变化的一个重要策略（Mackay et al.，2020）。近年来，气候变化的影响已得到各个国家的高度重视，国家发展开始向绿色低碳、绿色经济转变，绿色产业和绿色就业在全球范围内显著增加。这不仅为青年提供了急需的就业机会，从事绿色工作还代表了青年直接为抗击气候变化做出的一种贡献。另外，青年在就业选择策略上应牢牢抓住受气候变化引导的未来产业发展趋势，着眼于未来劳动力市场的潜在需求，以保证未来就业稳定。

青年创业也是青年参与适应努力的一个选择。青年作为创新者在中小型企业中发挥着重要作用，同时这些企业具有的投资和融资潜力也能为青年创业提供资金支持。在失业率特别高的发展中国家，青年创业率正在上升，适应行动对于确保许多年轻人的投资、就业和收入至关重要。这些青年企业进入大型私营企业的供应链也意味着其适应努力开始成为全球供应链适应的一个组成部分。在撒哈拉以南非洲和亚太地区，越来越多的年轻人领导的科技创业公司在农业、能源和废物管理方面提供和使用适应解决方案，不仅促进了当地私营部门的增长，同时也增加了青年的就业机会。

19.3 推动青年适应性发展的措施

青年是变革的推动者，促进青年的气候适应性发展和加强青年对适应战略的参与，能使其在普遍的适应实践中站稳脚跟，从而为整个机构的适应提供助力；反过来，这又会增强年轻人对自己作为变革推动者的认知，为更具变革性的适应提供空间。在过去几年，青年参与气候变化治理的重要性得到广泛关注，但在实际参与和适应行动执行上仍面临多重障碍，如青年参与的象征性、青年气候认知不足、缺乏技能培训和资金支持等。为了保障青年气候适应行动的开展，可从以下几点来考虑。

19.3.1 建立青年参与机制

青年的适应能力需要在实践参与中得到训练。在青年参与形式上，联合国开发计划署提出有效和有意义的青年参与主要有三种形式（UNDP，2015）：一是青年协商参与，这意味着在有关气候适应的高级别磋商进程中应考虑到青年人的声音。在这种形式中，应就明确的任务与青年进行协商，并提供透明和全面的信息，以便青年能够充分并有效的参与气候适应战略；二是青年主导参与，在这种参与形式中，青年可以通过学生会、青年议会、其他青年领导的运动和民间社会组织等平台直接影响社区内的决策；三是青年合作参与，即青年人作为选民、议会成员、政党或宣传团体积极参与定期的政治决策过程。为了承认青年是主要贡献者并避免做表面文章，应同时赋予青年实权以促进三种形式的青年参与。青年作为气候变化影响最长久的一代，在应对气候变化的行动政策磋商和制定中都应享有相对的权力，赋予年轻人权力，让其相信自己拥有变革的能力，这对于成功的适应来说是至关重要的。国际公众参与协会认为，青年在气候变化相关议程的参与程度从赋权的层面来看可分为五个阶梯——"参与的阶梯"（图19-1），青年参与应攀登通向真正赋权的阶梯（International Association for Public Participation，2007）。

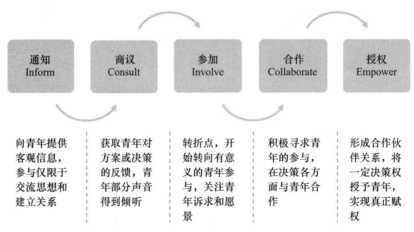

图 19-1 参与的阶梯

以青年为中心的参与式视频是青年参与的一种创新方式，也是增加青年权能和复原力的一个有效工具，有助于促进当地社区的年轻人参与，使其有机会表达对减少灾害风险和适应气候变化的关切。在国际计划的支持下，巴西的实证研究表明，参与式视频不仅可以影响决策者，最重要的是能使年轻人了解气候变化在生计和未来方面可能产生的影响，并据此及时作出适应反应（Trajber et al.，2019）。此外，青年参与机制还应具有一致性、透明性和各级决策的问责制，相关机构必须用正式的、包容的和慎重的过程取代表面上的安排，设立专门机构用于审议和评估青年建议，及时向青年对气候的关切作出回应和承诺。

19.3.2 提高气候变化认知

青年对气候变化的认知会影响青年开展气候适应行动、进行适应性发展的意愿。帮助青年树立对气候变化的正确认知，需要借助教育和宣传这两个手段。

气候变化教育被认为是解决绝望和激励行动的一个有用战略，提高青年参与适应的质量和力度，一要保障教育和学习的机会，这些机会能够促进青年对气候变化关键问题的理解，帮助青年建立希望、发现适应机遇以及减少青年在应对气候变化上的无力感。如英国一个名为"未来青年海岸"的创意青年气候项目以参与性游戏和故事讲述等方法为青年创造了教育机会，这很大程度上推动了青年对气候变化进行更深入的学习，并且增强了其行动的有效性（Dyle，2020）。二是将气候变化纳入义务教育和基础教育课程中，使青年在适应气候变化影响的道路上根深蒂固（Lethoko and Mankolo，2014）。同时，要对现有气候变化教育课程进行不断更新，列入最新的气候变化内容，保证青年在关于气候知识的学习上具有先进性。其中，高等教育可以为学生在环境部门的职业生涯做准备，但许多绿色工作不大需要大学学位，这就需要进行中学课程的调整并鼓励青少年在中学修读与气候和科技有关的科目，以促进向绿色就业过渡。此外，学术界也可以在提高青年气候变化知识方面发挥重要作用，如为青年人提供参与研究气候变化项目的机会，使其在扩充知识储备的同时加强能力建设。其他还包括创建和实施体验式学习计划，把青年人与自然环境和自然资源联系起来，使其在实践中树立对气候变化的正确认知（Abbasi and Nawaz，2020）。

在气候知识的宣传上，一方面，可利用媒体或其他网络平台来进行与气候变化相关的信息传播，保障无法接受正规教育或已退出正规教育的青年能够通过这些平台来获取所需的气候信息。如德国之声的"生态非洲""生态印度"和"全球创意倡议"等网络平台，这些平台为基于社区的青年气候适应行动提供了广泛的宣传和媒体报道，能够帮助青年建立自身在适应气候变化中的作用认知。另一方面，将气候知识故事化不仅能使青年在娱乐中传承文化知识，还能对其灌输正确的道德价值观，为青年适应协作和维持更广泛的气候知识体系奠定基础，特别是对于文化程度不高的青年来说，这是一个更易于理解气候变化的途径。其中，土著讲故事的一个关键特点是经验的代际传递，它试图将年长的土著知识持有者与年轻一代重新联系起来，能够促进生态知识的传播，使年轻一代更能适应不同的环境（Llamazares et al.，2018）。

19.3.3 提供培训与保障

青年是劳动力市场上的脆弱群体之一，在气候变化的影响下，青年比成年人更容易失业。面对这种情况，只强调青年自身的适应行动是不够的，还需要在其他方面为青年就业和创业创造便利条件并提供资金支持，以保障青年在就业等方面的适应发展。

首先，政府可制定环境公共就业计划来帮助青年过渡到绿色工作（United Nations，2010）。环境公共就业计划可以向青年提供适销对路的技能和工作机会，推动其参与环境的恢复及保护。为了确保该计划的持续成功，环境公共就业方案必须包括促进青年参与者过渡到较长期就业的内容，并在公共就业规划和青年培训计划之间建立一种联系，为青年提供针对性的职业技能训练。其中，根据绿色就业培训经验来看，还需要注意以下三点：第一，为了确保高标准和工作的可转移性，必须制定职业的认证方案；第二，培训机构必须与当地雇主和行业协会密切合作，以满足新兴的劳动力需求；第三，有必要提高一些雇主对绿色行业未来潜力的认识。除了正式职业培训外，绿色实习也是培养青年环保就业兴趣和促进相关职业技能发展的重要手段。

其次，营造良好的创业氛围鼓励青年创业。政府需要降低创业准入门槛，营造有利于创业的良好环境，为青年创业提供针对性的政策支持和服务，并帮助青年识别环境保护领域中的创业机会（Uddin et al.，2015）。同时，为了确保绿色青年企业的生存能力，必须向青年提供创业培训，包括在制定商业计划和获得技术方面的支持。一旦打好了基础，还需向青年提供种子捐款和可管理的融资选择。在一些区域，特别是中东和北非，比起创业，青年更倾向于在公共部门就业，因此需要在这些地区发起青年创业精神培养的倡议，并在倡议中纳入对绿色和社会创业的更多重视。

最后，青年参与适应行动的保障少不了资金支持。青年有能力去组织并开展气候适应项目，由青年领导的适应行动也能提高气候适应产出，因此，需要创造更多的机会，为青年适应行动和气候适应项目的开展提供资金筹措的便利。在国际和地方管辖范围内，需要为专门从事适应工作的青年企业家提供更多的资金和技术能力建设。国际基金如绿色气候基金（Green Climate Fund，GCF）和适应基金（Adaptation Fund，AF）等大型多边气候基金是实现青年领导和以青年为重点的气候适应项目及方案的重要财政来源，考虑到青年面临的体制挑战，大型气候变化适应筹资机构应制定具体的筹资倡议，重点关注并鼓励青年领导的适应努力（Nhamo，2014）。地方政府和发展机构可提供创新的筹资选择，以加强青年领导的创业部门适应工作，扩大民间社会和创业部门中青年主导的适应努力（Gemma and Ibrahim，2015）。此外，还需将青年需求纳入金融机构的任务和战略中，增加机构投资在青年绿色创业上的敏感性。同时对青年在制定吸引资金的技术提案时进行指导，一方面可以举办讲习班或制作电子学习课程，发展青年技能，使其能充分了解并掌握各种可利用的筹资渠道；另一方面，可以建立一个平台用以收集和传播有关青年创业筹资机会的信息，实现青年融资的便利性。

【推荐读物】

1. 王俊. 青少年应该知道的天气和气候 [M]. 北京：团结出版社，2009.

2. 马德. 气候颠覆历史 [M]. 太原：山西人民出版社，2017.

3. [美] S·弗雷德·辛格. 全球变暖：毫无来由的恐慌 [M]. 上海：上海科学技术文献出版社，2008.

4. 郑大玮，潘志华，潘学标等. 气候变化适应200问 [M]. 北京：气象出版社，2016.

5. [澳] 蒂姆·富兰纳瑞. 是你，制造了天气：气候变化的历史与未来 [M]. 北京：人民文学出版社，2010.

第 20 章 气候传播

【本章导读】
本章以参与气候传播的五个主体（政府、媒体、非政府组织、企业、公众）为研究对象，探索当前气候传播的行为主体构成，确认各行为主体的重要角色，分别阐述其在气候传播中所扮演的角色以及应对策略。

随着国际社会对气候变化及其影响的关注，如何有效应对气候变化问题进入全球视野，引发共同应对气候变化的行动，而气候传播在这个过程中发挥关键作用。气候传播本质上是一种新社会运动，利用大众传媒特性将气候变化信息及其相关科学知识传递给大众，提升公众对气候变化的理解认知，激发公众参与气候治理热情，是解决气候变化问题的一种重要手段（郑保卫和李玉洁，2011；刘涛，2013）。行为主体在不同层次气候传播过程中开展信息传递，当前气候传播行为主体呈现多元化特点并展开互动：政府仍是主导力量，其他行为主体如媒体、非政府组织、企业和公众也积极投身于气候传播之中（王彬彬，2018；Nerlich et al.，2010）。

20.1 政府

20.1.1 角色

政府在气候传播中主要承担着三种角色，首先政府是气候政策的制定者，政府通过制定气候政策，及时向公众公布，扩大政府的气候传播影响力。同时，政府还是国际谈判参与者，政府在国际气候谈判中积极发声，与其他主体交流互动共同探讨传播战略，也是气候传播的一个重要方面。此外，政府还承担着传播平台构建者的角色，政府通过提供一个新媒介平台，扩大公众的发声渠道，进一步提高政府的气候传播水平。

1. 气候政策制定者

政府作为气候政策的制定者，其政策制定的能力和水平，很大程度上影响着社会气候传播意识。政府通过制定气候政策文件，引导社会应对气候变化。如德国政府将气候传播纳入了国家气候变化战略体系，发布在《气候变化适应战略》之中，地方各级政府也根据当地的实际情况制定了相适应的气候传播策略（Nerlich et al., 2010）。政府在政策制定的过程中，及时准确地发布气候信息，动员更广泛的社会力量参与到气候传播中来，提高政府气候传播水平。同时引导其他主体加入政府应对气候变化的战略行动，听取多方建议，促成最终气候政策的形成。近年来国务院陆续颁布了《国家适应气候变化战略》《国家应对气候变化规划（2014-2020）》等政策文件，地方各级政府也因地制宜出台了配套政策法规，并及时向社会公示教育（张丽娜和申晓龙，2015）。

2. 国际谈判参与者

政府在气候传播中扮演着国际谈判参与者的角色，国际气候谈判需要多方参与，而政府作为气候谈判和传播的关键角色，起着重要的调动、激励和沟通作用（郑保卫和王彬彬，2012）。国际气候谈判寻求的是如何解决全球气候变化问题，政府在国际谈判中与其他主体交流互动一同探讨传播战略，运用谈判和传播技巧，发展气候传播，推动谈判取得显著成果。政府通过参与国际气候谈判，增强自身的影响力和公信力，获得其他主体的助力和支持，促进各个主体一同寻求解决气候问题的方法，最终实现有效的气候传播。

3. 传播平台构建者

随着新兴媒介的兴起，传统的传播媒介已经很难满足气候传播的需要，公众更倾向于通过传播速度更快、覆盖面更广的网络来获取信息。《国务院办公厅关于加强政府网站信息内容建设的意见》明确规定了我国政府网站需要具备的三大功能，即"政府网站打造成更加及时、准确、有效的政府信息发布、互动交流和公共服务平台"（张丽娜和申晓龙，2015）。政府搭建新媒介平台，加强政府与公众之间的沟通，倾听公众的声音，充分了解公众需求。

20.1.2 策略

1. 促进气候信息公开

政府应第一时间传递国际社会关于气候变化的决议和行动，让公民掌握第一手国际气候变化资讯，了解其他国家应对气候变化的决心和方式，从而更加支持本国的气候传播事业。在信息公开的同时，协同各部门之间的信息资源、建立完备的信息共享和业务协同机制、明确应对气候变化的立场和方向。政府根据本国气候变化的实际情况，制定相应的战略目标，做出正确决策，有阶段、有计划地提升本国政府的气候传播能力。

2. 引导气候传播产业化发展

政府应发挥导向作用，运用经济手段，发挥市场作用，引导气候传播产业化发展。英国政府运用积极的财政政策，通过与私人部门合作，测量公众对于低碳生活的态度和行为方法（Nerlich et al., 2010）。同时，推进气候传播的品牌化战略，推出品牌项目，引导公众计算个人碳排放量，多效并举推动气候传播的发展。巴西政府发展能源基金，引导私人部门投资，波兰政府则发行高达7亿欧元的气候主题债券（Nerlich et al., 2010）。政府通过引导气候传播的产业化发展，为气候传播可持续注入活力，使得气候传播向着更加科学、完善的方向发展，有效引导社会参与气候变化应对。

3. 做好反馈工作

如何开展有效传播是政府气候传播工作的重中之重，需要政府做好绩效考核和反馈工作，根据预定目标对各项指标进行考评，自觉接受社会监督，听取反馈意见。政府应对气候信息进行归类，并对传递传播效果进行预判，设立合理的传播目标。政府也可与第三方机构合作，协助政府开展专业的气候传播效果考评。政府通过考核和反馈，掌握公众对于气候传播的接受程度，完善气候传播的全过程，从反馈过程中总结经验，提升政府的气候传播能力。

20.2 媒体

20.2.1 角色

媒体作为气候传播的行为主体之一，在整个传播链条中承上启下。它运用各种传播方法介绍气候变化的理论知识和相关政策，是社会公众接触气候变化的介质与窗口。同时媒体为政府、科学界与公众等其他行为主体提供沟通交流的平台与及时有效的反馈机制，并通过对气候变化相关议题的设置与政策实施的监督披露，使自身活跃在气候传播的公众话语体系中，为实施应对气候变化的具体举措提供一定程度保障。媒体这一行为主体在气候传播过程中扮演着重要角色，推动着气候传播的整体进程。

1. 知识传播者

气候传播作为一门新兴交叉学科，融汇了诸如生态学、地理学、经济学、政治学等多门自然科学学科及社会科学学科的知识（郑保卫和宫兆轩，2012）。一般来说，这些专业性知识大多掌握在学者与科学家手中，普通公众关于气候变化的知识储备较少且理解程度较低，难以根据气候变化现状与可预测性未来做出适应性行为，也无法发挥主观能动性自觉学习了解相关知识。媒体作为气候变化最重要的传播者之一，为公众打开了接触气候变化知识体系的窗口，使公众在日常生活中也能及时关注到气候变化的专业性报道。因此，新闻媒体在传播过程中运用多样化的传媒手段对气候变化的知识进行分析、修饰、应用，加强公众对气候变化关注度及对其理念的认识和理解，以提升公众应对气候变化的主动性。

2. 主体关系协调者

气候变化问题需要结合政府、企业、非政府组织以及公众等多方面的力量共同应对，但这些行为主体由于身份与角色不同，所代表的立场与话语地位也存在差异，在气候传播过程中易出现矛盾与冲突。因此，媒体在气候传播中可以协调多个行为主体之间的关系，是各方沟通交流与信息交互的有效平台。一方面，媒体在国际上促进了世界各国的沟通，展现不同国家与地区面对气候变化问题的国际风采，促进国家与地区间应对气候变化问题的交流与经验分享，进一步凸显气候变化问题的世界性和国际性；另一方面，在每个国家内部，媒体也发挥着沟通与协调政府、企业、非政府组织和公众的作用。

具体来说，政府与非政府组织在立场上有所不同，政府代表着国家利益与国家主权，在与气候变化有关的国际谈判中占据强势地位并享有主要控制权。而非政府组织则是民意与环境正义的表达者，较之稍显弱势。但即便存在差异性，政府与非政府组织间仍需要一定空间进行对话交流。因此，新闻媒体积极发挥沟通桥梁作用，不仅能为二者提供交流的空间，消解矛盾冲突，也能使其相互配合、共同发展、实现合作共赢。此外，新闻媒体在诸多领域中均扮演着政府与公众之间沟通者的角色，这一角色的必要性在气候传播中也有一定展现。媒体能够帮助公众理解政府在气候变化方面的政策主张，同时政府通过媒体也可以了解公众对于相关政策的认知与反馈，从而进一步完善政府决策。

3. 议程设置者

气候变化引起不同方面、多角度的一系列环境问题，如全球变暖、海平面上升、气体排放、臭氧层破坏等，这些问题需要通过陆续制定因地制宜的对策进行减缓或适应。盲目讨论不仅会缺乏针对性与科学性、降低政策实施效率，也无法切实根据不同气候变化问题提出相适应的解决措施。因此，新闻媒体通过设置具体的议程与议题，将气候变化这一大领域问题切割成不同分支，并放在不同背景下具有针对性和专业性地进行讨论与研究，使得政府、社会组织与公众等行为主体更加清晰地意识到气候变化对人类当今生活与未来发展造成的多方面影响，充分感受到应对气候变化的紧迫性与必要性，由此积极发挥不同行为主体的自身优势，使其采取行动投身到不同议程下气候变化的具体实践举措中。

4. 问题揭露者

为确保不同国家在经济社会发展中均能严格遵守气候变化的应对对策，新闻媒体发挥自己的监督功能，对严重污染环境的现象和问题进行揭露与批评，构建及时有效的监管平台，保障相关政策实施落地，使政策更加公开化、透明化。这样一方面维护公众的知情权和监督权，使公众意识到环境问题背后的真相，了解到破坏环境带来的危害，意识到保护生态环境的重要性；另一方面也能促使相关政府部门关注并监管破坏环境的违法行为，通过法律法规的实施与完善有效规避类似行为出现，进一步落实针对气候变化提出的有关对策，在国际舞台上充分彰显本国治理政策优势。同时能学习借鉴其他国家出现类似问题时采取的措施，大力建立健全本国的应对举措。

20.2.2 策略

1. 运用修辞学方法

修辞的本质是激发话语接受者的好奇心，对其进行劝说与引导。媒体充分了解修辞学的使用方法与产生效果，以及气候传播本身难以具体感知且意象模糊的特殊性。因此，媒体试图通过灵活运用生动活泼的修辞语句，将气候传播的内容具象化，并以此劝说与诱发公众讨论气候变化并参与相关行动，改变公众对气候变化的固有思想。媒体在气候传播中经常结合语境，利用修辞学中常见的意指（ideographs）、隐喻（metaphors）、意象（images）等方法修饰新闻报道的内容，使其兼具严谨性与趣味性（刘涛，2013）。例如，当打出"降温地球！""人类的最后一滴水，将是环境破坏后悔恨的泪""别等地球变暖，人心变凉"等公益广告与修辞口号时，气候变化已经被构建为公共议题并产生良好的宣传效应，容易引起公众的广泛关注与讨论。

2. 运用图像与视觉传播方法

一方面，官方话术与数据披露的严肃性限制气候传播效果；另一方面，图像与视觉传播则使气候变化的潜在性和不可见性变得真实而有意义，同时又弥补了气候变化报道存在的枯燥性问题（Doyle，2007）。因此，媒体运用图像与视觉传播的方法，如情景再现、角色扮演、气候变化纪录片与视频制作等，传播并放大自己在公众话语体系中的声音，将气候变化新闻报道变得生动形象，吸引更多受众关注气候变化的有关问题。公众在这个过程中也能够身临其境般体会到气候变化与其生产生活息息相关。随着科学技术的发展与进步，互联网、新媒体（尤其是移动社交传媒和网络视频）和视觉技术应用使媒体运用图像与视觉传播方法的传播技术得以提升，可以更好满足受众的求知欲（Moser，2010）。

3. 运用情感诉求与恐惧方法

公众情绪易受到媒体引导，从而产生一定波动并将情绪波动体现在行为变化上。在气候传播中媒体可以运用积极的情感诉求引导方式，唤醒公众心中对自然的敬畏之情，使人们意识到人与自然生态和谐相处的重要性与必然性，促使社会公众以实际行动自觉参与环境保护和生态建设。

气候变化的恐惧诉求在气候传播中也普遍存在。例如，在电视与社交视频网站上出现的冰川融化、河流污染、动植物濒临灭绝等画面会使公众受到一定冲击，带来警示作用（Weingart，2000）。根据 Weingart 等的解释，当可识别的事件与人类生命会受到威胁联系起来时，新闻的价值就会增加（Weingart，2000）。因此，在报道气候变化时，媒体倾向于运用震撼、夸张、耸人听闻和出乎意料的话术来吸引公众的注意力。

4. 运用传播学框架体系

框架是媒体对信息的选择与界定，同时通过强调传播内容来赋予一定的价值判断，并影响传播信息具备的说服力程度。媒体在发布气候变化信息、传递气候变化知识时，善于运用传播学框架体系确定公众可讨论话题的范围，使社会各界对相关问题探究更加精准清晰。关于气候变化的框架，Semetko 和 Valkenburg（2000）提出了媒体在气候变化报道中普遍采用的五种框架：责任、冲突、经济后果、人类利益和道德。而 Nisbet 则先后提出构建气候变化议题的八种正式框架和两种建议框架：正式框架（official frames）——① 社会进步框架；② 经济发展与竞争框架；③ 道德与伦理框架；④ 科学的不确定性框架；⑤ 宿命论框架；⑥ 公共责任与公共治理框架；⑦ 折中之路框架；⑧ 冲突与策略框架。建议框架（suggested frames）——① 公共健康框架；② 国家安全框架（Nisbet M C，2009）。除此之外，气候变化议题既有特定框架（issue-specific frames）（如科普、风险感知、行动倡导、展望巴黎等），也有通用框架（generic frames）（如原因阐释、影响后果、解决路径等）。其中解决路径又可以分为中方行动、美方行动、投资新能源、绿色营销等若干个子框架（邱鸿峰，2017）。

随着互联网平台的兴起，社交媒体与传统媒体在气候传播框架方面的不同也显现出来，因此运用此方法策略的侧重点也有所区别。传统媒体认为公众缺乏对气候变化的科学认知或没有意识到维护生态环境平衡的紧迫性，因此注重运用如减少碳排放的"技术"框架，以此向公众普及气候变化的科学文化知识。与传统媒体不同，社交媒体认为其用户已经具备气候变化的相关知识，社交媒体已经成为包括气候变化在内一系列问题的信息交流、辩论与意见形成的重要场所（Williams et al.，2015）。社交网络上不同用户间的讨论与交流体现出"科学的不确定性"框架的应用。同时，社交网络根据人的偏好对用户进行同质性分组，大多数用户只与志趣相投的人互动，接触不同观点的机会相对较少，少部分用户会经常与不同观点的人交流，同伴影响在社交媒体上发挥着作用，因此，社交媒体平台容易产生极化观点，一定程度上也限制了可能发生的讨论。

20.3 非政府组织

20.3.1 角色

非政府组织一直是全球气候传播的主力军，具有提供"公平竞争环境"的天然优势，其传播内容更加真实，不容易被利益相关者左右（Gavin，2010）。许多非政府组织主要通过线上方式提供关于主题、目标和行动的信息，允许"真实的事实被阅读"，让气候变化信息不被他人扭曲和利用，也进一步增加非政府组织的真实性和可信度（Pickerill，2001）。

1. 公平推动者

非政府组织第一时间关注国际气候变化议题，向公众和政府阐述和传递其重要性。在国际谈判中非政府组织对谈判方施加压力并促成共识，积极搭建谈判会场外发声的"软着陆"平台，让世界都能听到气候变化受害国的声音，平衡谈判各方力量，从而间接推动气候谈判朝着更加公平公正的方向前进（郑保卫和王彬彬，2012）。其中部分非政府组织拥有全球覆盖的资源和信誉，组织内部重要人员甚至可以直接受邀参与到政府代表团内部。非政府组织可以督促各国尽快践行承诺完成低碳减排任务目标，并向弱势国家提供支持（Pickerill, 2001）。作为第三方代表，非政府组织可以平衡南北两大阵营的声音，通过舆论造势来监督各国气候传播推进。

2. 民意传递者

本土非政府组织更容易获得民间社会的支持和认可，有效填补政府未涉及的领域，并借助传播手段来表达民间对于气候变化的看法和态度，把政府不能为、不敢为的事情有效承接。非政府组织通过专业性、组织性的方式介入气候传播，可以有效地避免个人表达的盲目性和分散性，更容易真实地表达群众诉求、客观地表达群众意愿。非政府组织在汇总以及整合民意之后，最终形成利益表达将其传递给政府，并将政府态度反馈给公众，积极承担起政府与民间沟通、互动的责任，使民意诉求真正体现到气候问题决策中（刘丽瑛，2012）。

20.3.2 策略

1. 注重公关策略方法

非政府组织作为气候传播的参与方，在越来越复杂的气候传播环境中必须要注重对外沟通的策略，善于运用公关技巧。非政府组织应学会利用公关技术，积极与咨询公司合作，吸引公众和决策者们的注意，引起媒体的持续关注并影响公共政策和公众话语（Ockwell and Whitmarsh, 2009）。在美国，非政府组织科学传播网络通过举办公共性活动将相关科研人员、媒体和其他关注气候变化政策解决方案的公众人物召集起来，运用一个阐述专业气候知识的博客，监视政治和公共环境话题，以便非政府组织可以做到及时快速响应（Greenberg et al., 2011）。非政府组织有效利用公关策略，有助于实现气候传播的目标，最终达到多赢。

2. 立足专业化发展

随着气候问题逐渐复杂化和专业化，掌握专业知识的非政府组织开始发挥重要作用（Brulle et al., 2012）。目前，关注气候变化这一议题的主要是环境类和发展类两类非政府组织。在社会对气候知识不了解时，非政府组织可以教育启蒙社会，使其认识到气候问题的严重性，并倡导公众改变行为习惯积极应对气候问题（Smith，2005）。同时，非政府组织为保障日常工作的专业性，必须配备专业团队提供智力支持，以保证非政府组织对于媒体提供的气候信息进行独立思考。但这不仅是机遇，也意味着非政府组织今后面临着更大的责任和挑战。总而言之，非政府组织想要继续参与气候传播工作，都必须提高自己的专业化水平。

3. 平衡资源避免竞争

非政府组织门类众多，不同类别的非政府组织都会营造特定工作环境，承担不同类别问题（Laestadius et al.，2014）。这种发展方式可以帮助非政府组织共享如资金、渠道等稀缺资源，避免出现恶意竞争的情况。由于部分非政府组织人员相对较少、资源有限，少数还存在缺少针对性资金供应的情况，导致非政府组织能力受影响。因而非政府组织就必须加强自身建设，找准自身定位，完善运行制度，提高成员素质，提升组织内在活力。同时也要注重与不同领域非政府组织的交流互动，共享发展资源，最大限度完成气候传播的目标。

20.4 企业

20.4.1 角色

气候传播通过监督曝光污染环境、破坏气候的行为，呼吁企业承担积极参与全球温室气体减排并帮助全球向低碳、具有适应能力的经济过渡的社会责任（贾兴平和刘益，2014）。企业作为气候变化"担责者"也意识到减缓和适应气候变化的重要性。作为气候传播环节的"中间商"，企业响应减排政策，积极主动向社会表达其愿意承担社会责任，低碳绿色发展的决心与行动，塑造正面企业形象。

1. 社会责任承担者

企业生产行为与气候变化息息相关，对气候变化及其相关政策的敏感性最高，但作为"经济人"的企业片面追求利益最大化，选择性忽视气候变化及其影响，加之气候变化具有潜伏性和滞后性，企业忽视甚至拒绝履行社会责任。随着应对气候变化政策的出台、绿色消费观念的出现，越来越多企业意识到社会舆论对环保发展的重视度以及应对气候变化的必要性。现代企业在发展过程中，主动将应对气候变化、承担社会责任的思想理念融入经营管理和营销活动中。一方面，企业通过向消费者提供绿色产品和服务的方式履行其保护环境的责任；另一方面，企业通过公司宗旨、战略以及行为向公众传达其保护生态的思想理念（史璇和江春霞，2019）。

2. 正面形象塑造者

由于刻板印象束缚，社会普遍认为企业是温室气体排放的主体，且企业也经常因缺位气候变化治理而受到公众批评（Linnenluecke et al., 2015）。因此，企业可以通过气候传播明确向公众表达其参与气候治理、保护环境的愿景与行动，通过积极报道和宣传企业保护环境、履行社会责任的活动，这都将有助于企业降低负面影响，获得良好的社会形象（Laestadius et al., 2014）。近年来，随着公众对气候变化日益关注，越来越多企业积极参与到应对气候变化的合作中，既有通过与环保机构签订合作协议、组织环保行动等形式开展对外传播活动，也有如阿里巴巴开展蚂蚁森林等全民参与活动。通过这些活动，在国内层面上既提高了企业知名度，又能向公众传达"提倡环保，有社会责任感"的正面企业形象；在国际层面上，也能彰显出国家对环保领域的重视程度，助推本国的国际发声（隋岩和张丽萍，2013）。

20.4.2 策略

1. 重视员工基础

员工是企业提高社会责任、塑造低碳环保形象的重要潜在传播渠道，员工在其他利益相关群体中具有广泛的影响力，被认为是特别可靠的信息来源（Dawkins，2004）。企业在组织内部进行绿色管理与教育，让员工感受到企业参与气候治理的愿景与行动，通过影响员工的行为和态度，从而促进社会公众参与减缓与适应气候变化的决心（郑保卫和任媛媛，2015）。例如很多日本企业通过在企业员工刊物上大量发布保护环境专题等传播举措，以求形成企业员工参与减缓与适应气候变化共识（熊卫平，2001a）。因此企业不能低估内部传播，可以向员工传播绿色环保观念、宣传企业决策、宣扬企业文化、凝聚团体认同，形成企业从决策者到普通员工的绿色共识；并通过企业员工的影响力最后形成社会公众参与减缓与适应气候变化共识（熊卫平，2001b）。

2. 拓宽传播渠道

媒体是企业气候传播的主要载体，企业以往通过电视广告等传统传播手段传播产品信息、宣传其对环保事业的关心与贡献。随着互联网兴起，新媒体蓬勃发展的同时取代了传统传播媒体在社会公众心目中的地位。与传统媒体单向对社会公众输出信息的形式不同，新媒体强调媒体与受众的双向沟通，企业关心气候变化的积极形象与企业参与气候治理的行动更能得到及时有效的传播（刘海龙和齐琪，2017）。企业应该拓宽传播渠道，借助微信公众号、微博、直播等新媒体向社会公众及时推送企业参与减缓与适应气候变化的行动，用较小的成本最大化提升企业在社会公众心中绿色环保的形象以及推动社会公众了解关心、支持参与应对气候变化的行动。

3. 立足本国，面向世界

气候问题具有国别性，不同国家由于温室气体排放量和国家重视程度的不同，有不同的气候治理政策；气候问题又是全球性的，是全人类生存和发展面临的最大威胁，因此世界各国纷纷加入治理气候变化的行列中来，并多次举行联合国气候变化大会以期减缓和适应气候变化。企业作为应对气候变化的行为主体，在气候传播时既要立足本国气候领域政策准确传播，保障其气候传播能够产生积极影响，提高本国在气候变化领域的参与度和影响力；又要深入了解历年联合国气候变化大会的达成协议与谈判焦点，了解不同国家的利益诉求和复杂的国际气候谈判情况，真正掌握气候传播的总体基调和传播内容，助推本国在国际气候谈判中的优势地位。

20.5 公众

20.5.1 角色

公众在气候传播中主要承担两种重要角色，其首要作用即是实现气候传播目标，充分了解气候变化信息的公众既充实了自身关于气候变化的知识体系，也有意愿参与适应气候变化的多种行动中。此外，由于公众处于大众传播的信息流中，其通过多种信息渠道接受权威机构及其他信源发布的气候变化信息后，善于将获得的信息内化吸收并与其他个体交流共享，从而使气候传播链接更具完整性与延展性。

1. 传播目标实现者

在传播互动中，公众是必不可少的关键一环，其是气候传播的最终目标，即通过多个行为主体传播气候变化知识以增强公众的环保观念，引导其从身边小事做起，同时增加公众应对气候变化的参与感和存在感，积极发挥作用以适应气候变化。但一直以来相较于其他行为主体，公众的气候传播参与程度略有欠缺，气候传播目标难以实现。一是部分公众不了解气候变化的理论知识也没有相关意愿去关注气候变化，二是公众没有合理的途径和方式去发表自己的观点和建议。对于发达国家的公众而言，其生活中充满了多种多样的环境信息、健康警告与利用气候变化进行的市场营销和政治博弈，而发展中国家的公众更多持一种漠视与逃避态度（Moser，2010）。在世界范围内普遍存在公众对气候变化相关概念混淆的现象，且气候变化只是公众关注的多种问题中的一部分，公众注意力很容易被其他热点问题吸引，气候变化对公众的影响时效较短，具有可替代性（Lowe et al.，2006）。

2. 信息接受共享者

在气候传播链条中，公众主要是信息知识的终端接受者。针对来源不同的气候信息，公众的接受度与信任度有一定差异。一般来说，公众更倾向于信任权威机构发布的气候变化信息，如世界卫生组织、政府和科研机构提供的信息等。当今互联网发展迅速，在社交媒体平台中存在着多种来源不明的气候变化信息，而以上信息来源本身具备一定的可靠性和权威性，同时权威信源的数据受到多方平台的测评与监管，有一定的保障性，公众也能够对错误信息进行意见反馈，这使得公众更加依赖于通过以上方式了解气候变化的相关知识（Schäfer，2012）。其中，公众的收入水平、文化程度、地区差异、性别等因素也影响着其对于信源的信任程度。例如，高收入者对权威的信任度普遍低于低收入者，但高收入者却更加关心了解气候变化；女性对各种信源的信任度以及关注度一般高于男性（Semenza et al.，2008；Stern et al.，1993）。当公众本身具备一定的气候变化知识时，则会提升自己对不同信息来源的信任感，而不仅限于关注权威发布的信息。

此外，公众获取有关气候变化知识的渠道众多，主要通过传统媒体报道、互联网新媒体在线实时互动、亲朋好友的人际传播等（李玉洁，2013）。公众对信息渠道的选择受多种因素影响，如偏好、年龄、生活环境等。报纸、电视等传统媒体有关气候变化的报道易在年龄较大的公众中产生一定反响，而年轻公众更倾向于选择通过社交媒体平台了解气候变化的有关信息。这些信息渠道关于气候变化的侧重点不同，传统媒体主要客观报道气候变化现状，以科普为主。而新媒体则是一个公众讨论的平台，人们能获得其他人对于气候变化的看法，从而形成自己的观念。由于人际交往的影响，公众也乐于从家人朋友口中了解气候变化等一系列热点问题。此时，气候变化信息在公众之间得以共享。

20.5.2 策略

在气候传播链条中，公众主要是信息知识的终端接受者。但公众参与不仅意味他们只是单方面输入信息，而是需要积极参与气候变化的学习和行动。这种参与行为使公众将内化性气候变化知识向外输出，使其他气候传播主体的举措落到实处并产生预期效果，整个气候传播链条也伴随公众参与逐渐完整化。此外，公众参与有利于从根本上减缓或适应气候变化，也有利于通过模范带头作用更迅速得到其他潜在公众信任并使这类群体参与气候变化行动。公众参与气候变化的行动形式多样化，主要通过以下途径：

在公众层面，最及时有效的气候传播策略即主动参与其中，但公众参与不仅意味着单方面输入信息，而是需要积极参与气候变化的学习和行动中（Wibeck，2014）。这种参与策略使公众将内化性气候变化知识向外输出，使其他气候传播主体的举措落到实处并产生预期效果，整个气候传播链条也伴随公众参与逐渐完整化。此外，公众参与有利于从根本上减缓或适应气候变化，也有利于通过模范带头作用更迅速得到其他潜在公众信任并使这类群体参与气候变化行动。公众参与气候变化的行动形式多样化，主要通过以下途径：

1. 参与民主决策

公众参与气候科学和政策事务是一种特殊的参与形式，它明确或隐含的目标通常是赋权公众团体参与"民主化"科学议程（Few et al.，2007；Lewenstein，2006）。例如，公众可以参与共识会议、城镇会议和民主协商论坛等推动气候变化科学与决策进程（Nisbet and Scheufele，2009）。这种自下而上的研讨会型公众参与方式与自上而下的气候变化会议形成鲜明对比，旨在培养气候友好型的公众生活方式和消费行为或影响公众支持气候友好型政策。同时，公众参与气候科学政策决策意味着外行人、决策者和科学家在讨论应对气候变化的适应对策时相互学习和反思，使多样化的知识和观点在决策过程中发挥作用（李玉洁，2013；Lorenzoni et al.，2007）。但需要指出的是，由于公众参与通常只包括有限参与者群体，因此存在只有特殊利益或精英群体选择参加的风险（Irvin and Stansbury，2004；Lewenstein and Brossard，2006）。而极度贫困、流离失所或其他弱势群体可能无法或不愿参与任何民主评议进程，所以在贫困人口众多的国家,最终参与气候决策的群体不太可能代表一般人口（Herriman et al.,2011）。

2. 参加环境行动

意识到气候变化严重性的公众自觉采取循环利用和能源节约减排的生活方式：部分公众养成随手关灯、节约用水的习惯；在短途旅行时步行、骑自行车或乘坐公共交通工具；更少部分人吃有机食品、当地种植的或应季食品甚至不吃肉（Whitmarsh et al.,2011）。公众还可以通过政府与非政府组织发起的社会与社区营销项目争取参与环境行动的机会。例如，澳大利亚政府曾发起一项名为"Travelsmart"的社会营销倡议，提出一个雄心勃勃的目标，即在一个有10万户家庭的郊区减少至少10%的汽车使用量。研究人员通过信件或亲自联系参与者并制定"个性化旅行计划"，包括公众交通路线、票价和站点等特定个人信息。这一举措取得重大成功：在公众积极参与下，18个月内该地区汽车使用量减少了14%（Corner and Randall,2011）。

3. 运用社交媒体与网络

社交媒体有助于创造亲环境的社会认同，而不是简单传递有利于环境的脱节行为（Rabinovich et al.,2012）。公众利用社交媒体平台讲述自己对气候变化的看法，发出更真实的声音，这种交流方式可能会鼓励更深层次的参与行为。此外，社交媒体还为公众多样化参与提供渠道。尽管关于气候变化的在线视频主要由主流媒体、非政府组织和科学机构制作，但用户生成的视频也很常见（De Lara et al.,2017）。气候变化艺术家和摄影师的作品出现于《国家地理》《卫报》等在线网站，以及一系列艺术、科学和社交媒体网站，并引起社交媒体平台上其他公众用户广泛关注与讨论（Wang et al.,2018）。当然，对于大多数公众来说，其社交网络平台不太可能以气候变化为核心，但是社会网络（如工会、各种兴趣俱乐部、社区团体等）仍然在气候传播中发挥关键作用，公众能在其中通过相互学习与支持获得社会认同感，承担起气候变化的责任（Lorenzoni et al.,2007）。

【推荐读物】

1. 郑保卫. 从哥本哈根到马德里：中国气候传播研究十年[M]. 北京：燕山大学出版社，2020.

2. 王彬彬. 中国路径 双层博弈视角下的气候传播与治理[M]. 北京：社会科学文献出版社，2018.

3. 王彬彬. 气候中国 全球气候治理与中国公共认知研究[M]. 北京：社会科学文献出版社，2020.

4. 普利斯特，高芳芳. 气候变化与传播. [M]. 杭州：浙江大学出版社，2019.

5. 郑保卫. 绿色发展与气候传播[M]. 北京：人民日报出版社，2017.

索引

B

保护区网络	64
暴露度	17
避难所	65

C

财政筹资	138
财政支出	139
虫媒疾病	190
传播策略	231
传播主体	230
脆弱性	21

D

大众传媒	233
单一评估	216
地表水	43
地下水	46
垫脚石	64
多标准分析	151
多层次治理	126

F

非正规教育	171
复原力	24

G

工程防护	132
关键物种	65
国际公共资金	98
国家创新体系	156

H

海岸综合治理	133
海洋灾害	130
灰色基础设施	116
混合评估	217

J

机制复合体	32
技术选择	150
技术转让	159
健康适应	196

K

跨区域现象	118

L

利益相关者	134
绿色基础设施	116
绿色技术革命	207

| 绿色准备金 | 99 | 软适应 | 214 |

N

S

能源供给适应	88	审慎监管政策	105
能源基础设施	91	生产方式	179
能源监管	91	生态脆弱性	130
能源系统脆弱性	84	适应	4
能源消费适应	90	适应基金	100
农业脆弱性	69	适应技术	150
农业基础设施	72	适应性发展	10
		适应性技术	73

Q

		适应性治理	29
企业社会责任	203	水安全	113
企业文化	206		

T

气候变化教育	161		
气候变化热点地图	125	碳信息披露	207
气候变化适应	5	天气指数保险	122
气候传播			

W

气候健康基础研究	198		
气候适应财政资金	138	外来入侵物种	67
气候文化	181	文化传播	183
青年	219	文化多样性	174
青年教育适应	223	文化生产力	182
青年就业适应	224	文化遗产	177
青年能力适应	222		

X

区域气候预测	124		
区域性金融机构	94	心理健康	192
全球气候治理	277	社区适应	212

R

Y

热管理	115	硬适应	214
韧性城市	109	预期适应	7

Z

灾害监测预警体系	133
正规教育	167
种植制度	71
自发适应	7

参考文献

Aarhenius S A. On the influence of carbonic acid in the air upon the temperature of the ground [J]. Philosophical Magazine and Journal of Science, 1896, 41: 237–276.

Abbasi Z A K, Nawaz A. Impact of climate change awareness on climate change adaptions and climate change adaptation issues [J]. Pakistan Journal of Agricultural Research, 2020, 33 (3): 619–636.

Abbott K.W, The transnational regime complex for climate change [J]. Environment and Planning C: Government and Policy, 2012, 30 (4): 571–590.

Abbott K W. Strengthening the Transnational Regime Complex for Climate Change [J]. Transnational Environmental Law, 2013, 3 (1): 57–88.

Abeygunawardena P, Vyas Y, Knill P, et al. Poverty and climate change: reducing the vulnerability of the poor through adaptation [J]. The World Bank, 2009: 1–56.

Aboodi A H A. Comparison of Data-Driven Modelling Techniques for Predicting River Flow in an Arid Region [J]. International Journal of Applied Engineering Research, 2017, 12(11): 2647–2655.

Abu-Allaban M, El-Naqa A, Jaber M, et al. Water scarcity impact of climate change in semi-arid regions: a case study in Mujib basin, Jordan [J]. Arabian Journal of Geosciences, 2015, 8 (2): 951–959.

Ackerly D D, Kling M M, Clark M L, et al. Topoclimates, refugia, and biotic responses to climate change[J]. Frontiers in Ecology and the Environment, 2020, 18(5): 288–297.

Adewale M T, Muyideen A A, Olurotimi J. Impact of Climate Change on Employment in Nigeria [J]. Acta Universitatis Danubius Oeconomica, 2013, 9(3): 153–161.

Adger W N, Dessai S, Goulden M, et al. Are there social limits to adaptation to climate change? [J]. Climatic Change, 2009 (3): 335–354.

Adger W N. Social vulnerability to climate change and extremes in coastal Vietnam [J]. World Development, 1999, 27: 249–69.

Adger W N. Vulnerability [J]. Global Environmental Change, 2006, 16 (3): 268–281.

Adish K, Rohan B, Jaap Z. Defining the Requirements of an Information System for Climate Change Adaptation in the Mountain Communities of Dolakha, Nepal [J]. Climate, 2018 (2): 1–16.

African Development Bank Group. Establishment of the Africa Climate Change Fund [R/OL]. (2014-05-18) [2020-11-20]. https://www. afdb. org/fileadmin/uploads/afdb/ Documents/Policy-Documents/Establishment_of_the_Africa_Climate_Change_Fund.pdf.

African Development Bank Group. African Financial Alliance On Climate Change [R/OL]. (2018-7-10) [2020-11-20]. https://www.afdb.org/fileadmin/uploads/afdb/Documents/Generic-Documents/AFAC_Brochure_2018. pdf.

African Development Bank Group. Climate Change On Action Plan 2011-2015 [R/OL]. https://www.afdb.org/fileadmin/uploads/afdb/Documents/Policy-Documents/Climate%20Change%20Action%20Plan%20%28CCAP%29%202011-2015. pdf.

African Development Bank Group. The African Development Bank Group's Second Climate Change Action Plan [R/OL]. https://www.afdb.org/fileadmin/uploads/afdb/Documents/Publications/AfricanDevelopmentBankClimateChangeActionPlan2016-2020. pdf.

Aggarwal R, Dow S. Corporate governance and business strategies for climate change and environmental mitigation [J]. The European Journal of Finance, 2012, 18(3-4): 311-331.

Agrawal A, Lemos M C. Adaptive development [J]. Nature Climate Change, 2015, 5(3): 185-187.

Agrawala S, Maëlis C, Kingsmill N, et al. Private Sector Engagement in Adaptation to Climate Change: Approaches to Managing Climate Risks [J]. OECD Environment Working Papers, 2011, 39: 1-55.

Ahammed F. A review of water-sensitive urban design technologies and practices for sustainable stormwater management [J]. Sustainable Water Resources Management, 2017, 3(3): 1-14.

Ajak B J, Kyazze F B, Mukwaya P I. Choice of Adaptation Strategies to Climate Variability among Smallholder Farmers in the Maize Based Cropping System in Namutumba District, Uganda [J]. American Journal of Climate Change, 2018, 07: 431-451.

Alfieri L, Dottori F, Betts R, et al. Multi-model projections of river flood risk in Europe under global warming[J]. Climate, 2018, 6(1): 6.

Alfieri L, Feyen L, Di Baldassarre G. Increasing flood risk under climate change: a pan-European assessment of the benefits of four adaptation strategies [J]. Climatic Change, 2016, 136 (3-4): 507-521.

Alifujiang Y, Abuduwaili J, Groll M, et al. Changes in intra-annual runoff and its response to climate variability and anthropogenic activity in the Lake Issyk-Kul Basin, Kyrgyzstan [J]. Catena, 2021, 198: 104974.

Allan C, Xia J, Pahl-Wostl C. Climate change and water security: challenges for adaptive water management [J]. Current Opinion in Environmental Sustainability, 2013, 5(6): 625-632.

Alley W M, Healy R W, LaBaugh J W, et al. Flow and storage in groundwater systems [J]. science, 2002, 296(5575): 1985-1990.

Altizer S, Ostfeld R S, Johnson P T J, et al. Climate Change and Infectious Diseases: From Evidence to a Predictive Framework [J]. Science, 2013, 341(6145): 514-519.

Amanambu A C, Obarein O A, Mossa J, et al. Groundwater System and Climate Change: Present Status and Future Considerations [J]. Journal of Hydrology, 2020, 589: 125163.

Amin M R, Zhang J, Yang M. Effects of Climate Change on the Yield and Cropping Area of Major Food Crops: A Case of Bangladesh [J]. Sustainability, 2015, 7(1): 898-915.

Amponsem J, Doshi D, Kemeh S D, et al. Adapt for our Future: Youth and Climate Change Adaptation [R]. Rotterdam: Global Center on Adaptation, 2019: 4-24.

Analitis A, Katsouyanni K, Biggeri A, et al. Effects of cold weather on mortality: results from 15 European cities within the PHEWE project [J]. American journal of epidemiology, 2008, 168(12) : 1397–1408.

Anisimov A, Magnan AK, Duvat VE, Learning from risk reduction pilot projects for enhancing long-term adaptation governance: The case of Mauritius Island (Indian Ocean) [J]. Environmental Science & Policy, 2020, 108: 93–103.

Anne O, Skylar B. The Adaptation Finance Gap Report 2016 [R/OL]. (2016) [2020-11-20]. http:// www. unep.org/climatechange/adaptation/gapreport2016.

Ansell C, Torfing J. Handbook on theories of governance [M] Edward Elgar Publishing, 2016: 1–20.

Anthony P, Richard J T, Klein A, et al. Taking the uncertainty in climate-change vulnerability assessment seriously [J]. Comptes rendus- Géoscience, 2004, 337 (4) : 411–424.

Aparupa S, Anupam D. Livelihood Vulnerability of Fishery-based Communities in Context of Climate Change: Insights From and Around Selective Fishing Grounds of South 24 Parganas, West Bengal [J]. Journal of Geography, Environment and Earth Science International, 2019 (1) : 1–12.

Aquilina L, Vergnaud-Ayraud V, Les Landes A A, et al. Impact of climate changes during the last 5 million years on groundwater in basement aquifers [J]. Scientific reports, 2015, 5: 14132.

Arup. City resilience index [N/OL]. [2021-01-20] https://www. cityresilienceindex. org/#/.

Asian Development Bank. Climate Change Operational Framework 2017-2030. enhanced actions for low greenhouse gas emissions and climate-resilient development [R/OL]. (2017-8-15) [2020-11-20]. http://dx.doi.org/10.22617/TCS178947-2.

Assessment M E. Ecosystems and human well-being: synthesis [M]. California: Island press, 2005.

Astrid M, Arwin V.B, Gerald J.E, Governance of climate adaptation, which mode? An exploration of stakeholder viewpoints on how to organize adaptation [J]. Climatic Change(prepublish) , 2020, 162: 1–22.

Augustin Colette, Climate Change Consultant, UNESCO World Heritage Centre. World Heritage reports [R]. Paris: United Nations Educational Scientific and Cultural Organization, 2007: 25.

Australia M. City of Melbourne Climate Change Adaptation Strategy [R]. Australian Government Department of Climate Change, 2009.

Authority G L. Managing risks and increasing resilience The Mayor's climate change adaptation strategy (2011) [R], Greater London Authority, 2011.

Averchenkova A, Crick F, Kocornik-Mina A, et al. Multinational corporations and climate adaptation– Are we asking the right questions? A review of current knowledge and a new research perspective [J]. Wiley Interdisciplinary Reviews Climate Change, 2015, 7 (4) : 517–536.

Ayers J M, Huq S. Supporting adaptation to climate change what role for official development assistance [J]. Development Policy Review, 2009, 27(6) : 675–692.

Ayers J, Dodman D. Climate change adaptation and development I: the state of the debate [J]. Progress in Development Studies, 2010, 10 (2) : 161–168.

Ayers J, Forsyth T. Community-Based Adaptation to Climate Change [J]. Environmentence &

Policy for Sustainable Development, 2009(4) : 22-31.

Ayers J, Huq S. Climate Adaptation Futures [M]. Chapter 19: Adaptation, development and the community Wiley-Blackwell, 2013: 201-214.

Ayoub A, Gjorgiev B, Sansavini G. Cooling towers performance in a changing climate: Techno-economic modeling and design optimization [J]. Energy, 2018, 160 (OCT. 1) : 1133-1143.

Azam G, Huda M E, Bhuiyan A M H, et al. Climate Change and Natural Hazards Vulnerability of Char Land (Bar Land) Communities of Bangladesh: Application of the Livelihood Vulnerability Index (LVI) [J]. Global Social Welfare, 2018: 93-105.

Bahinipati C S. Assessment of vulnerability to cyclones and floods in Odisha India: a district-level analysis [J]. Current Science, 2014, 107 (12) : 12-25.

Bahir M, Ouhamdouch S, Ouazar D, et al. Climate change effect on groundwater characteristics within semi-arid zones from western Morocco [J]. Groundwater for Sustainable Development, 2020, 11: 100380.

Bailey R. Growing a better future: food justice in a resource-constrained world [J]. Oxfam Policy Pract Agric Food Land, 2011, 11(2) : 93-168.

Baird J, Plummer R, and Pickering K, Priming the Governance System for Climate Change Adaptation: The Application of a Social-Ecological Inventory to Engage Actors in Niagara, Canada [J].Ecology and Society, 2014, 19 (2) : 1-11.

Balasubramanian T N, Nambi A A, Paul D. A suggested index for assessment of vulnerability of a location to climate change [J]. Journal of agrometeorology, 2007, 9(2) : 129-137.

Bankengruppe K. Climate Focus Paper Cities and Climate Change [J]. Wiley Interdisciplinary Reviews Climate Change, 2015, 5 (1) : 73-87.

Barker T, Bashmakov I, Alharti A, et al. Mitigation from a cross-sectoral perspective. Climate Change 2007: Mitigation. Contribution of Working Group III to the Fourth Assessment Report of the Intergovernmental Panel on Climate Change [R]. Cambridge, UK and New York, 2007.

Barry S, Johanna W. Adaptation, adaptive capacity and vulnerability [J] Global Environmental Change, 2006, 16(3) : 282-292.

Barton JR, Krellenberg K, Harris JM. Collaborative governance and the challenges of participatory climate change adaptation planning in Santiago de Chile [J]. Climate and Development, 2014, 7(2) : 175-184.

Basel B, Goby G, Johnson J. Community-based adaptation to climate change in villages of Western Province, Solomon Islands [J]. Marine Pollution Bulletin, 2020, 156: 1-9.

Befus K M, Barnard P L, Hoover D J, et al. Increasing threat of coastal groundwater hazards from sea-level rise in California [J]. Nature Climate Change, 2020, 10 (10) : 946-952.

Beheshtian A, Donaghy K P, Geddes R R, et al. Climate-adaptive planning for the long-term resilience of transportation energy infrastructure [J]. Transportation Research Part E: Logistics and Transportation Review, 2018, 113: 99-122.

Beier P, Hansen L J, Helbrecht, et al. A How to Guide for Coproduction of Actionable Science [J]. Conservation Letters, 2017, 10 (3) : 288-296.

Bellard, Céline, Leclerc C, Leroy B, et al. Vulnerability of biodiversity hotspots to global change

[J]. Global Ecology & Biogeography, 2015, 23 (12) : 1376-1386.

Benzie M, Persson Å, Governing borderless climate risks: moving beyond the territorial framing of adaptation [J]. International Environmental Agreements: Politics, Law and Economics, 2019, 19: 369-393.

Berkhout F. Adaptation to climate change by organizations [J]. Wiley Interdisciplinary Reviews Climate Change, 2011 (1) : 91-106.

Berry H L, Bowen K, Kjellstrom T. Climate change and mental health: a causal pathways framework [J]. International journal of public health, 2010, 55 (2) : 123-132.

Betsill M M. Regional Governance of Global Climate Change: The North American Commission for Environmental Cooperation [J]. Global Environmental Politics, 2007, 7 (2) : 11-27.

Bhullar L. Climate Change Adaptation and Water Policy: Lessons from Singapore [J]. Sustainable Development, 2013, 21 (3) : 152-159.

Biagini B, Kuhl L, Gallagher K S, et al. Technology transfer for adaptation [J]. Nature Climate Change, 2014, 4 (9) : 828-834.

Birkmann J, Welle T. The World Risk Index 2016: Reveals the Necessity for Regional Cooperation in Vulnerability Reduction [J]. Journal of Extreme Events, 2017, 3 (2) : 1650005.

Bloem M W, Semba R D, Kraemer K. CastelGandolfo Workshop: An Introduction to the Impact of Climate Change, the Economic Crisis, and the Increase in the Food Prices on Malnutrition [J]. The Journal of Nutrition, 2009, 140 (1) : 132S-135S.

Bobylev N. Sustainability and vulnerability analysis of critical underground infrastructure [M]. Springer, Dordrecht, 2007: 445-469.

Bogardi J, Fekete A. Disaster-Related Resilience as Ability and Process: A Concept Guiding the Analysis of Response Behavior before, during and after Extreme Events [J]. American Journal of Climate Change, 2018, 7 (1) : 54-78.

Bongaarts J. IPBES2019, Summary for policymakers of the global assessment report on biodiversity and ecosystem services of the Intergovernmental Science-Policy Platform on Biodiversity and Ecosystem Services [J]. Population and Development Review, 2019, 45(3) : 680-681.

Bonn A, Rodrigues A S L, Gaston K J. Threatened and endemic species: are they good indicators of patterns of biodiversity on a national scale? [J]. Ecology Letters, 2002, 5(6) : 733-741.

Booth T H. Biodiversity and Climate Change Adaptation in Australia: Strategy and Research Developments [J]. Advances in Climate Change Research, 2012, 3 (1) : 12-21.

Boyd C, Brooks T M, Butchart S H M, et al. Spatial scale and the conservation of threatened species [J]. Conservation Letters, 2008, 1 (1) : 37-43.

Braunschweiger D, Pütz M, Heidmann F, et al, Mapping governance of adaptation to climate change in Switzerland [J]. Regional Studies, Regional Science, 2018, 5 (1) : 398-401.

Brenkert A L, Malone E L. Modeling Vulnerability and Resilience to Climate Change: A Case Study of India and Indian States [J]. Climatic Change, 2005, 72 (1-2) : 303-313.

Briscoe N J, Kearney M R, Taylor C A, et al. Unpacking the mechanisms captured by a correlative species distribution model to improve predictions of climate refugia [J]. Global Change

Biology, 2016, 22 (7) : 2425-2439.

Bronen R, Chapin I. Adaptive governance and institutional strategies for climate-induced community relocations in Alaska. Proc Natl Acad Sci USA, 2013, 110 (93) : 20-25.

Bronen R, Pollock D, Overbeck J, et al. Usteq: integrating indigenous knowledge and social and physical sciences to coproduce knowledge and support community-based adaptation [J]. Polar Geography, 2019 (2) : 1-18.

Bronselaer B, Zanna L, Munday D R, et al. Southern Ocean carbon-wind stress feedback [J]. Climate Dynamics, 2018, 51 (7) : 2743-2757.

Brown A, Dayal A, Rumbaitis C. From practice to theory: emerging lessons from Asia for building urban climate change resilience [J]. Environment & Urbanization, 2012, 24 (2) : 531-556.

Brulle R J, Carmichael J, Jenkins J C. Shifting public opinion on climate change: an empirical assessment of factors influencing concern over climate change in the US [J]. Climatic change, 2012, 114 (2) : 169-188.

Bruner A G, Gullison R E, Rice R E, et al. Effectiveness of Parks in Protecting Tropical Biodiversity [J]. Science, 2001, 5501 (291) : 125-128.

Bubeck P, Kreibich H, Penning-Rowsell E C, et al. Explaining differences in flood management approaches in Europe and in the USA-a comparative analysis [J]. Journal of Flood Risk Management, 2017, 10 (4) : 436-445.

Bucharova A. Assisted migration within species range ignores biotic interactions and lacks evidence [J]. Restoration Ecology, 2017, 25(1) : 14-18.

Burby R J. Hurricane Katrina and the Paradoxes of Government Disaster Policy: Bringing About Wise Governmental Decisions for Hazardous Areas [J]. The ANNALS of the American Academy of Political and Social Science, 2006, 604 (1) : 171-191.

Burkett V, Davidson M. Coastal Impacts. Adaptation, and Vulnerabilities [M]. California: Island press, 2012.

Burton I, Kates R W, White G F. The Environment as Hazard [M]. New York: Oxford University Press, 1978: 78-80.

Burton I, Van Aalst M. Look Before You Leap: A Risk Management Approach for Incorporating Climate Change Adaptation into World Bank Operations [M]. Washington: World Bank, 2004.

Burton I. Beyond borders: the need for strategic global adaptation [J]. International Institute for Environment and Development, 2008: 1-2.

Butchart S H, Scharlemann J P, Evans M L, et al. Protecting Important Sites for Biodiversity Contributes to Meeting Global Conservation Targets [J]. PLoS one, 2012, 7(3) : 1-8.

Buttel F H, Hawkins A P, Power A G. From limits to growth to global change [J]. Global Environmental Change, 1990, 1 (1) : 57-66.

C40. New York City: A Stronger, More Resilient New York [EB/OL]. (2013) [2021-01-21]https://www.c40.org/profiles/2013-nyc.

Callaway E. Ban on 'gene drives' is back on the UN's agenda-worrying scientist s [J]. Nature, 2018, 7731 (563) : 454-456.

Cannon T, Müller-Mahn D. Vulnerability, resilience and development discourses in context of climate change [J]. Nat Hazards 2010, 55: 621–635.

Caravani A, Watson C, Schalatek L. Climate Finance Thematic Briefing: Adaptation Finance [EB/OL]. (2016-11-01) [2020- 11-20] https://www.odi.ora/sites/odi. ora. uk/files/resource-documents/11024. pdf.

Carina E, Keskitalo H, Kulyasova A A. The role of governance in community adaptation to climate change [J]. Polar Research, 2010 (1) : 60–70.

Carmin J, Anguelovski I, Roberts D. Urban Climate Adaptation in the Global South Planning in an Emerging Policy Domain [J]. Journal of Planning Education & Research, 2017, 32 (1) : 18–32.

Carreira F, Aguiar A C, Monzoni M, et al. The Celsius Game: An experiential activity on management education simulating the complex challenges for the two-degree climate change target [J]. International Journal of Management Education, 2017, 15 (2) : 350–361.

Carroll A B, Shabana K M. The business case for corporate social responsibility: A review of concepts, research and practice [J]. International journal of management reviews, 2010, 12 (1) : 85–105.

Carter M, De Janvry A, Sadoulet E, et al. Index-based weather insurance for developing countries: A review of evidence and a set of propositions for up-scaling [R]. Development Policies working paper, 2014.

Cashman A, Nurse L, John C. Climate Change in the Caribbean: The Water Management Implications [J]. Journal of Environment & Development, 2010, 19 (1) : 42–67.

Castro J, Kolp M, Mylopoulos J. Towards requirements-driven information systems engineering: The Tropos project [J]. Information System, 2002 (27) : 365–389.

Celia, McMichael, Jon, et al. An Ill Wind? Climate Change, Migration, and Health [J]. Environmental Health Perspectives, 2012, 120 (5) : 646–654.

Chakraborty S, Newton A C. Climate change, plant diseases and food security: an overview [J]. Plant Pathol, 2011, 60 (1) : 2–14.

Chen X , Xue P , Liu L , et al. Outdoor thermal comfort and adaptation in severe cold area: A longitudinal survey in Harbin, China[J]. Building and Environment, 2018, 143: 548–560.

Cheng L, Zhu J, Abraham J, et al. 2018 Continues Record Global Ocean Warming [J]. Advances in Atmospheric Sciences, 2019, 36 (3) : 249–252.

Choi G W, Chong K Y, Kim S J, et al. SWMI: new paradigm of water resources management for SDGs [J]. Smart Water, 2016, 1 (1) : 1–12.

Chu E, Anguelovski I, Carmin J. Inclusive approaches to urban climate adaptation planning and implementation in the Global South [J]. Climate Policy, 2016, 16 (3) : 372–392.

Chu S Y, Schroeder H. Private governance of climate change in Hong Kong: An analysis of drivers and barriers to corporate action [J]. Asian Studies Review, 2010, 34 (3) : 287–308.

City of Chicago. Chicago Climate Action Plan [R/OL]. www. chicagoclimateaction. org, 2008.

Clayton S, Manning C, Krygsman K, et al. Mental health and our changing climate: Impacts, implications, and guidance [R]. Washington: American Psychological Association, 2017: 21–38.

Climate change 2007-impacts, adaptation and vulnerability: Working group II contribution to the fourth assessment report of the IPCC [M]. Cambridge University Press, 2007.

Cochran P, Huntington O H, Pungowiyi C, et al. Indigenous frameworks for observing and responding to climate change in Alaska [J]. Climate Change and Indigenous Peoples in the United States, 2013: 49-59.

Cohen S J. Scientist-stakeholder collaboration in integrated assessment of climate change: lessons from a case study of Northwest Canada [J]. Environmental Modeling and Assessment 1997, 2: 281-293.

Colgan J D, Keohane R O, Van de Graaf T. Punctuated equilibrium in the energy regime complex [J].The Review of International Organizations, 2011, 7 (2) : 117-143.

Condon L E, Atchley A L, Maxwell R M. Evapotranspiration depletes groundwater under warming over the contiguous United States [J]. Nature communications, 2020, 11(1) : 1-8.

Convention on Biological Diversity (CBD) . COP 10 Decision X/2. Strategic Plan for Biodiversity 2011-2020 [R/OL]. 2010 [2020-12-01]. https://www.cbd.int/decisions/cop/?m = cop-10.

Convention on Biological Diversity (CBD) . Global Biodiversity Outlook 4. Secretariat of the Convention on Biological Diversity [R]. Montréal, 2014.

Corner A, Randall A. Selling climate change? The limitations of social marketing as a strategy for climate change public engagement [J]. Global environmental change, 2011, 21 (3) : 1005-1014.

Costion C M, Edwards W, Ford A J, et al. Using phylogenetic diversity to identify ancient rain forest refugia and diversification zones in a biodiversity hotspot [J]. Diversity and Distributions, 2015, 21(3) : 279-289.

Cottee-Jones, Henry E W, Whittaker R J. perspective: The keystone species concept: a critical appraisal[J]. Frontiers of Biogeography, 2012, 4(3) : 117-127.

Cowling R M, Pressey R L. Rapid plant diversification: Planning for an evolutionary future [J]. Proceedings of the National Academy of Sciences, 2001, 98(10) : 5452-5457.

Cox P M, Betts R, Jones C D, et al. Acceleration of global warming due to carbon-cycle feedbacks in a coupled model [J]. Nature, 2000, 6813(408) : 184-187.

Craig Davies. EBRD Acts On Adaptation to Climate Change [R/OL]. (2014-4-02) [2020-11-19]. https: //www.ebrd.com/news/2014/ebrd-acts-on-adaptation-to-climate-change.

Crowley S L, Hinchliffe S, Mcdonald R A, et al. Invasive species management will benefit from social impact assessment [J]. Journal of Applied Ecology, 2017. 54 (2) : 351-357.

Cruz A M, Krausmann E. Vulnerability of the oil and gas sector to climate change and extreme weather events [J]. Climatic Change, 2013, 121 (1) : 41-53.

Cubasch U, Wuebbles D, Chen D, et al. Introduction. In: Climate Change 2013: The Physical Science Basis. Contribution of Working Group I to the Fifth Assessment Report of the Intergovernmental Panel on Climate Change [R]. New York: Cambridge University Press, 2013.

Cui L, Ge Z, Yuan L, et al. Vulnerability assessment of the coastal wetlands in the Yangtze Estuary, China to sea-level rise [J]. Coastal and Shelf Science. Estuarine, 2015, 156: 42-51.

Cuthbert M O, Gleeson T, Moosdorf N, et al. Global patterns and dynamics of climate-groundwater interactions [J]. Nature Climate Change, 2019, 9 (2) : 137-141.

Cuthbert M O, Taylor R G, Favreau G, et al. Observed controls on resilience of groundwater to climate variability in sub-Saharan Africa [J]. Nature, 2019, 572 (7768) : 230-234.

Cutter S L, Mitchell J T, Scott M S, et al. Revealing the Vulnerability of People and Places: A Case Study of Georgetown County, South Carolina [J]. Annals of the Association of American Geographers, 2000, 90 (4) : 713-737.

CYCAN. CYCAN 2015-2016 Annual report [R/OL]. (2016-12-17) [2020-12-01]. http://www.cycan.org/public/uploads/20200407/587daac425996073621dfc12af248be5. pdf.

Daddi T, Bleischwitz R, Todaro N M, et al. The influence of institutional pressures on climate mitigation and adaptation strategies. Journal of Cleaner Production [J]. 2020, 244: 1-9.

Dafermos Y, Nikolaidi M, Galanis G. Climate change, financial stability and monetary policy [J]. Ecological Economics, 2018, 152: 219-234.

Dai A. Historical and future changes in streamflow and continental runoff: A review [J]. Terrestrial Water Cycle and Climate Change: Natural and Human-Induced Impacts, Geophys. Monogr, 2016, 221: 17-37.

Daniel Henstra, Jason Thistlethwaite and ShanayaVanhooren, The governance of climate change adaptation: stormwater management policy and practice [J].Journal of Environmental Planning and Management, 2020, 63 (6) : 1077-1096.

Darvini G, Memmola F. Assessment of the impact of climate variability and human activities on the runoff in five catchments of the Adriatic Coast of south-central Italy [J]. Journal of Hydrology: Regional Studies, 2020, 31: 100712.

David . Climate Change Has Helped Bring Down Cultures [J]. 时代英语 , 2016 (1) : 42.

Davis E B, Koo M S, Conroy C, et al. The California Hotspots Project: identifying regions of rapid diversification of mammals [J]. Molecular Ecology, 2008, 17(1) : 120-138.

Dawkins J. Corporate responsibility: The communication challenge [J]. Journal of communication management, 2004, 9 (2) : 108-119.

De Cáceres, Miquel, Legendre P, et al. Improving indicator species analysis by combining groups of sites [J]. Oikos, 2010, 119(10) : 1674-1684.

De Lara A, Alberto J, Avilés, et al. Online video on climate change: A comparison between television and web formats [J]. Journal of Science Communication, 2017, 16 (1) : 1-32.

Dear R D, Brager G. Developing an adaptive model of thermal comfort and preference [J]. Ashrae Trans, 1998, 104 (1) : 73-81 (9) .

Dellink R, Den E M, Aiking H, et al. Sharing the burden of financing adaptation to climate change [J]. Global Environmental Change, 2009, 19 (4) : 411-421.

Denevan W M. Adaptation, variation and cultural geography [J]. Professional Geographer, 1983, 35 (4) : 399-406.

Dias L F, Aparício B A, Nunes J P, et al. Integrating a hydrological model into regional water policies: Co-creation of climate change dynamic adaptive policy pathways for water resources in southern Portugal [J]. Environmental Science & Policy, 2020, 114: 519-532.

Dilley M. Disaster risk hotspots: a project summary [M]. New York and Tokyo: United Nations University Press, 2006

Dilley T E. Boudreau, Coming to terms with vulnerability: a critique of the food security definition [J]. Food Policy, 2001, 26 (3) : 229-247.

Dircke P, Molenaar A. Climate change adaptation; innovative tools and strategies in Delta City Rotterdam [J]. Water Practice and Technology, 2015, 10(4) : 674-680.

Dodman D, Ayers J M, Huq S. Building resilience. In Worldwatch Institute, State of the world 2009: Into a warming world [J]. Worldwatch Institute, Washington, DC, 2009.

Dodman D, Mitlin D, The national and local politics of climate change adaptation in Zimbabwe [J]. Climate and Development, 2014, 7 (3) : 223-234.

Dodman D, Mitlin D. Challenges Community-Based Adaptation: Discovering the Potential For Transformation [J]. Journal of International Development, 2013(5) : 640-659.

Donghyun, Kim, Jung, et al. Integrating climate change adaptation into community planning using a participatory process: The case of SaebatMaeul community in Busan, Korea [J]. Environment and planning, B. Urban analytics and city Science, 2018, 45 (4) : 669-690.

Doyle J. Picturing the clima (c) tic: Greenpeace and the representational politics of climate change communication [J]. Science as Culture, 2007, 16 (2) : 129-150.

Driessen P, Hegger D, Kundzewicz Z, et al. Governance Strategies for Improving Flood Resilience in the Face of Climate Change [J]. Water, 2018, 10 (11) : 1595.

Droubi A. Climate Change, Water and the Policy-Making Process in the Levant and North Africa; The Syria Case English Summary [R]. Climate Change and Environment in the Arab World, 2009.

Dulal, Bansha H. Governing climate change adaptation in the Ganges basin: assessing needs and capacities[J]. The International Journal of Sustainable Development and World Ecology, 2014, 21(1) : 1-14.

Dumaru P. Community-based adaptation: enhancing community adaptive capacity in Druadrua Island, Fiji [J]. Wiley Interdiplinary Reviews Climate Change, 2010 (5) : 751-763.

Dunlop M, Brown P R. Implications of climate change for Australia's National Reserve System: a preliminary assessment. Report to the Department of Climate Change, Canberra [R]. Canberra, 2008.

Dunne J P, Stouffer R J, John J G. Reductions in labour capacity from heat stress under climate warming [J]. Nat Clim Change, 2013, 3 (6) : 563-566.

Dupuis J, Biesbroek R. Comparing apples and oranges: The dependent variable problem in comparing and evaluating climate change adaptation policies [J]. Global Environmental Change, 2013, 23 (6) : 1476-1487.

Duran-Becerra B, Hillyer G C, Cosgrove A, et al. Climate change on YouTube: A potential platform for youth learning [J]. Health Promotion Perspectives, 2020, 10 (3) : 282-286.

Dyle J. Creative Communication Approaches to Youth Climate Engagement: Using Speculative Fiction and Participatory Play to Facilitate Young People's Multidimensional Engagement With Climate Change [J]. International Journal of Communication, 2020, 14: 2749-2772.

Eakin H C, Lemos M C, Nelson D R. Differentiating capacities as a means to sustainable climate change adaptation [J]. Global Environmental Change, 2014, 27: 1-8.

Easter K W, Hearne R. Water Markets and Decentralized Water Resources Management: International Problems and Opportunities 1 [J]. JAWRA Journal of the American Water Resources Association, 1995, 31 (1) : 9–20.

Ebi K L, Exuzides K A, Lau E, et al. Weather changes associated with hospitalizations for cardiovascular diseases and stroke in California, 1983–1998 [J]. Int J Biometeorol, 2004, 49 (1) : 48–58.

Ebi K L, Semenza J C. Community–Based Adaptation to the Health Impacts of Climate Change [J]. American Journal of Preventive Medicine, 2008 (5) : 501–507.

Ebinger J, Vergara W. Climate impacts on energy systems: key issues for energy sector adaptation [M]. The World Bank, World Bank Publications Washington, 2010: 26–49.

Edward C P, Garry H, Chris H, et al. Carbon budgets for 1.5 and 2℃ targets lowered by natural wetland and permafrost feedbacks [J]. Nature Geoscience, 2018, 11 (8) : 568–573.

Eilam E, Prasad V, Quinton H W. Climate Change Education: Mapping the Nature of Climate Change, the Content Knowledge and Examination of Enactment in Upper Secondary Victorian Curriculum [J]. Sustainability, 2020, 12 (2) : 591–592.

Eisenack K, Moser S C, Hoffmann E, et al. Explaining and overcoming barriers to climate change adaptation [J]. Nature Climate Change, 2014, 4 (10) : 867–872.

Eisenack K. A Climate Change Board Game for Interdisciplinary Communication and Education [J]. Simulation & Gaming, 2012, 44 (2–3) : 328–348.

Ekroos J, Ödman A M, Andersson G K, et al. Sparing Land for Biodiversity at Multiple Spatial Scales[J]. Frontiers in Ecology and Evolution, 2016, 3(87) : 1–11.

Elise B, Naomi K, Neil B, et al. Protected Planet Report 2018: Tracking Progress Towards Global Targets for Protected Area [R]. Gland, Switzerland and UNEP–WCMC, Cambridge, UK, 2018.

Elliott M, Armstron A, Bartram J, et al. Technologies for Climate Change Adaptation: the Water Sector [M]. India: Magnum Custom Publishing, 2010: 1–2.

El–Raey M, Dewidar K R, El–Hattab M. Adaptation to the impacts of sea level rise in Egypt [J]. Mitigation and Adaptation Strategies for Global Change, 1999, 4: 343–361.

Engelmann F, Engels J M M. Technologies and strategies for ex situ conservation [M]. Managing Plant Genetic Diversity, Oxford University Press, 2002: 89–103.

Engle N L, Bremond A, Malone E L, et al. Towards a resilience indicator framework for making climate–change adaptation decisions [J]. Mitigation and Adaptation Strategies for Global Change, 2014, 19 (8) : 1295–1312.

Engle N L, Lemos M C. Unpacking governance: building adaptive capacity to climate change of river basins in Brazil [J]. Global Environmental Change, 2010, 20 (1) : 4–13.

Ensor, Marisa O. Youth, Climate Change, and Peace in South Sudan [J]. Peace Review, 2013, 25 (4) : 526–533.

Ericksen P J, Thornton P K, Notenbaert A M O, et al. Mapping hotspots of climate change and food insecurity in the global tropics [R]. CGIAR, 2011.

Eriksen S, Aldunce P, Bahinipati C S, et al. When not every response to climate change is a good one: identifying principles for sustainable adaptation [J]. Climate Development, 2011, 3: 7–20.

ESCAP/WMO Typhoon Committee. MEMBER REPORT [China] [R/OL]. (2017–11–3) [2021–02–20] http: //www.typhooncommittee.org/12IWS/docs/Members/China20171026_final. pdf.

EU. Action Plan: Financing Sustainable Development [R/OL]. (2018–03–08) [2020–11–20]. https://ec.europa.eu/transparency/regdoc/rep/1/2018/EN/COM-2018-97-F1-EN-MAIN-PART-1. PDF.

European Environment Agency. Urban adaptation to climate change in Europe: challenges and opportunities for cities together with supportive national and European policies [R/OL]. 2012 [2021–01–20] http: //orca. cf. ac. uk/64905/1/EEA-Report-2-2012_Urban_adaptation_to_climate_change. pdf.

Evengard B, Berner J, Brubaker M, et al. Climate change and water security with a focus on the Arctic [J]. Global Health Action, 2011, 4 (1) : 3–6.

Fadzil M F B, Idris K, Samah B A, et al. Examining Highland Youth Farmers' Adaptation Ability towards Climate Change Impacts [J]. International Journal of Academic Research in Business and Social Sciences, 2017, 7 (4) : 527–537.

Fang X, Misra S, Xue G, et al. Smart Grid-The New and Improved Power Grid: A Survey [J]. IEEE Communications Surveys & Tutorials, 2012, 14 (4) : 944–980.

Fankhauser S, Schmidt-Traub G. From adaptation to climate-resilient development: the costs of climate-proofing the Millennium Development Goals in Africa [J]. Climate Development, 2011, 3: 94–113.

FAO, IFAD, UNICEF, et al. The State of Food Security and Nutrition in the World 2018[R]. Rome: FAO, 2018: 39–40, 73–74.

Few R, Brown K, Tompkins E L. Public Participation and Climate Change Adaptation: Avoiding the Illusion of Inclusion [J]. Climate Policy, 2007, (7) : 46–59.

Field C B, Barros V R, Dokken D J, et al. Climate change 2014–Impacts, adaptation and vulnerability: Regional aspects [M]. New York: Cambridge University Press, 2014.

Fink R, Eržen I, Medved S. Symptomatic Response of the Elderly with Cardiovascular Disease during the Heat Wave in Slovenia [J]. Central European journal of public health, 2017, 25 (4) : 260-266.

Fischer A S, Hall J, Harrison D E, et al. Ocean Information for Society: Sustaining the Benefits, Realizing the Potential[R]. OceanObs' 09, 2010.

Folke C, Hahn T, Olsson P, et al, Adaptive governance of social-ecological systems [J]. Annual Review of Environment and Resources: 2005, 30: 441–473.

Folke C. Resilience: The emergence of a perspective for social-ecological systems analyses [J]. Global Environmental Change, 2006, 16(3) : 253–267.

Fonta W M, Sanfo S, Kedir A M, et al. Estimating farmers' willingness to pay for weather index-based crop insurance uptake in West Africa: Insight from a pilot initiative in Southwestern Burkina Faso [J]. Agricultural and Food Economics, 2018, 6 (1) : 1–20.

Ford J D, Pearce T, Duerden F, et al. Climate change policy responses for Canada's Inuit population: The importance of and opportunities for adaptation [J]. Global Environmental Change, 2010,

20 (1) : 177–191.

Ford J D, Smit B, Wandel J, et al. Climate change in the Arctic: Current and future vulnerability in two Inuit communities in Canada [J]. Geographical Journal, 2008, 174 (174) : 45–62.

Forino G, Von Meding J, Brewer G. Community based initiatives to mainstream climate change adaptation into disaster risk reduction: evidence from the Hunter Valley (Australia) [J]. Local Environment, 2019, 24 (1) : 52–67.

Forsyth T. Community-based adaptation: a review of past and future challenges [J]. Wiley Interdisciplinary Reviews Climate Change, 2013 (5) : 439–446.

Fouillet A, Rey G, Laurent F, et al. Excess mortality related to the August 2003 heat wave in France [J]. International archives of occupational and environmental health, 2006, 80(1) : 16–24.

Francés G E, Quevauviller P, González E S M, et al. Climate change policy and water resources in the EU and Spain. A closer look into the Water Framework Directive [J]. Environmental Science & Policy, 2017, 69: 1–12.

Franz E, Sven B, Piero G, et al. Which Taxa Are Alien? Criteria, Applications, and Uncertainties [J]. Bioence. 2018 (7) : 496–509.

Friedlingstein P, Jones M W, O'sullivan M. et al. Global Carbon Budget 2019 [J]. Earth System Science Data, 2019, 11: 1783–1838.

Fritzmann C, J. Löwenberg, Wintgens T, et al. State-of-the-art reverse osmosis desalination [J]. Desalination, 2015, 216 (1–3) : 1–76.

Frumkin H, Hess J, Luber G, et al. Climate change: the public health response. American Journal of Public Health, 2008, 98(3) : 435–445.

Fujita S. Stormwater management for sustainable urban water use Proceedings of International Workshop on Rainwater and Reclaimed Water for Urban Sustainable Water Use (2005) . http: //www. recwet. t. u-tokyo. ac. jp/furumailab/crest/workshop05/june9pm_2. pdf

FürUmwelt M, Naturschutz L, desLandes Nordrhein-Westfalen V. Handbuch Stadtklima [R/OL]. 2010 [2021-01-21] https://www. dinslaken. de/www/sitzungsdienst2014. nsf/HTML/14DEE0 2B3A357208C125803600207556/%24FILE/Handbuch%20Stadtklima_1. pdf

Füssel H M, Hallegatte S, Reder M. Climate Change, Justice and Sustainability [M]. 2012, 311–330.

Galea S, Brewin CR, Gruber M, et al. Exposure to hurricane-related stressors and mental illness after Hurricane Katrina [J]. Arch Gen Psychiatry, 2007, 64 (12) 14: 27–1434.

Gallagher R P, Lee T K. Adverse effects of ultraviolet radiation: a brief review [J]. Progress in biophysics and molecular biology, 2006, 92 (1) : 119–131.

Gallagher R V, Makinson R O, Hogbin P M, et al. Assisted colonization as a climate change adaptation tool [J]. Austral Ecology, 2015, 40 (1) : 12–20.

Garcia D M, Sheehan M C. Extreme Weather-driven Disasters and Children's Health [J]. International Journal of Health Services, 2015, 46(1) : 79–105.

Garlati A. Climate Change and Extreme Weather Events in Latin America: An Exposure Index. IDB Working [J]. 2013, 12 (3) : 12–19.

Garnier M, Holman I. Critical Review of Adaptation Measures to Reduce the Vulnerability of

European Drinking Water Resources to the Pressures of Climate Change [J]. Environmental management, 2019, 64 (2) : 138-153.

Garrick D. Decentralisation and drought adaptation: Applying the subsidiarity principle in transboundary river basins [J]. International Journal of the Commons, 2018, 12 (1) : 301-331.

Gasbarro F, Iraldo F, Daddi T. The drivers of multinational enterprises' climate change strategies: A quantitative study on climate-related risks and opportunities [J]. Journal of Cleaner Production, 2017, 160: 8-26.

Gavin N T. Pressure group direct action on climate change: the role of the media and the web in Britain-a case study [J]. Brit J Polit Int Relat, 2010, 12(01) : 459-475.

Gbedemah C, Harper C, Jones N, et al. Exploring the Impact of Macro-Level Shocks on Youth: 3F Crisis and Climate Change in Ghana, Mozambique and Vietnam [R]. Britain: Overseas Development Institute, 2011: 48-64.

Geijzendorffer I R, Cohen-Shacham E, Cord A F, et al. Ecosystem services in global sustainability policies [J]. Environmental science & policy, 2017, 74: 40-48.

Gemma A, Ibrahim K. Creating youth employment through entrepreneurship financing: The Uganda Youth Venture Capital Fund [J]. Research, 2015, 122: 2-18.

Genovesi P, Carboneras C, Vilà, et al. EU adopts innovative legislation on invasive species: a step towards a global response to biological invasions? [J]. Biological Invasions, 2015, 17 (5) : 1307-1311.

George Sanderson, 阎静. 气候变化与人类健康[J]. 世界环境，1992 (2) : 40-42.

Gero A, Méheux K, Dominey H.D, Integrating community based disaster risk reduction and climate change adaptation: examples from the Pacific [J]. Natural Hazards and Earth System Science, 2011, 11 (1) : 101-113.

Gero A, Méheux K, Dominey-Howes D. Integrating community based disaster risk reduction and climate change adaptation: examples from the Pacific [J]. Natural hazards and earth systemences, 2011(1) : 101-113.

Gibbons E. Climate change, children's rights, and the pursuit of intergenerational climate justice[J]. Health and Human Rights, 2014, 16 (1) : 19-31.

Giraudo A R, Arzamendia V. Descriptive bioregionalisation and conservation biogeography: what is the true bioregional representativeness of protected areas? [J]. Australian Systematic Botany, 2018, 30 (6) : 403-413.

Gitay H, Brown S, Easterling W, et al. Ecosystems and their goods and services. Climate Change 2001: Impacts, Adaptation, and Vulnerability. Contribution of Working Group II to the Third Assessment Report of the Intergovernmental Panel on Climate Change [R]. New York: Cambridge University Press, 2001.

Giuseppe J.M, Graham J, Brewer A, Conceptual Governance Framework For Climate Change Adaptation and Disaster Risk Reduction Integration [J]. International Journal of Disaster Risk Science, 2015, 6 (4) : 372-384.

Glantz M H. Water, Climate, and Development Issues in the Amu Darya Basin [J]. Mitigation & Adaptation Strategies for Global Change, 2015, 10 (1) : 23-50.

Gleick P H. Water, Drought, Climate Change, and Conflict in Syria[J]. Weather, Climate, and Society, 2014, 6(3) : 31–340.

Global Islands Network. Global Island Database [EB/OL]. [2021–01–02]. http: //www. globalislands. net/about/gid_functions. php.

Goldmann E, Galea S. Mental health consequences of disasters [J]. Annu Rev Public Health, 2014, 35 (1) : 169–183.

Goncalves J, Deschamps P, Hamelin B, et al. Revisiting recharge and sustainability of the North-Western Sahara aquifers [J]. Regional Environmental Change, 2020, 20: 47.

Gonzales-Iwanciw J, Dewulf A and Karlsson-Vinkhuyzen S, Learning in multi-level governance of adaptation to climate change–a literature review [J].Journal of Environmental Planning and Management, 2019: 1–19.

Gordon, David J. Between local innovation and global impact: cities, networks, and the governance of climate change [J]. Canadian Foreign Policy Journal, 2013, 19 (3) : 288–307.

Gottschick M, How stakeholders handle uncertainty in a local climate adaptation governance network [J].Climatic Change, 2014, 2014, 132 (3) : 445–457.

Government Of The People's Republic Of Bangladesh. Bangladesh climate change strategy and action plan 2009 [R]. 2009: 1–98.

Government of the Republic of Fiji. Republic of Fiji National Adaptation Plan [EB/OL]. (2018–8) [2020–11–19]. https: //www4. unfccc. int/sites/NAPC/Documents/Parties/National%20Adaptation%20Plan_Fiji. pdf.

Government of the Republic of FiJi. Republic of Fiji National Adaptation Plan–A pathway towards climate resilience [EB/OL]. (2018) [2020–11–27]. https: //www4.unfccc.int/sites/NAPC/Documents/Parties/National%20Adaptation%20Plan_Fiji. Pdf

Grace K, Davenport F, Funk C, Lerner AM. Child malnutrition and climate in Sub-Saharan Africa: an analysis of recent trends in Kenya[J]. Appl Geogr, 2012, 35 (1) : 405–413.

Grasso M. An ethical approach to climate adaptation finance [J]. Global Environmental Change, 2010, 20 (1) : 74–81.

Greatrex H, Hansen J, Garvin S, et al. Scaling up index insurance for smallholder farmers: Recent evidence and insights [EB/OL]. (2015) [2021–01–03]. https://cgspace.cgiar.org/bitstream/handle/10568/53101/CCAFS_Report14. pdf ? sequence=1&isAllowed=y.

Green Building Council. Green Building Rating SystemTM Version 2.0: Leadership in Energy and Environmental Design [R/OL]. (2000–03) [2021–01–21] http: //www.civil. uwaterloo. ca/beg/ArchTech/LEED%20rating%20V2_0. pdf.

Green Climate Fund. Introduction to GCF [EB/OL]. (2016–11–02) [2020–11–22]. http//www. grenclimate. fund/documents/20182/194568/GCF_INSIGHT_2016/dc2b945f-d96a-4f6d-9eeb-3960beee 919a.

Greenberg J, Knight G, Westersund E. Spinning climate change: Corporate and NGO public relations strategies in Canada and the United States [J]. International Communication Gazette, 2011, 73 (1–2) : 65–82.

Greenhow, Christine. Youth, Learning, and Social Media [J]. Journal of Educational Computing

Research, 2011, 45 (2) : 139-146.

Grégoire R, Eric J, Anne F, et al. The impact of major heat waves on all-cause and cause-specific mortality in France from 1971 to 2003 [J]. International Archives of Occupational and Environmental Health, 2007, 80 (7) : 615-626.

Gribben J R. Hothouse Earth: the Greenhouse Effect and Gaia [M]. Bantam Press, London, 1990: 272.

Griffiths J, Chan F K S, Shao M, et al. Interpretation and application of Sponge City guidelines in China [J]. Philosophical transactions of the Royal Society of London. Series A: Mathematical and physical sciences, 2020, 378 (2168) : 1-20.

Grothmann T, Patt A, Adaptive capacity and human cognition: The process of individual adaptation to climate change [J]. Global Environmental Change, 2005, 15: 199-213.

GuerraA. La Crisis como Oportunidad, Análisis de la sequía en la costa sur de Guatemala en 2016 (in Spanish) . Red Nacional de Formación e Investigación Ambiental Guatemala C. A., 2017(17) : 21-27.

Guevara-Ochoa C, Medina-Sierra A, Vives L. Spatio-temporal effect of climate change on water balance and interactions between groundwater and surface water in plains [J]. Science of the Total Environment, 2020, 722: 137886.

Gunawardhana L N, Kazama S. Statistical and numerical analyses of the influence of climate variability on aquifer water levels and groundwater temperatures: The impacts of climate change on aquifer thermal regimes [J]. Global and Planetary Change, 2012, 86: 66-78.

Guo B, Zhang J, Meng X, et al. Long-term spatio-temporal precipitation variations in China with precipitation surface interpolated by ANUSPLIN [J]. Scientific Reports, 2020, 10: 81.

Haer T, Husby T G, Botzen W J W, et al. The safe development paradox: An agent-based model for flood risk under climate change in the European Union [J]. Global Environmental Change, 2020, 60: 102009.

Hagedoorn L C, Brander L M, Van Beukering P J H, et al. Community-based adaptation to climate change in small island developing states: an analysis of the role of social capital [J]. Climate and Development, 2019: 1-12.

Hahn M B, Riederer A M, Foster S O. The Livelihood Vulnerability Index: A pragmatic approach to assessing risks from climate variability and change: A case study in Mozambique [J]. Global Environmental Change, 2009, 19 (1) : 74-88.

Haines A, Kovats R S, Campbell-Lendrum D, et al. Climate change and human health: impacts, vulnerability and public health [J]. Public health, 2006, 120 (7) : 585-596.

Haites E, Mwape C. Sources of Long-Term Climate Change Finance [R]. Oxford: Oxford Climate Policy, 2013.

Hall N, Persson Å, Global climate adaptation governance: Why is it not legally binding? [J]. European Journal of International Relations, 2018, 24 (3) : 540-566.

Hans-Martin Füssel, Klein R J T. Climate Change Vulnerability Assessments: An Evolution of Conceptual Thinking [J]. Climatic Change, 2006, 75 (3) : 301-329.

Harper S L, Wright C, Masina S, et al. Climate change, water, and human health research in the

Arctic [J]. Water Security, 2020, 10: 100062.

Harris C N P, Quinn A D, Bridgeman J. The use of probabilistic weather generator information for climate change adaptation in the UK water sector [J]. Meteorological Applications, 2012.

Hawkins E, Ortega P, Suckling E, et al. Estimating Changes in Global Temperature since the Preindustrial Period[J]. Bulletin of the American Meteorological Society, 2017, 98(9): 1841-1856.

Hayes K, Blashki G, Wiseman J, et al. Climate change and mental health: risks, impacts and priority actions[J]. International Journal of Mental Health Systems, 2018, 12(1): 1-12.

Haynes K, Tanner T M. Empowering young people and strengthening resilience: youth-centred participatory video as a tool for climate change adaptation and disaster risk reduction [J]. Children's Geographies, 2015, 13(3): 357-371.

Heikkilä E, Vanhanen S, Linnatsalo S. Immigrants, employment and challenges in the labour market in Turku, Southwest Finland [R]. Finland: migration institution of Finland, 2020.

Heller N E, Zavaleta E S. Biodiversity management in the face of climate change: A review of 22 years of recommendations [J]. Biological Conservation, 2009, 142 (1): 14-32.

Heltberg R, Gitay H, Prabhu R G. Community-based adaptation: lessons from a grant competition [J]. Climate Policy, 2012 (2): 143-163.

Henstra D. Toward the Climate-Resilient City: Extreme Weather and Urban Climate Adaptation Policies in Two Canadian Provinces [J]. Journal of Comparative Policy Analysis: Research and Practice, 2012, 14 (2): 175-194.

Hering J G, Dzombak D A, Green S A, et al. Engagement at the Science-Policy Interface. Environmental Science & Technology, 2014, 48 (19): 1031-11033.

Hernandez-Delgado E A. The emerging threats of climate change on tropical coastal ecosystem services, public health, local economies and livelihood sustainability of small islands: Cumulative impacts and synergies [J]. Marine Pollution Bulletin, 2015, 101 (1): 5-28.

Herriman J, Atherton A, Vecellio L. The Australian Experience of World Wide Views on Global Warming: The First Global Deliberation Process [J]. Journal of Public Deliberation, 2011, 7 (1): 1-3.

Hess J J, Mcdowell J Z, Luber G. Integrating Climate Change Adaptation into Public Health Practice: Using Adaptive Management to Increase Adaptive Capacity and Build Resilience [J]. Environmental Health Perspectives, 2012, 120 (2): 171-179.

HKGBC. Guidebook on Urban Microclimate Study [S]. HongKong, 2017.

HKMA. HKMA Introduces Key Measures on Sustainable Banking and Green Finance [EB/OL]. (2019-05-07) [2020-11-20]. https://www.hkma.gov.hk/eng/news-and-media/press-releases/2019/05/20190507-4.html.

Ho H C, Knudby A, Huang W. A spatial framework to map heat health risks at multiple scales [J]. International journal of environmental research and public health, 2015, 12 (12): 16110-16123.

Hock R, Rasul G, Adler C, et al. High Mountain Areas In: IPCC Special Report on the Ocean and Cryosphere in a Changing Climate [R]. 2019.

Hodgson D, Mcdonald J L, Hosken D J. What do you mean, 'resilient'?[J]. Trends in Ecology & Evolution, 2015, 30 (9) : 503-506.

Hoegh-Guldberg, Jacob O D, Taylor M, et al. Impacts of 1.5 C global warming on natural and human systems [J]. An IPCC Special Report, 2018, 3: 3-243.

Hole D G, Young K R, Seimon A, et al. Adaptive management for biodiversity conservation under climate change-A tropical Andean perspective [R]. Climate Change and Biodiversity in the Tropical Andes, São José dos Campos y París: Instituto Interamericano para la Investigación del Cambio Global y Comité Científico, 2011.

Holling C S. Resilience and Stability of Ecological Systems [J]. Annual Review of Ecology and Systematics, 1973, 4: 1-23.

Holling C S. Understanding the Complexity of Economic, Ecological, and Social Systems [J]. Ecosystems, 2001, 4 (5) : 390-405.

Horlings J, Marschke M. Fishing, farming and factories: adaptive development in coastal Cambodia [J]. Climate and Development, 2019: 1-11.

Horton R M, Solecki W D, Rosenzweig C. Climate change in the Northeast: a sourcebook. Draft technical input report prepared for the US National Climate Assessment [M]. California: Island press, 2013.

Hou X, Guo H, Wang F, et al. Is the sponge city construction sufficiently adaptable for the future stormwater management under climate change? [J]. Journal of Hydrology, 2020, 588: 125055.

Howells M, Hermann S, Welsch M, et al. Integrated analysis of climate change, land-use, energy and water strategies [J]. Nature Climate Change, 2013, 3 (7) : 621-626.

Howes M, Tangney P, Reis K, et al, Towards networked governance: improving interagency communication and collaboration for disaster risk management and climate change adaptation in Australia [J]. Journal of Environmental Planning and Management, 2014, 58 (5) : 757-776.

Huang A Q, Crow M L, Heydt G T, et al. The Future Renewable Electric Energy Delivery and Management (FREEDM) System: The Energy Internet [J]. Proceedings of the IEEE, 2010, 99 (1) : 133-148.

Huang C, Vaneckova P, Wang X, et al. Constraints and barriers to public health adaptation to climate change: A review of the literature [J]. Am J Prev Med, 2011, 40: 183-190.

Hulme P E, Bacher S, Kenis M, et al. Grasping at the routes of biological invasions: a framework for integrating pathways into policy [J]. Journal of Applied Ecology, 2010, 45 (2) : 403-414.

Huntingford C, Jeffers E S, Bonsall M B, et al. Machine learning and artificial intelligence to aid climate change research and preparedness [J]. Environmental Research Letters, 2019, 14 (12) : 124007.

Huo J, Liu C, Yu X, et al. Effects of watershed char and climate variables on annual runoff in different climatic zones in China [J]. Science of The Total Environment, 2020, 754: 142157.

Huq S, Ayers J. Streamlining adaptation to climate change into development projects at the national and local level. Financing climate change policies in developing countries [M]. European Parliament, Brussels, 2008: 47.

Huq S, Reid H. Community-Based Adaptation: A vital approach to the threat climate change poses to the poor [J]. United Kingdom, 2007: 7-8.

Huynh, V. D, Piracha A, An evaluation on climate change adaptation for tourism sector in the Mekong Delta of Vietnam. Asia Pacific, Journal of Tourism Research, 2019, 24 (9): 894-911.

Hyun J Y, Huang S Y, Yang Y C E, et al. Using a coupled agent-based modeling approach to analyze the role of risk perception in water management decisions [J]. Hydrology and Earth System Sciences, 2019, 23 (5): 2261-2278.

Iglesias A, Sánchez B, Garrote L, et al. Towards adaptation to climate change: Water for rice in the coastal wetlands of Doñana, Southern Spain [J]. Water Resources Management, 2017, 31 (2): 629-653.

Immerzeel W W, van Beek L P H, Konz M, et al. Hydrological response to climate change in a glacierized catchment in the Himalayas [J]. Climatic Change, 2012, 110 (3-4): 721-736.

Ingty T. High mountain communities and climate change: adaptation, traditional ecological knowledge, and institutions [J]. Climatic Change, 2017 (11): 1-15.

Inter-American Development Bank (IDB). Indicators of Disaster Risk and Risk Management: Program for Latin America and the Caribbean Summary Report [R]. Technical Note IDB-TN-169. Washington, DC, United States: IDB, 2010.

IPCC. Climate Change 1995: Impacts, Adaptations and Mitigation of Climate Change: Scientific-Technical Analyses [M]. Contribution of Working Group II to the Second Assessment Report of the Intergovernmental Panel on Climate Change. Cambridge: Cambridge University Press, 1995.

IPCC. Climate Change 2001: Impacts, Adaptation and Vulnerability [M]. Contribution of Working Group II to the Third Assessment Report of the Intergovernmental Panel on Climate Change. Cambridge: Cambridge University Press, 2001.

IPCC. Climate Change 2007: Impacts, Adaptation and Vulnerability [M]. Contribution of Working Group II to the Fourth Assessment Report of the Intergovernmental Panel on Climate Change. Cambridge: Cambridge University Press, 2007.

IPCC. Climate change 2007: the physical science basis (summary for pohcy makers) [M]. Cambridge, Cambridge University Press, 2007.

IPCC. Managing the risks of extreme events and disasters to advance climate change adaptation: A special report of working groups I and II of the intergovernmental panel on climate change [R]. Cambridge: Cambridge University Press, 2012.

IPCC. Working group I contribution to the IPCC fifth assessment report climate change 2013: The physical science basis summary for policymakers [R/OL]. http://www. climatechange2013.org/images/report/WG1AR5_SPM_FINAL. pdf. 2013-09-23.

IPCC. Climate Change 2014: Impacts, Adaptation, and Vulnerability [M]. New York: Cambridge University Press, 2014.

IPCC, "Sea Level Rise and Implications for Low-Lying Islands, Coasts and Communities." in IPCC Special Report on the Ocean and Cryosphere in a Changing Climate [R]. In press. 2019, 321-445.

International Association for Public Participation. IAP2 spectrum of public participation [J]. The

Atrium, 2007: 1.

Irina Safitri.Zen, Abul Quasem. Al-Amin, Brent Doberstein, Mainstreaming climate adaptation and mitigation policy: Towards multi-level climate governance in Melaka, Malaysia [J]. Urban Climate, 2019, 30: 1-14.

Irish, Stacy. Nucor calls on US government to invest in energy infrastructure. [J]. Metal Bulletin Daily, 2012.

Irvin R, Stansbury J. Citizen Participation in Decision Making: Is it Worth the Effort? [J]. Public Administration Review, 2004(64) : 55-65

Islam S M A, Osman M S, Saha G C, et al. Community Based Adaptation to Climate Change through Integrated Agricultural Approach [C]. Proceedings of 2015 International Conference on Green Buildings, Civil and Architecture, 2015: 15-21.

IUCN. Invasive alien species and sustainable development [R/OL]. (2018-07) [2020-12-28]. https: // www.iucn.org/sites/dev/files/ias_and_sustainable_development_issues_brief_final. pdf.

IUCN. The IUCN Red List of Threatened Species. [EB/OL]. 2019 [2020-12-01]. https://www.iucn.org/theme/species.

Jaakkola J J K, Juntunen S, Klemetti Näkkäläjärvi. The Holistic Effects of Climate Change on the Culture, Well-Being, and Health of the Saami, the Only Indigenous People in the European Union [J]. Springer Open Choice, 5(4) : 401-417.

Jacomina P, De R, Stephen S. Local and Community Driven Development: Moving to Scale in Theory and Practice [M]. Washington, World Bank Publications, 2010: 78-80.

Jakob M, Steckel J C. How climate change mitigation could harm development in poor countries [J]. Wiley Interdisciplinary Reviews: Climate Change, 2014, 5 (2) : 161-168.

Jakob S. Learning about Climate Change: Finance Ministries in International Climate Change Politics [J]. Global Environmental Politics, 2012, 12 (4) : 1-8.

Jamero M L, Onuki M, Esteban M, et al. In-situ adaptation against climate change can enable relocation of impoverished small islands [J]. Marine Policy, 2019, 108: 103614.

Jeff Birchall.S. Coastal climate adaptation planning and evolutionary governance: Insights from Homer, Alaska [J].Marine Policy, 2020, 122 (C) : 1-8.

Jepson P R, Barua M. A Theory of Flagship Species Action [J]. Conservation and Society, 2015, 13 (1) : 95-104.

Jerrett M, Burnett R T, Pope C A, et al. Long-term ozone exposure and mortality [J]. New England Journal of Medicine, 2009, 360 (11) : 1085-1095.

Jiang C, Li D Q, Gao Y N, et al. Impact of climate variability and anthropogenic activity on streamflow in the Three Rivers Headwater Region, Tibetan Plateau, China [J]. Theoretical and Applied Climatology, 2017, 129: 667-681.

Kaika M. The Water Framework Directive: a new directive for a changing social, political and economic European framework [J]. European Planning Studies, 2003, 11 (3) : 299-316.

Kalinkat G, Cabral J S, Darwall W, et al. Flagship umbrella species needed for the conservation of overlooked aquatic biodiversity [J]. Conservation Biology, 2017, 31 (2) : 481-485.

Kane S, Shogren J. Linking Adaptation and Mitigation in Climate Change Policy [J]. Climatic

Change, 2000, 45: 75–102.

Karim M D R, Andreas T. Role of community based local institution for climate change adaptation in the Teesta riverine area of Bangladesh [J]. Climate Risk Management, 2017 (17) : 92–103.

Kasperson J X, Kasperson R E. Climate Change, Vulnerability and Social Justice [M]. Stockholm: Stockholm Environment Institute, 2001: 114–115.

Kasperson R E, Dow K, Archer E, et al. Vulnerable people and places. Chapter 6 In: Millennium ecosystem assessment [M]. Washington: Island Press, 2005.

Kates R W. Cautionary Tales: Adaptation and the Global Poor [J]. Climatic Change, 2000 (1) : 5-17.

Keohane R O, Victor D G. The Regime Complex for Climate Change [J]. Perspectives on Politics, 2011, 9(1) : 7–23.

Keppel G, Ottaviani G, Harrison S, et al. Towards an eco-evolutionary understanding of endemism hotspots and refugia [J]. Annals of botany, 2018, 122 (6) : 927–934.

Keskitalo E H, Kulyasova A. The role of governance in community adaptation to climate change [J]. Polar Research, 2009, 28 (1) : 60–70.

KFW Development Bank. How KFW Development Bank is Promoting Climate Change Mitigation And Adaptation [R/OL]. (2019-05-09) [2020-11-20]. https: //www.kfw-entwicklungsbank. de/PDF/Download-Center/PDF-Dokumente-Brosch%C3%BCren/2019_Herausforderung_ Klimawandel_EN. pdf.

Khan H F, Yang Y C, Xie H, et al. A coupled modeling framework for sustainable watershed management in transboundary river basins [J]. Hydrology and Earth System Sciences, 2017, 21(12) : 6275–6288.

Kirkby P, Williams C, Huq S. Community-based adaptation (CBA) : adding conceptual clarity to the approach, and establishing its principles and challenges [J]. Climate &Development, 2017: 1–13.

Kissinger G, Sova C, Allassane B A, et al. Climate adaptation and agriculture: Solutions to successful national adaptation plans [R]. Copenhagen: CCAFS Policy Brief, 2014: 5–7.

Kitano H H. Systems biology: a brief overview [J]. Science, 2002, 295: 1662–1664.

Kjellstrom T, Briggs D, Freyberg C, et al. Heat, human performance, and occupational health: a key issue for the assessment of global climate change impacts. Annu Rev Public Health 2016, 37: 97–112.

Kjellstrom T, Holmer I, Lemke B. Workplace heat stress, health and productivity-an increasing challenge for low-income and middle-income countries during climate change [J]. Glob Health Action, 2009, 21–27.

Klein R J T, Schipper E L, Dessai S. Integrating mitigation and adaptation into climate and development policy: three research questions [J]. Environmental Science & Policy, 2005, 8 (6) : 579–588.

Klein R J, Nicholls R J, Ragoonaden S, et al. Technological options for adaptation to climate change in coastal zones [J]. Journal of Coastal Research, 2001, 17 (3) : 531–543.

Klein R J. Identifying countries that are particularly vulnerable to the adverse effects of climate change: an academic or a political challenge? [J]. Carbon & Climate Law Review, 2009: 284–291.

Klein R T J, Eriksen S E H, Naess L O, et al. Portfolio Screening to Support the Mainstreaming of Adaptation to Climate Change into Development Assistance [M]. Norwich: Tyndall Centre for Climate Change Research, 2007.

Klein, Richard, J. T, Nicholls, et al. Technological Options for Adaptation to Climate Change in Coastal Zones [J]. Journal of Coastal Research, 2001.

Kloeck C, Dornan M, Weiler F, et al. " Vulnerability, Good Governance, or Donor Interests? The Allocation of Aid for Climate Change Adaptation. " [J]. World Development, 2018, 104: 65–77.

Koch F, Prasch M, Bach H, et al. How Will Hydroelectric Power Generation Develop under Climate Change Scenarios? A Case Study in the Upper Danube Basin [J]. Energies, 2011, 4 (10): 1508–1541.

Koetse M J, Rietveld P. The impact of climate change and weather on transport: An overview of empirical findings [J]. Transportation Research Part D Transport & Environment, 2009, 14(3): 205–221.

Kolk A, Pinkse J. Business responses to climate change: identifying emergent strategies [J]. California Management Review, 2005, 47 (3): 6–20.

Kolk A, Pinkse J. Market strategies for climate change [J]. European management journal, 2004, 22 (3): 304–314.

Kolk A, Poyyamoli G G. Economics of Environmental Management [J]. Electronic Green Journal, 2001, 1 (15): 164–179.

Kolk A. The social responsibility of international business: From ethics and the environment to CSR and sustainable development [J]. Journal of World Business, 2016, 51 (1): 23–34.

Kopytko N, Perkins J. Climate change, nuclear power, and the adaptation-mitigation dilemma [J]. Energy Policy, 2011, 39 (1): 318–333.

Koundouri P, Akinsete E, Tsani S. Socio-economic and policy implications of multi-stressed rivers: a European perspective [M]. Elsevier, 2019, 19: 335–351.

Kovats S, Akhtar R. Climate, climate change and human health in Asian cities [J]. Environment and Urbanization, 2008, 20 (1): 165–175.

Krahmann E. National, Regional, and Global Governance: One Phenomenon or Many? [J]. Global Governance, 2003, 9(3): 323–346.

Krasner S.D, Structural causes and regime consequences: regimes as intervening variables [J]. International Organization, 1982, 36 (2): 185–205.

Krug C B, Schaepman M E, Shannon L J, et al. Observations, indicators and scenarios of biodiversity and ecosystem services change–A framework to support policy and decision-making [J]. Current opinion in environmental sustainability, 2017, 29: 198–206.

Kumar P D. Potential vulnerability implications of sea level rise for the coastal zones of Cochin, southwest coast of India [J]. Environmental Monitoring and Assessment, 2006, 123: 333.

Kundzewicz Z W, Lugeri N, Dankers R, et al. Assessing river flood risk and adaptation in Europereview of projections for the future [J]. Mitigation and Adaptation Strategies for Global Change, 2010, 15 (7) : 641-656.

Kurylyk B L, Bourque C P A, MacQuarrie K T B. Potential surface temperature and shallow groundwater temperature response to climate change: an example from a small forested catchment in east-central New Brunswick (Canada) [J]. Hydrology and Earth System Sciences, 2013, 17 (7) : 2701-2716.

Kurylyk B L, MacQuarrie K T B, Caissie D, et al. Shallow groundwater thermal sensitivity to climate change and land cover disturbances: derivation of analytical expressions and implications for stream temperature modeling [J]. Hydrology and Earth System Sciences, 2015, 19 (5) : 2469-2489.

Labriet M, Joshi S, Vielle M, et al. Worldwide impacts of climate change on energy for heating and cooling [J]. Mitigation & Adaptation Strategies for Global Change, 2015, 20(7) : 1111-1136.

Lackstrom K, Dow K, Haywood B, et al. Engaging climate-sensitive sectors in the Carolinas [R]. Carolinas Integrated Sciences and Assessments (CISA) , Carolina: University of South Carolina, 2012.

Laczko F, Aghazarm C. Migration, Environment and Climate Change: Assessing the Evidence [R]. International Organization for Migration, 2009.

Laestadius L I, Neff R A, Barry C L, et al. "We don't tell people what to do": An examination of the factors influencing NGO decisions to campaign for reduced meat consumption in light of climate change [J]. Global Environmental Change, 2014, 29: 32-40.

Laidler G J, Hirose T, Kapfer M, et al. Evaluating the Floe Edge Service: how well can SAR imagery address Inuit community concerns around sea ice change and travel safety? [J]. Canadian Geographer, 2011, 55 (1) : 91-107.

Lamarck J B. Zoölogische philosophie [M]. Paris: Chez Dentu, 1809.

Langhammer P F, Bakarr M I, Bennun L A, et al. Identification and Gap Analysis of Key Biodiversity Areas: Targets for Comprehensive Protected Area Systems [R/OL]. 2007 [2020-12-06]. https://portals.iucn.org/docs/library/html/PAG-015/cover.html.

Larsen L. Urban climate and adaptation strategies [J]. Frontiers in Ecology and the Environment, 2015, 13 (9) : 486-492.

Lasage R, Aerts J C J H, Mutiso G C M, et al. Potential for community based adaptation to drought: Sand dams in Kitui, Kenya [J]. Physics & Chemistry of the Earth Parts, 2008 (01) : 67-73.

Lauer M S, Albert S, Aswani B S, et al. Globalization, Pacific Islands, and the paradox of resilience [J]. Global Environmental Change, 2012, 23 (1) : 40-50.

Leal Filho W, Morgan E A, Godoy E S, et al. Implementing climate change research at universities: Barriers, potential and actions [J]. Journal of Cleaner Production, 2017, 170: 269-277

Leary J J K, Gooding J, Chapman J, et al. Calibration of an Herbicide Ballistic Technology (HBT) Helicopter Platform Targeting Miconia calvescens in Hawaii [J]. Invasive Plant Science & Management, 2013, 6 (2) : 292-303.

Leary N, Baethgen W, Barros V, et al. A plan of action to support climate change adaptation through scientific capacity, knowledge and research [J]. AIACC Report, 2006, 23.

Lee S W, Sarp S, Jeon D J, et al. Smart water grid: the future water management platform [J]. Desalination and Water Treatment, 2015, 55 (2) : 339–346.

Lee T, Painter M. Comprehensive local climate policy: The role of urban governance [J]. Urban Climate, 2015, 14: 566–577.

Leis J L, Kienberger S. Climate Risk and Vulnerability Assessment of Floods in Austria: Mapping Homogenous Regions, Hotspots and Typologies [J]. Sustainability, 2020, 12 (16) : 6458.

Lemos M C, Agrawal A, Eakin H, et al. Building Adaptive Capacity to Climate Change in Less Developed Countries [J]. 2013: 437–457.

Lemos M C, Lo Y J, Nelson D R, et al. Linking development to climate adaptation: Leveraging generic and specific capacities to reduce vulnerability to drought in NE Brazil [J]. Global Environmental Change, 2016, 39: 170–179.

Leroux A. Exercise training to improve motor performance in chronic stroke: effects of a community-based exercise program [J]. International Journal of Rehabilitation Research, 2005 (1) : 17–23.

Lethoko, Mankolo. Children and youth as agents of climate change impact in South Africa [J]. Commonwealth Youth & Development, 2014, 12 (1) : 75–91.

Levy D L, Egan D. A neo - Gramscian approach to corporate political strategy: conflict and accommodation in the climate change negotiations [J]. Journal of Management Studies, 2003, 40 (4) : 803–829.

Lewenstein B V, Brossard D. Assessing models of public understanding in ELSI outreach materials [R]. United States: Cornell University, 2006.

Li D, Wu S, Liu L, et al. Vulnerability of the global terrestrial ecosystems to climate change [J]. Global Change Biology, 2018, 24 (9) : 4095–4106.

Lilian H. Convention on the Protection and Promotion of the Diversity of Cultural Expressions [J]. Canadian Year book of International Law, 2016, 43 (4) : 3–43.

Linham M M, Nicholls R J. Adaptation technologies for coastal erosion and flooding: a review [J]. Maritime Engineering, 2012, 165 (3) : 95–112.

Linnenluecke M K, Griffiths A, Mumby P J, Executives' engagement with climate science and perceived need for business adaptation to climate change [J]. Climate change, 2015, 131 (2) : 321–333.

Linnenluecke M K, Griffiths A, Winn M. Extreme Weather Events and the Critical Importance of Anticipatory Adaptation and Organizational Resilience in Responding to Impacts [J]. Business Strategy & the Environment, 2012, 21 (1) : 17–32.

Lipczynska-Kochany E. Effect of climate change on humic substances and associated impacts on the quality of surface water and groundwater: A review [J]. Science of the total environment, 2018, 640: 1548–1565.

Liu J, Dorjderem A, Fu J, et al. Water ethics and water resource management [J]. Unesco, 2011.

Liu S, Xie Z, Liu B, et al. Global river water warming due to climate change and anthropogenic heat emission [J]. Global and Planetary Change, 2020, 193: 103289.

Liu X, Li X, Liu Z, et al. Congener diversity, topographic heterogeneity and human-assisted dispersal predict spread rates of alien herpetofauna at a global scale [J]. Ecology Letters, 2014, 17 (7) : 821–829.

Livengood A, Kunte K. Enabling participatory planning with GIS: A case study of settlement mapping in Cuttack, India [J]. Environment and Urbanization, 2012 (1) : 77–97.

Ljungqvist F C, Krusic P J, Sundqvist H S, et al. Northern Hemisphere hydroclimate variability over the past twelve centuries [J]. Nature, 2016, 532 (7597) : 94–98.

Llamazares F, álvaro, Cabeza M. Rediscovering the Potential of Indigenous Storytelling for Conservation Practice [J]. Conservation Letters, 2018, 11 (2) : 1–12.

Lloyd S J, Kovats R S, Chalabi Z. Climate change, crop yields, and undernutrition: development of a model to quantify the impact of climate scenarios on child undernutrition [J]. Environ Health Perspect, 2011, 119 (12) : 1817–1823.

Lorena Pasquini, The urban governance of climate change adaptation in least-developed African countries and in small cities: the engagement of local decision-makers in Dar es Salaam, Tanzania, and Karonga, Malawi [J]. Climate and Development, 2020, 12 (5) : 1–12.

Lorenzoni I, Jones M, Turnpenny J. Climate Change, Human Genetics, and Post-Normality in the UK [J]. Futures, 2007, (39) : 65–82.

Lowe T, Brown K, Dessai S, et al. Does tomorrow ever come? Disaster narrative and public perceptions of climate change [J]. Public Understanding of Science, 2006, 15 (4) : 435–457.

Luers A L, Lobell D B, Sklar L S, et al. A method for quantifying vulnerability, applied to the agricultural system of the Yaqui Valley, Mexico [J]. Global Environmental Change, 2003, 13 (4) : 255–267.

Luetz J. Climate Change and Migration in the Maldives: Some Lessons for Policy Makers [J]. Climate change adaptation in Pacific countries, 2017: 35–69.

Lund D. H, Governance innovations for climate change adaptation in urban Denmark [J]. Journal of Environmental Policy & Planning, 2018, 20 (5) : 632–644.

Mackay M, Parlee B, Karsgaard C. Youth Engagement in Climate Change Action: Case Study on Indigenous Youth at COP24 [J]. Sustainability, 2020, 12 (16) : 2–10.

Mackey B G, Soulé M E, Nix H A, et al. Towards a scientific framework for the Wild Country project [J]. Key Topics and Perspectives in Landscape Ecology, 2007: 92–208.

Madrid P A, Grant R, Reilly M J, et al. Challenges in meeting immediate emotional needs: Short-term impact of a major disaster on children's mental health: Building resiliency in the aftermath of Hurricane Katrina [J]. Pediatrics, 2006, 117 (Supplement 4) : 448–453.

Magee T. A Field Guide to Community Based Adaptation [M]. New York: Routledge, 2013: 34–36.

Majone B, Villa F, Deidda R, et al. Impact of climate change and water use policies on hydropower potential in the south-eastern Alpine region [J]. The Science of the Total Environment, 2016, 543: 965–980.

Manley G. On the Frequency of Snowfall in Metropolitan England [J]. Quarterly Journal of the Royal Meteorological Society, 1958, 84 (359) : 70–72.

Mansergh I, Cheal D. Protected area planning and management for eastern Australian temperate forests and woodland ecosystems under climate change–a landscape approach [J]. Protected areas: buffering nature against climate change, 2007: 58–72.

Martinez B, Reaser J K, Dehgan A, et al. Technology innovation: advancing capacities for the early detection of and rapid response to invasive species [J]. Biological Invasions, 2019: 1–26.

Maru Y T, Fletcher C S, Chewings V H. A Synthesis of Current Approaches to Traps Is Useful But Needs Rethinking for Indigenous Disadvantage and Poverty Research [J]. Ecology and Society, 2012, 17 (2) : 1–14.

Masten A S, Cicchetti D. Resilience in development: Progress and transformation [J]. Developmental psychopathology, 2016, 4 (3) : 271–333.

Mattias Holmström. Our disenchanted hope: An exploratory outlook on youth, climate change adaptation and transformation [D]. Lund: Lund University, 2015: 29–31.

Mawdsley J R, Ojima R O S. A Review of Climate-Change Adaptation Strategies for Wildlife Management and Biodiversity Conservation [J]. Conservation Biology, 2009, 23 (5) : 1080–1089.

Mbow C, Rosenzweig C, Barioni L G, et al. IPCC Special Report on Climate Change and Land: Chapter 5 Supplementary Material [M] // IPCC Special Report on Land and Climate Change. 2019: 439–440.

McDonough L K, Santos I R, Andersen M S, et al. Changes in global groundwater organic carbon driven by climate change and urbanization [J]. Nature communications, 2020, 11 (1) : 1–10.

McGranahan G, Balk D, Anderson B. The rising tide: assessing the risks of climate change and human settlements in low elevation coastal zones [J]. Environment and urbanization, 2007, 19 (1) : 17–37.

Mcgray H, Hammill A, Bradley R. Weathering the storm: Options for framing adaptation and development [R]. WRI Report. World Resources Institute, Washington, 2007.

McMichael A J, Campbell-Lendrum D H, Corvalán C F, et al. Climate change and human health: risks and responses [M]. Geneva: World Health Organization, 2003.

McMichael A J, Woodruff R E, Hales S. Climate change and human health: present and future risks [J]. The Lancet, 2006, 367 (9513) : 859–869.

McMillen H L, Ticktin T, Friedlander A, et al. Small islands, valuable insights: systems of customary resource use and resilience to climate change in the Pacific [J]. Ecology and Society, 2014, 19 (4) : 44.

Mees H, Driessen P. A framework for assessing the accountability of local governance arrangements for adaptation to climate change [J]. Journal of Environmental Planning and Management, 2019, 62 (4) : 1–21.

Mekonnen A. Economic Costs of Climate Change and Climate Finance with a Focus on Africa [J]. Journal of African Economies, 2014, 23 (2) : Ii50–i82.

Meredith M P, Sommerkorn M, Cassotta S, et al. Chapter 3: Polar Regions. IPCC Special Report on the Ocean and Cryosphere in a Changing Climate [M] // Intergovernmental Panel on Climate Change: Special Report on the Ocean and Cryosphere in a Changing Climate, 2019.

Middelbeek L, Kolle K, Verrest H, Built to last? Local climate change adaptation and governance in the Caribbean – The case of an informal urban settlement in Trinidad and Tobago [J]. Urban

Climate, 2014, 8: 138-154.

Middelkoop H, Daamen K, Gellens D, et al. Impact of Climate Change on Hydrological Regimes and Water Resources Management in the Rhine Basin [J]. Climatic Change, 2001, 49 (1) : 105-128.

Mills K E, Pershing A J, Brown C J, et al. Fisheries management in a changing climate: lessons from the 2012 ocean heat wave [J]. Oceanography, 2013, 26 (2) : 191-95.

Minteer B. Is it right to reverse extinction? [J]. Nature, 2014, 7500 (509) : 261.

Mittermeier R A. Hotspots: Earth's Biologically Richest and Most Endangered Terrestrial Ecoregions [J]. Journal of Mammalogy, 2017, 2: 237-238.

Mohammad S, Nezar, Hammouri, et al. Community based adaptation options for climate change impacts on water resources: The case of Jordan [J]. Journal of Water and Land Development, 2015 (26) : 3-17.

Mohr C. When science and politics come together: From depletion to recovery of the stratospheric ozone hole [J]. Ambio, 2020(50) : 31-34.

Molthan-Hill P, Worsfold N, Nagy G J, et al. Climate change education for universities: A conceptual framework from an international study [J]. Journal of Cleaner Production, 2019, 226 (JUL. 20) : 1092-1101.

Monroe M C, Oxarart A, Plate R R. A Role for Environmental Education in Climate Change for Secondary Science Educators [J]. Applied Environmental Education & Communication, 2013, 12 (1) : 4-18.

Monroe M C, Oxarart A, Plate R R. A Role for Environmental Education in Climate Change for Secondary Science Educators [J]. Applied Environmental Education & Communication, 2013, 12 (1) : 4-18.

Monroe M C, Plate R R. Identifying Effective Climate Change Education Strategies: A Systematic Review of the Research [J]. Environmental Education Research, 2017, 13 (3) : 1-23.

Montero J C, Mirón I J, Criado-Álvarez J J, et al. Mortality from cold waves in Castile-La Mancha, Spain [J]. The Science of the total environment, 2010, 408 (23) 5768-5774.

Monterroso A, Conde C. Exposure to climate and climate change in Mexico [J]. Geomatics, Natural Hazards and Risk, 2015, 6 (4) : 76-87.

Morelli T L, Barrows C W, Ramirez A R, et al. Climate - change refugia: biodiversity in the slow lane [J]. Frontiers in Ecology and the Environment, 2020, 18 (5) : 228-234.

Moser S C. Communicating climate change: history, challenges, process and future directions [J]. Wiley Interdisciplinary Reviews: Climate Change, 2010, 1 (1) : 31-53.

Müller N A, Marlow D R, Moglia M. Business model in the context of Sustainable Urban Water Management-A comparative assessment between two urban regions in Australia and Germany [J]. Utilities Policy, 2016, 41: 148-159.

Munaretto S, Siciliano G, Turvani M, E. Integrating adaptive governance and participatory multicriteria methods: a framework for climate adaptation governance [J]. Ecology and Society, 2014, 19 (2) : 1-13.

Munasinghe M, Swart R. Primer on climate change and sustainable development: facts, policy analysis, and applications [M]. Cambridge University Press, 2005.

Múnera C, van Kerkhoff. L, Diversifying knowledge governance for climate adaptation in protected areas in Colombia [J]. Environmental Science & Policy, 2019, 94: 39–48.

Musah S.J, Bawole J.N, Ahenkan A, The "Third Sector" and Climate Change Adaptation Governance in Sub-Saharan Africa: Experience from Ghana [J]. VOLUNTAS: International Journal of Voluntary and Nonprofit Organizations, 2019, 8 (2) : 312–326.

Murphy C, Tombo M, phiri A, et al. Adapting to climate change in shifting landscapes of belief [J]. Climatic Change, 2016, 134 (1–2) : 101–114.

Mycoo M.A, Autonomous household responses and urban governance capacity building for climate change adaptation: Georgetown, Guyana [J]. Urban Climate, 2014, 9: 134–154.

Myers SS, Zanobetti A, Kloog I, et al. Increasing CO2 threatens human nutrition [J]. Nature, 2014, 510 (7503) : 139–142.

Naik, A. Migration and natural disasters [J]. Migration, environment and climate change: Assessing the evidence, 2009: 245–318.

Nath P K, Behera B. A critical review of impact of and adaptation to climate change in developed and developing economies [J]. Environment Development & Sustainability, 2011, 13 (1) : 141–162.

National Research Council. Implementing climate and global change research: A review of the final US Climate Change Science Program strategic plan [M]. National Academies Press, 2004: 5–10.

NATO Advanced Research Workshop on Weather/Climate Risk Management for the Energy Sector, Troccoli A. Management of Weather and Climate Risk in the Energy Industry [M]. Springer Netherlands, 2010: 80–81.

Nazir J, Pedretti E, Wallace J, et al. Reflections on the Canadian Experience With Education for Climate Change and Sustainable Development [J]. Canadian Journal of ence Mathematics & Technology Education, 2011, 11 (4) : 365–380.

Nelson D R, Adger W N, Brown K. Adaptation to Environmental Change: Contributions of a Resilience Framework [J]. Annual Review of Environment and Resources, 2007, 32: 395–419.

Nelson R, Howden M, Stafford S. M, Using adaptive governance to rethink the way science supports Australian drought policy [J]. Environmental Science and Policy, 2008: 588–601.

Nerantzaki S D, Nikolaidis N P. The response of three Mediterranean karst springs to drought and the impact of climate change [J]. Journal of Hydrology, 2020, 591: 125296.

Nerlich B, Koteyko N, Brown B. Theory and language of climate change communication [J]. Wiley Interdisciplinary Reviews: Climate Change, 2010, 1(1) : 97–110.

NGFS. A Call for Action-Climate Change as a Source of Financial Risk [R/OL]. (2019-4) [2020-11-20]. https://www.banque-france.fr/sites/default/files/media/2019/04/17/ngfs_first_comprehensive_report_-_17042019_0.pdf.

Nhamo S, Nhamo G. Mainstreaming green economy into sustainable development policy frameworks in SADC [J]. Environmental Economics, 2014, 5 (1) : 6–17.

Nicholls R J, Cazenave A. Sea-level rise and its impact on coastal zones [J]. science, 2010, 328

(5985): 1517-1520.

Nicholls R J. Planning for the impacts of sea level rise [J]. Oceanography, 2011, 24 (2): 144-157.

Nicole, Mahlkow, Julie, et al. From Planning to Implementation? The Role of Climate Change Adaptation Plans to Tackle Heat Stress: A Case Study of Berlin, Germany [J]. Journal of Planning Education and Research, 2016, 37 (4): 385-396.

Nieuwaal K, van Driessen P, Spit T, et al, A state of the art of governance literature on adaptation to climate change: Towards a research agenda [J]. IOP Conference Series: Earth and Environmental Science, 2009, 36 (6): 1-2.

Nisbet M C. Communicating climate change: why frame matters for public engagement [J]. Environment Science&Policy for Sustainable Development, 2009, 51 (2): 18.

Nisbet M, Scheufele D. What's Next for Science Communication? Promising Directions and Lingering Distractions [J]. American Journal of Botany, 2009, 96: 1767-1778.

Nordhaus W D. To Slow or Not to Slow: The Economics of The Greenhouse Effect [J]. The Economic Journal, 1991, 101 (407): 920-937.

Nordhaus W. A question of balance: Weighing the options on global warming policies [M]. Yale University Press, 2014.

Norris K, Terry A, Hansford J P, et al. Biodiversity Conservation and the Earth System: Mind the Gap [J]. Trends in Ecology & Evolution, 2020, 35 (10): 919-926.

O' Brien K, Leichenko R, Kelkar U, et al. Mapping vulnerability to multiple stressors: climate change and globalization in India [J]. Global Environmental Change, 2004, 14 (4): 255-267.

O' Brien M, Holland T D. The role of adaptation in archeological explanation [J]. American Antiquity, 1992, 57: 36-59.

O' Neill M S, Carter R, Kish J K, et al. Preventing heat-related morbidity and mortality: new approaches in a changing climate [J]. Maturitas, 2009, 64 (2): 98-103.

Ockwell D, Whitmarsh L, O'Neill S. Reorienting climate change communication for effective mitigation: forcing people to be green or fostering grass-roots engagement? [J]. Science Communication, 2009, 30 (3): 305-327.

Odell S D, Bebbington A, Frey K E. Mining and climate change: A review and framework for analysis [J]. The Extractive Industries and Society, 2018: 201-214.

OECD. Water governance in OECD countries: A multi-level approach [R]. Paris: OECD Publishing, 2011.

Ojala M. How do children cope with global climate change? Coping strategies, engagement, and well-being [J]. Journal of Environmental Psychology, 2012, 32 (3): 225-233.

Ojala M. Regulating worry, promoting hope: How do children, adolescents, and young adults cope with climate change? [J]. International Journal of Environmental & Science Education, 2012, 7 (4): 537-561.

Olhoff A. Adaptation in the context of technology development and transfer [J]. Climate Policy, 2015, 15 (1): 163-169.

Olmstead S M. Climate change adaptation and water resource management: A review of the literature [J]. Energy Economics, 2014, 46: 500-509.

Omer A, Wang W, Basheer K A, et al. Integrated assessment of the impacts of climate variability and anthropogenic activities on river runoff: a case study in the Hutuo River Basin, China [J]. Hydrology Research, 2017, 48 (2) : 416-430.

Pacifici M, Foden W B, Visconti P. et al. Assessing species vulnerability to climate change [J]. Nature Climate Change, 2015, 5 (3) : 215-224.

Packard K O N, Reinhardt F. What Every Executive Needs to Know About Global Warming [J]. Harvard Business Review, 2000, 78 (4) : 129-136.

Pahl-Wostl C, Sendzimir J, Jeffrey P, et al. Managing change toward adaptive water management through social learning [J]. Ecology and Society, 2007, 12 (2) : 1-18.

Pandey R, Jha S K. Climate vulnerability index-measure of climate change vulnerability to communities: a case of rural Lower Himalaya [J]. India Mitig Adapt Strateg Glob Change, 2012, 17: 487-506.

Paprotny D, Sebastian A, Oswaldo Morales-Nápoles, et al. Trends in flood losses in Europe over the past 150 years. Nature Communications, 2018, 9 (1) : 1-12.

Parkinson A J, Evengård B. Climate change, its impact on human health in the Arctic and the public health response to threats of emerging infectious diseases [J]. Global Health Action, 2009, 2 (1) : 2075.

Parmesan C, Duarte C, Poloczanska E, et al. Overstretching attribution [J]. Nature Climate Change, 2015, 1 (1) : 2-4.

Parmesan C. Ecological and Evolutionary Responses to Recent Climate Change [J]. Annual Review of Ecology Evolution & Systematics, 2006, 37: 637-669.

Parpart J L, Veltmeyer H. The Development Project in Theory and Practice: A Review of its Shifting Dynamics [J]. Canadian Journal of Development Studies/Revue Canadienne D'études Du Développement, 2004, 25 (1) : 39-59.

Parry M L, Canziani O, Palutikof J, et al. Climate change 2007-impacts, adaptation and vulnerability: Working group II contribution to the fourth assessment report of the IPCC [M]. New York: Cambridge University Press, 2007.

Pasquini L, Ziervogel G, Cowling R. M, et al, What enables local governments to mainstream 1climate change adaptation? Lessons learned from two municipal case studies in the Western Cape, South Africa [J]. Climate and Development, 2014, 7 (1) : 60-70.

Patil N S, Chetan N L, Nataraja M, et al. Climate change scenarios and its effect on groundwater level in the Hiranyakeshi watershed [J]. Groundwater for Sustainable Development, 2020, 10: 100323.

Patz J A, Githeko A K, McCarty J P, et al. Climate change and infectious diseases [J]. Climate change and human health: risks and responses, 2003, 2: 103-105.

Patz J A. Hotspots in climate change and human health [J]. BMJ, 2002, 325 (7372) : 1094-1098.

Patz J A, Gibbs H K, Foley J A, et al. Climate change and global health: quantifying a growing ethical crisis [J]. Eco Health 2007, 4: 397-405.

Peat M, Moon K, Dyer F, et al. Creating institutional flexibility for adaptive water management: insights from two management agencies [J]. Journal of environmental management, 2017, 202:

188-197.

Pendergraft C A. Human Dimensions of Climate Change: Cultural Theory and Collective Action [J]. Climatic Change, 1998, 39 (4) : 643-666.

Penney J, Dickinson T, Ligeti E. Climate Change Adaptation Planning in Toronto: Progress and Challenges [J]. Journal of Water and Climate Change, 2009, 524.

Pershing A J, Andrew J, Stamieszkin K. The North Atlantic Ecosystem, from Plankton to Whales [J]. Annual Review of Marine Science, 2020, 12 (2) : 339-359.

Pershing A J, Mills K E, Dayton A M, et al. Evidence for adaptation from the 2016 marine heatwave in the northwest Atlantic [J]. Oceanography, 2018, 31 (2) : 152-61.

Persson Å, Global adaptation governance: An emerging but contested domain [J]. Wiley Interdisciplinary Reviews: Climate Change, 2019, 2019, 10 (16) : 1-18.

Persson Å, Klein R J, Siebert C K, et al. Adaptation finance under a Copenhagen agreed outcome [M]. Stockholm Environment Institute, 2009.

Petersen L R, Fischer M. Unpredictable and difficult to control-the adolescence of West Nilevirus [J]. N Engl J Med. 2012, 367 (14) : 1281-1284.

Petra Döll, Romero-Lankao P. How to embrace uncertainty in participatory climate change risk management-A roadmap [J]. Earths Future, 2017, 5 (1) : 18-36.

Philip A A, Andrew J D, Lindsay C S. Barriers to climate change adaptation in sub-Saharan Africa: Evidence from northeast Ghana of systematic literature review [J]. Climate and Development, 2015, 7 (4) : 297-309.

Pickerill J. Weaving a green web: environmental protest and computer-mediated communication in Britain [J]. Culture and Politics in the Information Age, 2001, 1 (2) : 142-166.

Pilli-Sihvola K, Aatola P, Ollikainen M, et al. Climate change and electricity consumption-Witnessing increasing or decreasing use and costs? [J]. Energy Policy, 2010, 38 (5) : 2409-2419.

Pingale S M, Jat M K, Khare D. Integrated urban water management modelling under climate change scenarios [J]. Resources, Conservation and Recycling, 2014, 83: 176-189.

Plessis A D. Freshwater Challenges of South Africa and its Upper Vaal River [M]. Johannesburg: Springer, 2017: 1-62.

Pnuma O. Climate change: the IPCC response strategies [J]. Febs Letters, 1991 (1) : 58-61.

Poff N L R, Brown C M, Grantham T E, et al. Sustainable water management under future uncertainty with eco-engineering decision scaling [J]. Nature Climate Change, 2016, 6 (1) : 25-34.

Poiani K A, Richter B D, Anderson M G, et al. Biodiversity Conservation at Multiple Scales: Functional Sites, Landscapes, and Networks [J]. Bioscience, 2000, 50 (2) : 133-146.

Poulos D E, Harasti D, Gallen C, et al. Biodiversity value of a geographically restricted soft coral species within a temperate estuary [J]. Aquatic Conservation: Marine and Freshwater Ecosystems, 2013, 23 (6) : 838-849.

PPCR. Supplementary Appendix M-CAM GMS BCC-PPCR Climate change impact modeling and vulnerability assessments for Koh Kong and Mondulkiri Provinces in Cambodia. 2014: 38.

Prasad N, Ranghieir F, Shah F, Trohanis Z, et al. 气候变化适应型城市入门指南 [M]. 金鹏辉, 方晓, 张晓莹, 等. 北京: 中国金融出版社, 2009: 14-15.

Pressey R L, Cabeza M, Watts M E, et al. Conservation planning in a changing world [J]. Trends in Ecology & Evolution, 2007, 22 (11): 583-592.

Productivity Commission. Barriers to effective Climate Change Adaptation [EB/OL]. (2012-09-19) [2020-11-26]. http: //www. pc. gov. au/inquiries/completed/climate-change-adaptation/report/climate-change-adaptation. pdf.

Pryce G, Chen A S, Fingleton B, Djordjevi S, et al. Implications of rising flood risk for residential real estate prices and the location of employment [J]. Journal of Property Research, 2012, 30 (4): 298-323.

Pryor S C, Barthelmie R J. Climate change impacts on wind energy: A review [J]. Renewable & Sustainable Energy Reviews, 2010, 14 (1): 430-437.

Pyšek P, Hulme P E, Simberloff D, et al. Scientists' warning on invasive alien species [J]. Biological Reviews, 2020, 95 (6): 1511-1534.

Quevauviller P. European water policy and research on water-related topics–An overview [J]. Journal of hydrology, 2014, 518: 180-185.

Rabbani M G, Rahman S H, Munira S. Prospects of pond ecosystems as resource base towards community based adaptation (CBA) to climate change in coastal region of Bangladesh [J]. Journal of Water and Climate Change, 2017 (01): 223-238.

Rabinovich C A, Morton T A, Duke C C. Engaging the Public with Climate Change [M]. London: Routledge, 2012: 92-109.

Rahmstorf S. A semi-empirical approach to projecting future sea-level rise [J]. Science, 2007, 315 (5810): 368-370.

Ramya S M, Shereen A, Baral R. Corporate environmental communication: a closer look at the initiatives from leading manufacturing and IT organizations in India [J]. Social Responsibility Journal, 2020, 16 (6): 843-859.

Rao M V. Community-Based and-Driven Development: A Critical Review [J]. The World Bank Research Observer, 2004 (1): 1-39.

Raza A, Razzaq A, Mehmood S S, et al. Impact of Climate Change on Crops Adaptation and Strategies to Tackle Its Outcome: A Review [J]. Plants, 2019, 8 (34).

Reid H. Ecosystem and community-based adaptation: learning from community-based natural resource management [J]. Climate and Development, 2016 (1): 4-9.

Remling E, Å Persson, M Davis. Equity and Efficiency in the Adaptation Fund Prioritizing Among the 'Particularly Vulnerable' [EB/OL]. (2012-11-23) [2020-11-18]. https: //www. sei. org/publications/equity-and-efficiency-in-the-adaptation-fund-prioritizing-among-the-particularly-vulnerable/.

Rhodes R A. W, The New Governance: Governing without Government [J]. Political Studies, 1996, 44 (4): 652-667.

Rickert B, Harold V D B, Bekure K, et al. Including aspects of blimate change into water safety planning: Literature review of global experience and case studies from Ethiopian urban supplies [J]. International Journal of Hygiene and Environmental Health, 2019, 222 (5) : 744–755.

Rietveld J P. Modal-split effects of climate change: The effect of low water levels on the competitive position of inland waterway transport in the river Rhine area [J]. Transportation Research Part A: Policy and Practice, 2011, 45: 1007–1019.

Robin, Mahon, Lucia, et al. Regional ocean governance: Polycentric arrangements and their role in global ocean governance [J]. Marine Policy, 2019, 107: 103590.

Robinson S, Weikmans R, David C, et al. Twenty-five Years of Adaptation Finance through a Climate Justice Lens [J]. Climatic Change, 2020, 161 (2) : 251–69.

Rockerfeller Foundation. Resilience [R]. (2017-07-02) [2020-12-20]. https://www.rockefellerfoundation.org/ourwork/topics/resilience.

Rodrigues A S L, Andelman S J, Bakarr M I, et al. Effectiveness of the global protected area network in representing species diversity [J]. Nature, 2004, 6983 (428) : 640–643.

Rollin J, Chambers R. Whose Reality Counts? Putting the first last [J]. Africa, 1997 (3) : 474–475.

Rolnick D, Donti P L, Kaack L H, et al. Tackling climate change with machine learning [J]. 2019.

Rosenzweig C, Karoly D, Vicarelli M, et al. Attributing physical and biological impacts to anthropogenic climate change [J]. Nature, 2008, 7193 (453) : 353–357.

Rothman D S, Robinson J B. growing pains: a conceptual framework for considering integrated assessments [J]. Environmental Monitoring and Assessment, 1997, 46 (1–2) : 23–43.

Rousell D, Cutter-Mackenzie-Knowles A. A systematic review of climate change education: giving children and young people a 'voice' and a 'hand' in redressing climate change [J]. Children s Geographies, 2019 (1) : 1–18.

Rüdiger H, Reimsbach D, Schiemann F. Organizations, Climate Change, and Transparency: Reviewing the Literature on Carbon Disclosure [J]. Social Science Electronic Publishing, 2015, 28 (1) : 80–102.

Ruffell J, Clout M N, Didham R K. The matrix matters, but how should we manage it? Estimating the amount of high-quality matrix required to maintain biodiversity in fragmented landscapes [J]. Ecography, 2017, 40 (1) : 171–178.

Sahni A, Savvas A, Ward J, et al. "Where Are the Gaps in Climate Finance?" [J]. Climate and Development, 2016, 8 (3) : 203–06.

Sailor W C. NUCLEAR POWER: A Nuclear Solution to Climate Change? [J]. Science, 2000, 288 (5469) : 1177–1178.

Salzman J, Bennett G, Carroll N, et al. The global status and trends of Payments for Ecosystem Services [J]. Nature Sustainability, 2018, 1 (3) : 136–144.

Sam B. Local Level Climate Justice? Adaptation Finance and Vulnerability Reduction [J]. Global Environmental Change, 2013, 23 (6) : 1819–829.

Sanson A V, Hoorn J V, Burke S E L. Responding to the Impacts of the Climate Crisis on Children and Youth [J]. Child Development Perspectives, 2019, 13 (4) : 201–207.

Sanson A V, Wach T D, Koller S H, et al. Young people and climate change: The role of developmental science [M]. Berlin: Springer, 2018: 115–137.

Saraswat C, Kumar P, Mishra B K. Assessment of stormwater runoff management practices and governance under climate change and urbanization: An analysis of Bangkok, Hanoi and Tokyo [J]. Environmental Science & Policy, 2016, 64: 101-117.

Sayed E, Riad P, Elbeih S F, et al. Sustainable groundwater management in arid regions considering climate change impacts in Moghra region, Egypt [J]. Groundwater for Sustainable Development, 2020, 11: 100385.

SBN. Global Progress Report of the Sustainable Banking Network [R/OL]. (2019-9-10) [2020-11-20]. https://www.ifc.org/wps/wcm/connect/227d98d4-13ae-4742-ae94-fb248b84f0be/SBN%2BGlobal%2BProgress%2BReport_1010.pdf?MOD = AJPERES&CVID = mUhlWWP.

Schaeffer R, Szklo A S, Lucena A F P D, et al. Energy sector vulnerability to climate change: A review [J]. Energy, 2012, 38 (1) : 1-12.

Schäfer M S. Online communication on climate change and climate politics: a literature review [J]. Wiley Interdisciplinary Reviews: Climate Change, 2012, 3 (6) : 527-543.

Schmeier S. International River Basin Organizations Lost in Translation? Transboundary River Basin Governance Between Science and Policy [M]. Springer, Cham, 2014: 369-383.

Schmitt C B, Burgess N D, Coad L, et al. Global analysis of the protection status of the world's forests [J]. Biological Conservation, 2009, 142 (10) : 2122-2130.

Schneider T, Responsibility for private sector adaptation to climate change [J]. Ecology and Society, 2014, 19 (2) : 1-11.

Schüßler D, Mantilla-Contreras J, Stadtmann R, et al. Identification of crucial stepping stone habitats for biodiversity conservation in northeastern Madagascar using remote sensing and comparative predictive modeling [J]. Biodiversity and Conservation, 2020, 1: 1-24.

Scibek J, Allen D M, Cannon A J, et al. Groundwater-surface water interaction under scenarios of climate change using a high-resolution transient groundwater model [J]. Journal of Hydrology, 2007, 333 (2-4) : 165-181.

Scott C A, Meza F J, Varady R G, et al. Water security and adaptive management in the arid Americas [J]. Annals of the Association of American Geographers, 2013, 103 (2) : 280-289.

Scott, Matthew, Huizen V. The Bank's Response to Climate Change [R/OL]. (2017-6-1) [2020-11-20]. https://www.bankofengland.co.uk/-/media/boe/files/quarterly-bulletin/2017/the-banks-response-to-climate-change.pdf?la=en&hash=7DF676C781E5FAEE994C2A210A6B9EEE44879387.

Secretariat of the United Nations Framework Convention on Climate Change. Climate Change Education as an Integral Part of the United Nations Framework Convention on Climate Change [J]. Journal of Education for Sustainable Development, 2012, 6 (2) : 237-239.

Seddon P J, Griffiths C J, Soorae P S, et al. Reversing defaunation: Restoring species in a changing world [J]. Science, 2014, 6195 (345) : 406-412.

Segan, Daniel B, Kris A, et al. A global assessment of current and future biodiversity vulnerability to habitat loss–climate change interactions [J]. Global Ecology and Conservation, 2016, 5: 12-21.

SEI and AKP policy brief. Mainstreaming Adaptation into Development Plans Lessons from the Regional Climate Change Adaptation Knowledge Platform for Asia [EB/OL]. (2013-3-11) [2020-11-18]. https://www.sei.org/publications/mainstreaming-adaptation-into-development-plans-lessons-from-the-regional-climate-change-adaptation-knowledge-platform-for-asia/.

Selek B, Tuncok I K. Effects of climate change on surface water management of Seyhan basin, Turkey [J]. Environ Ecological Statistics, 2014, 21 (3) : 391-409.

Semenza J C, Hall D E, Wilson D J, et al. Public perception of climate change: Voluntary mitigation and barriers to behavior change [J]. American Journal of Preventive Medicine, 2008, 35 (5) : 479-487.

Semenza J C, Menne B. Climate change and infectious diseases in Europe [J]. The Lancet infectious diseases, 2009, 9 (6) : 365-375.

Semetko H A, Valkenburg P M. Framing European politics: A content analysis of press and television news [J]. Journal of Communication, 2000, 50 (2) : 93-110.

Sgrò C M, Lowe A J, Hoffmann A A. Building evolutionary resilience for conserving biodiversity under climate change [J]. Evolutionary Applications, 2011, 4 (2) : 323-337.

Sharma V, Orindi V, Hesse C, et al, Supporting local climate adaptation planning and implementation through local governance and decentralised finance provision [J]. Development in Practice, 2014, 24 (4) : 579-590.

Shaw R, Mallick F, Islam A, Climate change adaptation actions in Bangladesh, Disaster Risk Reduction, Springer Japan, 2013: 3-14.

Shea K M. Global climate change and children's health [J]. Pediatrics, 2007, 120 (5) : 1359-1367.

Sherbinin, Alex. Climate change hotspots mapping: what have we learned? [J]. Climatic Change, 2014, 123 (1) : 23-37.

Sherman M, Berrang-Ford L, Lwasa S, et al. Drawing the line between adaptation and development: a systematic literature review of planned adaptation in developing countries [J]. Wiley Inter-diplinary Reviews Climate Change, 2016, 7: 707-726.

Shibuya T, Croxford B. The effect of climate change on office building energy consumption in Japan [J]. Energy & Buildings, 2016, 117: 149-159.

Shuang Zhong, Shuwei Zhang, Qiu Cheng, et al. An impact assessment of disaster education on children's flood risk perceptions in China: Policy implications for adaptation to climate extremes [J]. ence of The Total Environment, 2020: 1-39.

Shugar D H, Burr A, Haritashya U K, et al. Rapid worldwide growth of glacial lakes since 1990 [J]. Nature Climate Change, 2020, 10 (10) : 939-945.

Shuguang C, Yunpeng L. The Study about Development Status, Trends and Paths of Cultural Industry in China [J]. Energy Procedia, 2011, 5 (1) : 2078-2081.

Sieber J. Impacts of, and adaptation options to, extreme weather events and climate change concerning thermal power plants [J]. Climatic Change, 2013, 121 (1) : 55-66.

Simberloff D, Keitt B, Will D, et al. Yes We Can! Exciting Progress and Prospects for Controlling Invasives on Islands and Beyond [J]. Western North American Naturalist, 2018, 78 (4) : 942-

958.

Singh L M, Gill S S, Tuteja N. Unraveling the role of fungal symbionts in plant abiotic stress tolerance [J]. Plant Signaling & Behavior, 2011, 6 (2) : 175-191.

Smit B, Burton I, Klein R, et al. An Anatomy of Adaptation to Climate Change and Variability [J]. Climatic Change, 2000, 45 (1) : 223-251.

Smit B, Burton I, Klein R. et al, The Science of Adaptation: A Framework for Assessment [J]. Mitigation and Adaptation Strategies for Global Change, 1999, 4: 199-213.

Smit B, Skinner M W. Adaptation options in agriculture to climate change: a typology [J]. Mitigation & Adaptation Strategies for Global Change, 2002, 7 (1) : 85-114.

Smit B, Wande I J. Adaptation, adaptive capacity and vulnerability [J]. Global Environmental Change, 2006, 16 (3) : 282-292.

Smith J B, Dickinson T, Donahue J D, et al. Development and climate change adaptation funding: coordination and integration [J]. Climate Policy, 2011, 11 (3) : 987-1000.

Smith J. Dangerous news: Media decision making about climate change risk [J]. Risk Analysis: An International Journal, 2005, 25 (6) , 1471-1482.

Smithers J, Smit B. Human adaptation to climatic variability and change [J]. Global Environmental Change-Guildford, 1997 (18) : 129-146.

Solomon C G, LaRocque R C. Climate change-a health emergency [J]. New England Journal of Medicine, 2019, 380 (3) : 209-211.

Solomon S, Qin D, Manning M, et al. IPCC 2007: Climate Change 2007: The Physical Science Basis. Contribution of Working Group I to the Fourth Assessment Report of the Intergovernmental Panel on Climate Change [M]. New York: Cambridge University Press, 2007.

Sonja L, Karin H, Jonsson P R. Ecology and Distribution of the Isopod Genus Idotea in the Baltic Sea: Key Species in a Changing Environment [J]. Journal of Crustacean Biology, 2012, 32 (3) : 359-389.

Sovacool B K, Linnér B O, Klein R J. Climate change adaptation and the Least Developed Countries Fund (LDCF) : Qualitative insights from policy implementation in the Asia-Pacific [J]. Climatic Change, 2017, 140 (2) : 209-226.

Stakhiv E. Evaluation of IPCC Adaptation Strategies [R]. Fort Belvoir, VA: Institute for Water Resources, U S. Army Corps of Engineers, 1993.

Star J, Rowland E L, Black M E, et al. Supporting adaptation decisions through scenario planning: Enabling the effective use of multiple methods [J]. Climate Risk Management, 2016, 13: 88-94.

Steffen L. Australia's Biodiversity and Climate Change [M]. Clayton VIC: Csiro Publishing, 2009.

Steffen W, Rockstrm J, Richardson K, et al. Trajectories of the Earth System in the Anthropocene [J]. Proceedings of the National Academy of Sciences, 2018, 115 (33) : 8252-8259.

Stephenson S R, Smith L C, Agnew J A. Divergent long-term trajectories of human access to the Arctic. Nature Climate Change [J], 2011, 1 (3) : 156-160.

Stepien A, Koivurova T, Gremsperger A, et al. Arctic Indigenous Peoples and the Challenge of Climate Change [J]. Arctic Marine Governance, 2014: 71-99.

Stern C V, Sheikh P A. Designing collaborative governance: Insights from the drought contingency planning process for the lower Colorado River basin. Environmental Science and Policy, 2019, 91: 39–49.

Stern P C, Dietz T, Kalof L. Value orientations, gender, and environmental concern [J]. Environment and Behavior, 1993, 25 (5) : 322–348.

Sterr H, Assessment of vulnerability and adaptation to sea-level rise for the coastal zone of Germany [J]. Journal of Coastal Research, 2008, 24 (2) : 380–393.

Stevens A J, Clarke D, Nicholls R J. Trends in reported flooding in the UK: 1884–2013 [J]. Hydrological Sciences Journal, 2016: 61 (1) : 50–63.

Stevenson K T, Peterson M N, Bondell H D, et al. Overcoming skepticism with education: interacting influences of worldview and climate change knowledge on perceived climate change risk among adolescents [J]. Climatic Change, 2014, 126 (3–4) : 293–304.

Stocker T F, Qin D, Plattner G, et al. IPCC, 2013: Technical Summary. In: Climate Change 2013: The Physical Science Basis. Contribution of Working Group I to the Fifth Assessment Report of the Intergovernmental Panel on Climate Change [M]. New York: Cambridge University Press, 2013.

Stralberg D, Carlos C, Nielsen S E, et al. Toward a climate - informed North American protected areas network: Incorporating climate - change refugia and corridors in conservation planning [J]. Conservation Letters, 2020: e12712.

Strand J R. The case for regional environmental organizations. Emerging Forces in Environmental Governance [J], 2004: 71–85.

Strengthening national systems of innovation to enhance action on climate change, [R], UNFCCC Technology Executive Committee (TEC) , 2015–11

Su Y, Gao W, Guan D. Achieving Urban Water Security: a Review of Water Management Approach from Technology Perspective [J]. Water Resources Management, 2020, 34: 1–17.

Sullivan A, White D, Hanemann M. Designing collaborative governance: Insights from the drought contingency planning process for the lower Colorado River basin [J]. Environmental Science and Policy, 2019, 91: 39–49.

Summers J K, Smith L M, Harwell L C, et al. Conceptualizing holistic community resilience to climate events: Foundation for a climate resilience screening index [J]. Geo Health, 2017, 1 (4) : 151–1640.

Surminski S, Private-sector adaptation to climate risk [J]. Nature Climate Change, 2013, 3: 943–945.

Sutaria S, Kulungara A, Wyss K, et al. 3rd National Climate Assessment Feedback Report [R]. Association of State and Territorial Health Officials, Arlington, 2012.

Swart R, Raes F. Making integration of adaptation and mitigation work: mainstreaming into sustainable development policies? [J]. Climate Policy, 2007 (4) : 288–303.

TWatts N, Adger W N, Sonja A K, et al. The Lancet Countdown on health and climate change: from 25 years of inaction to a global transformation for public health [J]. Lancet, 2018 (391) : 581–643.

Tadesse M A, Shiferaw B A, Erenstein O. Weather index insurance for managing drought risk in smallholder agriculture: lessons and policy implications for sub-Saharan Africa [J]. Agricultural and Food Economics, 2015, 3 (1) : 1-21.

Tapoglou E, Trichakis I C, Dokou Z, et al. Groundwater-level forecasting under climate change scenarios using an artificial neural network trained with particle swarm optimization [J]. Hydrological Sciences Journal, 2014, 59 (6) : 1225-1239.

Taylor P J, Buttel F H. How do we know we have global environmental problems? Science and the globalization of environmental discourse [J]. Geoforum, 1992, 23: 405-416.

Taylor P L, MacIlroy K, Waskom R, et al. Every ditch is different: Barriers and opportunities for collaboration for agricultural water conservation and security in the Colorado River Basin [J]. Journal of Soil and Water Conservation, 2019, 74 (3) : 281-295.

Taylor R G, Scanlon B, Döll P, et al. Ground water and climate change [J]. Nature climate change, 2013, 3 (4) : 322-329.

Tazzioli M. Containment through mobility: migrants' spatial disobediences and the reshaping of control through the hotspot system [J]. Journal of Ethnic & Migration Studies, 2018, 44 (16) : 2764-2779.

Technologies to Support Climate Change Adaptation in Developing Asia [M]. Philippines: Asian Development Bank, 2014: 133-154.

Tewari M, Yang J, Kusaka H, et al. Interaction of urban heat islands and heat waves under current and future climate conditions and their mitigation using green and cool roofs in New York City and Phoenix, Arizona [J]. Environmental Research Letters, 2019, 14 (3) : 034002.

The Global Commission On Adaptation. Adapt Now: A Global Call for Leadership on Climate Resilience [EB/OL]. (2019-09-13) [2020-11-27]. https://cdn.gca.org/assets/2019-09/GlobalCommission_Report_FINAL.pdf.

The World Bank Group. The World Bank Group Action Plan on Climate Change Adaptation and Resilience [R/OL]. (2019-01-15) [2020-11-18]. http://documents1.worldbank.org/curated/en/519821547481031999/The-World-Bank-Groups-Action-Plan-on-Climate-Change-Adaptation-and-Resilience-Managing-Risks-for-a-More-Resilient-Future.pdf.

The World Bank Group. World Bank Group Climate Change Action Plan 2016-2020 [R/OL]. (2016-06-07) [2020-11-21]. http://hdl.handle.net/10986/24451.

The World Bank World Bank. Climate Change Strategy for Africa Calls for Adaptation, Mitigation and Additional Financing [EB/OL]. (2010-11-03) [2020-11-20]. https://www.worldbank.org/en/news/feature/2010/11/30/world-bank-climate-change-strategy-for-africa-calls-for-adaptation-mitigation-and-additional-financing.

Thomas B F, Famiglietti J S. Identifying climate-induced groundwater depletion in GRACE observations [J]. Scientific reports, 2019, 9 (1) : 1-9.

Thomas G, Benjamin F, The Dynamics of Regime Complexes: Microfoundations and Systemic Effects [J]. Global Governance, 2013, 19: 119-130.

Thornton P K, Lipper L. How does climate change alter agricultural strategies to support food security? [J]. IFPRI discussion papers, 2014: 22-23.

Tian Z X, Li S S, Zhang J L, et al. The characteristic of heat wave effects on coronary heart disease mortality in Beijing, China: a time series study [J]. PLoS ONE, 2013, 8 (9) : e77321.

Tillman F D, Gangopadhyay S, Pruitt T. Recent and projected precipitation and temperature changes in the Grand Canyon area with implications for groundwater resources [J]. Scientific reports, 2020, 10 (1) : 1-11

Tirado M C, Cohen M J, Aberman N, et al. Addressing the challenges of climate change and biofuel production for food and nutrition security [J]. Food Research International, 2010, 43 (7) : 1729-1744.

Tol R S, Klein R J, Nicholls R J. Towards successful adaptation to sea-level rise along Europe's coasts [J]. Journal of Coastal Research, 2008, 24 (2) : 432-442.

Tong D, Zhang Q, Zheng Y, et al. Committed emissions from existing energy infrastructure jeopardize 1.5° C climate target [J]. Nature, 2019, 572 (7769) : 373-377.

Trajber R, Walker C, Marchezini V, et al. Promoting climate change transformation with young people in Brazil: participatory action research through a looping approach [J]. Action Research, 2019, 17 (1) : 87-107.

Tsani S, Koundouri P, Akinsete E. Resource management and sustainable development: A review of the European water policies in accordance with the United Nations' Sustainable Development Goals [J]. Environmental Science & Policy, 2020, 114: 570-579.

Tyler S, Nugraha E, Nguyen H K, et al. Indicators of urban climate resilience: A contextual approach [J]. Environmental Science and Policy, 2016, 66: 420-426.

Uddin M J, Hasan M M, Eisenreich S J, et al. Strengthening Pluvial Flood Risk Management in the Southeast Region of Bangladesh: Lessons Learnt from the EU Policy and Practice [J]. Environmental Processes, 2019, 6 (4) : 859-881.

Uddin M, Chowdhury M M, Ullah M. Barriers and Incentives for Youth Entrepreneurship Start-Ups: Evidence from Bangladesh [J]. Global Journals Inc, 2015, 15 (4) : 39-49.

UNDP. Enhancing youth political participation throughout the electoral cycle: a good practice guide [R]. New York: The United Nations Development Programme, 2015: 16-17.

UNEP. Global Bank Data Platform [EB/OL]. [2020-12-30]. https: //preview. grid. unep. ch/index. php?preview=home&lang=eng.

UNESCO World Heritage Centre. Policy Document on the Impacts of Climate Change on World Heritage Properties [J]. 2008: 3-12.

UNESCO. Climate Change Education and Education for Sustainable Development [J]. World Social Science Report, 2013: 335-337.

UNESCO. Climate Change Education for Sustainable Development in Small Island Developing States: Report and Recommendations [EB/OL]. (2012-09-30) [2020-12-5]. http://unesdoc. unesco.org/images/0021/002164/216473e. pdf.

UNESCO. Climate Change Starter's Guidebook: An Issue Guide for Education Planners and Practitioners [EB/OL]. (2011-07-29) [2020-12-13]. http://unesdoc.UNESCO.org/ images/0021/002111/211136e. pdf.

UNESCO. Updating of the "Policy Document on the impacts of Climate Change on World Heritage properties [Z/OL]. (2020-01-31) [2020-12-07]. http: //whc. unesco. org/en/climatechange/.

UNESCO. 杭州宣言宣示人类发展的新时代 [EB/OL]. (2013-12-17) [2020-12-06]. http: //www. unesco.org/new/zh/unesco/resources/the-hangzhou-declaration-heralding-the-next-era-of-human-development/.

UNESCO 世界文化与发展委员会. 文化多样性与人类全面发展 [M]. 广州：广东人民出版社，2006：2.

UNFCCC. Article 6 of UNFCCC & The New Delhi Work Programme: AnOverview [EB/OL]. (2015-06-25) [2020-12-3]. https: //unfccc. int/files/cooperation_and_support/education_and_outreach/ application/pdf/unfccc01. pdf.

UNFCCC. United Nations Framework Convention on Climate Change [R]；New York, NY, USA: UNFCCC, 1992.

UNFCCC. Climate change: impacts, vulnerabilities and adaptation in developing countries [R]. Bonn, Germany: United Nations Framework Convention on Climate Change, 2007.

UNFCCC. Part two: Action Taken by the Conference of the Parties [R/OL]. (2001-10-29) [2020-12-25] https: //unfccc. int/sites/default/files/resource/docs/cop7/13a01. pdf.

UNFCCC. Climate change: impacts, vulnerabilities and adaptation in developing countries [R/OL]. http//unfccc. int/resource/docs/publications/impacts. pdf. 2007-12.

United Nations. 2018 Revision of World Urbanization Prospects [R]. New York, 2018.

United Nations. World report: youth and climate change. [R]. New York: United Nations, 2010: 42-45.

United States Environmental Protection Agency. National Wetlands Mitigation Action Plan [EB/OL]. (2002) [2020-12-13]. https: //www. epa. gov/cwa-404/national-wetlands-mitigation-action-plan.

Urban, Mark C. Accelerating extinction risk from climate change [J]. Science, 2015, 6234 (348): 571-573.

Vale P M. The changing climate of climate change economics [J]. Ecological Economics, 2016, 121: 12-19.

Van Buuren. A, Keessen A. M, Van Leeuwen. C, et al, Implementation arrangements for climate adaptation in the Netherlands: characteristics and underlying mechanisms of adaptive governance [J]. Ecology and Society, 2015, 20 (4): 1-13.

Van D H P. The role of youth in the climate change debate [J]. European Journal of Public Health, 2019, 29 (Supplement 4): 63-64.

Van L H A J, Wanders N, Tallaksen L M, et al. Hydrological drought across the world: impact of climate and physical catchment structure [J]. Hydrology and Earth System Sciences, 2013, 17: 1715-1732.

Varady R G, Scott C A, Wilder M, et al. Transboundary adaptive management to reduce climate-change vulnerability in the western US-Mexico border region [J]. Environmental Science & Policy, 2013, 26: 102-112.

Veltch C R, Clout M N, Martin A R, et al. Island invasives: scaling up to meet the challenge [R/OL]. (2019) [2020-12-26]. https://www.researchgate.net/profile/Robyn_Irvine/

publication/331686181_Beyond_biodiversity_the_cultural_context_of_invasive_species_initiatives_in_Gwaii_Haanas/links/5c87eb90299bf14e7e781986/Beyond-biodiversity-the-cultural-context-of-invasive-species-initiatives-in-Gwaii-Haanas. pdf.

Vickers B J. More money, more family: the relationship between higher levels of market participation and social capital in the context of adaptive capacity in Samoa [J]. Climate and Development, 2017: 1-12.

Vijayavenkataraman S, Iniyan S, Goic R. A review of climate change, mitigation and adaptation [J]. Renewable & Sustainable Energy Reviews, 2012, 16 (1) : 878-897.

Vincent K. Uncertainty in adaptive capacity and the importance of scale [J]. Global Environmental Change, 2006, 17 (1) : 14-24.

Vink M.J, Benson D, Boezeman D, et al, Do state traditions matter? Comparing deliberative governance initiatives for climate change adaptation in Dutch corporatism and British pluralism [J]. Journal of Water and Climate Change, 2014, 6 (4) : 71-88.

Voggesser, Lynn, Daigle, et al. Cultural impacts to tribes from climate change influences on forests [J]. CLIMATIC CHANGE, 2013, 120 (3) : 615-626.

Wachsmuth J, Blohm A, Goewssing-Reisemann S, et al. How will renewable power generation be affected by climate change? The case of a Metropolitan Region in Northwest Germany [J]. Energy, 2013, 58: 192-201.

Walter L F , Leyre E I , Victoria E , et al. An Evidence-Based Review of Impacts, Strategies and Tools to Mitigate Urban Heat Islands [J]. International Journal of Environmental Research and Public Health, 2017, 14 (12) : 1600.

Walther G R, Post E, Convey P, et al. Ecological responses to recent climate change [J]. Nature, 2002, 416 (6879) : 389-395.

Wang H, Chen Q. Impact of climate change heating and cooling energy use in buildings in the United States [J]. Energy and Buildings, 2014, 82: 428-436.

Wang Q, Tan Z, De G, et al. Research on promotion incentive policy and mechanism simulation model of energy storage technology [J]. Energy Science & Engineering, 2019, 7 (6) : 3147-3159.

Wang S, Coner A, Chapman D, et al. Public engagement with climate imagery in a changing digital landscape [J]. Wiley Interdisciplinary Reviews: Climate Change, 2018, 9 (2) : e509.

Wang X, Chen D, Ren Z. Assessment of climate change impact on residential building heating and cooling energy requirement in Australia [J]. Building & Environment, 2010, 45 (7) : 1663-1682.

Ward D M. The effect of weather on grid systems and the reliability of electricity supply [J]. Climatic Change, 2013, 121 (1) : 103-113.

Warner R, Schofield C. CLIMATE CHANGE AND THE OCEANS, (Gauging the Legal and Policy Currents in the Asia Pacific and Beyond) [J]. Energy & Environment, 2013, 24 (6) : 1193-1199.

Watson R T. Climate change: The political situation [J]. Science, 2003, 302 (5652) : 1925-1926.

Watts N, Amann M, Ayeb-Karlsson S, et al. The Lancet Countdown on health and climate change:

from 25 years of inaction to a global transformation for public health [J]. The Lancet, 2018, 391 (10120) : 581-630.

Watts N, Adger W N, Agnolucci P, et al. Health and climate change: policy responses to protect public health [J]. The Lancet, 2015, 386 (10006) : 1861-1914.

Watts N, Adger W N, Sonja A K, et al. The Lancet Countdown: tracking progress on health and climate change [J]. Lancet, 2017 (389) : 1151-1164.

Watts N, Amann M, Ayeb-Karlsson S, et al. The Lancet Countdown on health and climate change: from 25 years of inaction to a global transformation for public health [J]. The Lancet, 2018, 391 (10120) : 581-630.

Waugh C. The Politics and Culture of Climate Change: US Actors and Global Implications [M]. Environmental Change and Agricultural Sustainability in the Mekong Delta. Springer Netherlands, 2011: 83-99.

Weingart P, Engels A, Pansegray P. Risk of communication: Discourses on climate change in science, politics and the mass media [J]. Public Understanding of Science, 2000, (9) : 261-283.

Weinhofer G, Busch T. Corporate strategies for managing climate risks [J]. Business Strategy and the Environment, 2013, 22 (2) : 121-144.

Weitzman M L. Can negotiating a uniform carbon price help to internalize the global warming externality? [J]. Journal of the Association of Environmental and Resource Economists, 2014, 1 (1/2) : 29-49.

Wheeler T, Braun J. Climate Change Impacts on Global Food Security [J]. Science, 2013, 341 (6145) : 508-513.

Whi′te D M, Gerlach S C, Loring P, et al. Food and water security in a changing arctic climate [J]. Environmental Research Letters, 2007, 2 (4) : 045018.

Whitmarsh L, Seyfang G, O′Neill S. Public engagement with carbon and climate change: To what extent is the public carbon capable′? [J]. Global environmental change, 2011, 21 (1) : 56-65.

Whittaker M. Carbon finance and the global equity markets [J]. Competitive & Regulatory Challenges Irwin Professional Publishing, 2003, (3) : 49-53.

WHO, WMO, UNEP. Climate and Human Health [R]. World Climate Programme Applications, 1987.

WHO. IHR Core Capacity Monitoring Framework: questionnaire for monitoring progress in the implementation of IHR Core Capacities in States Parties [R]. Geneva: World Health Organization, 2016.

WHO. Operational framework for building climate resilient health systems [R]. Geneva: World Health Organization, 2015.

WHO. Preventing disease through healthy environments: a global assessment of the burden of disease from environmental risks [R]. Geneva: World Health Organization, 2016.

Wibeck V. Enhancing learning, communication and public engagement about climate change-some lessons from recent literature [J]. Environmental Education Research, 2014, 20 (3) : 387-411.

Wilby R L, Vaughan K. Hallmarks of organisations that are adapting to climate change [J]. Water &

Environment Journal, 2011, 25 (2): 271-281.

Wilder M O, Varady R G, Gerlak A K, et al. Hydrodiplomacy and adaptive governance at the US-Mexico border: 75 years of tradition and innovation in transboundary water management [J]. Environmental Science & Policy, 2020, 112: 189-202.

Williams H T P, McMurray J R, Kurz T, et al. Network analysis reveals open forums and echo chambers in social media discussions of climate change [J]. Global Environmental Change, 2015, (32): 126-138.

Winkler R. Now or never: Environmental protection under hyperbolic discounting [J]. Economics: The Open-Access, Open-Assessment E-Journal, 2009, 3 (12): 1-22.

Winter H G. Environmental analysis in human evolution and adaptation research [J]. Human Ecology, 1980, 8: 135-170.

Wolfram M, van der Heijden J, Juhola S, et al, Learning in urban climate governance: concepts, key issues and challenges [J]. Journal of Environmental Policy & Planning, 2018, 21 (1): 1-15.

Woolway R I, Kraemer B M, Lenters J D, et al. Global lake responses to climate change [J]. Nature Reviews Earth & Environment, 2020, 1 (8): 388-403.

World Bank. (2010a) World Development Report: Development and Climate Change [R]. Washington, D. C: World Bank, 2010.

World Health Organization. Potential health effects of climate change [R]. Geneva Report of a WHO Task Group. (1990) [2020-12-20]. https: //report.ipcc.ch/sr15/pdf/sr15_spm_final. pdf.

World Health Organization. Ten threats to global health in 2019. 2019-01-15 [2020-12-20]. https://www.who.int/emergencies/tenthreats-to-global-health-in-2019

World Health Organization. WHO agreed on a research agenda on climate change and public health [R]. (2008-10-08) [2020-12-20]. https: //www. who. int/mediacentre/news/releases/2008/pr36/en/.

World Health Organization. World Health Organization Constitution [R]. Geneva, 1948.

World Meteorological Organization. WMO Statement on the State of the Global Climate in 2019 [EB/OL]. (2020-03-10) [2020-11-16]. https://library.wmo.int/doc_num. php?explnum_id=10211.

Wu M, Johannesson B, Geiker M. A review: Self-healing in cementitious materials and engineered cementitious composite as a self-healing material [J]. Construction and Building Materials, 2012, 28 (1): 571-583.

Wu W Y, Lo M H, Wada Y, et al. Divergent effects of climate change on future groundwater availability in key mid-latitude aquifers [J]. Nature communications, 2020, 11 (1): 1-9.

Wu X, Ma T, Wang Y. Surface Water and Groundwater Interactions in Wetlands [J]. Journal of Earth Science, 2020, 31 (5): 1016-1028.

Wycisk P. 3D Geological and Hydrogeological Modelling-Integrated Approaches in Urban Groundwater Management [M]. Springer, Cham, 2015: 3-12.

Xie S, Deser C, Vecchi G A, et al. Towards predictive understanding of regional climate change [J]. Nature Climate Change, 2015, 10 (5): 921-930.

Xu P, Huang Y J, Miller N, et al. Impacts of climate change on building heating and cooling energy patterns in California [J]. Energy, 2012, 44 (1): 792-804.

Xu W, Su X. Challenges and impacts of climate change and human activities on groundwater-dependent ecosystems in arid areas—A case study of the Nalenggele alluvial fan in NW China [J]. Journal of Hydrology, 2019, 573: 376-385.

Xue D, Zhou J, Zhao X, et al. Impacts of climate change and human activities on runoff change in a typical arid watershed, NW China [J]. Ecological Indicators, 2021, 121: 107013.

Xue X, Schoen M E, Ma X C, et al. Critical insights for a sustainability framework to address integrated community water services: Technical metrics and approaches [J]. Water Research, 2015, 77: 155-169.

Yalew S G, Vliet M T H V, Gernaat D E H J, et al. Impacts of climate change on energy systems in global and regional scenarios [J]. Nature Energy, 2020, Nat Energy (5): 794-802.

Yang D, Marsh P, Ge S. Heat flux calculations for Mackenzie and Yukon Rivers [J]. Polar Science, 2014, 8 (3): 232-241.

Yang D, Peterson A. River water temperature in relation to local air temperature in the Mackenzie and Yukon Basins [J]. Arctic, 2017, 70 (1): 47-58.

Yang D. Coping with Disaster: The Impact of Hurricanes on International Financial Flows, 1970-2002 [J]. Journal of Economic Analysis & Policy, 2011, 8 (1): 19-34.

Yang H, Xiong L, Xiong B, et al. Separating runoff change by the improved Budyko complementary relationship considering effects of both climate change and human activities on basin characteristics [J]. Journal of Hydrology, 2020, 591: 125330.

Yang J, Yang Y C E, Chang J, et al. Impact of dam development and climate change on hydroecological conditions and natural hazard risk in the Mekong River Basin [J]. Journal of Hydrology, 2019, 579: 124-177.

Yang W, Hao P, Zhu Y, et al. Groundwater dynamics forecast under conjunctive use of groundwater and surface water in seasonal freezing and thawing area [J]. Transactions of the Chinese Society of Agricultural Engineering, 2017, 33 (4): 137-145.

Yang X, Pavelsky T M, Allen G H. The past and future of global river ice [J]. Nature, 2020, 577 (7788): 69-73.

Yang Y C E, Cai X, Stipanović D M. A decentralized optimization algorithm for multiagent system-based watershed management [J]. Water resources research, 2009, 45 (8): 1-18.

Yang Y C E, Son K, Hung F, et al. Impact of climate change on adaptive management decisions in the face of water scarcity [J]. Journal of Hydrology, 2020, 588: 125015.

Yao L, Xu Z, Chen X. Sustainable water allocation strategies under various climate scenarios: A case study in China [J]. Journal of Hydrology, 2019, 574: 529-543.

Yen B T, Son N H, Tung L T, et al. Development of a participatory approach for mapping climate risks and adaptive interventions (CS-MAP) in Vietnam's Mekong River Delta [J]. Climate Risk Management, 2019, 24: 59-70.

Yin B, Guan D, Zhou L, et al. Sensitivity assessment and simulation of water resource security in karst areas within the context of hydroclimate change [J]. Journal of Cleaner Production, 2020, 258: 120994.

Young Oran R. Institutional Interplay: The Environmental Consqeuences of Cross-Scale Interactions [J]. The drama of the commons, 2002: 263-291.

Yousefpour R, Hanewinkel M. Climate Change and Decision-Making Under Uncertainty [J]. Current Forestry Reports, 2016, 2 (2) : 143-149.

Zarzycki A, Decker M. Climate-adaptive buildings: Systems and materials [J]. International Journal of Architectural Computing, 2019, 17 (2) : 166-184.

Zen I S, Al-Amin A Q, Doberstein B. Mainstreaming climate adaptation and mitigation policy: Towards multi-level climate governance in Melaka, Malaysia [J]. Urban Climate, 2019, 30: 1-11.

Zhang H, Wu J W, Zheng Q, et al. A preliminary study of oasis evolution in the Tarim Basin, Xinjiang, China [J]. Journal of Arid Environments, 2003, 55 (3) : 545-553.

Zhang X, Hao S, Wenge R, et al. Intelligent transportation systems for smart cities: a progress review [J]. Science China, 2012, 55 (012) : 2908-2914.

Zhang X. Conjunctive surface water and groundwater management under climate change [J]. Frontiers in Environmental Science, 2015, 3: 59.

Zhao J F, Guo J P. Possible Trajectories of Agricultural Cropping Systems in China from 2011 to 2050 [J]. American Journal of Climate Change, 2013, 2 (3) : 191-197.

Zheng Y, Weng Q. Modeling the effect of climate change on building energy demand in Los Angeles county by using a GIS-based high spatial- and temporal-resolution approach [J]. Energy, 2019, 176: 641-655.

Zheng Y, Huang Y, Zhou S, et al. Effect partition of climate and catchment changes on runoff variation at the headwater region of the Yellow River based on the Budyko complementary relationship [J]. Science of the total environment, 2018, 643: 1166-1177.

Zhou P, Wang G, Duan R. Impacts of long-term climate change on the groundwater flow dynamics in a regional groundwater system: Case modeling study in Alashan, China [J]. Journal of Hydrology, 2020, 590: 125557.

Zhou Q, Hanasaki N, Fujimori S. Economic Consequences of Cooling Water Insufficiency in the Thermal Power Sector under Climate Change Scenarios [J]. Energies, 2018, 11 (10) : 1-11.

Zhou S, Yuan X, Peng S, et al. Groundwater-surface water interactions in the hyporheic zone under climate change scenarios [J]. Environmental Science and Pollution Research, 2014, 21 (24) : 13943-13955.

Zhu E X, Clements A R, Haggar J, et al. Technologies for climate change adaptation: agricultural sector [M]. India: Magnum Custom Publishing, 2011: 59-76.

澳门规划署. 澳门城市概念规划纲要 [Z]. 澳门, 2008.

邝启亮, 李鑫, 罗彦, 等. 韧性城市理论引导下的城市防灾减灾规划探讨 [J]. 规划师, 2017, 8 (114): 12-17.

财新网. 北美超强寒潮致 21 人死亡 罪魁竟是全球变暖 [EB/OL]. (2019-02-01) [2021-01-21] http://science.caixin.com/2019-02-01/101377170.html.

蔡榕硕, 刘克修, 谭红建. 气候变化对中国海洋和海岸带的影响、风险与适应对策 [J]. 中国人口·资源与环境, 2020, 30 (9): 1-8.

蔡榕硕，齐庆华. 气候变化与全球海洋：影响、适应和脆弱性评估之解读［J］. 气候变化研究进展，2014，10（3）：185-190.

常永才，韩雪军. 全球化、文化多样性与教育政策的国际新近理念——联合国教科文组织文化互动教育观评述［J］. 民族教育研究，2013，24（5）：5-12.

巢清尘. 气候政策核心要素的演化及多目标的协同［J］. 气候变化研究进展，2009，5（3）：151-155.

陈发虎，董广辉，陈建徽，等. 亚洲中部干旱区气候变化与丝路文明变迁研究：进展与问题［J］. 地球科学进展，2019，34（6）：561-572.

陈慧，武建勇. 生物多样性重要区域（KBAs）识别全球标准及在中国的应用建议［J］. 生态与农村环境学报，2019，35（2）：145-150.

储诚山，高玫. 我国适应气候变化的资金机制研究［J］. 甘肃社会科学，2013（4）：197-200.

崔胜辉，李旋旗，李扬，等. 全球变化背景下的适应性研究综述［J］. 地理科学进展，2011，30（9）：1088-1098.

邓海军，陈亚宁. 中亚天山山区冰雪变化及其对区域水资源的影响［J］. 地理学报，2018，73（7）：1309-1323.

方琦，钱立华，鲁政委. 货币政策、审慎监管与气候变化：文献综述［J］. 金融发展，2020，5（1）：12-23.

冯风流，张艺凡，焦浩然，等. 最低气温对兰州市呼吸系统疾病就诊人次的影响研究［J］. 中国环境科学 2020（4）：1782-1791.

付琳，曹颖，杨秀. 国家气候适应型城市建设试点的进展分析与政策建议［J］. 气候变化研究进展，2020：1-7.

光明网. 澳大利亚洪灾波及焦煤出口［EB/OL］.（2011-01-06）［2020-12-28］. http://epaper.gmw.cn/gmrb/html/2011-01/06/nw.D110000gmrb_20110106_8-08.htm?div=-1.

郭新明. 气候风险对金融稳定与货币政策目标实现的影响及应对［J］. 金融纵横，2020，498（1）：5-15.

郭洋. 气候变化将威胁世界文化遗产［J］. 建筑工人，2015，36（12）：50-50.

国家发展改革委、住房城乡建设部. 关于印发气候适应型城市建设试点工作的通［EB/OL］.（2017-02-21）［2020-11-27］. http://www.mohurd.gov.cn/wjfb/201702/t20170228_230767.html.

国家开发银行. 2019年可持续发展报告［R/OL］.（2020-9）［2020-11-20］. http://www.cdb.com.cn/shzr/kcxfzbg/shzr_2019/202009/P020201019520004244919.zip.

何霄嘉，张九天，仉天宇，等. 海平面上升对我国沿海地区的影响及其适应对策［J］. 海洋预报，2013，29（6）：84-91

侯亚红，刘文泉. 我国黄土高原地区农业生产的气候脆弱性变化预测［J］. 灾害学，2003，18（3）：34-38.

华凌. 气候变化对人类文化的影响和冲击［N］. 科技日报，2012-09-16（2）：1-5.

贾康. 中国应对气候变化PPP融资模式的初步设计［J］. 当代农村财经，2014（7）：3-6.

贾康. 中国与国际气候融资问题研究［M］. 北京：当代中国出版社，2013.

贾兴平，刘益. 外部环境、内部资源与企业社会责任［J］. 南开管理评论，2014，17（6）：

13-18+52.

姜允芳, Eckart Lange, 石铁矛. 城市规划应对气候变化的适应发展战略——英国等国的经验[J]. 现代城市研究, 2012（1）: 13-20.

晋海. 我国农业适应气候变化立法初探[J]. 甘肃政法学院学报, 2010（3）: 6-10.

景丞, 陶辉, 王艳君, 等. 基于区域气候模式CCLM的中国极端降水事件预估[J]. 自然资源学报, 2017, 032（2）: 266-277.

柯坚, 何香柏. 环境法原则在气候变化适应领域的适用——以欧盟的政策与法律实践为分析视角[J]. 政治与法律, 2011（11）: 27-35.

黎树式, 黄鹄, 戴志军. 近60年来广西北部湾气候变化及其适应研究[J]. 海洋开发与管理, 2017,（4）: 50-55.

李加林, 张殿发, 杨晓平, 等. 海平面上升的灾害效应及其研究现状[J]. 灾害学, 2005, 20（2）: 49-53.

李阔, 许吟隆. 东北地区农业适应气候变化技术体系框架研究[J]. 科技导报, 2018, 36（15）: 67-76.

李阔, 许吟隆. 适应气候变化的中国农业种植结构调整研究[J]. 中国农业科技导报, 2017, 19（1）: 8-17.

李谦, 戴靓, 朱青, 等. 基于最小阻力模型的土地整治中生态连通性变化及其优化研究[J]. 地理科学, 2014, 34（6）: 733-739.

李永祥. 西方人类学气候变化研究述评[J]. 民族研究, 2017,（5）: 107-116.

李玉洁. 信源、渠道、内容——基于调查的中国公众气候传播策略研究[J]. 国际新闻界, 2013,（8）: 67-83.

联合国. 世界文化多样性宣言[EB/OL].（2001-11-02）[2020-12-06]. https://www.un.org/zh/documents/treaty/files/UNESCO-2000.shtml.

联合国教科文组织. 专家呼吁充分发挥文化对减缓和适应气候变化的作用[EB/OL].（2020-02-24）[2020-12-06]. https://en.unesco.org/news/experts-highlight-role-culture-climate-change-mitigation-and-adaptation.htm.

联合国粮食及农业组织. 动物遗传资源全球行动计划和因特拉肯宣言[R]. 瑞士, 2007.

联合国秘书处. 联合国气候变化框架公约[EB/OL].（1992-05-09）[2021-01-26]. https://www.un.org/zh/documents/treaty/files/A-AC.237-18（PARTII）-ADD.1.shtml.

刘丹, 华晨. 韧性概念的演化及对城市规划创新的启示[J]. 城市发展研究, 2014, 21（11）: 111-117.

刘冠州, 梁信忠. 新一代区域气候模式（CWRF）国内应用进展[J]. 地球科学进展, 2017, 032（7）: 781-787.

刘海龙, 齐琪. 媒体类型与企业社会责任治理: 一个文献综述[J]. 管理现代化, 2017, 37（2）: 122-126.

刘鸿波, 张大林, 王斌. 区域气候模拟研究及其应用进展[J]. 气候与环境研究, 2006, 11（5）: 649-668.

刘丽瑛. 非政府组织在民意表达中的作用[J]. 晋阳学刊, 2012,（04）: 143-145.

刘灵奕, 刘玉清, 王国钦. 紫外线辐射对生态系统和人类健康的影响[J]. 国外医学（卫生学分册）2000（5）: 269-273.

刘涛. 新社会运动与气候传播的修辞学理论探究［J］. 国际新闻界, 2013, 35（8）: 84-95.

刘燕华, 钱凤魁, 王文涛, 等. 应对气候变化的适应技术框架研究［J］. 中国人口·资源与环境, 2016, 23（5）: 1-6.

罗勇. 应对气候变化报告. 气候变化科学评估的最新进展［M］. 北京: 社会科学文献出版社. 2009.

马爱平. 减少粮食产后损失等于建设无形良田［EB/OL］.（2020-08-28）［2020-11-23］. https://tech.gmw.cn/2020-08/28/content_34129024.htm.

孟献华, 倪娟. 气候变化教育: 联合国行动框架及其启示［J］. 比较教育研究, 2018, 341（6）: 35-44.

欧盟环境署. 欧盟城市适应气候变化的机遇和挑战［M］. 北京: 中国环境出版社, 2014.

欧阳芳. 低碳经济下中小企业的营销策略［J］. 甘肃联合大学学报社会科学版, 2010（5）: 40-43.

潘志华, 郑大玮. 适应气候变化的内涵、机制与理论研究框架初探［J］. 中国农业资源与区划, 2013, 34（6）: 12-17.

邱鸿峰. 激发应对效能与自我效能: 公众适应气候变化的风险传播治理［J］. 国际新闻界, 2016,（5）: 88-103.

申丹娜, 贺洁颖. 国外气候变化教育进展及其启示研究［J］. 气候变化研究进展, 2019, 15（6）: 704-706.

史璇, 江春霞. 互联网"独角兽"企业社会责任的履行及治理［J］. 理论探讨, 2019（4）: 115-119.

世界银行,《东亚环境监测: 适应气候变化》［R］. 华盛顿, 世界银行, 2007.

宋代风, 刘姝宇, 王绍森. 斯图加特城市气候地图评述与启示［J］. 城市发展研究, 2015, 22（12）: 1－7＋19＋125.

宋莉莉, 王秀东. 美国世纪大旱引发的思考——农业生产如何应对气候变化［J］. 中国农业科技导报, 2012, 14（6）: 1-5.

宋臻, 史兴民, 李欢娟, 等. 樱桃种植户对气候变化及气象灾害的适应行为效能感知研究［J］. 气候变化研究进展, 2019, 15（3）: 313-325.

苏竣. 公共科技政策导论［M］. 北京: 科学出版社, 2014: 90-91.

苏明, 王桂娟, 陈新平, 等. 国际社会适应气候变化的资金机制［J］. 环境经济, 2013, 118（10）: 30-39.

隋岩, 张丽萍. 企业形象的碎片化呈现与传播［J］. 新闻大学, 2013（5）: 126-133.

谭德明, 邹树梁. 碳信息披露国际发展现状及我国碳信息披露框架的构建［J］. 统计与决策, 2010（11）: 126-128.

谭智心. 农民对气候变化的认知及适应行为: 山东证据［J］. 重庆社会科学社会与人口研究, 2011（3）: 57-61.

田野, 宋增仁. 气候变暖对人类健康的威胁［J］. 国外环境科学技术, 1992（2）: 17-19.

王爱军. 近年来我国海洋灾害损失及防灾减灾策略［J］. 江苏地质, 2005. 29（2）: 98-101.

王宝强.《欧洲城市对气候变化的适应》报告解读［J］. 城市规划学刊, 2014（4）: 64-70.

王彬彬. 中国路径双层博弈视角下的气候传播与治理［M］. 北京: 社会科学文献出版社,

2018: 28.

王道龙, 钟秀丽, 李茂松, 等. 20世纪90年代以来主要气象灾害对我国粮食生产的影响与减灾对策 [J]. 灾害学, 2006 (1): 18-22.

王灏晨, 路凤, 武继磊, 等. 中国气候变化对人口健康影响研究评述 [J]. 科技导报, 2014, 32 (28/29): 109-116.

王雷, 陈亮. 从供应链视觉看低碳经济下企业生存与发展 [J]. 中国集体经济, 2010, (1): 116-117.

王昕然. 气候变化对农业生产的影响及对策 [J]. 现代农业科技, 2018 (5): 190-193.

王雪臣, 庞军, 冯相昭, 等. 中国能源密集型企业应对气候变化的挑战, 机遇及行动建议 [J]. 气候变化研究进展, 2009, 5 (2): 110-116.

王雅琼, 马世铭. 中国区域农业适应气候变化技术选择 [J]. 中国农业气象, 2009, 30 (S1): 51-56.

吴斌, 王赛, 王文祥, 等. 基于地表水-地下水耦合模型的未来气候变化对西北干旱区水资源影响研究-以黑河中游为例 [J]. 中国地质, 2019, 46 (2): 369-380.

吴烨, 韩东晖, 廖文. 欧盟水框架指令实施评估及其对我国的启示 [A]. 中国环境科学学会. 2020中国环境科学学会科学技术年会论文集 (第二卷) [C]. 中国环境科学学会: 中国环境科学学会, 2020, 5: 1488-1492.

武汉市自然资源和规划局青山分局. 武汉市城市总体规划 (2009-2020) [R/OL]. (2010-03) [2021-01-13] http://gtghj.wuhan.gov.cn/qs/pc-993-118446.html.

奚用勇, 杨敏娟, 王文朋, 等. 2013—2017年上海浦东新区高温中暑死亡病例流行病学特征 [J]. 环境与健康杂志, 2019 (1): 61-64.

夏军, 石卫. 变化环境下中国水安全问题研究与展望 [J]. 水利学报, 2016, 47 (3): 46-55.

夏军, 石卫, 雒新萍, 等. 气候变化下水资源脆弱性的适应性管理新认识 [J]. 水科学进展, 2015, 26 (2): 279-286.

谢欣露, 郑艳. 城市居民气候灾害风险及适应性认知分析——基于上海社会调查问卷 [J]. 城市与环境研究, 2014, 1 (1): 80-91.

新华社. 中法生物多样性保护和气候变化北京倡议 [EB/OL]. 2019 [2020-12-06]. http://www.gov.cn/xinwen/2019-11/06/content_5449340.htm.

新华社. 中国代表呼吁加强应对气候变化的合作交流 [EB/OL]. (2019-01-26) [2020-11-23]. http://www.gov.cn/xinwen/2019-01/26/content_5361424.htm.

新华网. 日本下调朱鹮的濒危物种级别 [EB/OL]. 2019 [2020-12-12]. https://baijiahao.baidu.com/s?id=1623608504624359688

熊卫平. 环境公关的价值思考 [J]. 浙江大学学报 (人文社会科学版), 2001, (5): 151-156.

熊卫平. 浅谈环境公关 [J]. 中国高教研究, 2001, (12): 76-77.

徐一剑. 我国沿海城市应对气候变化的发展战略 [J]. 气候变化研究进展, 2020, 16 (1): 88.

许光清, 董小琦. 企业气候变化意识及应对措施调查研究 [J]. 气候变化研究进展, 2018, 14 (4): 429-436.

许健. 气候正义视阈下的"适应"制度考察 [J]. 南开学报 (哲学社会科学版), 2020 (1):

64-72.

许寅硕,刘倩. 全球气候适应资金的现状与展望[J]. 中央财经大学学报, 2018, 372 (8): 27-38.

杨东峰,刘正莹,殷成志. 应对全球气候变化的地方规划行动:减缓与适应的权衡抉择[J]. 城市规划, 2018, 42 (1): 35-42.

杨帆,马亚鹏,夏敦胜,等. 4000aB. P. 以来中巴经济走廊北段塔什库尔干气候变化对东西方文化交流的影响[J]. 冰川冻土, 2020, 42 (2): 671-680.

尹仑. 生态人类学视野下气候文化的理论研究与前景[J]. 云南社会科学, 2015 (2): 91-96.

余樯,张翔,柯航,余敦先. 气候变化对湖北省未来水资源量变化趋势的影响[J]. 水电能源科学, 2020, 241 (9): 42-44+53.

张波,雍华中,陈洪波. 基于生态文明建设的企业低碳发展战略研究[J]. 北京联合大学学报人文社会科学版, 2014, 12 (2): 113-118.

张镭,黄建平,梁捷宁,等. 气候变化对黄河流域的影响及应对措施[J]. 科技导报, 38 (17): 42-51.

张丽娜,申晓龙. 我国政府应对气候变化中的信息传播问题研究[J]. 中国行政管理, 2015, (11): 131-134.

张婷婷,董筱婷. 联合国教科文组织积极推行气候变化教育[J]. 比较教育研究, 2013 (4): 108-109.

张晓. 中国水污染趋势与治理制度[J]. 中国软科学, 2014 (10): 11-24.

张玥,何延昆,曾文如,等. 欧盟气候外交政策的文化视角——以欧洲文化遗产政策为例[J]. 改革与开放, 2018, 490 (13): 55-58.

张志薇,李娟,王宏斌,等. 低温对南京市呼吸系统疾病就诊人数的影响研究[C]. 第35届中国气象学会年会S17气候环境变化与人体健康, 2018: 263-273.

张祖群. 全球气候变化:判定,应对与文化生产力释放[A]. 中国可持续发展研究会, 2013: 9.

仇天宇. 我国海洋领域适应气候变化的政策与行动[J]. 海洋预报, 2010. 27 (4): 67-73.

郑保卫,宫兆轩. 新闻媒体气候传播的功能及策略[J]. 国际新闻界, 2012, (21): 3-6.

郑保卫,李玉洁. 论气候变化与气候传播[J]. 国际新闻界, 2011, 33 (11): 56-62.

郑保卫,任媛媛. 论气候传播在生态文明建设中的作用[J]. 现代传播(中国传媒大学学报), 2015, 37 (1): 41-45.

郑保卫,王彬彬. 试论政府在气候谈判和气候传播中的主导作用——以中国政府在联合国德班气候谈判中的表现为例[J]. 新闻与写作, 2012, (4): 33-35.

政府间气候变化专门委员会第五次评估报告第一工作组、第二工作组和第三工作组. 气候变化:综合报告[R]. 瑞士日内瓦:IPCC, 2014: 1-151.

中国财政科学研究院课题组. 应对气候变化:PPP模式融资机制研究[J]. 经济研究参考, 2016 (50): 37-47.

中华人民共和国商务部. 中国国务院副总理韩正出席首届气候适应峰会并发表致辞[EB/OL]. (2021-01-26) [2021-01-28]. http://www.mofcom.gov.cn/article/i/jyjl/j/202101/20210103034057.shtml.

中华人民共和国中央人民政府. 我国启动气候适应型城市建设28个城市试点［EB/OL］.（2017-03-02）［2021-02-19］http：//www.gov.cn/xinwen/2017-03/02/content_5172504.htm.

中国碳交易网. 全球主要气候基金盘点［EB/OL］.（2016-11-14)［2020-11-20］. http：//www.tanjiaoyi.com/article-19557-1.html.

中国新闻网. 17%的世界人口生存依赖于海洋和冰川状况［EB/OL］.（2020-11-09)［2019-09-25］. http://m.ce.cn/gj/gd/201909/25/t20190925_33226887.shtml.

朱宏伟，杨森，赵旭喆，等. 区域气候变化统计降尺度研究进展［J］. 生态学报，2011（9）：258-265.

朱林梦，汤巧香. 应对风暴潮灾害的城市公共空间弹性设计策略［J］. 天津城建大学学报，2020，26（4）：38-242.

纵情欧洲. 2018欧洲文化遗产年［EB/OL］.（2018-08-02）［2020-12-06］. https://mp.weixin.qq.com/s/-FByY0Nn1VDd96Zk3G0hMw.

左书华，李蓓. 近20年中国海洋灾害特征，危害及防治对策［J］. 气象与减灾研究，2008，31（4）：28-33.

后　记

2020年是人类历史发展长河中极不寻常的一年。这一年,新型冠状病毒肺炎(Corona Virus Disease 2019,COVID-19)疫情肆虐,迅速席卷全球200多个国家,至2021年5月14日造成超1.6亿人感染,夺走三百多万人生命,对各国医疗卫生系统、公众健康、经济生产活动和居民生活造成严重威胁,深刻影响着世界政治经济贸易格局。

与新冠肺炎疫情相似,气候变化也是当前人类面临的重大而紧迫的全球性挑战,属于非传统安全的重要组成部分之一。但与新冠肺炎疫情的短期和紧迫相反,气候变化则是长期和深层次的挑战,严重威胁到人类的生存和发展。我们看到,工业化和城镇化的推进,导致以气候变暖为主要特征的全球气候变化日益加剧,频发的气候极端事件严重威胁到人类的生命和财产安全,破坏陆地与海洋生态系统,导致生物多样性丧失。IPCC报告和UNFCCC谈判都提到,气候变化不仅是未来的挑战,已经成为眼前的威胁。联合国秘书长古特雷斯指出人类已经站在了事关存亡的十字路口,并呼吁世界各国努力应对气候变化这一人类最为重大和紧迫的问题。

面对突如其来的新冠肺炎疫情和长期积淀的气候变化,人类开始重新审视人与自然的关系,也更加认识到人与自然是一个不可分裂的共同体,我们要尊重、顺应和保护自然,未雨绸缪地应对全球性挑战。不能就气候谈气候,就环境谈环境,就发展谈发展,而是将气候变化的减缓和适应行动与资源、产业、区域、健康和就业等问题统筹考虑。由于气候变化具有巨大惯性,减缓行动难以短期内消除气候变化带来的各种不利影响,制定和实施气候变化适应政策、提高应对气候变化不利影响的适应能力显得尤为重要。基于此,本书系统阐述了适应性发展的基础理论,并分领域介绍了国内外关于气候变化适应的主要研究成果,探寻破解气候危机的适应性发展道路,为应对气候变化,保护环境,扭转生物多样性丧失趋势,确保人类长期健康和安全提供一定的参考。

全书由王宏新围绕适应性发展这一主题进行总体设计与构思,王宏新、邵俊霖、宋敏、王华春、李继霞、王岩统稿前后对内容进行梳理和适当修订。借此机会感谢国家社科基金重点项目"乡村振兴战略背景下城乡融合发展中的闲置土地政策研究"（19AGL024）和国家社科基金重大项目"黄河流域生态环境保护与高质量发展耦合协调与协同推进研究"（21ZDA066）对本书出版的资助，感谢参与各章内容撰写的每一位作者。参与本书撰写的作者包括：第1章：王宏新、李继霞、邵俊霖；第2章：李佩芷、李继霞；第3章：王倩倩、李继霞；第4章：雷言、李佩芷；第5章：王宏新、徐孟志；第6章：宋敏、郭慧捷、肖嘉利；第7章：宋敏、王岩、邹素娟；第8章：宋敏、彭延林、李宣；第9章：徐孟志、彭延林；第10章：王宏新、徐孟志、李鹤、彭延林；第11章：罗茜、张国春、朱文锐；第12章：王华春、刘皓琰；第13章：宋敏、王岩、王英杰、刘炜韬、冯钰；第14章：宋敏、肖嘉利、方通、冯钰；第15章：郭慧捷；第16章：李继霞、王倩倩、李卓熠；第17章：张国春、罗茜、朱文锐；第18章：王宏新、李继霞、王倩倩；第19章：邹素娟、张爱华、施可群；第20章：秦曦曦、施可群、苏美。

此外，本书得到大量相关领域专家的支持，具体如下：刘冰、林卫斌、林永生、田明、汪波、王华春、宋敏、唐建伟、陈力群、胡笑然、马雷、王昌海、许福海、游祥斌、方彬、杨丽、阴医文、张胜军。本书参考和引用了大量国内外学者的研究成果，资料来源列于书末的参考文献，在此对这些作者表示敬意和感谢！

作者

2021年11月